Micha H. Werner

Einführung in die Ethik

J. B. Metzler Verlag

Der Autor
Micha H. Werner ist Professor für Philosophie mit dem Schwerpunkt Praktische Philosophie an der Universität Greifswald.

Die Open Access-Publikation wurde durch den Open Access-Fonds der Universität Greifswald und das Department für Ethik, Theorie und Geschichte der Lebenswissenschaften gefördert.

ISBN 978-3-476-01944-8
ISBN 978-3-476-05293-3 (eBook)
https://doi.org/10.1007/978-3-476-05293-3

Die Deutsche Nationalbibliothek verzeichnet diese Publikation in der Deutschen Nationalbibliografie; detaillierte bibliografische Daten sind im Internet über http://dnb.d-nb.de abrufbar.

J. B. Metzler
© Der/die Herausgeber bzw. der/die Autor(en) 2021. Dieses Buch ist eine Open-Access-Publikation.
Open Access Dieses Buch wird unter der Creative Commons Namensnennung 4.0 International Lizenz (http://creativecommons.org/licenses/by/4.0/deed.de) veröffentlicht, welche die Nutzung, Vervielfältigung, Bearbeitung, Verbreitung und Wiedergabe in jeglichem Medium und Format erlaubt, sofern Sie den/die ursprünglichen Autor(en) und die Quelle ordnungsgemäß nennen, einen Link zur Creative Commons Lizenz beifügen und angeben, ob Änderungen vorgenommen wurden.

Die in diesem Buch enthaltenen Bilder und sonstiges Drittmaterial unterliegen ebenfalls der genannten Creative Commons Lizenz, sofern sich aus der Abbildungslegende nichts anderes ergibt. Sofern das betreffende Material nicht unter der genannten Creative Commons Lizenz steht und die betreffende Handlung nicht nach gesetzlichen Vorschriften erlaubt ist, ist für die oben aufgeführten Weiterverwendungen des Materials die Einwilligung des jeweiligen Rechteinhabers einzuholen.

Die Wiedergabe von allgemein beschreibenden Bezeichnungen, Marken, Unternehmensnamen etc. in diesem Werk bedeutet nicht, dass diese frei durch jedermann benutzt werden dürfen. Die Berechtigung zur Benutzung unterliegt, auch ohne gesonderten Hinweis hierzu, den Regeln des Markenrechts. Die Rechte des jeweiligen Zeicheninhabers sind zu beachten.

Der Verlag, die Autoren und die Herausgeber gehen davon aus, dass die Angaben und Informationen in diesem Werk zum Zeitpunkt der Veröffentlichung vollständig und korrekt sind. Weder der Verlag noch die Autoren oder die Herausgeber übernehmen, ausdrücklich oder implizit, Gewähr für den Inhalt des Werkes, etwaige Fehler oder Äußerungen. Der Verlag bleibt im Hinblick auf geografische Zuordnungen und Gebietsbezeichnungen in veröffentlichten Karten und Institutionsadressen neutral.

Einbandgestaltung: Finken & Bumiller, Stuttgart (Foto: shutterstock)

J. B. Metzler ist ein Imprint der eingetragenen Gesellschaft Springer-Verlag GmbH, DE und ist ein Teil von Springer Nature
Die Anschrift der Gesellschaft ist: Heidelberger Platz 3, 14197 Berlin, Germany

Inhaltsverzeichnis

Dank		VII
I	**Einführung**	**1**
1	Ethik und Moral	3
II	**Ethische Theorien**	**17**
2	Wie leben wir ein gutes Leben? Ansätze der Tugendethik	19
2.1	Ursprünge ethischen Denkens	20
2.2	Aristoteles' Tugendethik	27
2.3	Systematische Fragen	43
3	Ist Moral nur kluger Egoismus? Ansätze des Kontraktualismus	65
3.1	Neuzeitlicher Wandel	65
3.2	Thomas Hobbes' Vertragstheorie	71
3.3	Systematische Fragen	77
4	Müssen wir unserem Gefühl folgen? Ansätze des Sentimentalismus	91
4.1	Philosophische Grundlagen	91
4.2	Humes Tugendlehre	99
4.3	Diskussion	105
5	Sollen wir Nutzen maximieren? Ansätze des Utilitarismus	113
5.1	Benthams Glücksutilitarismus	113
5.2	Systematische Fragen und Ausblick	119
6	Befreit Moral? Immanuel Kants autonomieorientierte Ethik	137
6.1	Der Kategorische Imperativ und seine Anwendung	140
6.2	Einwände und Schwierigkeiten	147
6.3	Versuch einer plausiblen Deutung der kantischen Ethik	154
6.4	Philosophischer Kontext und Ausblick	158
7	Wann ist unser Zusammenleben fair? John Rawls' Beitrag zur modernen Moralphilosophie	167
7.1	Von Immanuel Kant zu John Rawls	167
7.2	Rawls' Ethik politischer Gerechtigkeit	174

8	**Was bedeuten moralische Äußerungen und (wie) lassen sie sich begründen? Metaethische Landkarte**	195
8.1	Ebenen metaethischer Diskussion	196
8.2	Das Argument der offenen Frage und der Intuitionismus	199
8.3	Nonkognitivismus	202
8.4	Kognitivismus	205

III Ethik in der modernen Gesellschaft … 229

9	**Orientierung im pluralistischen Ethikdiskurs**	231
9.1	Deutungen des Theoriepluralismus	231
9.2	Versuche der Problemvermeidung	232
9.3	Unumgänglichkeit des Pluralismusproblems	236
9.4	Differenzierung von Problemebenen	238
9.5	Ausgangspunkte ethischer Orientierung	239
10	**Ethik im Kontext normativer Subsysteme**	253
11	**Bereichsethiken im Überblick**	263
11.1	Medizinethik und biomedizinische Ethik	263
11.2	Tierethik und Umweltethik	274
11.3	Wissenschafts- und Technikethik	281
11.4	Wirtschaftsethik	288
11.5	Kommunikationsethik und Medienethik	293

Anhang … 303

12	**Abbildungsverzeichnis**	305
13	**Register**	307

Dank

Dem J. B. Metzler-Verlag, Ute Hechtfischer und insbesondere Franziska Remeika, die das Projekt als Lektorin hauptsächlich betreut hat, sei für die sachkundige, gründliche, geduldige und angenehme Zusammenarbeit herzlich gedankt.

I Einführung

1 Ethik und Moral

»Moral, das ist, wenn man moralisch ist, versteht er. Es ist ein gutes Wort.«

Hauptmann in Büchners »Woyzeck«, Büchner 1984, S. 134

Ethische Grundfragen: Ethik ist die wichtigste aller Wissenschaften. Freilich, Wissenschaftler/innen neigen stets dazu, ihre eigene Disziplin für die allerwichtigste zu halten. Für die Ethik spricht jedoch zumindest ihre Fragestellung: Was könnte wichtiger sein als zu wissen, woran wir unser Handeln in letzter Hinsicht orientieren sollen? Welche Einsicht ist bedeutsamer als die Einsicht, worin ein gutes und gelingendes Leben besteht und wie wir ein solches Leben führen können? Was tut mehr Not als die Erkenntnis dessen, was wir unbedingt tun und unterlassen müssen, wie wir uns also überhaupt verhalten dürfen? Kaum jemand wird bestreiten, dass dies Fragen von größter Bedeutung sind. Es sind zugleich Grundfragen der Ethik; Fragen, für die die Ethik seit jeher Zuständigkeit beansprucht hat. Unumstritten war dieser Anspruch allerdings nie. Wer bezweifelt, dass der Ethik unter den Wissenschaften vorrangige Bedeutung zukommt, wird in der Regel nicht die Bedeutung der ethischen Grundfragen in Zweifel ziehen. Eher schon wird sie oder er bezweifeln, dass Ethik – oder dass überhaupt irgendeine Wissenschaft – diese Fragen auf befriedigende Weise beantworten kann. Sollten wir aber, da die genannten Fragen von so eminenter Bedeutung sind, nicht zuerst absolut sicher sein, dass es sich *nicht* lohnt, sich ernsthaft – mit wissenschaftlicher Akribie – um Antworten zu bemühen, ehe wir ganz von dem Versuch ablassen?

Grenzen ethischen Wissens? Tatsächlich wird seit Beginn der moralphilosophischen Debatte intensiv diskutiert, was Ethik leisten kann und was nicht: Kann und soll sie vor allem Auskunft darüber geben, wie wir ein gelingendes und glückliches Leben führen können? Oder vor allem darüber, was wir überhaupt tun (und insbesondere: was wir anderen Personen antun) dürfen? Kann sie beides (überhaupt nur gemeinsam) oder vielleicht gar nichts von beidem? Handelt es sich bei ethischem Wissen lediglich um allgemeines Umrisswissen, so dass wir uns bei allen spezifischeren Fragen der praktischen Orientierung auf eine Urteilskraft verlassen müssen, die eher der Lebenserfahrung als der Wissenschaft entstammt? Oder kann Ethik (als bereichsspezifische bzw. angewandte Ethik) auch Antworten auf spezifischere Fragen der Handlungsorientierung geben? Ist ethisches Wissen allein hinreichend für richtiges oder gutes Handeln oder muss noch etwas hinzutreten, damit ethische Überzeugungen auch motivierende Kraft gewinnen? Solche Fragen lassen sich allerdings nicht klären, ohne bereits in moralphilosophische Diskussionen einzutreten. Wer herausfinden will, ob ein mathematisches Problem eine Lösung hat oder was Mathematik überhaupt leisten kann, muss sich mit Mathematik beschäftigen. Sucht man Umfang und Grenzen ethischen Wissens zu klären, muss man sich auf die Diskussion der Ethik einlassen.

Rehabilitierung der praktischen Philosophie: Seit Mitte des 20. Jahrhunderts hat das Vertrauen darauf, dass ethische Fragen auf rationale

Weise zu klären sind, in der Wissenschaft wieder zugenommen (zu den innerwissenschaftlichen Gründen dafür siehe Kap. 7.1 und Kap. 8). In den 1970er Jahren wurde eine *Rehabilitierung der praktischen Philosophie* diagnostiziert (Riedel 1972). Philosophische Abhandlungen zu den Bedingungen eines guten und gelingenden Lebens stoßen gegenwärtig auf breites öffentliches Interesse, ebenso Beiträge zu den ethischen Herausforderungen, die aus den tiefgreifenden wissenschaftlichen, technologischen und politischen Entwicklungen des 20. und 21. Jahrhunderts resultieren. Ethische Beratungs- und Entscheidungsgremien wurden etabliert oder ausgebaut, vor allem in medizinischen, technik- und wissenschaftspolitischen Praxiskontexten. Auch wenn man die Institutionalisierung ethischer Expertengremien kritisch betrachtet (etwa weil man fürchtet, dass politische Partizipationsmöglichkeiten eingeschränkt oder bereits etablierte normative Standards aufgeweicht werden könnten), wird man diese Kritik wiederum nicht ohne Kenntnis ethischer Begründungsmethoden und Positionen überzeugend artikulieren können.

Implizite ethische Stellungnahmen: Mehr noch: Inwieweit können wir überhaupt darauf verzichten, Antworten auf die eingangs genannten ethischen Grundfragen zu suchen – Fragen danach, woran wir unser Handeln letztlich orientieren oder was wir überhaupt tun und lassen sollen? Als handlungsfähige Personen treffen wir fortwährend Entscheidungen, die wir für mehr oder weniger gut begründet halten. Handelnd nehmen wir immer wieder – in mehr oder weniger bewusster, mehr oder weniger reflektierter und rationaler Weise – Stellung zu Situationen und den darin liegenden Handlungsoptionen; Optionen, die unser eigenes Leben ebenso betreffen wie das unserer Mitmenschen und Mitgeschöpfe. Unser Leben als handlungsfähige Wesen ist, ob wir wollen oder nicht, geprägt von solchen praktischen Stellungnahmen (vgl. Enoch 2011, Kap. 3). Implizit antworten wir damit immer schon auf jene ethischen Grundfragen – orientieren wir uns immer schon an bestimmten Zielen, Werten, Idealen und Normen. Die Auffassung, ethische Fragen seien letztlich nicht vernünftig zu beantworten, liefe auf die Annahme hinaus, dass die Maßstäbe unserer Handlungen und Entscheidungen letztlich keiner rationalen Beurteilung, Begründung oder Kritik zugänglich sind, und dass damit letztlich auch unsere Handlungen und Entscheidungen dies nicht sind.

Praktische Reflexion: Diese Annahme steht jedoch in Spannung zu unserem praktischen Selbstverständnis. Dies zeigt sich beispielsweise darin, dass wir unser Tun und Unterlassen manchmal auch noch im Nachhinein für richtig oder falsch, für mehr oder weniger gelungen, angemessen oder vertretbar halten. Unser Leben ist nicht nur durchzogen von individuellen und gemeinschaftlichen Deliberationen (Überlegungen, in denen wir Argumente für und gegen künftige Handlungsmöglichkeiten abwägen, um Entscheidungen vorzubereiten) und den schon erwähnten aktuellen praktischen Stellungnahmen, durch die wir uns auf eine dieser Möglichkeiten festlegen. Es ist auch geprägt von ausgesprochenen oder unausgesprochenen Stellungnahmen zu jenen Stellungnahmen. In privaten und öffentlichen Erzählungen versuchen wir, unserem früheren Verhalten einen nachvollziehbaren Ort in einer sinnvollen Lebensgeschichte zu geben. In nachträglichen Überlegungen und Kalkulationen reflektieren wir unser vergangenes Tun und Unterlassen und beurteilen es im Hinblick auf mögliche Alternativen an Standards, Werten oder Idealen, mit denen wir uns identifizieren. Wir sind stolz auf unser Verhalten, schämen uns dafür oder fühlen uns dafür schuldig. Manchmal versuchen wir, uns mit Gründen über die Angemessenheit solcher Gefühle klar zu werden, oder unser Verhalten gegenüber anderen zu rechtfertigen. Manchmal bitten wir auch dafür um Verzeihung. Wir ziehen durch unser Verhalten Dankbarkeit und Anerkennung oder Kritik und Vorwürfe auf uns. Wir sind anderen Personen für ihr Verhalten dankbar, fordern darüber Rechenschaft oder bemühen uns um Toleranz.

Ethischer Fachdiskurs: In solchen und ähnlichen Reaktionen auf eigenes oder fremdes Verhalten adressieren wir uns selbst oder andere als Personen, die für ihr Verhalten Verantwortung tragen, und wir behandeln das fragliche Verhalten als etwas, das – zumindest potentiell – auf praktische Gründe und Standards bezogen war. Deshalb können wir das Verhalten von Personen, anders als Naturereignisse, nicht nur als erfreulich oder bedauerlich empfinden, sondern auch beispielsweise der betreffenden Person für ihr Verhalten dankbar oder wegen ihres Verhaltens über sie empört sein (vgl. klassisch Strawson 1962). Derartige Reaktionen sind an die Annahme geknüpft, dass die adressierte Person zumindest imstande gewesen wäre, sich in ihrem Verhalten an praktischen Gründen und Standards zu orientieren, und diejenigen Erwägungen zu berücksichtigen, mit denen wir sie gegebenenfalls noch nachträglich konfrontieren (Darwall 2006, S. 11 ff.). Deshalb erkennen wir sie als geeignete Adressatin für Reaktionen und Stellungnahmen an, in denen wir unter Bezugnahme auf praktische Gründe und Standards zu ihrem Verhalten Stellung nehmen und etwa dessen Klugheit, Richtigkeit, Angemessenheit oder Vertretbarkeit bekräftigen, bestreiten oder in Zweifel ziehen. Dabei kann unser Ziel sein, Dank abzustatten, Rechenschaft oder Wiedergutmachung zu fordern, Vereinbarungen für ähnliche Situationen in der Zukunft zu treffen oder schlicht, uns auf eine gemeinsame Perspektive der Handlungsbeurteilung zu verständigen. In individuellen und kollektiven Deliberationen ebenso wie in nachträglichen handlungsbezogenen Diskussionen bemühen wir uns also immer wieder um die kritische Prüfung praktischer Orientierungen. Wir prüfen Orientierungsmaßstäbe und beziehen diese Maßstäbe auf das Verhalten und die praktischen Einstellungen, Haltungen und Urteile verantwortungsfähiger Wesen und die Beschaffenheit der von ihnen geschaffenen Institutionen. Ethik ist im Grunde nichts anderes als eine Fortsetzung solcher Bemühungen (siehe dazu auch Kap. 9); wenn auch eine methodische, mit wissenschaftlicher Sorgfalt betriebene Fortsetzung. Von praktischen Alltagsdebatten unterscheidet sich der ethische Fachdiskurs vor allem durch höhere Ansprüche im Hinblick auf die Genauigkeit der Begriffsverwendung, die Explizitheit von Hypothesen, Hintergrundannahmen und Argumenten und die systematische Ausarbeitung ethischer Positionen. Diese höheren Ansprüche sind angemessen und zumutbar, weil der ethische Fachdiskurs in weit höherem Maße von Entscheidungsdruck und von sozialen Erwartungen und Zwängen entlastet ist als praktische Alltagsdebatten.

Ethik als Moralphilosophie: Der Begriff ›Ethik‹ geht auf das altgriechische *Ethos* zurück (ἔθος: Gewohnheit, Brauch, Sitte, sowie ἦθος: was zusätzlich als Charakter und Sinnesart übersetzt werden kann). Aristoteles' Rede von ethischer Theorie (ἠθικὴς θεωρίας, *ethikès theorías*) entspricht Ciceros lateinischer Begriff der Moralphilosophie (*philosophia moralis*, zur Begriffsgeschichte vgl. Caldera et al. 2017). Üblicherweise wird auch gegenwärtig **Ethik als Moralphilosophie** oder als wissenschaftliche Reflexion auf Moral definiert. Im Hinblick auf diese Standarddefinition sind allerdings drei Erläuterungen nötig:

Probleme der Standarddefinition von ›Ethik‹

1. In der Literatur sind neben der genannten Standarddefinition auch alternative Verwendungsweisen des Ethikbegriffs zu finden. Mitunter werden Ethik und Moral auf andere Weise oder gar nicht systematisch unterschieden.
2. Die Rede von Ethik als Philosophie des ›Gegenstands‹ Moral darf nicht so verstanden werden, als ob eine Kluft zwischen Moral und Ethik bestünde. Wie im vorigen Abschnitt erläutert, gehen beide vielmehr ineinander über: Verhalten und praktische Einstellungen verantwortungsfähiger Wesen sind immer schon auf Gründe und Kriterien bezogen, die bereits in praktischen Alltagsdiskussionen kritisch reflektiert werden, wenngleich in weniger systematischer Weise (vgl. Ricken 2013, S. 25; Birnbacher 2013, S. 114 f.).
3. Der Moralbegriff hat sich seit Cicero signifikant gewandelt und wird auch gegenwärtig in unterschiedlicher Weise verwandt.

Unter dem zuletzt genannten Umstand leidet unvermeidlich auch die Klarheit der Standarddefinition von Ethik als Philosophie der Moral. Daher sind einige Überlegungen zum Moralbegriff angezeigt. Im ersten Schritt wird zunächst ein weiter Moralbegriff eingeführt, der für die systematischen Zwecke dieses Lehrbuchs ausreichend ist. Das ihm entsprechende weite Ethikverständnis wird dann durch die gängige Unterscheidung dreier Subdisziplinen differenziert. Anschließend werden zwei Vorschläge zur Festlegung eines spezifischeren Moralbegriffs vorgestellt und im Hinblick auf ihre Konsequenzen für die Rolle der Ethik diskutiert. Letzteres geschieht mit dem Ziel, über prominente Definitionsversuche zu informieren und zugleich für die Bedeutung und die Schwierigkeiten der Definitionsfrage zu sensibilisieren.

Weiter Moralbegriff und ethische Subdisziplinen: In einem ersten Zugang lässt sich **Moral** vorläufig **als die Gesamtheit feststellbarer Verhaltensweisen, Verhaltensnormen und verhaltensbezogener Einstellungen und Werturteile** verstehen. Ethik als Moralphilosophie wäre demnach eine Disziplin mit weitem Gegenstandsgebiet, eine Art allgemeine Verhaltenswissenschaft. Ein etwas spezifischeres Verständnis lässt sich dann durch die heute gebräuchliche Unterscheidung zwischen den folgenden drei Subdisziplinen der Ethik gewinnen:

Subdisziplinen der Ethik

1. **Deskriptive Ethik** beschreibt vorfindliche Verhaltensweisen, Verhaltensnormen und verhaltensbezogene Einstellungen und Werturteile.
2. **Normative Ethik** begründet, kritisiert oder rechtfertigt Verhaltensweisen, Verhaltensnormen und verhaltensbezogene Einstellungen und Werturteile. Dabei lassen sich zwei Teilgebiete unterscheiden:

a) Die **allgemeine Ethik** konzentriert sich auf generelle und grundlegende Normen, Einstellungen oder Wertungen.
b) Die ›angewandte‹ oder **bereichsspezifische Ethik** nimmt spezifische Praxisbereiche in den Blick.
3. **Metaethik** zielt auf die Klärung von Grundlagen der Mitteilung von und der Verständigung über Verhaltensnormen und verhaltensbezogene Werturteile und nicht (unmittelbar) auf deren Begründung oder Rechtfertigung. Die Metaethik umfasst insbesondere:
   a) Beiträge zum Verständnis der Bedeutung der sprachlichen Äußerung, Begründung oder Kritik von Verhaltensnormen oder verhaltensbezogenen Einstellungen und Werturteilen (**Semantik** der moralischen Sprache);
   b) Beiträge zur Wissenschaftstheorie der normativen Ethik und zur Theorie der Erkenntnis moralischer Wahrheiten und/oder der Rechtfertigung von Verhaltensnormen oder verhaltensbezogenen Werturteilen (**Wissenschafts-, Erkenntnis- und Rechtfertigungstheorie** der Ethik);
   c) Beiträge zum Verständnis der Natur moralischer Phänomene oder moralischer Tatsachen (**Phänomenologie** und **Ontologie** der Moral).

Mitunter werden der Metaethik auch Bereiche der Moralpsychologie zugerechnet. Eine zentrale Hilfswissenschaft der Ethik, die auf vielfältige Weise insbesondere mit der Metaethik verknüpft ist, aber meist nicht selbst der Ethik zugeordnet wird, ist die **deontische Logik**. Sie untersucht die logischen Beziehungen zwischen Wertsätzen (»X ist gut/schlecht/besser als«) und Sollenssätzen (»Y ist erlaubt/geboten/verboten«) sowie zwischen solchen Sätzen und anderen Sätzen. Die systematischen Abhängigkeiten zwischen den ethischen Subdisziplinen werden kontrovers diskutiert. Strittig ist beispielsweise, ob die Metaethik vollständig von normativ-ethischen Hintergrundannahmen freigehalten werden kann (Neutralitätsthese). Eine Unterscheidung zwischen den genannten Subdisziplinen erscheint jedoch zumindest im Hinblick auf das von ihnen jeweils primär verfolgte Erkenntnisinteresse sinnvoll und unproblematisch. So geht es der Metaethik jedenfalls nicht primär um die Begründung von Verhaltensnormen oder Werturteilen. In der Alltagssprache ist von ›Ethik‹ fast durchweg im Sinne der normativen Ethik die Rede.

Moralbegriff und gesellschaftliche Differenzierung: Der im vorigen Abschnitt vorgeschlagene umfangreiche Moralbegriff ist nicht weit vom ursprünglichen Gebrauch des lateinischen Stammwortes *mos, mores* entfernt, das den gesamten Bereich gesellschaftlicher Verhaltensmuster und Sitten umfasst. In der Geschichte der Moralphilosophie ist die Bedeutung des Moralbegriffs jedoch in zunehmendem Maße enger gefasst worden, ohne dass sich bislang ein Definitionsvorschlag allgemein durchgesetzt hätte. Beide Tatsachen sind aufschlussreich. Die historisch feststellbare Tendenz zu engeren Fassungen des Moralbegriffs entspricht der Ausdifferenzierung gesellschaftlicher Praxisbereiche, Institutionen oder Funktionssysteme (insbes. Recht, Politik, Wirtschaft). Sie werden durch interne Normen und Zielvorgaben spezifischen Charakters reguliert. Nach und nach sind sie zum Gegenstand eigener verhaltenswissenschaftlicher Disziplinen geworden. So hat sich etwa die Wirtschaftswissenschaft (erst) im 18. Jahrhundert von der allgemeinen Moralphilosophie und politischen Philosophie abgegrenzt und versteht sich nicht mehr lediglich als Subdisziplin der Ethik. Andererseits lässt sich gerade am Beispiel der Wirtschaftswissenschaft illustrieren, dass die Frage verbleibender systematischer Abhängigkeiten zwischen der Ethik einerseits und den verhaltenswissenschaftlichen Einzeldisziplinen andererseits hochgradig kontrovers geblieben ist (siehe die Ausführungen zur Wirtschaftsethik in Kap. 11.4). Hier dürfte zumindest einer der Gründe dafür liegen, dass sich bislang keiner der spezifischeren Moralbegriffe allgemein durchgesetzt hat. Denn wenn man an der Definition von Ethik als Moralphilosophie festhält, werden mit der Eingrenzung des Moralbegriffs zugleich die Kompetenzen der Ethik und die Grenzen zwischen ihr und den übrigen Verhaltenswissenschaften festgelegt. Diese Grenzen sind aber innerhalb und zwischen diesen Disziplinen immer wieder strittig.

Bernard Gerts Moraldefinition: Aus den gegenwärtig relevanten Beiträgen zur Definition des Moralbegriffs werden im Folgenden zwei prominente Vorschläge für spezifischere Moraldefinitionen herausgegriffen, die wesentliche Unterschiede erkennen lassen. Der erste Beitrag stammt von Bernard Gert, der sich ausführlich mit der Definitionsfrage beschäftigt und auch den einschlägigen Beitrag in einem der wichtigsten philosophischen Nachschlagewerke verfasst hat, der *Stanford Encyclopedia of Philosophy* (SEP; Gert 2016). Gert definiert Moral wie folgt:

Gert 2005, S. 14

»Morality is an informal public system applying to all rational persons, governing behavior that affects others, and includes what are commonly known as the moral rules, ideals and virtues and has the lessening of evil and harm as its goal.«

Gerts Charakterisierung der Moral als informelles System zielt vor allem auf die Abgrenzung zwischen Moral und Recht. Die Festlegung, Moral sei für alle rationalen Personen gültig, unterscheidet Moral unter anderem von lokalen Konventionen und schließt bloße ›Privat-‹ oder ›Gruppenmoralen‹ aus dem Bereich der ›eigentlichen‹ Moral aus. Grundsätzlich ist für Gerts Moraldefinition kennzeichnend, dass sie das Wesen der Moral zumindest *auch* über die **Inhalte** moralischer Normen oder Werte bestimmt: Gert legt Moral auf das Ziel der Verminderung von Übel und Schaden fest und beschränkt ihre Aufgabe zudem auf die Regulierung von Verhalten, das »andere« betrifft. Das bedeutet, dass schon mit der Eingrenzung dessen, was überhaupt zum Bereich der Moral zählt (im Unterschied zum Bereich des Nichtmoralischen) zugleich zur Frage Stellung genommen wird, was moralisch richtig oder gut ist. Für seine Moraldefinition erhebt Gert zum einen den Anspruch, dass sie ein weithin geteiltes Moralverständnis treffe (weswegen sie auch dasjenige umfassen soll, was als moralische Regeln, Ideale und Tugenden »allgemein bekannt« ist). Zum anderen geht er jedoch davon aus, dass die so definierte Moral von allen rationalen Personen als allgemeiner Verhaltenscode akzeptiert würde und versteht seine Definition daher zugleich als ›normative‹ Definition; das heißt als eine Definition, die nicht nur eine faktisch feststellbare Verwendung des Wortes adäquat erfasst, sondern auch angibt, wie wir Moral vernünftigerweise verstehen *sollten* (Gert 2016). Dass sich beides so gut zusammenfügt, soll wiederum daran liegen, dass wir – zumindest im Hinblick auf zentrale Bereiche unserer Praktiken – faktisch bereits eine »gemeinschaftliche Moral« (*common morality*; Gert 2004, 2005) teilen, die zumindest in Grundzügen demjenigen entspricht, was wir vernünftigerweise akzeptieren würden, wenn wir uns mit allen anderen rationalen Personen auf ein gemeinschaftliches Verhaltenssystem zu einigen suchen, das die spezifischen Merkmale verletzlicher und fehlbarer Vernunftwesen berücksichtigt (Gert 2016).

Immanuel Kants Verständnis moralischer Imperative: Einen anderen Zugang zur Bedeutung des Moralbegriffs bietet Immanuel Kants terminologische Unterscheidung zwischen drei Arten von Imperativen. Kant definiert zunächst den Aufgabenbereich der praktischen Philosophie über die Grundfrage »Was soll ich tun?«. Diese Frage wird jedoch nicht immer im moralischen Sinne verstanden. Kant unterscheidet vielmehr drei mögliche Bedeutungen:

1. Mit der Frage »Was soll ich tun?« fragen wir manchmal nur nach **Mitteln für gegebene Ziele**, die als solche hinreichend klar umrissen sind und ihrerseits nicht hinterfragt werden (was soll ich tun, *wenn* ich diese Fahrradkette wechseln will?). Antworten auf solche Fragen nennt Kant **technische Imperative**.

2. In anderen Fällen fragen wir mit der Frage »Was soll ich tun?« nach **Wegen zu einem glücklichen Leben**. Auch in solchen Kontexten wird das Ziel bereits vorausgesetzt. Allerdings ist das Ziel für uns nicht nur ein zufälliges, sondern eines, das »man sicher und a priori bei jedem Menschen voraussetzen kann« (GMS, S. 415). Das Ziel der Glückseligkeit ist jedoch zunächst nicht klar umrissen; wir können uns davon »keinen bestimmten und sichern Begriff machen« (ebd., S. 399). Die Frage »Was soll ich tun, *wenn* ich ein glückliches Leben führen will?« zielt daher immer zugleich auf die Klärung dessen, was Glück für uns überhaupt bedeutet. Antworten auf diese Frage nach den Bedingungen des guten Lebens nennt Kant **pragmatische Imperative**.

3. Die Frage »Was soll ich tun?« kann Kant zufolge jedoch auch so verstanden werden, dass sie nicht lediglich nach Mitteln und Wegen fragt, bereits vorausgesetzte Ziele zu erreichen. Wir können auch danach fragen, welche Ziele wir *überhaupt* verfolgen dürfen oder müssen. Wenn wir so fragen, setzen wir gar keine unserer gegebenen Präferenzen und Vorlieben unkritisch voraus. Vielmehr stellen wir sie gänzlich unter Vorbehalt und betrachten sie lediglich als Teil einer Handlungssituation, für die wir nach zulässigen Orientierungen suchen (nämlich nach Handlungsprinzipien, die wir als allgemeine Gesetze wollen könnten). Antworten auf die so verstandene Frage, die die Form eines Gebots oder Verbots haben, nennt Kant **moralische Imperative** (dazu genauer Kap. 6).

Technische, pragmatische und moralische Imperative

Technische und pragmatische Imperative geben lediglich an, was wir tun sollen, soweit wir bestimmte Ziele erreichen wollen. Beide werden von Kant daher auch als **hypothetische Imperative** bezeichnet. Moralische

Imperative verpflichten uns dagegen – in einem spezifischen Sinne – unbedingt und vorbehaltlos auf bestimmte Handlungsweisen oder Orientierungen, daher nennt Kant sie auch **kategorische Imperative**. Diese ›Unbedingtheit‹ kategorischer Imperative bedeutet, dass sie nicht unter den Vorbehalt der Nützlichkeit für unqualifizierte Privatzwecke gestellt werden dürfen. Der Kaufmann, der nur ehrlich ist, weil und solange dies seinen Geschäftsinteressen dient, handelt eben nicht moralisch, sondern egoistisch (GMS, S. 397). Kategorische Unbedingtheit bedeutet hingegen *nicht*, dass moralische Pflichten in allen Fällen dieselben Handlungsweisen vorschreiben, unabhängig von den Spezifika der jeweiligen Handlungssituation und den jeweils konkret zu erwartenden Handlungsfolgen (eine Auffassung, die »ethischer Absolutismus« genannt wird). Kant behauptet dies nur für eine Teilklasse der moralischen Pflichten, die vollkommenen Pflichten. Die unvollkommenen Pflichten können je nach Situation unterschiedliche Verhaltensweisen erforderlich machen. Gleichwohl sind auch sie kategorisch gültig, denn auch sie erlauben keine Ausnahmen zugunsten irgendwelcher subjektiver Neigungen oder Privatzwecke (siehe Kap. 6.1). Aus der Tatsache, dass moralische Imperative ›letzte Ziele‹ vorschreiben, hypothetische Imperative aber lediglich Mittel zur Realisierung vorschreiben (oder vielleicht eher: empfehlen), ergibt sich ein strikter **Vorrang der Moral vor allen anderen praktischen Erwägungen**: Welche Mittel nötig sind, hängt ja davon ab, welche Ziele wir realisieren müssen – wir wählen die Mittel um der Ziele willen, nicht umgekehrt. Moral schreibt damit vor, welche ›pragmatischen‹ und ›technischen‹ Überlegungen überhaupt relevant sind. Kriterien moralischer Richtigkeit sind letzte, allen anderen Kriterien übergeordnete Maßstäbe der Handlungsorientierung.

Zur Vertiefung

Abweichende Terminologien

Jürgen Habermas (1991) unterscheidet ähnlich wie Kant zwischen drei Dimensionen der praktischen Vernunft, verwendet jedoch den Begriff **pragmatisch** für den Bereich der von Kant »technisch« genannten Imperative, den Begriff **ethisch** für Fragen des guten, gelungenen und authentischen Lebens (also den Bereich, in dem die von Kant »pragmatisch« genannten Imperative einschlägig sind). Fragen des unbedingten Sollens und der Gerechtigkeit nennt Habermas **moralisch** (ebenso wie Kant, der aber zwischen Moral und Ethik wiederum nicht unterscheidet). Diese (habermassche) Terminologie findet sich auch bei einigen anderen Autor/innen (zur Übersicht Forst 2001). Die uneinheitliche Verwendung der Fachterminologie ist ein generelles Merkmal (und eine generelle Schwierigkeit beim Studium) der Philosophie. Sie ist nicht völlig vermeidbar. Teils ist sie Resultat der langen Geschichte (immer wieder neu in verschiedenen Sprachen und kulturellen Kontexten angeeigneter und vielfach noch stets aktueller) philosophischer Diskussionen. Teils resultiert sie aus dem Charakter der Philosophie als wesentlich nicht-empirische Grundlagenwissenschaft. Er führt zwangsläufig dazu, dass terminologische Fragen stärker mit Sachfragen verwoben sind als dies in anderen Disziplinen der Fall ist.

Das Merkmal der Vorrangigkeit: Die meisten Ethiker/innen halten das Merkmal der Vorrangigkeit der Moral gegenüber anderen praktischen Kriterien für ein wesentliches, wenn nicht gar für *das* wesentliche Charakteristikum der Moral. Diese Auffassung geht nicht erst auf Kant zurück. Schon der antike Philosoph Seneca schreibt der Tugend einen ähnlichen Vorrang vor allen anderen praktischen Maßstäben zu (siehe Kap. 2.3.1). Martin Seels Auffassung, wonach »die philosophische Ethik seit jeher die Auffassung vertreten [hat], daß die moralischen Urteile eine vorrangige Gültigkeit haben« (Seel 1995, S. 321), ist allerdings mit einem Körnchen Salz zu lesen. Denn die von Kant aufgerichtete ›Brandmauer‹ zwischen ›pragmatischen‹ Fragen des eigenen guten Lebens einerseits und ›moralischen‹ Fragen nach dem, was wir unbedingt tun und lassen müssen, findet sich beispielsweise bei Aristoteles noch nicht; wo Aristoteles vom Gerechten und Schicklichen spricht, finden sich dafür bestenfalls vereinzelte Bausteine (siehe Kap. 2.3.1). In der aktuellen Diskussion der Moralphilosophie wird das Kriterium der Vorrangigkeit bzw. *overridingness* der Moral kontrovers diskutiert. Es wird beispielsweise auch von dem bereits erwähnten Bernard Gert abgelehnt. In dieser Kontroverse steht allerdings vor allem Richard M. Hares Interpretation der Vorrangigkeit von Moral im Mittelpunkt, die sich von derjenigen Kants in wesentlichen Hinsichten unterscheidet. Auf diese Diskussion kann hier nicht vertiefend eingegangen werden (für klassische Pro- und Contra-Positionen vgl. Hare 1981, S. 52 ff.; Foot 1972; zur Übersicht [Joshua] Gert 2013).

Vorrang der Moral

Hingewiesen sei jedoch auf die **Bedeutung der Vorrangigkeitskontroverse für die Rolle der Ethik** und ihr Verhältnis zu den übrigen Verhaltenswissenschaften: Akzeptiert man die These der Vorrangigkeit der Moral, bleibt zwar durchaus Raum für eine Ausdifferenzierung anderer normativer Verhaltenswissenschaften ›neben‹ der Ethik. Deren Normativität muss dann aber nach dem Muster hypothetischer Imperative verstanden werden. Entsprechend bleiben die Norm- und Wertaussagen dieser Wissenschaften gegenüber denen der Ethik systematisch untergeordnet. Die Ökonomie mag bestimmte Verhaltensweisen oder Institutionen empfehlen *für den Fall, dass* wir ein bestimmtes Ziel (z. B. eine bestimmte ›pareto-optimale‹ Güterverteilung, siehe Kap. 11.4) anstreben. Inwieweit es aber überhaupt richtig – erlaubt oder sogar geboten – ist, dieses Ziel anzustreben, ist letztlich keine ökonomische, sondern eine ethische Frage. Ebenso kann die Rechtswissenschaft zwar feststellen, dass bestimmte Verhaltensweisen rechtswidrig sind, aber nicht, ob es in einer spezifischen Situation wirklich geboten (oder auch nur erlaubt) ist, sich rechtskonform zu verhalten. Vielmehr sind es dieser Auffassung zufolge *letztlich* wiederum moralische Gründe, die uns zur Einhaltung von Rechtsnormen verpflichten (z. B. die Tatsache, dass gesetzeskonformes Verhalten für die Aufrechterhaltung einer funktionierenden Staatsordnung nötig und die Aufrechterhaltung einer funktionierenden Staatsordnung *prima facie* moralisch geboten ist; siehe Kap. 3). Ebenso sind es moralische Gründe, die – unter bestimmten Umständen – auch ein Recht auf oder gar eine Pflicht zum zivilen Ungehorsam oder Widerstand gegen positives Recht legitimieren können. Akzeptiert man die Vorrangigkeitsthese, kann sich die Ethik also zwar von Detaildiskussionen über Zweck-Mittel-Zusammenhänge und über die konstitutiven Regeln bestimmter gesellschaftlicher Institutionen oder Subsysteme entlasten. Sie behält sich aber in jedem Fall die **Rolle einer Schlichterin** vor, in deren Sprache alle Kontroversen über praktische Orientierungen letztlich ausgetragen werden müssen. Wird die Vorrangigkeit der Moral hingegen bestritten, so bleibt offen, inwieweit und auf welche Weise mögliche Spannungen zwischen moralischen und nicht-moralischen Normen oder Werten rational aufgelöst werden könnten. So lange nicht irgendeine (andere) Verhaltenswissenschaft einen Vorrangigkeitsanspruch für die von ihr begründeten Orientierungsmaßstäbe erhebt, wären wir mit einer Art »Polytheismus der Werte« (Weber 1988) konfrontiert, der eine rationale Rechtfertigung von Maßstäben praktischer Orientierung letztlich nicht erlaubt.

Formale und inhaltliche Moraldefinition: Bernard Gerts Verständnis des Moralischen unterscheidet sich von demjenigen Kants nicht nur im Hinblick auf die Frage der Vorrangigkeit. Unterschiede bestehen auch in einer weiteren wesentlichen Hinsicht: Gerts Vorschlag ist ein **substantiell gehaltvoller Moralbegriff**. Er baut inhaltliche Festlegungen sozusagen schon in den Moralbegriff ein, er behandelt sie als Teil der Bedeutung des Wortes ›Moral‹: Moral reguliert Verhalten, das andere betrifft, sie zielt auf die Verminderung von Schaden oder Übel etc. Durch diese begrifflichen Festlegungen schließt Gert von vornherein bestimmte Möglichkeiten aus, die von konkurrierenden Ansätzen der normativen Ethik gerade behauptet werden. Unvereinbar mit Gerts Moralbegriff ist beispielsweise die Möglichkeit, dass die Moral uns zur Maximierung von Glück verpflichtet (wie der Glücksutilitarismus behauptet; siehe Kap. 5). Ebenso schließt Gert schon mittels seiner Moraldefinition die Möglichkeit aus, dass es moralische Pflichten gegenüber der eigenen Person gibt (wie der Utilitarismus, Kant und viele religiöse Ethiken annehmen). Kant hält die *Definition* moralischer Imperative dagegen frei von inhaltlichen Festlegungen und schlägt eine **rein formale Moraldefinition** vor. Zur Moral zählen ihm zufolge genau diejenigen praktischen Prinzipien, von denen gezeigt werden kann, dass sie für uns unbedingt verbindlich im Sinne der Kategorizität sind. Die Aufgabe der Moralphilosophie liegt dann darin, zu prüfen, ob es solche Prinzipien überhaupt gibt und, wenn es sie denn gibt, wozu sie uns verpflichten. Ob eine Norm zur Moral gehört oder nicht, hängt nicht unmittelbar von ihrem Inhalt ab, sondern von ihrem Gültigkeits- und Begründungsanspruch. Deshalb kann auch derselbe Norminhalt (z. B.: »Du sollst nicht den Pfarrer beleidigen!«) sowohl eine moralische Norm als auch eine rechtliche Norm, eine Konvention, eine Spielregel oder Empfehlung ausdrücken, ohne dass sich dies an der Formulierung des Normsatzes allein ablesen ließe.

Zur Vertiefung

Kategorizität und Vorrangigkeit

Philippa Foot (1972, S. 308 f.) bestreitet, dass Kategorizität Vorrangigkeit impliziert. Auch Regeln der Etikette oder die Konventionen eines Clubs seien nicht instrumentell, also keine hypothetischen Regeln. Aus kantischer Sicht lässt sich dem zweierlei entgegnen: Erstens spricht gar nichts dagegen, dass Regeln der Etikette, Konventionen oder Spielregeln – kurz:

> Regeln oder Normen, die für bestimmte gemeinschaftliche Praxen konstitutiv sind – zugleich auch moralische Regeln sind (dies ist gerade eine der Pointen eines rein formalen Moralbegriffs). Zweitens ist die Frage, ob sie dies sind, davon abhängig, inwieweit die Teilnahme an der jeweiligen Praxis (z. B. der Mitgliedschaft in einem bestimmten Club) ihrerseits in das Belieben der Akteurin/des Akteurs gestellt ist. Solange es nicht strikt geboten ist, Mitglied in einem bestimmten Club zu sein oder ein bestimmtes Spiel zu spielen, sind die konstitutiven Regeln der Clubmitgliedschaft oder des Spiels für mich auch nicht vorbehaltlos verbindlich – sie gelten ja für mich nur, soweit ich eben Mitglied oder Mitspieler/in sein *will*.

Inwieweit die Äußerung eines bestimmten Normsatzes moralisch *gemeint* ist, lässt sich nur aus dem Kontext erschließen und hängt davon ab, inwieweit die Sprecherin damit den *Anspruch* verbindet, dass die ausgedrückte Norm für die adressierte Person als kategorisch verbindlich begründet werden kann. Ob es sich *tatsächlich* um eine moralische Norm handelt, hängt davon ab, ob eine solche Begründung möglich ist.

Terminologie: Die vorangehenden Überlegungen machen deutlich, dass die Kontroversen der Moralphilosophie schon bei der Frage anheben, mit welchem Gegenstand sie sich überhaupt beschäftigt. Eine Entscheidung für einen der spezifischeren Moralbegriffe ist an dieser Stelle allerdings weder nötig noch möglich. Zwar werden in späteren Kapiteln vereinzelt Überlegungen zugunsten der kantischen Vorrangigkeitsthese angestellt. Vorläufig wird jedoch nur das zuerst eingeführte weite Verständnis der Moral vorausgesetzt (als die Gesamtheit feststellbarer Verhaltensweisen, Verhaltensnormen und verhaltensbezogener Einstellungen und Werturteile). Denn die Zugrundelegung eines engeren Moral- und Ethikbegriffs würde es nicht ermöglichen, das gesamte Spektrum (auch historischer) ethischer Theorien in den Blick zu nehmen, das nachfolgend thematisiert wird. Festgehalten wird im Folgenden an der Unterscheidung der Subdisziplinen Deskriptive Ethik, Normative Ethik und Metaethik.

Ausblick: Das Ziel der vorliegenden Einführung ist es nicht, eine eigene moralphilosophische Theorie zu entfalten. Vielmehr will sie ein grundlegendes Verständnis der philosophischen Ethik, ihrer Fragen, ihrer Methoden, Perspektiven und Positionen vermitteln und dadurch zur ethischen Urteilsbildung beitragen. Die normative Ethik steht dabei im Mittelpunkt. (Der Begriff der normativen Ethik wird in diesem Zusammenhang so weit gefasst, dass auch tugendethische Ansätze dazu gehören.)

In **Teil II** werden zunächst klassische Ansätze der allgemeinen normativen Ethik vorgestellt, die für den Diskurs der Ethik von grundlegender und bleibender Bedeutung sind (**Kapitel 2–7**). Im Interesse einer vertieften Beschäftigung werden dabei nur wenige exemplarische Positionen behandelt und jeweils auf ihre bleibende systematische Bedeutung hin befragt. Eine umfassende Geschichte der Moralphilosophie (z. B. Rohls 1999) müsste demgegenüber auch Ansätze umfassen, die hier nicht (Spinozas Ethik) oder lediglich kursorisch (Hegels Moral- und Rechtsphilosophie) behandelt werden. Die Darstellung folgt jedoch mit einer Ausnahme der Chronologie, was das Verständnis ideengeschichtlicher Zusammenhänge erleichtert. Im abschließenden Kapitel des II. Teils (**Kapitel 8**) wird dann ein Überblick über zentrale Probleme, Argumente und Positionen der Metaethik gegeben. Der Fokus auf exemplarische Ansätze bietet die Möglichkeit, die Lektüre des Lehrbuchs durch das Studium von Auszügen der behandelten Originaltexte zu ergänzen. An Anthologien mit klassischen Texten der philosophischen Ethik besteht kein Mangel (u.a Höffe 2015; Shafer-Landau 2012). **Teil III** thematisiert die Orientierungsfunktion der Ethik in der modernen Gesellschaft. Dabei wird zunächst diskutiert, inwieweit und auf welche Weise die Moralphilosophie angesichts der Pluralität konkurrierender Ethiktheorien überhaupt Orientierung bieten kann (**Kapitel 9**). Sodann wird gefragt, welche spezifische Rolle der Ethik in der modernen Gesellschaft zukommt, insbesondere in Abgrenzung zum Recht (**Kapitel 10**). Abschließend werden die prominentesten Bereichsethiken vorgestellt (**Kapitel 11**).

Ziel des Lehrbuchs ist es, wie gesagt, ein grundlegendes, historisch und methodisch reflektiertes Verständnis ethischer Probleme, Argumente und Ansätze zu vermitteln und damit zur eigenen ethischen Urteilsbildung beizutragen. Soweit durch terminologische Entscheidungen oder die Auswahl von Argumenten und Positionen gleichwohl kontroverse Festlegungen unvermeidlich sind, wurde versucht, die getroffenen Festlegungen nach Möglichkeit explizit zu machen und denkbare Alternativen im Blick zu behalten. Dies mag den Text mitunter etwas ›sperrig‹ machen, wie vielleicht schon die vorangehenden Ausführungen zum Moralbegriff erkennen lassen. Es hat aber den Vorteil, dort, wo fachliche Kontroversen tatsächlich noch nicht beigelegt sind, nicht trügerische Klarheit und Eindeutigkeit zu vermitteln, sondern zum eigenen kritischen Urteilen und zur weiteren Beschäftigung einzuladen.

Siglenverzeichnis
AA – Akademieausgabe (Kant 1902 ff.)
GMS – Grundlegung zur Metaphysik der Sitten, AA, Bd. IV, S. 385–464
EAE – Encyclopedia of Applied Ethics (Chadwick 2012)
HWPh – Historisches Wörterbuch der Philosophie (Ritter/Gründer/Gabriel 2017)
SEP – Stanford Encyclopedia of Philosophy (Zalta)

Einführende Literatur
Becker, Lawrence C./Becker, Charlotte B.: Encyclopedia of Ethics. New York/London ^{2}2001.
Beauchamp, Tom: Philosophical Ethics: An Introduction to Moral Philosophy. Boston ^{3}2001.
Birnbacher, Dieter: Analytische Einführung in die Ethik. Berlin/New York ^{3}2013.
Darwall, Stephen: Philosophical Ethics. Boulder/Oxford 1998.
Düwell, Marcus/Hübenthal, Christoph/Werner, Micha H. (Hrsg.): Handbuch Ethik. Stuttgart/Weimar ^{3}2011.
Frankena, William K.: Ethics. Englewood Cliffs 1973.
Hübner, Dietmar: Einführung in die philosophische Ethik. Stuttgart ^{2}2018.
LaFollette, Hugh (Hrsg.): The International Encyclopedia of Ethics. Malden 2013.
Ricken, Friedo: Allgemeine Ethik. Stuttgart u. a. ^{5}2013.
Rohls, Jan: Geschichte der Ethik. Tübingen ^{2}1999.

Ethik und Moral

Zitierte und weiterführende Literatur

Büchner, Georg: Werke in einem Band. Berlin/Weimar 1984.

Caldera, Rafael T. et al.: »Moral, moralisch, Moralphilosophie«. In: HWPh, https://dx.doi.org/10.24894/HWPh.5283.

Darwall, Stephen L.: The Second-Person Standpoint: Morality, Respect, and Accountability. Cambridge/London 2006.

Enoch, David: Taking Morality Seriously: A Defense of Robust Realism. Oxford/New York 2011.

Foot, Philippa: »Morality as a System of Hypothetical Imperatives«. In: The Philosophical Review 81/3 (1972), S. 305–316.

Forst, Rainer: »Ethik und Moral«. In: Wingert, Lutz/Günther, Klaus (Hrsg.): Die Öffentlichkeit der Vernunft und die Vernunft der Öffentlichkeit: Festschrift für Jürgen Habermas. Frankfurt a. M. 2001, S. 344–372.

Gert, Bernard: Common Morality: Deciding What to Do. New York 2004.

Gert, Bernard: Morality: Its Nature and Justification. New York/Oxford 2005.

Gert, Bernard: »The Definition of Morality«. In: SEP 2016.

Gert, Joshua: »Overridingness, Moral«. In: LaFollette, Hugh (Hrsg.): International Encyclopedia of Ethics. Malden 2013.

Habermas, Jürgen: »Zum pragmatischen, ethischen und moralischen Gebrauch der praktischen Vernunft«. In: Erläuterungen zur Diskursethik. Frankfurt a. M. 1991, S. 100–118.

Hare, Richard M.: Moral Thinking: Its Levels, Method, and Point. Oxford 1981.

Höffe, Otfried: Lesebuch zur Ethik: Philosophische Texte von der Antike bis zur Gegenwart. München ^{6}2015.

Kant, Immanuel: Gesammelte Schriften, hrsg. von der Königlich Preußischen Akademie der Wissenschaften. Berlin 1902 ff.

Riedel, Manfred (Hrsg.): Rehabilitierung der praktischen Philosophie. Zwei Bände. Freiburg i. Br. 1972.

Ritter, Joachim/Gründer, Karlfried/Gabriel, Gottfried: Historisches Wörterbuch der Philosophie online. Basel/Stuttgart 2017. In: https://dx.doi.org/10.24894/HWPh.7965.0692.

Seel, Martin: Versuch über die Form des Glücks. Frankfurt a. M. 1995.

Seneca, Lucius A.: Philosophische Schriften: lateinisch und deutsch. Darmstadt 1999.

Shafer-Landau, Russ (Hrsg.): Ethical Theory: An Anthology. Chichester, West Sussex/Malden ^{2}2012.

Strawson, Peter F.: »Freedom and Resentment«. In: Proceedings of the British Academy 48 (1962), S. 187–211.

Weber, Max: »Wissenschaft als Beruf«. In: Gesammelte Schriften zur Wissenschaftslehre. Tübingen 1988, S. 566–597.

Zalta, Edward N. (Hrsg.): The Stanford Encyclopedia of Philosophy. In: https://plato.stanford.edu/.

Open Access Dieses Kapitel wird unter der Creative Commons Namensnennung 4.0 International Lizenz (http://creativecommons.org/licenses/by/4.0/deed.de) veröffentlicht, welche die Nutzung, Vervielfältigung, Bearbeitung, Verbreitung und Wiedergabe in jeglichem Medium und Format erlaubt, sofern Sie den/die ursprünglichen Autor(en) und die Quelle ordnungsgemäß nennen, einen Link zur Creative Commons Lizenz beifügen und angeben, ob Änderungen vorgenommen wurden.

Die in diesem Kapitel enthaltenen Bilder und sonstiges Drittmaterial unterliegen ebenfalls der genannten Creative Commons Lizenz, sofern sich aus der Abbildungslegende nichts anderes ergibt. Sofern das betreffende Material nicht unter der genannten Creative Commons Lizenz steht und die betreffende Handlung nicht nach gesetzlichen Vorschriften erlaubt ist, ist für die oben aufgeführten Weiterverwendungen des Materials die Einwilligung des jeweiligen Rechteinhabers einzuholen.

II Ethische Theorien

2 Wie leben wir ein gutes Leben? Ansätze der Tugendethik

2.1 Ursprünge ethischen Denkens
2.2 Aristoteles' Tugendethik
2.3 Systematische Fragen

»Ja, renn' nur nach dem Glück, doch renne nicht zu sehr, denn alle rennen nach dem Glück, das Glück rennt hinterher.«

Brecht 1988, Bd. 2, S. 291

Glücksstreben: Dieser häufig zitierte Ratschlag stammt aus Bertolt Brechts *Dreigroschenoper*, genauer aus der *Ballade von der Unzulänglichkeit menschlichen Planens*. Die provokativ-sarkastische Ballade erklärt den Menschen für grundsätzlich unfähig in genau demjenigen, worin die philosophische Ethik über viele Jahrhunderte ihre wichtigste Aufgabe gesehen hat: die Konturen eines guten Lebens zu umreißen und das menschliche Glücksstreben durch vernünftige Überlegung und Selbstkontrolle in gute Bahnen zu lenken. Die Auffassung, dass wir alle nach Glück streben, teilt Brechts moderne Ballade dabei mit den antiken **Ethiken des guten Lebens**, mit Aristoteles und den Autoren der Stoa, ebenso wie mit Kant und anderen neuzeitlichen Autoren.

> **Ethik des guten Lebens** werden systematische Versuche genannt, die Form eines guten Lebens zu bestimmen und diejenigen vorbildlichen praktischen Haltungen und Charakterzüge zu identifizieren, die ein solches Leben prägen oder ermöglichen. In ähnlichem Sinn wird auch von **Glücksethiken** gesprochen. Sie unterscheiden sich von Ethiken, die primär Kriterien für die moralische Richtigkeit von Handlungen oder Handlungsnormen zu begründen suchen.

Definition

Die Unterschiede liegen in der Einschätzung, inwieweit wir unser Glück selbst in der Hand haben, was unter Glück genauer zu verstehen ist und inwieweit sich überhaupt allgemeine, überpersönlich und zeitlos gültige Aussagen über Inhalt und Bedingungen menschlichen Glücks begründen lassen. Mit den philosophischen Antworten auf diese Fragen und den entsprechenden Überlegungen und Argumenten wird sich dieses Kapitel vor allem beschäftigen. Zugleich wird es in die Anfänge ethischen Denkens in der griechischen Antike einführen. Dabei wird, trotz des zeitlichen Abstands von etwa zweieinhalb Jahrtausenden, vieles erstaunlich vertraut erscheinen. Andererseits wird bei der Lektüre manches begegnen, das aus heutiger Sicht fremd anmutet. Die **Erfahrung von Fremdheit** gehört zugleich zum Gegenstand. Denn es war und ist regelmäßig die Erfahrung fremdartiger oder befremdlicher Vorstellungen vom guten Leben und gerechten Verhalten, die eine ethische Reflexion in Gang setzt. Der Eindruck, dass verschiedene Personen oder Gemeinschaften sich an unterschiedlichen Werten orientieren oder unterschiedlichen Normen folgen, provoziert die Frage, ob und inwieweit es überhaupt ›richtige‹ Werte und Normen gibt und woran sich ihre Richtigkeit bemisst.

Ethischer Naturalismus: Schon in der vorsokratischen Philosophie und in aller Deutlichkeit durch die Athener Sophisten werden die richtigen Werte und Normen regelmäßig mit denen gleichgesetzt, die von Natur aus gelten. Natur ist auch der primäre Bezugspunkt, wenn Platon, Aristoteles, die Kyniker oder die Stoiker nach dem Wesen eines guten und gelungenen Lebens fragen. Ein gutes und glückliches Leben ist für sie alle gleichbedeutend mit einem naturgemäßen Leben. Dieser ethische Naturalismus hat die Tradition der Moralphilosophie maßgeblich geprägt. Freilich unterscheiden sich etwa Aristoteles' Annahmen über die Natur grundlegend vom heutigen Naturverständnis, das sich seit der frühen Neuzeit in klarer Absetzung von der aristotelischen Tradition durchgesetzt hat. Gleichwohl wird Aristoteles' Ethik auch noch von vielen zeitgenössischen Philosophinnen und Philosophen als aktuell relevantes oder zumindest aktualisierungsfähiges Modell einer **Ethik des guten Lebens** betrachtet. Dies alles ist Grund genug, Aristoteles' ethisches Denken in diesem Kapitel ausführlicher in den Blick zu nehmen, es aber auch mit späteren Auffassungen zu kontrastieren.

2.1 | Ursprünge ethischen Denkens

Ethik und Naturphilosophie: In den frühesten Zeugnissen der griechischen Philosophie steht nicht die Ethik, sondern die Naturphilosophie im Mittelpunkt. Allerdings ist beides zunächst nicht klar geschieden. Im ältesten überlieferten Textfragment denkt der milesische Philosoph Anaximandros (ca. 610–546 v. u. Z.) über den Ursprung aller Dinge, über Werden und Entstehen, aber offenbar zugleich auch über Schuld, Sühne und Gerechtigkeit nach:

Diels/Kranz 1956 (DK, 12A9)
»Anfang und Ursprung der seienden Dinge [...] ist das *Apeiron* (das grenzenlos-Unbestimmbare). Woraus aber das Werden ist den seienden Dingen [...], in das hinein geschieht auch ihr Vergehen nach der Schuldigkeit; denn sie zahlen einander gerechte Strafe und Buße für ihre Ungerechtigkeit nach der Zeit Anordnung«

Zur Vertiefung

Zitieren philosophischer Klassiker

Für einige philosophische Klassiker haben sich im akademischen Kontext spezielle Zitierkonventionen durchgesetzt, die (mit Ausnahmen im Interesse der Lesbarkeit) auch in diesem Band befolgt werden. So werden Vorsokratiker üblicherweise nicht nach Seitenzahlen, sondern nach dem Ordnungsschema der Ausgabe von Hermann Diels und Walther Kranz (abgekürzt als DK) zitiert, Platon nach der Zählung der von Henricus

> Stephanus besorgten *Stephanus-Ausgabe*, Aristoteles nach der auf der Aristoteles-Ausgabe Immanuel Bekkers basierenden *Bekker-Paginierung* (häufig mit zusätzlicher Angabe der Kapitel und Bücher), Kant nach der *Akademieausgabe* (Akad.-Ausg. oder schlicht AA), Nietzsche nach der *Kritischen Studienausgabe* (KSA), und so weiter. Viele – wenn auch leider nicht alle – aktuelle Ausgaben philosophischer Klassiker bemühen sich, diesen Zitierkonventionen durch entsprechende Randnummern oder Seitenkonkordanzen Rechnung zu tragen.

Die hier anklingende Vorstellung einer harmonischen Einheit von Naturordnung einerseits und moralischer Ordnung andererseits, von Naturkausalität und gerechter Vergeltung, scheint aus heutiger Sicht nicht weit entfernt von mythischem Denken oder einer ideologischen Verklärung bestehender Verhältnisse. Sie steht jedoch am Anfang einer philosophischen Reflexionsbewegung, die sich gerade gegen den blinden Glauben an die Gültigkeit der alten Erzählungen und der hergebrachten sittlichen Traditionen wendet und durch vernünftige Überlegung zu überzeugenderen Antworten auf grundlegende Fragen gelangen will. In Anaximandros' Vorstellung einer harmonischen Einheit von Naturordnung und moralischer Ordnung ist zudem ein **ethischer Naturalismus** angedeutet, der für diese Aufklärungsbewegung viele Jahrhunderte lang, mindestens bis zur frühen Neuzeit, bestimmend war. Schließlich lässt sich diese Vorstellung auch als **Idee einer metaphysischen Gerechtigkeit** verstehen, von der sich zumindest sagen lässt, dass sie den Gegenstand einer grundlegenden – Kant zufolge sogar unvermeidlichen (KpV, S. 134) – menschlichen Hoffnung bildet.

Orientierung an der Vernunft: Ethik als philosophische Moralreflexion ist von Anfang an auch **Kritik traditioneller und konventioneller Vorstellungen** vom guten und richtigen Leben. Diese philosophische Kritik betrifft sowohl konkrete Inhalte der Überlieferung wie auch die Form einer Orientierung, die hergebrachte Traditionen schon als solche für maßgebend hält. So zieht beispielsweise Heraklit aus Ephesos (ca. 520–460 v. u. Z.) traditionelle Vorstellungen von Blutrache und Ehre ins Lächerliche, indem er diejenigen, die »Reinigung« von Blutschuld suchen, »indem sie sich mit neuem Blut besudeln« mit jemandem vergleicht, »der in Kot getreten, sich mit Kot abwaschen wollte« (DK, 22B5). Heraklit bekämpft die Autorität Homers und des ›Vielwissers‹ (DK, 22B40) Hesiod und fordert, wir sollten nicht einfach »als Kinder der Erzeuger« handeln (DK, 22B74), also nicht blind den Sitten unserer Vorfahren folgen. Orientieren sollen wir uns vielmehr an einer Vernunft, die ›allen gemeinsam‹ ist (vgl. u. a. DK, 22B113), und naturgemäß handeln: »Gesund denken ist die größte Vollkommenheit, und die Weisheit besteht darin, die Wahrheit zu sagen und zu handeln nach der Natur, auf sie hinhörend« (DK, 22B112). Als zentrale Orientierungsmaßstäbe treten hier, wie bei den nachfolgenden Philosophen, λόγος (*logos*) und φύσις (*physis*) auf.

Ansätze der Tugendethik

Definition

> Der Begriff *logos* ist vieldeutig und kann sowohl ein Wort wie eine Rede(sequenz), deren Sinn, ein Argument, das Vernunftvermögen einer Person oder eine objektive Vernunft, Vernunftordnung oder vernünftige Struktur bezeichnen. In letzterer Bedeutung kann der *logos* dann auch als etwas verstanden werden, das die Natur (φύσις, *physis*) durchwaltet und zu einer Weltordnung (κόσμος, *kosmos*) zusammenfügt. Die das griechische Denken dominierende Vorstellung, dass die Gesamtheit der Natur sich zu einer harmonischen Ordnung zusammenfügt, kommt auch darin zum Ausdruck, dass das Wort ›kosmos‹ zugleich ›Schmuck, Zierrat‹ bedeutet.

Entsprechend hat, wie Karl-Otto Apel (2011) hervorhebt, der griechische Logosbegriff einen doppelten Bezug: Entsprechend der unmittelbaren Bedeutung des Wortes *logos* verweist er zum einen auf die **intersubjektiv geteilte Vernunft der menschlichen Rede**, die sich im dialogischen Austausch von Argumenten manifestiert, zum anderen auf eine objektive, **in der Natur verkörperte Vernunftordnung**.

Natur und Praktische Vernunft: In den frühesten Beiträgen der griechischen Philosophie steht das Nachdenken über die Natur im Mittelpunkt. Die frühen Ansätze der milesischen Philosophie hatten das Nachdenken über die Natur zunächst aus religiösen und mythischen Zusammenhängen wie auch aus unmittelbar lebenspraktischen Kontexten herausgelöst. Spätestens seit Heraklit werden die solcherart ›entmythologisierten‹ Vorstellungen natürlicher Ordnung dann wieder als Grundlage einer traditionskritischen philosophischen Ethik herangezogen. In der als ›griechische Aufklärung‹ bezeichneten Periode ab der zweiten Hälfte des 5. Jahrhunderts vor unserer Zeitrechnung wendet sich der Blick noch stärker auf das politische Zusammenleben. In der sich in Athen entwickelnden Demokratie lehren die Sophisten die öffentliche Rede und setzen sich in diesem Zusammenhang mit Rhetorik, Logik und Argumentationstheorie auseinander. Nicht zuletzt beschäftigen sie sich mit den zeitgenössischen Vorstellungen von Tugend und den Regeln gemeinschaftlichen Zusammenlebens. Damit reagieren sie auf einen akuten **Orientierungsbedarf**, der außer durch die aktuelle Erfahrung der Veränderlichkeit gesellschaftlicher Regeln durch den lebhaften Austausch mit anderen Gemeinschaften entsteht. Auch viele der in Athen lehrenden Sophisten selbst stammen ursprünglich aus fremden Poleis. Angesichts der Vielfalt unvereinbarer Gesetze, Tugendvorstellungen, religiöser Normen und Konventionen suchen sie Orientierung durch die Besinnung auf das Naturgemäße. Den ›durch Satzung‹ (θέσει, *thesei*) etablierten Orientierungen suchen sie die ›von Natur aus‹ (φύσει, *physei*) geltenden Orientierungen gegenüber zu stellen, wobei mit ›Natur‹ zumal die Natur des Menschen gemeint ist.

»Der Gegensatz von Natur und Satzung ist die am meisten charakteristische Begriffsbildung der griechischen Aufklärung; er beherrscht ihre ganze Philosophie, und er hat von vornherein [...] die Bedeutung einer Norm der Wertschätzung. Wenn es etwas Allgemeingültiges gibt, so ist es das, was »von Natur« für alle Menschen ohne Unterschied des Volkes und der Zeit gilt [...].« (Windelband 1912, S. 60)

Trotz weitgehender Übereinstimmung in dieser Form der Begründung, sind die von den Sophisten vertretenen ethischen Vorstellungen ihrem Inhalt nach sehr verschieden.

Naturrechtsdenken der Sophisten: Protagoras (ca. 490–411 v. u. Z.) sieht sich vor dem Hintergrund einer skeptisch-relativistischen Erkenntnistheorie nicht zu radikaler Kritik bestehender Ordnungen berufen und bemüht sich, wenn wir Platons Bericht glauben dürfen, um eine Verteidigung der Demokratie. Der Sophist Alkidamas bringt »Philosophie« hingegen explizit als »Angriffswerk gegen Gesetz und Brauch« in Stellung und postuliert unter Berufung auf die menschliche Natur die **Gleichberechtigung aller Menschen** – »die Natur hat niemand zum Sklaven gemacht« (Nestle 1908, S. 202). Die Sophisten Hippias und Antiphon teilen diese egalitaristische Auffassung; Letzterer verweist in diesem Zusammenhang auf die Gleichheit in »den natürlichen Bedürfnissen aller Menschen«:

»Sie können sie alle auf die gleiche Weise befriedigen, und in allen Dingen gibt es zwischen uns keinen Unterschied von Barbar und Grieche. Wir atmen alle die gleiche Luft durch Mund und Nase und essen alle mit den Händen.« DK, 87B44, Übers. nach Jaeger 1973, S. 413

Kallikles und Thrasymachos behaupten hingegen gerade eine natürliche Ungleichheit der Menschen und leiten daraus eine Art natürliches **Recht des Stärkeren** ab. Das Gerechte, so meint (Platon zufolge) Thrasymachos, sei nichts anderes als das dem Stärkeren Zuträgliche (Platon, *Politeia*, 338c; 344c). Kallikles zufolge wollen sich die Schwachen mit den faktisch bestehenden Gesetzen gegen diejenigen schützen, denen sie von Natur aus unterlegen wären (Platon, *Gorgias*, 483b) und denen sie sich natürlicherweise eigentlich unterordnen müssten (Nietzsche wird diese Auffassung später mit psychologischen Überlegungen zur Rolle des Ressentiments anreichern; Nietzsche 1988 [KSA, Bd. 5]). Die Berufung auf die Natur des Menschen eignet sich offenbar zur Rechtfertigung ganz unterschiedlicher, ja entgegengesetzter Positionen.

Probleme des Naturrechtsdenkens — Zur Vertiefung

Hans Welzel sieht im Dissens der Sophisten über die menschliche Natur und die korrespondierenden Rechte einen frühen Hinweis auf die im naturrechtlichen Denken generell angelegte Gefahr zirkulärer (Schein-)Begründungen:

»Die Proteusgestalt der menschlichen Natur nimmt unter der Hand eines jeden naturrechtlichen Denkers die Gestalt an, die er sich wünscht. All das, was er für richtig und wünschenswert hält, hat er zuvor (stillschweigend) in seinen ›Naturbegriff‹ vom Menschen hineingelegt, ehe er es zur Begründung seiner Überzeugung von ›naturgemäß‹ Richtigen wieder herausholt. Die ›Natur‹ des Menschen ist ein so offener und gestaltbarer Begriff, daß schlechterdings alles in ihn hineingelegt und als Begründung wieder aus ihm herausgeholt werden kann.« (Weizel 1962, S. 16f.)

2 Ansätze der Tugendethik

Streben nach sicherer Erkenntnis: Sokrates, der in Platons (stilisierter) Darstellung als Überwinder des Denkens der Sophisten auftritt, sucht angesichts solcher Streitigkeiten nach demjenigen, dessen wir uns wirklich gewiss sein können. Die Methode seiner Erkundungen ist die »Mäeutik« (von μαιευτική τέχνη, *maieutike techne*) oder »Hebammenkunst«, die Kunst eines argumentativen Dialoges, der verdeckte Gewissheiten aufzudecken vermag:

> Der neue Weg [...] des Sokrates wendet sich von der Naturphilosophie im Sinn einer unmittelbaren naiven Betrachtung der Dinge weg zu einer dialogischen Vergewisserung der Logoi. Was zur Debatte steht, sind die Leitbegriffe des Lebens, die es im Ausgang vom gemeinsam gesprochenen Wort durch schrittweise begriffliche Präzisierung und im dialogischen Rekurs auf das Einverständnis des Gesprächspartners zu rekonstruieren gilt. Die maieutische Dialogführung zielt auf gemeinsame reflexive sittliche Selbstverständigung ab, sie zwingt zur Klärung und Rechenschaftsgabe sittlicher Begriffe und Regeln, die jedermann im alltäglichen Reden und Handeln je schon einbringt. (Forschner 1995, S. 17)

In Sokrates' Streben nach sicherer Erkenntnis kommt bereits eine ethische Grundüberzeugung zum Ausdruck, die Überzeugung nämlich, dass Tugend nicht nur ein *Mittel* zur Realisierung vor-rationaler Neigungen ist, wie die Sophisten mehrheitlich annehmen. Tugend wird vielmehr selbst mit Einsicht identifiziert. Entsprechend nimmt Sokrates von sich in Anspruch, er habe »schon immer [...] das an mir, dass ich nichts anderem von mir gehorche, als dem *logos*, der sich mir bei der Untersuchung als der beste zeigt« (Platon, *Kriton*, 46d). Zugleich legt eine Reihe der Sokrates zugeschriebenen Ausführungen die Auffassung nahe, dass Tugend schon für sich allein ein gutes Leben verbürgt. Demnach wäre ein gutes Leben nichts anderes als ein vernünftiges Leben, eine beständige praktische Orientierung an vernünftiger Erkenntnis. Dieser intellektualistischen Gleichsetzung eines Lebens mit einem an der Einsicht in das sittlich Gute orientierten guten Leben entspricht auch die in Platons Dialog *Gorgias* dem Sokrates zugeschriebene Auffassung, es sei besser, Unrecht zu leiden als Unrecht zu tun. Der besonnene Mann, der imstande sei, sein Leben in allem fromm, tapfer und gerecht zu führen, sei als solcher auch glücklich. Dies haben später auch Mitglieder der stoischen Schule behauptet. Sokrates entwickelt indes, soweit wir der Überlieferung entnehmen können, keine systematische Lehre von Recht und Unrecht oder vom guten Leben (White 2006, S. 383 ff.). Dies hilft auch zu erklären, warum von ihm beeinflusste ›Schulen‹ philosophischen Denkens wie die der Kyniker und die Kyrenaiker recht unterschiedliche inhaltliche Vorstellungen vom guten Leben vertreten können.

Platons Ideenlehre: Nachhaltigeren Einfluss als die von den Vertretern dieser Schulen entwickelten spezifischen Auffassungen vom guten Leben haben die (metaphysischen, sprach- und erkenntnistheoretischen, aber werttheoretisch aufgeladenen) Überlegungen, mit denen Platon (ca. 427–347 v. u. Z.) die sokratische Suche nach sicherer Erkenntnis weiter vorantreiben will. Im Dialog *Eutyphron* verteidigt er die Auffassung, dass das Gerechte nicht dadurch gerecht wird, weil es Gott gefällt, sondern es gefällt Gott, weil es gerecht ist. Es muss also eine objektive Grundlage für

2.1 Ursprünge ethischen Denkens

die Bestimmung des Gerechten geben. Platon sieht die Möglichkeit, über die Vielfalt bloßer Meinungen hinauszukommen und zu echter Erkenntnis zu gelangen, generell darin begründet, dass jenseits der wandelbaren und trügerischen sinnlichen Erscheinungswelt eine Welt intelligibler (d. h. nicht den Sinnen, wohl aber dem Intellekt zugänglicher), ewiger Ideen besteht.

> **Platonische Ideen** Platon nimmt an, dass die sinnlich wahrnehmbaren Einzeldinge Urbildern dieser Einzeldinge nachgebildet sind, die er als *Ideen* bezeichnet. Diese sind zugleich vollkommener und ›wirklicher‹ als die sinnlich wahrnehmbaren Einzeldinge. Intellektueller Zugang zu den Ideen ist die Grundlage wahrer Erkenntnis.

Definition

Zwischen den Ideen, den Gegenständen der sinnlichen Erfahrungswelt und dem erkennenden Menschen besteht dabei Platon zufolge eine **Dreiecksbeziehung**:

Die Dinge der Erfahrungswelt sind gleichsam Abbilder der Ideen. Insofern sie den Ideen nachgebildet sind, haben sie an den Ideen teil und sind die Ideen in den Dingen anwesend. Die Nachbildung (μίμησις, *mimesis*) der sinnlichen Einzeldinge nach den allgemeinen Ideen, die sich daraus ergebende Teilhabe (μέθεξις, *methexis*) der Sinnendinge an den Ideen und ihre Gemeinsamkeit (κοινωνία, *koinonia*) mit den Ideen sowie die Anwesenheit (παρουσία, *parousia*) der Ideen in den Dingen bestimmen das Verhältnis zwischen Ideen und sinnlichen Gegenständen. Zugleich sollen die Ideen aber von den Einzeldingen auch getrennt (χωρίς, *choris*) bzw. abtrennbar sein (Platon, *Parmenides*, 130a ff.). Das **Verhältnis zwischen Ideen und Einzeldingen** ist überdies auch *axiologisch* (werttheoretisch) bestimmt, und zwar als Gefälle: Vollkommene Wirklichkeit kommt nur den Ideen zu. Die sinnlich wahrnehmbaren Einzeldinge verdanken den Ideen ihr Wesen, sie realisieren dieses Wesen aber nur in unvollkommener Weise. In erkenntnistheoretischer Hinsicht entscheidend ist nun, dass die Wesensbeziehung zwischen den allgemeinen Ideen und den ihnen nachgebildeten Gegenständen der sinnlichen Erfahrungswelt nicht nur objektiv existiert, sondern im Erkenntnisprozess gewissermaßen reproduziert werden kann. Das erkennende Subjekt kann nicht nur mittels seiner Sinne das konkrete Einzelding wahrnehmen. Vielmehr kann die Wahrnehmung des Einzeldings im erkennenden Subjekt auch die Erinnerung an die im Einzelding unvollkommen verkörperte Idee wachrufen. Diese Lehre von der möglichen **Wiedererinnerung** (ἀνάμνησις, *anamnesis*) an die Ideen stützt Platon auf die Annahme der Seelenwanderung. Die Seele soll ihre Kenntnis von den Ideen in Zeiten nicht-körperlicher Existenz erlangt haben. Die Ideenlehre umfasst also ontologische, bedeutungstheoretische, erkenntnistheoretische und werttheoretische Annahmen. Die folgende Abbildung fasst die Zusammenhänge schematisch zusammen (siehe Abb. 2.1).

Abb. 2.1: Platons Ideenlehre

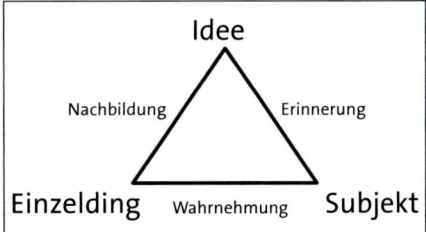

Abwertung der Sinnenwelt: Die Ideenlehre erklärt einerseits, wie korrekte Erkenntnis möglich ist: Da die Ideen die objektiven Wesensformen der Einzeldinge und zugleich die Erkenntnisformen sind, zu denen die erkennende Seele dank ihrer einstigen nicht-körperlichen Existenz intellektuellen Zugang hat und die sie daher in den Einzeldingen wiedererkennen kann, erlauben die Ideen adäquate Erkenntnis des eigentlichen Wesens der Gegenstände. Andererseits vermag die Ideenlehre auch die Entstehung der Vielfalt irriger Meinungen zu erklären: Irrtum über das wahre Wesen der Dinge ist möglich durch die mangelnde Klarheit und Vollkommenheit der sinnlichen Welt sowie einer an den sinnlichen Eindrücken orientierten Erkenntnis, die es versäumt, von der trügerischen Sinnenwelt zur Welt der Ideen fort zu schreiten. Platons Ideenlehre und der damit verknüpfte **Dualismus von Sinnenwelt und Ideenwelt** sind überaus folgenreich nicht nur für die Geschichte ethischen Denkens. Sie haben tiefgreifenden Einfluss auf die westliche Kulturgeschichte und das sie prägende Verständnis des Menschen von sich selbst, von seiner Seele und seiner Rolle in der Welt. Zu den Folgen gehört die relative Abwertung der Sinnenwelt gegenüber der intelligiblen Welt, die – zugespitzt durch neuplatonische Philosophen wie Plotin (205–270) und vermittelt durch Autoren wie Augustinus (354–430) – auch das christliche Weltbild nachhaltig beeinflusst.

Kardinaltugenden

Platons hierarchische Seelenlehre: Folgenreich ist auch Platons Seelenlehre, die unter anderem besagt, dass die Seele in drei Teile gegliedert ist, einen vernünftigen, einen ›mutigen‹, zu Empörung und Zorn neigenden und einen begehrenden, an sinnlicher Befriedigung orientierten. Platon versinnbildlicht die drei Seelenteile durch die Allegorie eines Wagenlenkers, der einen Zweispänner steuert, wobei der Wagenlenker für den vernünftigen Seelenteil, eines der Rösser für den mutigen und das andere für den begehrenden Seelenteil steht (Platon, *Phaidros* 253c ff.) Jedem der Seelenteile ordnet Platon eine spezifische Tugend zu: dem vernünftigen Seelenteil die **Weisheit** bzw. Klugheit (σοφία, *sophia*), dem ›mutigen‹ Seelenteil die **Tapferkeit** (ἀνδρεία, *andreia*), und dem begehrenden die **Mäßigung** (σωφροσύνη, *sophrosyne*). **Gerechtigkeit** (δικαιοσύνη, *dikaiosyne*) sorgt als vierte Tugend dafür, die drei Seelenteile in das rechte Verhältnis zu setzen, so dass jeder die ihm zukommende Aufgabe erfüllt (u. a. Platon, *Nomoi* 631b f.). Diese vier von Platon in Anknüpfung an ältere Tugendkataloge aufgeführten Tugenden sind in der Patristik als Kardinaltugenden bezeichnet und in der Scholastik gemeinsam mit den aus dem Korintherbrief (1 Korinther 13) übernommenen ›göttlichen Tugenden‹ **Glaube**, **Liebe** und **Hoffnung** in den Kanon der sieben Tugenden aufgenommen worden (vgl. Thomas von Aquin, *Summa Theologica*, II-I, q. 61 und 62).

Hierarchisches Politikideal: Platon überträgt die Vorstellung einer gerechten Ordnung der Seelenteile unter der Herrschaft der Vernunft auch auf den Staat: Da der Einfluss der verschiedenen Seelenteile bei verschiedenen Menschen unterschiedlich stark sei, manche eher von Vernunft, andere eher von Ruhmsucht oder von sinnlichen Begierden geleitet würden, sei **im Staat eine ähnliche Ordnung zu etablieren** wie in der Seele des Einzelnen (Platon, *Politeia*). Wie der vernünftige Seelenteil die übrigen Seelenteile leiten und regieren muss, müssen diejenigen (›Wächter‹), die zur vernünftigen Selbstherrschaft am besten befähigt sind, diejenigen regieren, die primär nach Ehre oder nach materiellen Gütern streben. Aus diesem Konzept einer natürlichen Unterschieden entsprechenden Arbeitsteilung resultiert ein hierarchisches Ideal politischer Herrschaftsorganisation, in dem Karl R. Popper (1902–1992) gar eine wesentliche Quelle totalitären politischen Denkens erblickt (Popper 2003).

2.2 | Aristoteles' Tugendethik

Bedeutung der Aristotelischen Ethik: Damit ist der Entstehungshintergrund der Aristotelischen Ethik skizziert, die nun im Zentrum stehen soll. Aristoteles hat der philosophischen Disziplin der Ethik ihren Namen gegeben (Ritter 1971, S. 759) und seine *Nikomachische Ethik* gilt nicht nur als Meilenstein der praktischen Philosophie sondern überhaupt als »einer der wirkungsreichsten Texte der Philosophiegeschichte« (Wolf 2013, S. 13).

> **Aristoteles' ethische Schriften** — Zur Vertiefung
>
> Von Aristoteles' zahlreichen Werken ist der größte Teil verlorengegangen, darunter sämtliche Dialoge. Unter den überlieferten Texten befinden sich zwei ethische Schriften, die *Eudemische Ethik* und die *Nikomachische Ethik*, wobei Teile der beiden Schriften identisch sind. Eine dritte ethische Schrift, die sogenannte *Große Ethik* ist vermutlich nicht von Aristoteles selbst verfasst, dies gilt mit noch größerer Wahrscheinlichkeit auch für die Schrift *Über Tugenden und Laster*. Relevant für die Ethik sind unter Aristoteles' weiteren Schriften vor allem seine Werke *Politik* und *Von der Seele*. Als Ausgabe des bedeutendsten ethischen Texts, der *Nikomachischen Ethik*, empfiehlt sich die Neuübersetzung von Ursula Wolf (Aristoteles 2006). Sie hat auch einen konzisen Kommentar verfasst, der für ein genaueres Verständnis der Argumentation der *Nikomachischen Ethik* herangezogen werden kann (Wolf 2013). Der Einheitlichkeit halber werden im vorliegenden Buch jedoch alle Aristoteles-Zitate der Werkausgabe (Aristoteles 1956 ff.) entnommen, die in Bd. 6 die Dirlmeier-Übersetzung der *Nikomachischen Ethik* enthält. Zur allgemeinen Einführung in Aristoteles' Philosophie sind Höffe 2014 sowie Rapp/Corcilius 2021 geeignet.

Noch bemerkenswerter ist, dass nicht wenige Philosophinnen und Philosophen Aristoteles' Ethik als einen auch für die Gegenwart unmittelbar relevanten Diskussionsbeitrag begreifen (ebd., mit Verweis auf Barnes 1996, 87) oder gar sich selbst als ›(Neo-)Aristoteliker‹ verstehen (zum Begriff vgl. Schnädelbach 1986, zur Übersicht u. a. Chappell 2006). Allerdings sind es recht unterschiedliche Motive oder Elemente der aristotelischen Ethik, Handlungstheorie, politischen Philosophie oder Sozialphilosophie, die von heutigen Autor/innen aufgegriffen werden. Im Folgen-

Ansätze der Tugendethik

den sollen zunächst die grundlegenden Eigenschaften der Aristotelischen Ethik des guten Lebens zusammentragen werden, ehe nach deren aktueller Bedeutung gefragt wird.

4 Ursachen

Aristoteles' Ursachenlehre: Wie wir gesehen haben, suchen schon die Sophisten den Streit über die gültigen moralischen Normen durch den Rückgriff auf die **Natur des Menschen** beizulegen, können sich aber nicht auf ein gemeinsames Verständnis dieser Natur einigen. Platons Ideenlehre verspricht zur Beilegung des Streits beizutragen, insofern sie Einsicht in die Idee des Menschen selbst ermöglicht; Einsicht in die eigentliche Wesensnatur des Menschen im Unterschied zu deren vielfältigen unvollkommenen Realisierungen. Zugleich sollen die **Ideen als Wertmaßstab** dienen, an dem die unvollkommene Wirklichkeit gemessen werden kann. Aristoteles lehnt zwar Platons Ideenlehre ab, knüpft im Rahmen seiner eigenen Metaphysik, Naturphilosophie und Erkenntnistheorie jedoch auch an wesentliche Elemente dieser Lehre an. Er kritisiert daran, dass das Verhältnis zwischen Ideen und den Einzeldingen – jenes Verhältnis, das Platon in Begriffen wie »Teilhabe«, »Anwesenheit« und »Gemeinsamkeit« zu erläutern sucht – letztlich doch unklar bleibe. Auch könne die Ideenlehre natürliche Entwicklungen nicht erklären. Aristoteles' Ursachenlehre soll diese Schwächen überwinden. Mit dem Begriff ›Ursache‹ (αἰτία, *aitia*) bezeichnet er dabei allgemein etwas, das als Antwort auf eine ›Weshalb-Frage‹ angeführt werden kann. In entsprechenden Diskussionskontexten seien vier verschiedene Arten von Antworten anzutreffen, und entsprechend seien vier Arten von Ursachen zu unterscheiden:

- **Formursachen**
- **Stoffursachen**
- **Zielursachen**
- **Wirkursachen**

Stoffursachen bezeichnen dasjenige, woraus ein Einzelding gebildet ist. In diesem Sinne kommt beispielsweise Holz als Stoffursache eines Stuhls in Frage. Die Formursache des Stuhls ist hingegen die Gestalt des Stuhls, die das Holz allererst zum Stuhl macht, die bloße ›Stuhl-Potentialität‹ des Holzes also zum wirklichen Stuhl ›aktualisiert‹. Hierzu bedarf es freilich noch einer Wirkursache, etwa in Gestalt des Handwerkers, der das Holz zum Stuhl formt und dessen Tätigkeit eben gerade von der Formursache des Stuhls geleitet wird, die dergestalt zugleich den Charakter einer Zielursache annimmt.

Teleologische Naturauffassung: Entscheidend ist nun Aristoteles' Annahme, dass in den Gegenständen der Naturbetrachtung Formursache, Zielursache und Wirkursache regelmäßig zusammenfallen (u. a. Aristoteles *Physik*, 198a): So ist für die Kastanie die *Form* des ausgewachsenen und gesunden Kastanienbaums zugleich das *Ziel* ihrer Entwicklung und die treibende *Wirk*ursache, welche die Entwicklung vom Sprössling zum ausgewachsenen Baum erklärt.

> **Teleologisch** (von griech. τέλος, *telos*: Ziel und *logos*, hier: Lehre, Theorie) werden unterschiedliche Dinge genannt:
> 1. In der **Naturphilosophie** wird als ›teleologisch‹ eine Auffassung von der Natur bezeichnet, der zufolge natürliche Entwicklungen als zielgerichtete Prozesse verstanden werden, d. h. im direkten Rekurs auf Entwicklungsziele auch *kausal erklärt* werden können (klassisch: Aristoteles' Naturphilosophie).
> 2. In der **Moralphilosophie** bezeichnet der Begriff – gemäß der Standarddefinition von William K. Frankena (1973, S. 14 f.) und John Rawls (1975, S. 48 ff.) – eine Position normativer Ethik, die das moralisch Richtige mit demjenigen gleichsetzt, das ein vor-moralisches Gut maximiert (klassisches Beispiel: Benthams Handlungsutilitarismus). Alle nicht-teleologischen normativen Ethiken werden als *deontologisch* bezeichnet; Deontologie und Teleologie werden als kontradiktorische Begriffe verstanden (als Überblick über alternative Definitionen vgl. Gaus 2001).

Definition

Dieselbe Konstellation soll auch für die gesetzmäßigen Bewegungen der anderen veränderlichen Naturdinge wesentlich sein. Sie tragen jeweils eine bestimmte Gestalt ihrer selbst als intrinsisches Entwicklungsziel in sich und streben nach dessen (möglichst vollkommener) Realisierung.

> **Entelechie** (vom griechischen Wort ἐντελέχεια, *entelecheia*, das aus den Begriffen für ›in‹ [ἐν, *en*] und ›Ziel‹ [τέλος, *telos*] gebildet ist) nennt Aristoteles ein den Naturdingen jeweils innewohnendes Entwicklungsziel, das sowohl deren **ideale Wesensform** und ›eigentliche Natur‹ bezeichnen als auch deren **Entwicklung in Richtung dieser Wesensform** (z. B. die Entwicklung des Kastaniensprösslings zum ausgewachsenen Kastanienbaum) kausal erklären soll.

Definition

Die Annahme, dass den Naturdingen ideale Wesensformen innewohnen, teilt wesentliche Züge mit Platons Ideenlehre: Wie die Ideen die Einzeldinge zugleich als Dinge einer bestimmten Art bestimmen und das im Vergleich zu den Einzeldingen Bessere darstellen, so repräsentieren auch die aristotelischen Wesensformen zugleich das eigentliche Wesen wie auch die vollkommene Realisierung der Einzeldinge. Anders als Platon die von ihm postulierten Ideen, betrachtet Aristoteles die Formen allerdings nicht als von den Einzeldingen abtrennbar (Aristoteles, *Metaphysik*, 1086b9). Zudem erklären die inhärenten Wesensformen als ›Entelechien‹ der Naturdinge zugleich deren Entwicklung. Alle sich bewegenden Dinge – die vergänglichen der sublunaren Welt wie die ewigen Himmelskörper – sind ihm zufolge in eine Naturordnung eingebunden, die von einem letzten Ziel, dem ›unbewegten Beweger‹, in Gang gehalten wird, nach dem alles strebt. In diesem Sinne vertritt Aristoteles eine *teleologische Naturauffassung*.

Zur Vertiefung

Teleologische versus evolutionstheoretische Erklärung

Aristoteles stellt sich in Buch II der *Physik* durchaus die Frage, ob wir statt der von ihm selbst vertretenen teleologischen Naturauffassung (wonach alle veränderlichen Naturdinge nach einem Zweck streben) nicht ebenso gut annehmen könnten, dass alle naturhaften Veränderungen völlig zweckfrei, lediglich aufgrund kausaler Notwendigkeit erfolgen. Könnten wir, so fragt er, nicht beispielsweise annehmen, dass es nur regnet, weil sich feuchte Luft beim Aufsteigen abkühlt, wodurch die Feuchtigkeit kondensiert und schließlich abregnet (statt vielmehr anzunehmen, dass es regnet, damit das Getreide auf dem Acker gedeiht)? Könnten wir uns, fährt Aristoteles fort, nicht sogar vorstellen, dass auch die im Sinne der Bissfunktion so beeindruckend zweckmäßige Anlage des Gebisses – mit scharfen, zum Abbeißen geeigneten Zähnen in der Front und flachen, zum Zermalmen geeigneten, weiter hinten – lediglich durch Zufall zustande gekommen ist, sowie dadurch, dass dysfunktionale Kieferbildungen ausgestorben sind? Interessanterweise spekuliert Aristoteles an dieser Stelle über die Möglichkeit evolutionstheoretischer Erklärungen (durch ›zufällige‹ Variation und Selektion) für funktional organisierte biologische Strukturen – Erklärungen ungefähr der Art, wie sie im 19. Jahrhundert Charles Darwin entwickelt hat. Aristoteles belässt es dann aber bei einem hypothetischen Gedankenexperiment, das er im Anschluss (auf weniger überzeugende Weise) zu widerlegen versucht. Erklärungen durch ›zufällige‹ Variation und Selektion könnten die allgemeine Ordnung und Regelmäßigkeit natürlicher Prozesse letztlich doch nicht erklären (vgl. Aristoteles, *Physik*, 198b ff.).

Seele als Entelechie eines Lebewesens

Seelenlehre als Grundlage der Ethik: Anknüpfung an und Abgrenzung von Platons Philosophie prägt auch Aristoteles' Vorstellung von der Seele, die er auf Grundlage der soeben skizzierten Naturauffassung entwickelt. Die Seele ist ihm zufolge als Entelechie eines lebenden Wesens zu verstehen, sie verhält sich also zu ›ihrem‹ Körper wie die Form-, Ziel- und Wirkursache zur Materie (Aristoteles, *Über die Seele*, 415b). Anders als Platon betrachtet Aristoteles die Seele daher auch nicht als vom Körper abtrennbar (abgesehen von einer gewissen Unklarheit bezüglich des vernünftigen Seelenvermögens). Als ›erste Aktualität‹ dieses Körpers ist die Seele vielmehr dasjenige, was dem nur potentiell lebendigen Körper tatsächlich Leben verleiht. **Beseeltheit** unterscheidet mithin die belebte Natur (einschließlich der Pflanzen) von der unbelebten Natur. Aristoteles postuliert ferner eine Stufenordnung von Potentialitäten und ihren jeweiligen Aktualisierungen: Die Aktualisierung einer Potentialität kann zugleich die Potentialität für eine weitere, darauf aufbauende Aktualisierung darstellen. Dies trifft auch auf die Seele zu: Als erste Aktualität eines potentiell lebendigen Körpers ist die Seele zugleich die Potentialität weiterer Tätigkeiten, die ihrerseits als Aktualisierung entsprechender Seelenvermögen verstanden werden können. Dabei besitzen Pflanzen, Tiere und Menschen, entsprechend ihren unterschiedlichen Lebensäußerungen, unterschiedlich komplexe Seelenvermögen, wobei die ›höheren‹ die jeweils ›niedrigeren‹ Vermögen in Form einer Art Stufenordnung voraussetzen: Den Pflanzen eignet ein **vegetatives Seelenvermögen**, das lediglich Ernährung, Wachstum und Fortpflanzung leistet. Bei den Tieren tritt ein für sie typisches **animalisches Seelenvermögen** hinzu, das für Sinneswahrnehmungen, basale Bewertungen und Strebungen sowie für Ortsbewegungen zuständig ist. Die menschliche Seele umfasst als Einzige zusätzlich zu den beiden vorgenannten ein **rationales Seelenvermögen**, das zu Einsicht und vernünftigem Handeln befähigt. Der Ausflug in die Naturphilosophie und Seelenlehre war notwendig, weil Aristoteles in seiner Handlungstheorie, Ethik und politischen Philosophie daran anknüpft: Wie alle übrigen Naturwesen strebt auch der Mensch nach der Aktualisierung seiner natürlichen Wesensform. Im Licht dieser aristotelischen Auffassung ist der von Pindar stammende Leitspruch »Werde, der du bist!« so zu interpretieren, dass wir die vollkommene Realisierung derjenigen Wesensform anstreben sollen, die für unsere allgemeine Menschennatur charakteristisch ist. Insofern ist unsere Aufgabe als Menschen anscheinend vergleichbar mit derjenigen des Kastaniensprösslings, dem durch seine natürliche Anlage ›aufgegeben ist‹, ein ausgewachsener, gesunder Kastanienbaum zu werden. Für Kastaniensetzlinge wie für Menschen legt das für sie spezifische Entwicklungsziel zugleich fest, was für sie gut ist: Gut ist ihr natürliches Wesensziel selbst und entsprechend auch dasjenige, was zu dessen Verwirklichung beiträgt; schlecht ist, was die Realisierung dieses Ziels hemmt oder vereitelt.

Menschliche Seelenvermögen

Selbstentfaltung der Wesensnatur: Wenn wir heutzutage für einen als positiv bewerteten persönlichen Entwicklungsprozess den Begriff ›Selbstentfaltung‹ verwenden, schwingen solche essentialistisch-naturteleologischen Konnotationen immer noch mit. Auch diese Redeweise legt ja eine natürliche Entwicklung ähnlich der eines Samenkorns oder Keimlings nahe, der den Bauplan der ausgewachsenen Pflanze in sich trägt. Andererseits ist unser gegenwärtiger Begriff der Selbstentfaltung von einem Individualismus geprägt, der sich erst in der Neuzeit durchzusetzen beginnt und dort gerade *gegen* wesentliche Züge der aristotelischen Metaphysik zur Geltung gebracht wird. Das moderne Konzept der Selbstentfaltung zielt auf die freie Entwicklung eines unvertretbaren Individuums, dessen Wert gerade an seiner einmaligen Individualität haftet. Aristoteles' Ethik zielt hingegen auf die Entfaltung einer **allgemeinen menschlichen Wesensnatur**, die prinzipiell für alle Menschen dieselbe ist. Da, wie wir gesehen haben, die menschliche Seele als Form des menschlichen Körpers dessen eigentliche Wesensnatur zum Ausdruck bringt, bestimmt Aristoteles in seiner Ethik das für den Menschen spezifische Gut in der Aktualisierung der Wesensnatur der menschlichen Seele.

Antikes vs. neuzeitliches Konzept von Selbstentfaltung

Glück als Tätigkeit der Seele: Da wiederum das Vernunftvermögen dasjenige Seelenvermögen darstellt, das für die Seele des Menschen im Unterschied zu allen anderen Arten spezifisch ist, besteht **das höchste Gut** für den Menschen in der **Aktualisierung des Vernunftvermögens**, das heißt in der Tätigkeit der Seele gemäß ihrer spezifischen ›Vollkommenheit‹ bzw. ἀρετή (*arete*; Aristoteles, *Nikomachische Ethik* im Folgenden NE, 1098a, 1102a; wenn nicht anders angegeben, stammen alle nachfolgenden Aristoteles-Zitate aus derselben Schrift). Diese Tätigkeit identifiziert Aristoteles mit dem Begriff der εὐδαιμονία (*eudaimonia*), der meist mit ›Glück‹ oder ›Glückseligkeit‹ übersetzt wird.

Zur Vertiefung

Tugend und Vollkommenheit

Aristoteles' Ethik wird häufig als ›Tugendethik‹ bezeichnet. Treffend erscheint das dann, wenn man ›Tugend‹ im Sinne des von Aristoteles verwandten Begriffs der ἀρετή (*arete*) als ›Vortrefflichkeit‹ oder ›Exzellenz‹ versteht, nicht aber im Sinne einer *moralisch* vorbildlichen Haltung oder gar im Sinne eines überspannten Moralismus, wie er beispielsweise in dem ironisch-abschätzigen Ausdruck ›Tugendbold‹ begegnet. Anders als der antike Begriff der *arete* setzt der manchmal auf moralische Vorbildlichkeit zugespitzte *moderne* Tugendbegriff bereits eine Differenzierung zwischen *moralischen* Fragen des Richtigen und Gerechten einerseits und Fragen des individuellen oder gemeinschaftlichen guten Lebens andererseits voraus. Diese Differenzierung ist in der Aristotelischen Ethik aber höchstens in Ansätzen zu finden (etwa in der Gerechtigkeitslehre und Bemerkungen zum Schicklichen); sie spielt noch keine tragende systematische Rolle. Etymologisch stammt der deutsche Begriff ›Tugend‹ übrigens vom Wort ›taugen‹. Wenn man Tugend entsprechend ganz allgemein als vorbildliche ›Tauglichkeit‹ in Beziehung auf ein bestimmtes Ziel versteht, kommt dies dem Aristotelischen Tugendverständnis durchaus nahe.

Ausgehend von Aristoteles' Naturphilosophie sind wir damit zu einer Kernaussage der aristotelischen Ethik gelangt: Glück ist eine Tätigkeit der Seele, und zwar die Tätigkeit gemäß der ihr eigentümlichen Vollkommenheit; eine Tätigkeit, in der sie die für sie spezifischen Vermögen in vorzüglicher Weise realisiert.

Eigenständige ethische Überlegungen

Reflexion auf die menschliche Lebenspraxis: Die *Nikomachische Ethik* könnte nach der bisherigen Darstellung als bloßes ›Anhängsel‹ der Naturphilosophie erscheinen. Dies wäre jedoch ein Missverständnis. Denn erstens führt sie jene Kernaussage nicht einfach als Resultat der Naturphilosophie ein, sondern entwickelt sie vielmehr auf dem Wege der Prüfung alternativer Vorstellungen vom guten Leben. Zweitens sucht sie diese Kernaussage in einer Weise zu präzisieren, die nicht vollständig aus naturphilosophischen Überlegungen abzuleiten ist, sondern sich der Reflexion auf die menschliche Lebenspraxis verdankt. Drittens bereichert sie die Diskussion der praktischen Philosophie mit zahlreichen weiteren handlungstheoretischen und ethischen Überlegungen, die eine unabhängige Bedeutung und Begründungsbasis haben.

Praxis und Poiesis: Aristoteles geht von der Annahme aus, dass alle Tätigkeiten und Verrichtungen auf ein Gut zielen, um dessen Realisierung willen sie unternommen werden. Einige Tätigkeiten zielen auf die Realisierung eines externen Gutes. So arbeitet der Handwerker, der einen Tisch konstruiert, eben um des erhofften Resultats seiner Arbeit willen, des fertigen Tisches. Andere Tätigkeiten tragen ihr Ziel hingegen in sich. So mag es einem Spaziergänger nicht darum gehen, zu einem bestimmten Ort zu gelangen, sondern um den Spaziergang an sich. Tätigkeiten, die auf die Realisierung eines externen Ziels gerichtet sind, bezeichnet Aristoteles mit dem Begriff ποίησις (*poiesis*); Tätigkeiten, die ihr Ziel in sich tragen, nennt er πρᾶξις (*praxis*).

Hierarchie von Zielen: Da es immer die Ziele sind, um derentwillen Mittel gebraucht werden, sind sie grundsätzlich wertvoller als die jeweiligen Mittel. Freilich kann die Realisierung eines Mittels, das der Realisierung eines bestimmten Ziels (Z_1) dient, selbst zum Ziel (Z_2) einer Tätigkeit werden. So kann es nötig sein, zunächst ein Werkzeug zu produzieren, bevor mit Hilfe des Werkzeugs die Konstruktion eines Tisches angegangen werden kann. Es handelt sich dann beim verfolgten Ziel (Z_2) eben nicht um ein Endziel, sondern um ein Teilziel, dessen Wert lediglich instrumenteller Natur und vom Wert des grundlegenden Ziels (Z_1) abgeleitet ist. Ausgehend von der Annahme, dass Ziele den jeweils zu ihrer Realisierung gewählten Mitteln gegenüber wertvoller sind, kommt Aristoteles zu der Auffassung, dass Tätigkeiten, die die Form der *praxis* haben, also ihr Ziel in sich selbst tragen, grundsätzlich wertvoller sind als Tätigkeiten poietischen Charakters, denen lediglich ein instrumenteller Wert im Hinblick auf Ziele zukommt, denen die Handlung selbst äußerlich ist. Ferner folgert er, dass dasjenige Ziel, das wir ausschließlich um seiner selbst willen anstreben und niemals um eines anderes Ziel willen wählen, das wertvollste aller Ziele darstellt:

Ziele und Mittel

»Wenn es nun wirklich für die verschiedenen Formen des Handelns ein Endziel gibt, das wir um seiner selbst willen erstreben, während das übrige nur in Richtung auf dieses Endziel gewollt wird, und wir nicht jede Wahl im Hinblick auf eine weiteres Ziel treffen – das gibt nämlich ein Schreiten ins Endlose, somit ein leeres und sinnloses Streben –, dann ist offenbar dieses Endziel ›das Gut‹ und zwar das oberste Gut.«

Aristoteles, NE, 1094a18 ff.

Glück als Endziel allen Strebens: Die Aufgabe der ethischen Untersuchung besteht nun wesentlich in der Klärung der Frage, worin dieses »Endziel« und »oberste Gut« genau besteht. Ganz wie ein Vertreter der modernen Sprachphilosophie geht Aristoteles zunächst vom **allgemeinen Sprachgebrauch** aus. Er stellt fest, dass Glück (εὐδαιμονία, *eudaimonia*) gemeinhin als jenes Endziel genannt werde, das niemals um eines anderen Zieles willen, sondern stets um seiner selbst willen erstrebt wird und um dessentwillen alles andere angestrebt wird (1095a14 ff.; vgl. 1097a23 ff.).

Glück als höchstes Gut

> **Von dämonischen Kräften zum autonomen Gewissen**
>
> Dass Aristoteles gerade den Begriff der *eudaimonia* als Synonym für das höchste Gut des Menschen wählt, ist (angesichts möglicher Alternativen; vgl. Gigon 2006, S. 96 ff.) alles andere als trivial. In dem Begriff steckt der griechische Ausdruck für ›gut‹ (εὖ, *eu*) sowie das Wort δαίμων (*daimon*). Der Wandel des Begriffs *daimon* ist kulturgeschichtlich aufschlussreich. Gebraucht etwa Homer den Begriff zur Kennzeichnung von Göttern oder unsichtbaren Wesen (›Dämonen‹), die von außen Einfluss auf das Schicksal der Menschen ausüben – Menschen, die sich »selbst«, wie Bruno Snell zu zeigen gesucht hat, noch nicht als selbständige Individuen, son-

Zur Vertiefung

Ansätze der Tugendethik

dern »als Schauplatz willkürlicher und unheimlicher Gewalten fühlen« (Snell 1948, S. 36) – so erklärt schon Heraklit pointiert, für den Menschen sei sein eigener Charakter sein *daimon* (DK, 22B119). Sokrates spricht vom δαιμόνιον (*daimonion*) als einer inneren, sich wiederholt durch Warnungen vernehmbar machenden Stimme. In der heutigen Interpretation wird Sokrates' Rede vom *daimonion* regelmäßig als Bezugnahme auf das menschliche Gewissen verstanden, während sie bei Sokrates' Zeitgenossen den gefährlichen Verdacht nährt, Sokrates wolle neue Götter an die Stelle der alten setzen, der schließlich auch zu Sokrates' Verurteilung führt. Wenn Aristoteles mit großer Selbstverständlichkeit die *eudaimonia* als Angelegenheit des menschlichen Handelns und der praktischen Vernunft beschreibt, so lässt sich dies vor dem Hintergrund dieser Begriffsgeschichte als Hinweis auf **einen Prozess der Verinnerlichung und Rationalisierung** deuten; plakativ gesagt: auf einen Prozess, der von einem (vergleichsweise) heteronomen zu einem (vergleichsweise) autonomen menschlichen Selbstverständnis geführt hat. Wo die stoischen Philosophen (und in abgeschwächter Weise schon Aristoteles) *Autarkie* zum Merkmal eines glückenden Lebens erheben, scheinen sie die Unabhängigkeit des ›guten Daimon‹ von äußeren Zufällen sogar geradezu in den Rang einer analytischen Wahrheit zu erheben: nur ein unabhängiger ›Daimon‹ kann überhaupt als ›gut‹ bezeichnet werden.

Prüfung verbreiteter Annahmen

Die wahre Natur des Glücks: Damit ist jedoch noch keine inhaltliche Vorentscheidung getroffen. Auch hinsichtlich der Frage, wie dieses ›Glück‹ genannte höchste Gut inhaltlich genauer zu bestimmen ist, beginnt Aristoteles seine Untersuchung, indem er zunächst landläufige Auffassungen über das Glück versammelt. Allerdings zeichnet sich hier kein Konsens ab. Also müssen die möglichen Auffassungen im Hinblick auf ihre Haltbarkeit untersucht werden. Diese Untersuchung – die Klärung der Frage, wie die wahre Natur des Glücks zu bestimmen ist – fällt Aristoteles zufolge in die Zuständigkeit der politischen Wissenschaft, der **Wissenschaft vom Gemeinwesen**. Zwar sei das Gute für den Einzelnen identisch mit dem Guten für das Gemeinwesen, meint Aristoteles, der als Vertreter eines organismischen Politikmodells davon ausgeht, dass Menschen von Natur aus nach einer Gemeinschaft streben, die eine harmonische Integration der individuellen Einzelziele in ein Staatsziel ermöglicht. Vollkommener als ein gutes Einzelleben sei jedoch das gute Leben der gesamten Gemeinschaft (1094b6 ff.).

Begrenzte Präzision ethischen Wissens: Die Zuständigkeit der politischen Wissenschaft schließt freilich nicht aus, dass Aristoteles für die Beantwortung der Frage nach der Natur des Glücks auch Erkenntnisse der Naturphilosophie und insbesondere der Seelenlehre nutzbar machen will, ebenso wie schon Platon in seiner politischen Theorie auf seine Lehre der drei Seelenteile zurückgegriffen hat. Aristoteles warnt allerdings sogleich vor überzogenen Erwartungen hinsichtlich ethischer Untersuchungen: Angesichts der **Unbeständigkeit** der menschlichen Lebensbedingungen dürfe man von ihr nicht dieselbe Präzision erwarten wie etwa von der Mathematik. Allgemeinaussagen über die menschliche

Lebenspraxis könnten nur grundsätzlicher Art sein und **das ethisch Richtige nur in groben Umrissen** angeben. Entsprechend der Abhängigkeit ethischer Überlegungen von der faktischen Lebenspraxis sei eine auf Lebenserfahrung gründende Urteilskraft nötig, um die ›umrisshaften‹ ethischen Allgemeinaussagen angemessen interpretieren zu können (1094b12 ff.).

Urteilskraft

Glück als Tätigkeit der Seele: Aristoteles zufolge sind vor allem drei landläufige Auffassungen über die Natur des Glücks anzutreffen, denen drei Formen der Lebensführung entsprechen. Die erste identifiziert Glück mit Genuss, die zweite identifiziert es mit Ehre und gesellschaftlicher Anerkennung, die dritte mit der Tugend oder, genauer gesagt, der Ausübung der Tugend. Aristoteles schließt sich (einer spezifischen Form) der dritten Auffassung an. Wie wir bereits gesehen haben, begreift er Glück als Tätigkeit der Seele, genauer gesagt, die Tätigkeit der Seele gemäß der für sie spezifischen Befähigung (1098a15 ff.). Wie aber begründet er diese Parteinahme? Welche Kriterien legt er an die möglichen Auffassungen über die beste Lebensform an, um zu einer vernünftigen Entscheidung zu kommen? Charakteristisch für Aristoteles' ethische Argumentation und überhaupt für seine Art zu denken ist, dass er sozusagen nicht alles auf eine Karte setzt, sondern für seine Position eine **Reihe von Kriterien und Gründen** anführt, von denen hier nur die wichtigsten genannt sein sollen.

Glück als vollkommene Seelentätigkeit

Naturgemäßheit: Eines der Kriterien – vielleicht das insgesamt gewichtigste – kennen wir bereits. Es ist das von fast allen antiken Ethiken herangezogene Kriterium der Naturgemäßheit, das in Aristoteles' Fall die spezifische Form des sogenannten **Ergon-Arguments** annimmt (von griech. ἔργον, *ergon*: Werk). Da das für die *menschliche* Seele *spezifische* »Werk«, ihre *spezifische* Potentialität im Unterschied zu allen übrigen Tieren, im **Vernunftvermögen** liegt, ist das beste menschliche Leben eines, in dem *dieses* Vermögen so vollkommen wie möglich aktualisiert wird, also idealerweise ein der vernünftigen Reflexion und theoretischen Kontemplation gewidmetes Leben.

Plausibilität: Ein weiteres Kriterium drückt Aristoteles durch die Methode seiner Untersuchung aus, die Tatsache nämlich, dass er in seiner Untersuchung von landläufigen Auffassungen ausgeht und seine eigene Position immer wieder mit diesen Auffassungen abzugleichen bestrebt ist. Aristoteles argumentiert nicht als erkenntnistheoretischer Solipsist, der über einen sicheren Weg zur Wahrheit zu verfügen meint, sondern als Gesprächspartner, der seine vernünftigen Zeitgenossen zu überzeugen hofft.

Solipsismus und Egoismus

Zur Vertiefung

Der Begriff ›Solipsismus‹ (gebildet durch Zusammenziehung aus lat. *solus*, ›allein‹ und *ipse*, ›selbst‹) wird heutzutage zur Charakterisierung *erkenntnistheoretischer* Positionen verwandt, etwa der Auffassung, dass das Wissen von eigenen Bewusstseinsinhalten gegenüber anderen Formen von Wissen privilegiert sei, oder der Auffassung, dass ein Subjekt prinzipiell ohne Kommunikation mit anderen Subjekten zu Erkenntnissen kommen könnte. Bis ins 19. Jahrhundert bezeichnete der Begriff hingegen die *ethische* Auffassung, wonach den eigenen Bedürfnissen und Interessen Vorrang vor den Bedürfnissen und Interessen Anderer zukommt. Diese ethische Auffassung würden wir heute als ›Egoismus‹ bezeichnen; die frühere Terminologie war »genau umgekehrt« (Gabriel 1972 ff., Sp. 1018).

Es lassen sich in der *Nikomachischen Ethik* auch Ansätze zu einer Konsenstheorie der Wahrheit erkennen (vgl. 1173a1 ff.). Indes vertritt Aristoteles ersichtlich keine *Common-Sense*-Theorie, die allen Zeitgenossen dieselbe Urteilskompetenz zusprechen würde.

Zur Vertiefung

***Common-sense*-Theorien und Konsenstheorien**
Common-Sense-Theorien schreiben Einschätzungen, die weithin geteilt werden, eine erhöhte Wahrscheinlichkeit zu und halten es deshalb (und gegebenenfalls noch aus weiteren Gründen) für geboten, bei der Bildung (moral)philosophischer Theorien vom allgemeinen (›gesunden‹) Menschenverstand oder dem ›Gemeinsinn‹ (*common sense*) auszugehen. In der stoischen Naturrechtstradition wird die Berufung auf den *consensus gentium*, die Übereinstimmung zwischen den Völkern, vielfach als eines der wesentlichen Kriterien des ethisch Richtigen anerkannt. Noch weiter gehen allgemeine *Konsenstheorien der Wahrheit*, die Konsens nicht nur als ein starkes Indiz für Wahrheit verstehen, sondern den Wahrheitsbegriff selbst unter Bezugnahme auf das Konzept eines ›idealen‹ Konsenses zu explizieren suchen, (wobei die Kriterien für ›ideale‹ Konsense in den verschiedenen Konsenstheorien jeweils unterschiedlich gefasst werden).

Vielmehr argumentiert er im Kontext von Traditionen und konventionellen Vorstellungen, die ihrerseits von aristokratischen Idealen geprägt sind. Deshalb gilt ihm der Umstand, dass die Gleichsetzung von Glück mit sinnlichem Genuss von ›Vielen‹ geteilt wird, keineswegs als Argument *für* diese Auffassung (Aristoteles, NE, 1095b). Wie Platon geht er davon aus, dass sich Menschen bezüglich ihrer natürlichen Vernunftanlagen unterscheiden. Das führt ihn – während Sophisten wie Alkidamas schon gegen die Institution der Sklaverei argumentieren – auch zu der Auffassung, dass es »Sklaven von Natur« (Aristoteles, *Politik*, 1254a) gebe. Für diejenigen, die nicht imstande sind, ihr Leben der Führung ihrer Vernunft zu unterwerfen, sei es besser, durch einen vernünftigen Herrn geleitet zu werden, als unbeherrscht ihren Leidenschaften ausgeliefert zu sein (s. Kap. 9.5.1). Daneben seien die bereits erwähnten Unterschiede im Maß an Lebenserfahrung in Rechnung zu stellen, die für ethische Urteilsfähigkeit notwendig seien. Junge Menschen, denen es an Erfahrung fehlt, kommen Aristoteles zufolge prinzipiell nicht als ethische Ratgeber in Frage.

Konsistenz: Ein weiteres Kriterium wird von Aristoteles in vielfältiger Weise angewandt, indem er gängige Auffassungen im Hinblick auf ihre interne Stimmigkeit befragt. So hält er eine primär dem Gelderwerb gewidmete Lebensform für indiskutabel, weil sie mit dem Reichtum etwas als letztes Ziel des menschlichen Handelns ansetzt, das selbst lediglich instrumentellen Charakter hat. Reichtum leitet seinen Wert ja zur Gänze von den dadurch zu gewinnenden Gütern ab (1096a6 ff.). Auch Ehre könne nicht als letztes Ziel des Lebens verstanden werden. Denn ob einem Akteur von anderen Menschen Ehre erwiesen wird oder nicht, hänge primär von den mehr oder weniger überzeugenden Entscheidungen der Ehrenden und nur sekundär vom Verhalten des Geehrten ab. Das widerspreche aber der Annahme, dass das Gute für einen Menschen etwas sein müsse, das wesentlich ihm gehöre und ihm nicht leicht genommen werden könnte.

Autarkieideal: Die letztgenannte Überlegung bringt noch eine weitere wesentliche Annahme zum Ausdruck: Vollkommenheit geht gepaart mit **Unabhängigkeit von äußeren Umständen**, mit Selbstgenügsamkeit (1097b7 ff.). Diese Wertschätzung der Autarkie hat sich schon in der Hochschätzung der *Praxis* angedeutet, die ja im Vergleich zur *Poiesis* insofern selbstgenügsamer ist, als sie ihr Ziel in sich trägt, und die eben darum auch wertvoller ist als die instrumentellen Verrichtungen, die Aristoteles *Poiesis* nennt. Für eine möglichst autarke Lebensweise spricht aber vor allem, dass das Gelingen des eigenen Lebensentwurfs dadurch weniger den Wechselfällen des Schicksals ausgesetzt wird, also eher Dauer verspricht. Indem Aristoteles menschliches Glück mit einer vollkommenen (tugendhaften) Tätigkeit der menschlichen Seele identifiziert, sieht er uns sehr weitgehend selbst als ›unseres eigenen Glückes Schmied‹. Allerdings geht er in dieser Auffassung nicht so weit wie später die Philosophen der Stoa. Vollständig realisiert ist das Ideal der Selbstgenügsamkeit nur im ›unbewegten Beweger‹. Entsprechend kann ein tugendhafter Mensch zwar niemals ganz unglücklich werden; zum vollen Glück bleibt er aber doch auf äußere Umstände angewiesen, die nicht vollständig in seiner Macht liegen. Wer etwa vereinsamt oder umgeben von falschen Freunden, kinderlos oder ohne alle Mittel lebt, kann nicht vollkommen glücklich genannt werden (1099a34 ff.). Gutes Leben bedeutet stets auch gutes Zusammenleben in einer wohlgeordneten Gemeinschaft.

Wesen und Formen der Tugend: In abstrakter Form ist damit **das menschliche Glück** definiert, nämlich als seelische **Tätigkeit gemäß der vollkommenen Tugend**, ausgestattet mit den nötigen äußeren Gütern über den Verlauf des gesamten Lebens hinweg (1101a14 ff.). Was ein tugendhaftes Leben auszeichnet, bedarf jedoch noch genauerer Klärung. Das vernünftige Seelenvermögen kann zunächst in zweierlei Weise aktualisiert werden: zum einen, indem es seiner ihm allein zufallenden Aufgabe, der Erkenntnis, nachkommt, zum anderen, indem es sich zum ›animalischen‹ Seelenteil verhält und die dort angesiedelten Leidenschaften reguliert. Entsprechend unterscheidet Aristoteles zwischen intellektuellen Tugenden wie der Auffassungsgabe oder Klugheit und ethischen Tugenden wie beispielsweise der Besonnenheit oder Großzügigkeit (1103a3 ff.). Aristoteles setzt die ethische Tugend nicht mit Erkenntnis gleich. Er versteht sie vielmehr als eine Haltung, die das Verhältnis *zwischen* dem Vernunftvermögen und dem a-rationalen Strebevermögen der menschlichen Seele bestimmt. Freilich ist dieses Verhältnis so beschaf-

Intellektuelle und ethische Tugenden

fen, dass der Vernunft die Leitungsfunktion zukommt. Ethische Tugend besteht aber eben nicht nur darin, den richtigen Weg zu erkennen, sondern auch darin, ihn zuverlässig und aus den adäquaten Gründen zu gehen. Hierzu ist neben Einsicht auch **Erziehung und Einübung** nötig, die das der rechten Einsicht Gemäße für den Tugendhaften auch zum Angenehmen macht (1103a23 ff., 1104b24 ff.).

Mesotes-Lehre: Wie aber findet der Tugendhafte den rechten Weg? Aristoteles interpretiert diesen Weg wesentlich als **Mittelweg zwischen zwei Extremen**. So wie in der Ernährung die gesunde Mitte zwischen Mangel und Übermaß einzuhalten ist, so ist bezüglich aller Leidenschaften die rechte Mitte zu suchen (1104a11 ff.).

Definition	**Mesotes-Lehre** nennt man die von Aristoteles vertretene Auffassung, wonach die ethischen Tugenden jeweils ein Mittleres darstellen, das zwischen gegensätzlichen Extremen angesiedelt ist (die sog. **goldene Mitte**).

Die »goldene Mitte«

So bildet Tapferkeit die Mitte zwischen leichtfertiger Tollkühnheit und Feigheit; Besonnenheit die Mitte zwischen Zügellosigkeit und stumpfer Indifferenz (ebd.), Großzügigkeit die Mitte zwischen Geiz und Verschwendungssucht, Schamhaftigkeit die Mitte zwischen Schamlosigkeit und Schüchternheit. Heutzutage noch gebräuchliche Redeweisen wie die von der ›goldenen Mitte‹ zeugen vielleicht nicht allein vom bleibenden Einfluss der aristotelischen Ethik, sondern auch von einer gewissen Plausibilität dieses Grundgedankens. Allerdings macht schon Aristoteles selbst auf Schwierigkeiten aufmerksam (1107a7 ff.). In manchen Fällen wirken die Gruppierungen künstlich, mitunter fehlen einzelne Glieder in der Dreiheit der Begriffe. Vor allem stellt sich im Hinblick auf manche Tugenden die Frage, ob sie überhaupt als Mitte zwischen Extremen zu interpretieren sind. Ist Wahrhaftigkeit tatsächlich die Mitte zwischen Unverschämtheit und Ironie (1108a19 ff.) und bezeichnet sie überhaupt einen Mittelweg? Auch die Tugend der Gerechtigkeit wirft Fragen auf; nicht so sehr, weil man sie nicht mit einer Mitte zwischen einem Zuviel und Zuwenig in Verbindung bringen könnte, sondern weil nicht ersichtlich ist, inwiefern sie die Mitte zwischen zwei Leidenschaften bezeichnet.

Ethische Autorität und Konformismus: Eine weitere Schwierigkeit liegt in dem Umstand, dass die Mitte zwischen extremen Haltungen, anders als die Mitte zwischen den beiden Grenzen einer Straße, weder eindeutig markiert noch durch irgendein exaktes Messverfahren zu berechnen ist; es gibt **keine Geometrie der Leidenschaften**. Aristoteles zufolge sollen wir uns daher an den Einschätzungen verständiger Personen orientieren (1106b35 f.). Diese Auskunft hat die Frage provoziert, ob Aristoteles sich nicht eines Zirkelschlusses schuldig mache (z. B. Tugendhat 1993, S. 252). Christian Illies formuliert das Problem zugespitzt so:

2.2 Aristoteles' Tugendethik

»Grob gesagt scheint Aristoteles wie folgt zu argumentieren: Eine Tugend ist eine Disposition, die Mitte zwischen zwei Extremen zu wählen. Wie aber entscheiden wir, wo die Mitte liegt? Aristoteles gewinnt dieses Wissen aus der allgemeinen Einschätzung, allerdings nicht der Einschätzung der Vielen, sondern der Wenigen. Nur diejenigen, die die Tugenden bereits als die ersten Prinzipien ihres Handelns und ihrer Gewohnheiten akzeptiert haben – diejenigen, die Aristoteles, die ›Schönen und die Guten‹ nennt (NE 1099a6, 1124a4, 1179b10) – haben die *phronesis* (Urteilskraft), die Mitte zu bestimmen. Nur sie haben die richtige Art ›Auge‹ (NE 1109b20–23, 1126b2–4, 1142a23–30). Das heißt nun aber nicht, dass sie Argumente oder Kriterien dafür vorschlügen, was die Mitte (und was mithin eine Tugend) ist; vielmehr ist Exzellenz der Urteilskraft ihrerseits eine Tugend, die allein ihnen erlaubt, das Gute zu erfassen. Kurz gesagt: Das Gute kann nur durch die Guten bestimmt werden. Wie aber bestimmen wir, wer die Guten sind? Nun, indem wir die Guten fragen. Hier wird das Argument zirkulär.« (Illies 2003, S. 27, Übers. MW)

Ethische Vorbilder?

Nun lässt sich (wie Illies selbst andeutet; ebd., Anm. 20) einwenden, dass Aristoteles ethische Urteilskompetenz in Wahrheit als etwas begriffen hat, das Personen in höherem oder geringerem Maße besitzen können, und nicht als etwas, worüber sie entweder ganz oder gar nicht verfügen. Wenn wir indes von der plausiblen Annahme ausgehen, dass die Unterschiede im Maß des ethischen Urteilsvermögens eher gradueller Art sind, so erscheint es durchaus möglich, dass eine ethisch noch unreife Person die überragende ethische Urteilskompetenz einer anderen Person erkennt und sich an ihr orientiert, ganz ähnlich, wie eine nur mäßig musikalische oder musikalisch noch wenig entwickelte Person die musikalische Bildung einer anderen Person anerkennen und sich von ihr unterrichten lassen kann. Auch finden sich in der Nikomachischen Ethik zumindest Hilfestellungen für die Identifikation ethisch urteilsfähiger Personen: Wie wir gesehen haben, scheiden etwa Personen zu geringen Lebensalters aufgrund ihrer unzureichenden praktischen Erfahrung aus. Zudem kann sich Aristoteles in seiner Berufung auf ethische Vorbilder auch auf die Standards einer aristokratisch geprägten Kultur stützen, in der die elitäre Distinktion zwischen den ›Wenigen‹ und den ›Vielen‹ als weniger fragwürdig empfunden wurde. Freilich muss gerade diese Selbstverständlichkeit Anlass zum Misstrauen bieten. Es bleiben Zweifel, ob Aristoteles' Ethik des rechten Maßes nicht doch kriterial unterbestimmt ist. Soweit ethische Vorbilder sich ihrerseits an nichts anderem denn an den Urteilen anderer Vorbilder orientieren können, wird ethisches Urteilsvermögen auf Traditionalismus bzw. eine konventionelle Moralorientierung verkürzt. Ethisch vorbildlich erscheint dann schlichtweg, was als hervorragend anerkannte Bürger seit jeher vorgelebt haben.

Verantwortlichkeit: Ein großer Teil der *Nikomachischen Ethik* ist spezifischen Überlegungen zu einzelnen Tugenden als Elementen eines guten Lebens gewidmet. Es finden sich jedoch weitere bedeutsame Grundlagenbetrachtungen. Zu nennen ist vor allem die Verantwortungstheorie, die im dritten Buch der *Nikomachischen Ethik* entwickelt wird. Sie sieht erstmals **differenzierte Kriterien der Schuldzuschreibung** vor, hat die strafrechtliche Zurechnungslehre nachhaltig geprägt und beschäftigt die philosophische Handlungs- und Verantwortungstheorie bis in die Gegenwart.

Zur Vertiefung

Verantwortung / Verantwortlichkeit

Der Begriff ›Verantwortung‹ entstammt der rechtlichen Sphäre und bezieht sich auf die Praxis des Einander-Rede-und-Antwort-Stehens. Er ist notorisch vieldeutig und bezeichnet unterschiedliche Arten normativer Relationen zwischen (mindestens) drei Relaten: *S* (ein Verantwortungs*subjekt*) ist vor *I* (einer Verantwortungs*instanz*) verantwortlich für *O* (ein Verantwortungs*objekt*, z. B. einen schützenswerten Gegenstand oder eine Handlungsfolge). In einem *retrospektiven* Sinn wird Verantwortung für Ergebnisse oder Nebenfolgen von aktiven Handlungen oder von Unterlassungen zugeschrieben und bezeichnet dann eine Rechenschaftspflicht oder Schuld. In einem *prospektiven* Sinn bedeutet die Zuschreibung von Verantwortung die Zuerkennung einer Art Gewährleistungs- oder Fürsorgepflicht für Zustände oder schützenswerte Entitäten. Wer Verantwortung für *O* trägt, kann auch für *O* ›verantwortlich‹ genannt werden; umgangssprachlich vertritt letzter Begriff manchmal auch das wertende Adjektiv ›verantwortungsvoll‹, das eine vorbildliche Wahrnehmung bestehender Verantwortlichkeiten bezeichnet.

Bedingungen der Zurechenbarkeit

Vieles spricht dafür, dass die Zurechnung von Verantwortung zunächst nicht an die Unterstellung der **Freiwilligkeit** des zugerechneten Verhaltens gebunden war (Holl 1980). Die Helden der homerischen Epen und vielfach noch der späteren griechischen Tragödien ziehen sich auch dort die Rache der Götter zu, wo sie aus Unkenntnis oder in Abwesenheit von Alternativen gegen deren Gebote verstoßen. Der Philosoph Anaximandros setzt in dem eingangs zitierten Fragment Wirkursächlichkeit und Schuld in eins, unterscheidet also nicht zwischen kausal determinierten und ethisch zurechenbaren Handlungen. Aristoteles hingegen erklärt die Freiwilligkeit von Handlungen oder inneren Einstellungen zur Voraussetzung dafür, dass diese gelobt oder getadelt werden können (1109b30 ff.). Diese Voraussetzung ist nur gegeben, wenn die Handlung freiwillig ist und die handelnde Person **Tatherrschaft** besitzt, d. h. auch hätte **anders handeln können** (dieses Kriterium ist in der analytischen Philosophie als *Principle of Alternative Possibilities* [PAP] diskutiert und insbesondere von Harry Frankfurt [1969] bestritten worden, verteidigt wird es u. a. durch Van Inwagen 1983; vgl. zur Übersicht McKenna/Coates 2015).

Zur Vertiefung

(In-)Determinismus und (In-)Kompatibilismus

Eine bis heute strittige Frage der Ethik liegt an der Schnittstelle zwischen theoretischer und praktischer Philosophie: Wie sind Naturkausalität, Freiheit und Verantwortung zu vereinen? Strittig sind dabei sowohl die Deutung der Naturprozesse als auch die Implikationen der jeweiligen Deutung für die Ethik. Im Hinblick auf die Deutung der Naturgesetze stehen sich Determinismus und Indeterminismus gegenüber. Der **Determinismus** nimmt an, dass alle Weltzustände mit Notwendigkeit durch vorangehende Weltzustände festgelegt (determiniert) sind, während der **Indeterminismus** ein gewisses Maß von Unbestimmtheit im Hinblick auf zukünftige Ereignisse annimmt. Im Hinblick auf die Implikationen für die

Ethik behauptet der **Kompatibilismus**, dass der Determinismus ethische Verantwortlichkeit nicht ausschließt, während der **Inkompatibilismus** den Determinismus mit ethischer Verantwortlichkeit für unvereinbar hält.

Aristoteles differenziert Handlungen im Hinblick auf das Maß der Freiheit von äußerem Zwang und unterscheidet entsprechend zwischen (A) Handlungen, die unter unwiderstehlichem Zwang, etwa unmittelbarer physischer Krafteinwirkung vollzogen werden und niemals zurechenbar sind, (B) Handlungen, die von äußerem Zwang frei sind und insofern die Bedingung der Zurechenbarkeit erfüllen sowie (C) ›gemischten‹ Handlungen, die etwa unter Drohung vollzogen werden. Aristoteles hält letztere für eingeschränkt zurechenbar (1110a5 ff.). Insofern bei ihnen eine bewusste Abwägung zwischen zwei Übeln erfolge, glichen sie allerdings eher den freien Handlungen. Die prinzipiell zurechenbaren Handlungen der Klassen B und C – also alle Handlungen, die nicht vollständig durch äußere Einwirkung erklärbar sind – differenziert Aristoteles weiterhin im Hinblick auf ihr inneres Zustandekommen. Hier unterscheidet er zwischen (1) Handlungen, die aktuell unter Tatherrschaft stehen, insofern sie bewusst und mit überlegtem Vorsatz vollzogen werden, und (2) solchen Handlungen, die nur potentiell unter Tatherrschaft stehen, entweder (2.1) weil sie aus dem Affekt geboren sind, oder (2.2) weil seitens des Handelnden ein Irrtum über Normen (2.2.a) oder ein Irrtum über Handlungsumstände (2.2.b) vorliegt, die für die Beurteilung der Handlung relevant sind. Während bewusste Vorsatzhandlungen (1) immer zurechenbar sind, hängt die Zurechenbarkeit der übrigen Handlungen (2) jeweils von zusätzlichen Bedingungen ab. Deren gemeinsamer Nenner lässt sich dahingehend zusammenfassen, dass Handlungen insoweit zurechenbar sind, als die Bedingungen, die ihr Zustandekommen erklärlich machen, wiederum der handelnden Person zugeschrieben werden können. So ist eine Handlung des Typs 2.1, die im Zustand schwerer Trunkenheit und daher fehlender aktueller Tatherrschaft begangen wird, der handelnden Person gleichwohl zurechenbar, wenn sie die Trunkenheit selbst bewusst und vorsätzlich herbeigeführt hat, nicht aber, wenn sie gegen ihren Willen in den Zustand des Vollrauschs versetzt wurde (1113b30 ff.). Ebenso ist eine aufgrund eines Irrtums über Normen vollzogene Handlung des Typs 2.2.a dann zurechenbar, wenn die Kenntnis der übertretenen Norm von der Person erwartet werden konnte, wenn die Unkenntnis der Verbotsnorm also ihrerseits Grund zum Tadel ist. Dies ist vor allem bei grundlegenden, von Natur aus gültigen Normen der Fall.

Handlungsdifferenzierung nach Aristoteles

Gerechtigkeit als Relation: Abschließend sei noch auf die vor allem im fünften Buch der *Nikomachischen Ethik* entwickelte Gerechtigkeitstheorie hingewiesen. Aristoteles bemüht sich hier zunächst um die Klärung von Missverständnissen, indem er verschiedene Gebrauchsweisen des Gerechtigkeitsbegriffs unterscheidet. Der Begriff werde manchmal als gleichbedeutend mit Gesetzmäßigkeit überhaupt verstanden und sei dann nichts anderes als die Gesamtheit all derjenigen Tugenden, die den Umgang mit anderen Personen beträfen (1129b30 ff.). So verstanden,

Ansätze der Tugendethik

Gerechtigkeit und Gleichheit

ziele Gerechtigkeit nicht primär auf das Gut der handelnden Person, sondern auf das Gut anderer Handlungsbetroffener (1130a1 ff.). In einem spezifischeren Sinn ist Gerechtigkeit eine Tugend, die mit Gleichheit zu tun hat (1130a20 ff.) und insofern wiederum mit einer Mitte zwischen zwei Extremen, da das Gleiche zwischen dem Zuviel und dem Zuwenig liegt (1131a5 ff.). Bei der **Tauschgerechtigkeit**, die Transaktionen zwischen Personen betrifft, gilt die arithmetische Gleichheit: Der Austausch ist dann gerecht, wenn der Wert von Leistung und Gegenleistung gleich ist. Im Fall der **Verteilungsgerechtigkeit** bezieht sich Gleichheit dagegen nicht unmittelbar auf die jeweils zugeteilten Güter, dergestalt, dass jeder Anspruchsberechtigte notwendigerweise gleich viel erhalten müsste. Vielmehr bezieht sie sich auf die Proportion zwischen der jeweiligen Anspruchsgrundlage einerseits und den jeweils bezogenen Gütern andererseits. Eine egalitäre Verteilung, bei der alle Anspruchsberechtigten gleich viel erhalten, ist lediglich ein Sonderfall einer im Sinne der Proportionalität gleichmäßigen Verteilung. Gerecht wäre sie genau dann, wenn die jeweilige Anspruchsgrundlage (z. B. die jeweilige Bedürftigkeit oder das jeweilige Verdienst) aller Anspruchsberechtigten ebenfalls genau gleich wäre. Dabei konstatiert Aristoteles, dass hinsichtlich der Frage, auf welcher Anspruchsgrundlage Leistungen zugemessen werden sollen, kein Konsens besteht.

Zweierlei Recht

Positives versus natürliches Recht: Im Kontext der Gerechtigkeitstheorie führt Aristoteles auch die wichtige Unterscheidung zwischen dem durch politische Vereinbarung gesetzten Recht einerseits und dem von Natur aus geltenden Recht andererseits ein (1134b18 ff.). Ersteres regelt Sachverhalte, die, zunächst indifferent, erst durch die autoritative Festlegung eine bestimmte normative Bedeutung erhalten. Entsprechend können in unterschiedlichen Gemeinschaften unterschiedliche rechtliche Regelungen gelten. Das natürliche Recht ist demgegenüber überall dasselbe und von den Meinungen der Menschen unabhängig. Da Aristoteles im Rahmen seiner Naturphilosophie strikt zwischen dem schlechthin unwandelbaren Teil der Natur (wozu er den Sternenhimmel zählt) und dem prinzipiell veränderlichen Teil der Natur unterscheidet, fügt er allerdings an, dass auch das Naturrecht nicht schlechthin unveränderlich sei, da die menschliche Natur selbst, anders als die der Götter, als wandelbar gelten müsse. Bei den Sophisten diente die Gegenüberstellung der durch Satzung (θέσει, *thesei*) etablierten und der von Natur aus (φύσει, *physei*) geltenden Gesetze meist der polemischen Funktion, die Verbindlichkeit der positiven Gesetze zu unterminieren. Aristoteles geht es hingegen – ebenso wie späteren Naturrechtstheoretikern oder analog auch wie David Hume bei seiner Unterscheidung zwischen natürlichen und künstlichen Tugenden – eher um die **Abgrenzung von Geltungsbereichen**. Das Naturrecht legt normative Mindestansprüche fest und begrenzt so den Spielraum legitimer Vereinbarungen. Innerhalb der durchs Naturrecht gezogenen Grenzen können durch Vereinbarungen jedoch durchaus verbindliche Festlegungen getroffen werden.

2.3 | Systematische Fragen

Neben Aristoteles' Tugendethik sind in der Philosophie der griechischen und römischen Antike zahlreiche andere Modelle einer Ethik des guten Lebens entwickelt worden. Zu erwähnen ist insbesondere die Philosophie der **Stoa** und der **(Neu-)Platonismus**, die maßgeblichen Einfluss auch auf die christliche Philosophie des Mittelalters (und später, in einem frischen Zugriff auf die Quellen, auf das Denken der Renaissance) ausgeübt haben, bevor und auch noch nachdem Aristoteles durch Albertus Magnus (ca. 1193–1250) und dessen Schüler Thomas von Aquin (ca. 1224–1274) zur zentralen philosophischen Bezugsfigur der orthodoxen Kirchenlehre erhoben wurde. Als populäre, aber viel bekämpfte und nicht selten verleumdete Nebenströmung soll die materialistische und **hedonistische Ethik Epikurs** (ca. 341–271 v. u. Z.) zumindest erwähnt werden. Sie baut auf die atomistische Naturphilosophie Leukipps (geb. ca. 470 v. u. Z.) und Demokrits (ca. 460–370 v. u. Z.) und zielt auf ein ruhiges, an vermeidbarem Leiden und insbesondere an irrationalen Ängsten armes Leben. Epikur vertritt damit einen ›negativen‹, primär auf die Vermeidung von Leiden zielenden Hedonismus; eine Position, die mit dem polemischen Zerrbild des ausschweifenden Genüssen nachstrebenden Epikureers nicht viel gemein hat.

> **Hedonismus** (von griech. ἡδονή, *hedone*: Lust) wird eine axiologische (werttheoretische) Auffassung genannt, der zufolge die von Lebewesen empfundene Lust – subjektiv erlebtes Wohlbefinden – das einzige oder jedenfalls das zentrale Gut darstellt, das intrinsisch, d. h. um seiner selbst willen, wertvoll ist. Hedonistische Ansätze stehen in Spannung zu ›perfektionistischen‹ Deutungen des guten Lebens.
> **Perfektionismus** nennt man solche Konzeptionen, die das Ziel eines guten Lebens in der möglichst vollkommenen Realisierung von Wesensmöglichkeiten bzw. in der Selbstentfaltung erblicken (Hurka 1993; Wall 2017; Henning 2015).

Entsprechend der primär systematischen Zielsetzung des vorliegenden Buchs, die klassische Positionen nur exemplarisch in den Blick nimmt, werden alternative Ansätze antiker Tugendethik nicht detailliert vorgestellt. Vielmehr werden die von Aristoteles aufgeworfenen Fragen und vertretenen Positionen noch einmal aus einer systematischen Perspektive diskutiert. Vorgriffe auf den Inhalt späterer Kapitel sind dabei nicht zu vermeiden. Eventuell empfiehlt es sich, die folgenden Absätze nach der Lektüre der anschließenden Kapitel noch einmal zu lesen.

2.3.1 | Glück und Moral

Verschiedene Ethiktypen

Glück und Gerechtigkeit: Aristoteles' Ethik geht von der Frage nach der Form eines guten Lebens aus: Was bedeutet es überhaupt, jemanden glücklich zu nennen? Was macht ein glückliches Leben aus? Welche allgemeinen praktischen Orientierungen und welche äußeren Glücksumstände tragen dazu bei? Welche Kompetenzen müssen wir einüben, um unserem Leben die Form eines guten Lebens zu geben? Aristoteles' Tugendethik steht damit exemplarisch für einen Ethiktyp, der als Glücksethik, als **Ethik des guten Lebens** oder als Eudaimonismus bezeichnet wird. Da solche Ethiken typischerweise fragen, wonach wir streben sollen, um gut zu leben, fallen sie zugleich in die Kategorie der **Strebensethik**. Die Frage nach dem guten und glücklichen Leben steht jedoch nicht in allen Ethiken im Mittelpunkt. Einen alternativen Ethiktypus verkörpert die **Gerechtigkeitsethik**. Gerechtigkeitsethiken versuchen zu klären, was wir überhaupt tun und unterlassen dürfen, was wir wechselseitig einander schulden, wer welche Rechte und Pflichten hat. Soweit Gerechtigkeitsethiken üblicherweise Pflichten und Sollensvorschriften zu begründen versuchen, fallen sie zugleich in die Kategorie der **Sollensethik**. Typischerweise sind Ethiken des guten Lebens also zugleich Strebensethiken, Gerechtigkeitsethiken zugleich Sollensethiken.

Verhältnis zwischen Glück und Gerechtigkeit

Andauernde Kontroversen: Freilich bringen diese modernen Unterscheidungen einige Herausforderungen mit sich. So ist zu klären, inwieweit gutes Leben und Gerechtigkeit begrifflich oder zumindest empirisch zusammenhängen. Geht man etwa von der plausiblen Annahme aus, dass Gerechtigkeitsansprüche zumindest *auch* Ansprüche auf notwendige Bedingungen eines guten und glücklichen Lebens umfassen, dann können auch Gerechtigkeitsethiken nicht ohne glücksethische Überlegungen auskommen, da ohne solche Überlegungen der Gegenstand von Gerechtigkeitsansprüchen nicht geklärt werden kann. Umgekehrt gibt es gute Gründe für die Annahme, dass auch eine Ethik des guten Lebens nicht ohne gerechtigkeitsethische Annahmen auskommen kann. So scheint es plausibel, dass ein **gelingendes Leben auf Formen sozialer Anerkennung angewiesen ist**, die sich nur innerhalb *gerechter* Interaktionsbedingungen entfalten können (Rössler 2017, S. 54 f., 304 ff., 322 ff.; vgl. Honneth 1992a; Seel 1995, S. 194 ff.). Wie eng und von welcher Art die Abhängigkeiten zwischen glücks- und gerechtigkeitsethischen Annahmen genau sind, wird auch gegenwärtig noch kontrovers diskutiert. So schlagen Vertreter/innen des politischen Liberalismus und Libertarismus Grundprinzipien gerechten Zusammenlebens vor, die mit unterschiedlichen Vorstellungen des guten Lebens vereinbar sein sollen. Ziel der politischen Gerechtigkeitsethik ist demnach, Prinzipien zu begründen, deren Institutionalisierung allen gleichermaßen ermöglichen soll, ihre individuell unterschiedlichen Vorstellungen vom guten Leben zu realisieren. Die Gerechtigkeitsethik könne und solle sich daher mit wenigen, ›schwachen‹, rein formalen, allgemein gehaltenen und relativ unstrittigen Annahmen darüber begnügen, was ein gutes und glückliches Leben ausmacht (vgl. klassisch Rawls 1975, Kap. 7; Rawls 1992, Kap. 7; Rawls 1998, Kap. 5; siehe Kap. 7). Neo-Aristoteliker/innen, Neo-Hegelianer/innen, Kommunitarist/innen und manche phänomenologisch orientierten Philosoph/innen halten die begrifflichen oder empirischen Zusammenhänge zwischen Glücks- und Gerechtigkeitsvorstellungen hingegen für deutlich enger. Häufig interpretieren sie gerade die liberale Trennung zwischen Gerechtigkeits- und Glücksfragen als Ausdruck eines bestimmten, spezifisch modernen und wesentlich individualistischen Konzepts vom guten Leben (u. a. Taylor 1986; zur Übersicht vgl. Honneth 1992b, Reese-Schäfer 1997). Gerechtigkeitskonzepte seien in Wahrheit niemals ›neutral‹ gegenüber Vorstellungen vom glücklichen Leben. Neben Abhängigkeiten zwischen Glück und Gerechtigkeit sind auch Spannungen und Konflikte möglich. Das Bestreben, das eigene Glück oder das Glück Anderer zu fördern, kann mit Gerechtigkeitsforderungen kollidieren. Die Frage, wie solche Kollisionen zu interpretieren und aufzulösen sind – ob und welche theoretischen oder praktischen **Vorrangverhältnisse** zwischen Glück und Gerechtigkeit bestehen – gehört zu den kontrovers diskutierten Fragen der Ethik. Lassen sich, wie der klassische Glücksutilitarismus annimmt, Gerechtigkeitsforderungen letztlich immer in Forderungen einer verallgemeinerten Glücksmaximierung übersetzen, weil jeweils genau diejenige Handlung gerecht ist, die ›das größte Glück der größten Zahl‹ erwarten lässt? Oder ist vielmehr Gerechtigkeit die übergreifende und vorrangige Beurteilungsperspektive, weil Gerechtigkeit den Rahmen setzt, innerhalb dessen individuelle oder gemeinschaftliche Pläne vom guten Leben überhaupt verfolgt werden dürfen?

Vorrang des Gerechten/Vorrang des Guten?

Glücksbegriff antiker Tugendethik: Wenn man Aristoteles' Ethik als Glücks- und Strebensethik bezeichnet, ordnet man sie in ein Schema ein, das sich in der skizzierten Form erst später etabliert hat. Die moderne Vorstellung, dass moralische und rechtliche Normen dem individuellen Glücksstreben Grenzen setzen müssen, ist für antike Tugendethiken ebenso wenig kennzeichnend wie die Annahme, dass Glück in erster Linie einen subjektiven Gemütszustand beschreibt. Glück und sittliche Kategorien wie Gerechtigkeit oder Schicklichkeit werden in den antiken Tugendethiken regelmäßig als untrennbar verbunden gedacht. Für die später etwa von Kant betonte Unterscheidung zwischen Fragen des je eigenen Lebensglücks (Kant nennt sie ›pragmatisch‹) und moralischen Fragen der Gerechtigkeit; für die Unterscheidung zwischen demjenigen, wonach zu streben **klug und ratsam** ist, und demjenigen, was **unbedingt geboten** ist, finden sich bei Aristoteles lediglich Ansätze. So räumt er in einer Diskussion von Verantwortlichkeit im Fall der Erpressung ein, »zu einigen Dingen« – gemeint sind ›schändliche‹ Dinge wie Muttermord – solle »man sich vielleicht überhaupt nicht zwingen lassen, sondern eher sterben und das Schlimmste erdulden« (NE 1110a). Allerdings sei es »[z]uweilen schwierig, zu entscheiden, für was man sich entscheiden und welches von zwei Dingen man aushalten soll« (ebd.), und zwar insbesondere dann, wenn man zwischen ›Schmerzlichem‹ und ›Schändlichem‹ entscheiden müsse. Diese Überlegung deutet an, dass das individuelle Glücksstreben mit demjenigen kollidieren kann, was gerecht und schicklich ist. Mehr noch: Man könnte in Aristoteles' Begründung für die Entscheidungsschwierigkeiten einen Hinweis darauf sehen, dass Schmerz (als Übel im Hinblick auf das eigene Lebensglück) und Schändliches (als moralisches Übel) qualitativ

Aristoteles' Kompromissversuch

unterschiedlichen Kategorien zugehören, und dass eben dies der Grund ist, warum sie nicht ohne Weiteres gegeneinander aufzurechnen sind. Allerdings bleibt es eben bei Andeutungen. Die zu treffende Entscheidung zwischen Schändlichem und Schmerzlichem soll, wie alle ethischen Entscheidungen, letztlich doch an dem *einen* Ziel des guten Lebens orientiert sein, in dem eudaimonistische und moralische Gutheit gerade *nicht* streng geschieden sind. Aristoteles' *eudaimonia* schließt Elemente ›moralischer‹ Exzellenz vielmehr ausdrücklich ein. Diese **Integration moralischer Elemente in den Glücksbegriff** ist für die antiken Tugendethiken generell kennzeichnend (zu Charakter und Entwicklung des antiken Glücksbegriffs vgl. genauer Horn 1998, S. 61 ff.).

Moralistischer Glücksbegriff der Stoa

Stoischer Glücksbegriff: Schon die Kontroversen zwischen antiken Philosophenschulen wecken allerdings Zweifel, ob diese Integration zwanglos gelingen kann. Vertreter der Stoa etwa gehen in der ›Moralisierung‹ des Glückskonzepts noch viel weiter als Aristoteles. *Einerseits* schreiben sie dem Maßstab der Sittlichkeit strikten Vorrang vor allen nicht-sittlichen Überlegungen oder Neigungen zu. Ebenso wie später Kant und viele andere Moralphilosophen vertreten sie die **These der strikten Vorrangigkeit *(overridingness)* der Moral.** Die sittliche Tugend urteilt laut dem stoischen Philosophen Seneca dem Jüngeren »über alle Dinge, über sie nichts« (Seneca 1999, Bd. IV, S. 33. [Ep. mor. ad Lucilium 71, 20]). *Andererseits* – und anders als Kant – suchen Seneca und andere Stoiker die Vorrangigkeitsthese aber mit der auch von Aristoteles vertretenen Vorstellung zu vereinbaren, dass wir uns an nichts anderem denn an dem *einen* Ziel des gelungenen und glücklichen Lebens orientieren sollen – dem **höchsten Gut**. Es bleibt ihnen daher nur die Möglichkeit, das glückliche Leben *vollständig* mit dem sittlich vorbildlichen Leben gleichzusetzen (ganz in der Tradition des Platonischen Sokrates, dessen Auffassung, es sei ›besser‹, Unrecht zu leiden als Unrecht zu tun, bereits erwähnt wurde). Während Aristoteles zufolge auch der vollkommen Tugendhafte zum vollkommenen Glück noch auf günstige Lebensumstände angewiesen bleibt, soll der stoische Weise davon ganz unabhängig sein. Im Bewusstsein der Tatsache, dass diese Auffassung »wunderlich« erscheinen muss, bekräftigt Seneca gleichwohl: »Bei Tische zu liegen ist ein Übel, auf der Folterbank zu liegen ist ein Gut, wenn jenes schimpflich, dieses vollkommen geschieht« (ebd., S. 33 ff. [71, 21]). Denn **sittliche Vollkommenheit ist das einzige Gut** (ebd., S. 41 [71, 32]). Nur unsere eigene Schwachheit kann uns dies verkennen lassen (ebd., S. 35 [72, 22 ff.]). Die stoische Auffassung, wonach die sittliche Tugend nicht nur das höchste, sondern das *einzige* Gut darstellt, ist allerdings nicht nur »wunderlich«, sondern sorgt auch für eine Reihe von Folgeproblemen.

»To say that ›Virtue is the highest good,‹ is a proposition to which every one who aspires to the spiritual life must yield assent with his lips, even if he has not yet learnt to believe it in his heart. But alter it into ›Virtue is the only good,‹ and by that slight change it becomes at once the teeming mother of paradoxes.« (Stock 1908, S. 60 f.)

Eines der Probleme ist folgendes: Soziale Tugenden wie Gerechtigkeit, Hilfsbereitschaft oder Großzügigkeit beziehen sich regelmäßig auf Formen sozialer Anerkennung und Achtung oder die Zuteilung von sozialen Leistungen oder materiellen Gütern. Sollte all diesen vermeintlichen Gütern indes keinerlei Wert zu kommen, weil sittliche Tugend selbst das einzige Gut darstellt und weil die Selbstachtung des Weisen allein davon abhängt, ob er den Standards der natürlichen Vernunft gehorcht, verlören all diese sozialen Tugenden gleichsam ihren Gegenstand. Man könnte anderen dann lediglich dadurch etwas Gutes tun, dass man ihnen Gelegenheit gibt, sich tugendhaft zu betragen, was die absurde Konsequenz hätte, dass man ihnen etwas Gutes täte, wenn man ihre Tugend auf die Probe stellte. Umgekehrt täte man ihnen nicht wirklich etwas Schlechtes, wenn man sie beraubte, verletzte oder missachtete. Auch unabhängig von solchen Paradoxien belasten sich stoische Philosophen mit einer schweren Aufgabe. Denn sie wollen ihr Publikum nicht nur von einer veränderten Redeweise überzeugen, indem sie für eine Deutung des Wortes »Glück« plädieren, die der gängigen Verwendung widerspricht. Sie wollen es auch dazu bewegen, ein anderes Ziel anzustreben als bisher. Dazu müssen sie ihm vor Augen führen, dass es sich in seinen Vorstellungen vom eigenen Lebensziel grundsätzlich getäuscht hat. Das ist eine schwere Hypothek, zumal für eine Philosophenschule, die in anderen Zusammenhängen den *consensus gentium*, die Übereinkunft der Völker, als Argument anführt.

Paradoxien des stoischen Glücksbegriffs

Aristoteles' Glückskompromiss: Verglichen mit der Tugendlehre der Stoa ist Aristoteles' Ethik weniger radikal. Sein Glücksbegriff soll erfassen, wonach alle Wesen natürlicherweise zu streben geneigt sind. Aristoteles will dabei explizit an gängige Auffassungen anknüpfen. Entsprechend vertritt er die Überzeugung, dass »der Glückseligkeit Lust beigemischt sein muss« (NE, 1177a). Freilich meint er damit eine besondere Art von Lust, nämlich eine, die die vollkommene Tätigkeit begleitet (vgl. Ricken 1995). Mit dieser Vorstellung einer der vollkommenen Tätigkeit eigenen Lust sucht er, **zwei unterschiedliche Glücksbegriffe miteinander zu versöhnen**:

Mehrdeutigkeit des aristotelischen Glücksbegriffs

- zum einen die Vorstellung eines natürlicherweise angestrebten Zustands langfristigen subjektiven Wohlbefindens, der auch von äußeren Umständen abhängig ist;
- zum anderen die Vorstellung einer maximal selbstgenügsamen, tugendhaften Tätigkeit; einer vollkommenen Aktualisierung der spezifischen Wesensmöglichkeiten, die Bewunderung und Anerkennung verdient.

Ist eine Versöhnung dieser beiden Vorstellungen jedoch überhaupt denkbar, oder läuft der Versuch auf einen unklaren Kompromiss hinaus? Julia Annas zufolge führt Aristoteles' Vorschlag, Glück gewissermaßen als aus Tugend *und* äußeren Gütern zusammengesetzt zu bestimmen, zu einer schwankenden und ›instabilen‹ Position (Annas 1993, S. 368). Ernst Tugendhat ist der Auffassung,

»dass [...] die ganze Tugendlehre des Aristoteles zwischen den zwei Möglichkeiten schillert, ob es sich um Glückstugenden oder um moralische Tugenden handelt.« (Tugendhat 1993, S. 248)

Gerade weil Aristoteles' habe zeigen wollen, dass sittliche Tugend für ein glückliches Leben essentiell sei, wäre es nach Tugendhats Einschätzung »angemessener« gewesen, »wenn die beiden Begriffe erst einmal deutlich getrennt worden wären« (ebd., S. 249).

Deutungsmöglichkeiten: Für die Mehrdeutigkeit der aristotelischen Ethik spricht jedenfalls die Vielfalt der Interpretationen, Beurteilungen und Aktualisierungsversuche. Die Reaktionen auf Aristoteles' Tugendethik lassen sich grob danach unterscheiden, ob sie sie lediglich als Beitrag zur Glückslehre oder auch als Beitrag zur Sittenlehre interpretieren sowie danach, für wie überzeugend und aktuell relevant sie den jeweiligen Beitrag erklären. Insbesondere drei Positionen sind verbreitet:

Moderne Interpretationen der aristotelischen Tugendethik

1. Eine erste Deutung verteidigt den Standpunkt der modernen Moralphilosophie gegenüber der aristotelischen Tugendethik und wird etwa von Kant vertreten. Sie interpretiert Aristoteles' Ethik wesentlich als Lebenslehre, die auf ein glückliches Leben – primär verstanden im Sinne eines langfristigen persönlichen Wohlbefindens – zielt. Zugleich geht sie davon aus, dass das Versprechen der Tugendethik, Ratschläge für ein glückliches Leben zu geben, von einer seriösen – sich als Wissenschaft verstehenden – Philosophie nicht einzulösen ist, und zwar vor allem deshalb, weil die Vielfalt konkreter Lebensumstände und -entscheidungen keine strikt allgemeingültigen Aussagen über das Glück zulässt. Soweit Aristoteles im Rahmen dieser Deutung auch eine Sittenlehre zugeschrieben wird, wird diese als abhängig von der Glückslehre betrachtet. Daraus folgt wiederum, dass auch die Sittenlehre unhaltbar ist, weil sie auf einem nicht tragfähigen Fundament errichtet ist. Der unbedingte (›kategorische‹) Forderungscharakter moralischer Pflichten könne nicht aus bloßen Klugheitsratschlägen für das eigene Lebensglück abgeleitet werden. Kurz: **Aristoteles' Ethik scheitert sowohl als Glücks- als auch als Sittenlehre**. Ersteres, weil eine *wissenschaftliche* Glückslehre unmöglich ist, Letzteres, weil die Sittenlehre auf fundamental falschen Prinzipien basiert.
2. Eine zweite Deutung betont ebenfalls die glücksethischen Elemente der aristotelischen Ethik. Sie teilt jedoch nicht die für die erste Deutung wesentliche Annahme, Moralphilosophie dürfe nur solche Prinzipien zum Gegenstand haben, deren Allgemeinheit und Notwendigkeit der von Naturgesetzen gleichkomme. Entsprechend hält sie das philosophische Nachdenken über die Form eines guten Lebens für weiterhin fruchtbar. Im Sinne einer **Ergänzung der auf sollensethische Fragen konzentrierten modernen Moralphilosophie** will sie an die aristotelische Tradition anknüpfen (z. B. Seel 1995).
3. Eine dritte Position ist gegenüber der modernen Moralphilosophie noch kritischer. Auch sie möchte an die aristotelische Tugendethik anknüpfen, jedoch nicht nur zum Zweck einer Ergänzung, sondern mit dem Ziel einer mehr oder weniger radikal ansetzenden **Revision der gegenwärtigen Moralphilosophie** (z. B. MacIntyre 2007, Slote 2001).

Jede dieser Positionen bietet noch einmal Raum für unterschiedliche Ansätze; auch ist die Aufzählung nicht erschöpfend. So betonen einige Arbeiten seit den 1980er Jahren auch wieder Übereinstimmungen zwischen antiken Tugendethiken und etwa der Moralphilosophie Kants (vgl. etwa Herman 1993). Im Folgenden können nur einige zentrale Überlegungen zur Sprache kommen.

2.3.2 | Ethik des guten Lebens

Subjektivität des Gegenstands: Inwieweit das gute Leben überhaupt ein Gegenstand der Philosophie sein kann, ist keineswegs ausgemacht. Zweifel speisen sich meist aus den Überlegungen,

Glücksethik als Wissenschaft?

1. dass Philosophie danach strebe, durch rationale Argumentation allgemeine, objektiv gültige Aussagen oder Prinzipien zu begründen,
2. dass die relevanten Vorstellungen – und vor allem: die konkreten Erfahrungen – eines glücklichen oder sinnvollen Lebens extrem vielgestaltig und subjektiv seien,
3. dass diese Vorstellungen und Erfahrungen deshalb nicht Gegenstand philosophischer Erkenntnis sein könnten.

Dabei setzt die zweite Prämisse bereits die Einschätzung voraus, dass es nicht möglich ist, ein allgemeingültiges Bild eines gelingenden Lebens beispielsweise aus der objektiven Wesensnatur des Menschen abzuleiten, wie dies Aristoteles mittels des *Ergon*-Arguments versucht hat. Diese Einschätzung stützt sich auf Gründe, die im folgenden Kapitel noch näher zur Sprache kommen: *erstens* die Zurückweisung des klassischen, auf eine teleologische Naturphilosophie gestützten, ethischen Naturalismus und *zweitens* einen normativen Individualismus, der sich im Ausgang des Mittelalters gegen die klassische Wesensmetaphysik durchzusetzen beginnt. Wenn man nun das Scheitern des *Ergon*-Arguments einräumt und überhaupt die Prämissen der Überlegung akzeptiert – ist die Schlussfolgerung dann zwingend?

Musik als Beispiel: Die Antwort hängt vor allem davon ab, was mit den beiden Prämissen genau zugestanden ist. Schließt die behauptete Subjektivität und Vielgestaltigkeit des Gegenstands jede wissenschaftliche Beschäftigung mit diesem Gegenstand aus? Auch Musik ist ja beispielsweise ein äußerst vielgestaltiger Gegenstand, dessen Wahrnehmung in gewissem Sinne ebenfalls subjektiv ist. Das schließt jedoch nicht aus, dass sich Musiktheorie, Musikerziehung, Instrumental- und Kompositionsunterricht sowie Musikkritik in rationaler Weise mit diesem Gegenstand beschäftigen und dass es ihnen gelingt, sowohl verallgemeinerbares Wissen als auch verschiedenartige Erfahrungen und Fertigkeiten zu vermitteln, die zu einem genaueren und lebendigeren Verständnis ihres Gegenstandes beitragen. Dieser Vergleich kann eine gründliche Erörterung natürlich nicht ersetzen; er mag aber deutlich machen, dass das Argument gegen die Möglichkeit einer philosophischen Glücksethik nicht ohne Weiteres zwingend ist. Zugleich mag er aber auch Grenzen dessen illustrieren, was von der Glücksethik sinnvollerweise zu erwarten ist: Ebenso wie die Befolgung allgemeiner Kompositions- oder Improvisationsregeln allein nicht hinreichen mag, eine musikalisch überzeugende Komposition oder Improvisation hervorzubringen, wird allein die Befol-

Wissenschaft und Kunst

gung genereller glücksethischer Regeln kaum hinreichen, um ein glückliches und sinnvolles Leben zu führen. Zwischen Theorie und Praxis, zwischen Wissenschaft und Kunst, bleibt ein Abstand bestehen. Das spricht jedoch nicht gegen die Möglichkeit und Fruchtbarkeit eines allgemeinen, durch Erfahrung und Urteilskraft zu ergänzenden ›Umrisswissens‹, wie es Aristoteles auf dem Gebiet der Ethik angestrebt hat.

Aristoteles' Fragestellung unabhängig von der Antwort

Unvermeidlichkeit der glücksethischen Frage: Es lässt sich sogar fragen, inwieweit sich die Beschäftigung mit der glücksethischen Frage, wie sie von Aristoteles eingeführt worden ist, überhaupt sinnvoll vermeiden lässt, sobald man einmal angefangen hat, über den relativen Wert verschiedener Handlungsoptionen nachzudenken. Denn bei der Einführung der Fragestellung vermeidet Aristoteles voreilige inhaltliche Festlegungen. Er geht nicht schon von einer bestimmten Glücksvorstellung aus; geschweige denn von bestimmten philosophischen Annahmen, wie sie etwa dem *Ergon*-Argument zugrunde liegen. Vielmehr führt er zunächst lediglich das Konzept eines übergreifenden Ziels unserer Lebenspraxis ein. Darin sieht er ein Erfordernis einer konsistenten Handlungsstruktur: Weil unsere verschiedenen praktischen Verrichtungen jeweils auf ein bestimmtes Gut zielen, das ihnen Ordnung und Sinn verleiht, muss es auch ein übergreifendes Ziel der menschlichen Lebenspraxis insgesamt geben, *wenn* denn auch diese Lebenspraxis als solche eine vernünftige Struktur und einen Sinn haben soll. Denn ohne ein solches übergreifendes Ziel würde unserem Leben eine konsistente Ausrichtung fehlen. Wir hätten keinen Maßstab, anhand dessen wir den relativen Wert der unterschiedlichen Ziele möglicher alternativer Betätigungen gegeneinander abwägen könnten. Dies wiederum ließe auch den jeweiligen Wert der spezifischeren Ziele unklar erscheinen, da wir uns ja letztlich nicht rational, sondern nur willkürlich (›dezisionistisch‹) für eines dieser Ziele und gegen ein anderes entscheiden könnten. Erst im Anschluss an diese Überlegung stellt Aristoteles fest, dass das gesuchte Endziel üblicherweise als *eudaimonia* bezeichnet wird. *Eudaimonia* wird dabei zunächst nur als inhaltlich noch unbestimmte Variable für dasjenige eingeführt, woran wir unser Leben insgesamt orientieren sollten. Erst im Anschluss sucht Aristoteles in der Auseinandersetzung mit gängigen Vorstellungen zu klären, worum es sich dabei handeln könnte, und erst in *diesem* Rahmen entwickelt er schließlich die oben skizzierten Überlegungen und Argumente für seine spezifischen inhaltlichen Auffassungen vom guten Leben. Man kann Aristoteles spezifische Antworten auf die glücksethische Frage daher zurückweisen, die Frage selbst aber für sinnvoll oder gar (im angedeuteten Sinne) unvermeidlich halten.

Dominantes versus inklusives Lebensziel: Allerdings weist Aristoteles' Frage nach ›dem‹ Ziel der menschlichen Lebenspraxis eine Unklarheit auf, auf die insbesondere Hardie (1965) aufmerksam gemacht hat: Aristoteles' Überlegungen zur Notwendigkeit eines übergreifenden Lebensziels zeigen nämlich nicht, dass das gesuchte übergreifende Ziel ein **dominantes Ziel** zusätzlich zu und sozusagen ›über‹ den verschiedenen Teilzielen sein müsste, dergestalt, dass alle übrigen Handlungsziele wiederum nur Mittel zur Realisierung des übergreifenden Ziels darstellen würden. Das übergreifende Ziel könnte sich als **inklusives Ziel** auch aus verschiedenen Teilzielen zusammensetzen, sofern sie in nachvollziehbarer Weise gegeneinander abgewogen und in einen vernünftigen Lebensplan eingebettet sind. Für die Interpretation der Aristotelischen Ethik sind die beiden Alternativen vor allem im Hinblick auf das Verhältnis zwischen der theoretischen und der politischen Lebensform relevant. Die Tätigkeit der theoretischen Betrachtung scheint sowohl dem *Ergon-Argument* als auch dem *Autarkiekriterium* besonders zu entsprechen. Man könnte daher annehmen, dass es sich bei dieser Tätigkeit um das dominante Ziel des menschlichen Lebens handelt, dem die übrigen Tätigkeiten untergeordnet sind. Mindestens ebenso plausibel ist die Annahme, dass Aristoteles im Sinne eines inklusiven Lebensziels für eine harmonische Einbettung theoretischer und politischer Betätigungen in eine vernünftige Lebensform plädieren wollte (vgl. Wolf 2013, S. 249 f.). Wichtiger als diese Interpretationskontroversen ist im vorliegenden Zusammenhang, dass die Glücksethik nicht auf eine der beiden Interpretationen eines übergreifenden Lebensziels festgelegt ist. Um den Eindruck zu vermeiden, dass eine Ethik des guten Lebens auf die Annahme eines dominanten Lebensziels festgelegt ist, wäre das Ziel ihrer Suche vielleicht allgemein als **vernünftige Lebensorientierung** zu beschreiben.

Vernünftige Lebensorientierung als Ziel

Glück als emotionaler Zustand: Die vernünftige Lebensorientierung zielt auf ein gutes, geglücktes Leben. Dieser Begriff scheint im heutigen Kontext angemessener als die Rede von ›Glück‹, weil dieser Begriff gegenwärtig meist in der engeren Bedeutung eines subjektiven Empfindens verwandt wird (Haybron 2008, S. 3 ff.; 2011). **Leitbilder eines geglückten Lebens** scheinen jedoch **unterschiedliche Wertdimensionen** zu umfassen. Als gut und wertvoll kann das Leben zunächst im Hinblick auf subjektive Empfindungen von Glück oder Freude erfahren werden. Hier erstreckt sich ein weites Spektrum qualitativ und quantitativ unterschiedlicher und teils auch ambivalenter Empfindungen, angefangen vom bloß negativen Gut der Freiheit von diversen physischen und psychischen Schmerzen bis hin zu vielfältigen Erfahrungen von Zufriedenheit, Wohlsein, Lust und Erfüllung. Solche Empfindungen haben einerseits eine solide Basis in unserer biologischen Konstitution, die auch die weitreichende Übereinstimmung in Bezug auf Werturteile über physische Empfindungen erklärt. So würde kaum jemand bestreiten, dass der Schmerz, den Opfer schwerer Verbrennungen erleiden, ein Übel und *prima facie* einem guten Leben abträglich ist (vgl. Nagel 1992, S. 270 ff.). Andererseits sind unsere emotionalen Erlebnisse schon als solche bedingt und überformt durch Überzeugungen, Interpretationen, Wertentscheidungen und charakterliche Haltungen. Zum einen können sie das Ergebnis von Situationseinschätzungen sein, die mehr oder weniger berechtigt und durch Argumente beeinflussbar sind – die Eifersucht auf einen vermeintlich untreuen Partner, oder die Freude über einen eingebildeten Erfolg kann sich bei erneutem Blick auf die Tatsachen als grundlos erweisen. Zum anderen sind Gefühle selbst Ausdruck von Wertungen, die wir selbst und andere Personen – auf der Grundlage von Standards, über die sich mit Gründen streiten lässt – wiederum als mehr oder weniger angemessen bewerten, die wir uns zu eigen machen, oder von denen wir uns distanzieren können. Gefühle weisen ein hohes Maß an **Plastizität** auf; wir können sie in

Dimensionen eines guten Lebens

Wohlbefinden

vielfältiger Weise ausleben, kultivieren, vernachlässigen oder abwehren, um sie, bewusst oder unbewusst, mit unserem Identitätskonzept in Einklang zu bringen. Sie sind aber nicht beliebig formbar, und es bleibt nicht ohne Folgekosten, ihnen wiederholt die **Möglichkeit des authentischen Ausdrucks** zu versagen.

Zufriedenheit

Lebenszufriedenheit: In der Lebensqualitätsforschung wird zu Recht unterschieden zwischen den tatsächlich erlebten Gefühlen von Glück und Unglück einerseits und der berichteten Lebenszufriedenheit andererseits. Schon das Erleben subjektiver Gefühle als solches ist von Vergleichen zwischen verschiedenen Situationen sowie zwischen Situationen und situationsbezogenen Erwartungen beeinflusst. Für die Lebenszufriedenheit, die subjektive Bewertung der eigenen Lebensqualität, sind Vergleichserfahrungen und Erwartungshaltungen erst recht maßgeblich. Diese **Relativität der wahrgenommenen Lebensqualität** erklärt, warum die Freude der Lottogewinnerin rasch abnimmt und nach kurzer Zeit dasselbe Niveau erreicht hat wie die Freude derjenigen, die nach einem Beinbruch die fortschreitende Selbstheilung ihres Körpers erlebt. Gemeinsam mit dem Umstand, dass wir uns eine Veränderung äußerer Bedingungen anscheinend besser vorstellen können als die Änderung unserer eigenen Erwartungen und Haltungen, erklärt diese Relativität auch eine generelle **Neigung zu Fehlprognosen der eigenen Lebensqualität**. So schätzen Personen, die sich vorstellen, mit einer Behinderung zu leben, die dann von ihnen wahrgenommene Lebensqualität systematisch schlechter ein, als sie von ihnen erlebt wird, wenn sie sich tatsächlich in der Situation wiederfinden (»disability paradox«; vgl. Albrecht/Devlieger 1999). Auf die Veränderung in unseren äußeren Lebensumständen fokussiert, fällt es uns schwer, die situationsbedingte Anpassung unserer eigenen Erwartungen in Rechnung zu stellen. Die subjektiv wahrgenommene Lebensqualität hängt offenbar stark von den Wertvorstellungen, dem normativen Selbstverständnis und der Lebenshaltung der Betroffenen ab. Daraus resultieren **große interindividuelle Unterschiede** in der Lebenszufriedenheit angesichts äußerlich vergleichbarer Lebensumstände, wie wir wiederum der Forschung zur Lebensqualität behinderter Personen entnehmen können.

Abb. 2.2: Berichtete Lebensqualität bei Schlaganfallpatienten (aus Creutzfeldt 2017, S. 216).

So zeigt etwa die Befragung von Schlaganfallpatienten zwar eine deutliche Korrelation zwischen der wahrgenommenen Lebensqualität und dem anhand objektiver Indikatoren ermittelten Grad der Behinderung. Mindestens ebenso auffallend ist jedoch die sehr große individuelle Varianz der Lebensqualitätsurteile bei identischem Behinderungsgrad, die sich bei stärkerer Behinderung sogar zunehmend bemerkbar macht. Abbildung 2.2 illustriert diesen Befund. Die horizontale Achse gibt (von 0 bis 5 zunehmend) den Grad der Behinderung gemäß der *Rankin-Skala* wieder; die vertikale Achse die berichtete Lebensqualität gemäß der europäischen Lebensqualitäts-Skala (*European QoL visual analog scale*, EQVAS).

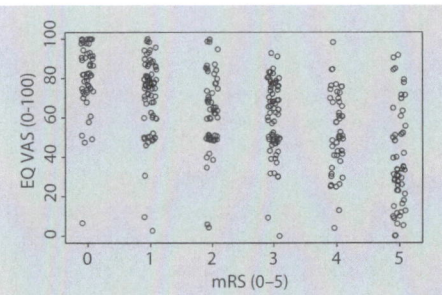

2.3 Systematische Fragen

Zufriedenheit und Sinn: Auch Lebenszufriedenheit (als subjektiv wahrgenommene Lebensqualität) erschöpft offenbar nicht alles, was Personen für sich als Lebensziele oder als Kriterien eines schlechthin gelungenen Lebens in Erwägung ziehen. Viele Menschen nehmen – so scheint es wenigstens – freiwillig Einschränkungen ihrer eigenen Lebensqualität in Kauf. Sie scheinen dies aus verschiedenen Gründen zu tun; beispielsweise, um Ansprüchen persönlicher Integrität, Authentizität oder Selbstachtung gerecht zu werden, im Interesse anderer Personen oder im Interesse gemeinschaftlicher oder die eigene Lebenszeit überschreitender Projekte. Subjektives Glücksempfinden stellt anscheinend nicht die einzige Zutat eines (nach den eigenen Standards) gelungenen Lebens dar. Das Konzept eines guten Lebens scheint vielmehr **unterschiedliche Sinndimensionen** zu umfassen; unterschiedliche Hinsichten, in denen das eigene Leben rationalerweise als mehr oder weniger gelungen oder sinnvoll beurteilt werden kann. Für Entscheidungen zur Wahl oder Korrektur eines individuellen Lebensplans sind daher nicht nur Fragen der eigenen Lebensqualität, sondern vielfältige Deutungen des eigenen Lebenssinns relevant.

Sinn

Grenzen des Hedonismus: Zur Verteidigung des Hedonismus ließe sich allerdings argumentieren, dass Personen *in Wahrheit* bzw. *in letzter Hinsicht* auch dort stets die Maximierung ihrer eigenen Lebensqualität anstrebten, wo sie ihr Glücksstreben *vermeintlich* zugunsten bestimmter Selbstbindungen (an eigene Selbstbilder, Lebensprojekte oder das Wohl anderer) zurückstellen. Sie handelten in Wahrheit aufgrund der Erwartung, dass die Verletzung dieser Bindungen noch größere Einbußen an Lebensqualität nach sich zöge als der unmittelbare Glücksverzicht; etwa aufgrund erwarteter Gewissensbisse. Ist dieser Einwand überzeugend? Stellen wir uns vor, Peter verzichtete auf die Realisierung eines innigen Lebenswunsches (etwa auf eine Karriere als Konzertpianist), um sich um seinen psychisch kranken Vater kümmern zu können. Paul böte Peter eine Droge an, durch die Peter seine emotionale Bindung an seinen Vater dauerhaft verlieren, ihn ohne Reue in einem Wohnheim unterbringen und seine Pianistenpläne realisieren könnte. Nehmen wir um des Arguments willen an, Peter selbst sei überzeugt, auf diese Weise sein eigenes Wohlgefühl steigern zu können. Trotzdem scheint es denkbar, dass er Pauls Angebot zurückweist. Mehr noch, es scheint denkbar, dass er dies unter Berufung auf seine eigene Vorstellung eines gelungenen Lebens tut; dass er es nicht nur als unvereinbar mit einer von außen an ihn gestellten Verpflichtung, sondern gewissermaßen als Verrat an sich selbst begreifen würde, auf den Vorschlag einzugehen. Falls die hedonistische Gleichsetzung eines gelungenen Lebens mit einem maximal angenehmen Leben berechtigt wäre, wäre dies jedoch unverständlich. Eine alternative Verteidigung des Hedonismus würde zwar akzeptieren, dass Menschen sich tatsächlich mitunter gegen die Maximierung ihrer eigenen Lebensqualität entscheiden, wie Peter dies im Gedankenexperiment tut. Sie würde dieses Verhalten aber als irrational bewerten. Für diese Behauptung wären allerdings gute Gründe anzuführen. Zugleich wären Einwände auszuräumen, denen sich der Hedonismus als solcher ausgesetzt sieht. So argumentiert Rössler unter Berufung auf die Bedeutung der Selbstbestimmung für die

Gutes Leben reduzierbar auf Wohlgefühl?

Auffassung, man könne »ein sinnvolles Leben leben, ohne glücklich zu sein; aber nicht, ohne selbstbestimmt zu sein«:

> Rössler 2017, S. 96; Binnenzitat Pippin 2004, S. 188

»Autonomie ist wertvoll nicht nur, weil wir für unser Leben und für einzelne Handlungen nur verantwortlich sein können, wenn wir sie selbst bestimmt haben und es tatsächlich in einem emphatischen Sinn unsere eigenen Handlungen sind, die wir ausführen. Würden wir beispielsweise manipuliert oder getäuscht, dann könnten wir uns selbst nicht als verantwortlich verstehen für unser Leben. Das bedeutet jedoch, dass ein solches nicht-eigenes Leben auch kein sinnvolles Leben wäre: Stellte ich nämlich fest, dass, wie Robert Pippin schreibt, ›die ganze Schau letztlich oder grundlegend von anderen gesteuert oder durch institutionelle Einschränkungen fast völlig vorherbestimmt war, dann könnte mein Leben nicht den Sinn gehabt haben, von dem ich selbst ausgegangen war, könnte man ihm nicht die Bedeutung zuschreiben, die ich darin gefunden habe, und ist dadurch, durch solch eine Entdeckung, für mich seines Sinns beraubt‹.«

> Gutes Leben als autonom verantwortetes Projekt

Selbstbestimmung: Die Bedeutung der Selbstbestimmung für die Möglichkeit eines sinnvollen Lebensplans ist relevant für die Frage, welche Rolle eine Ethik des guten Lebens in der Gegenwart überhaupt spielen kann. Seit Beginn der Neuzeit beginnt sich die Vorstellung durchzusetzen, dass nicht nur die objektiven *Möglichkeiten der Realisierung* von Konzepten des guten Lebens von der konkreten Lebenssituation abhängig und daher individuell höchst unterschiedlich sind, sondern dass auch diese Konzepte selbst und damit die *Kriterien* für ein gelungenes Leben innerhalb eines gewissen Rahmens der Selbstbestimmung des Individuums anheimgestellt sind. Allgemeingültige, für alle Menschen gleichermaßen zutreffende Aussagen können demnach bestenfalls den Charakter von Daumenregeln haben, die Ausnahmen nicht ausschließen. Ihrem Inhalt nach sind sie ohnehin auf wenige, basale Voraussetzungen eines guten Lebens beschränkt. Als Leitlinien der individuellen Lebensorientierung sind sie keineswegs ausreichend. Spezifischere Leitbilder eines guten Lebens werden demgegenüber unter dem Eindruck kultureller und sozialer Prägungen durch **individuelle Selbstbindungen** konstituiert. Durch ihre Entscheidungen und Kundgebungen, durch Bindungen an andere Menschen, an Projekte und Ideen bestimmen Personen zugleich ihre »praktische Identität« (»practical identity«; Korsgaard 1996, S. 101 u. v. a.). Im Verlauf ihrer Lebensgeschichte legen sie fest, bekräftigen (oder revidieren) als wer sie sich selbst verstehen und woran sie ihr eigenes Leben messen wollen. Die oben zitierte Argumentation Rösslers und Pippins soll die Auffassung stützen, dass es zu den Bedingungen eines sinnvollen Lebensplans gehört, vom betreffenden Individuum bewusst und selbstverantwortlich gestaltet zu werden. Dieser Bedingung kann auch die Wahl konventioneller Lebensziele genügen, jedoch nur in dem Maße, in dem sie angesichts eines offenen Horizonts alternativer Möglichkeiten selbstverantwortlich getroffen und in der selbstkritisch-reflektierenden Fortschreibung der eigenen Lebensgeschichte wiederholt bekräftigt wird. Aristoteles' Überzeugung, dass ein gelingendes menschliches Leben ein vernünftig reflektierendes Leben sein müsse, wird damit zwar als generelle Festlegung möglicher *Inhalte* eines guten Lebens bestritten, bezüglich der *Form* eines menschlichen Lebens als eines reflektierten und selbstverantwortlich gewählten Lebens aber anerkannt. Um ein gutes Leben zu führen, müssen wir es nicht unbedingt gänzlich der Philosophie widmen; wohl aber scheint es erstrebenswert, unser Leben reflektiert, bewusst und selbstbestimmt zu führen.

Potentiale einer Ethik des guten Lebens: Sicher lassen sich der Tradition der Tugendethik und der zeitgenössischen Ethik des guten Lebens hilfreiche inhaltliche Daumenregeln bezüglich grundlegender Rahmenbedingungen eines glücklichen oder eines als sinnvoll erfahrenen Lebens entnehmen, etwa zum Wert der Freundschaft (NE, Buch VIII, 1155aff.) oder zur Bedeutung spezifischer Tugenden wie der Besonnenheit oder, jüngst wieder besonders im Fokus, der Gelassenheit (dazu schon Höffe 1993, S. 147 ff.). Solche Lebensweisheiten können nur den Charakter von Ratschlägen haben. Sie sind auf ihre Zeitgebundenheit zu überprüfen und, soweit sie auf empirischen Annahmen gestützt sind, durch psychologische und sozialwissenschaftliche Forschung zu bestätigen (so mag die psychologisch orientierte empirische Glücksforschung manche von Aristoteles' Ausführungen zur Bedeutung von Freundschaften oder seine Skepsis gegenüber erwerbsorientierten, ›materialistischen‹ Einstellungen bestätigen). Eigene Lebenserfahrung können sie freilich ebenso wenig ersetzen wie die etwa von den Künsten oder der Psychotherapie gebotenen Formen der Selbstbegegnung. Für die konkrete Lebensorientierung reichen sie allein nicht hin. Zumal angesichts der modernen Ausdifferenzierung von Kultursphären, innerhalb derer alternative Projekte eines guten Lebens angesiedelt sein können, kann keine Ethik des guten Lebens die Vielfalt an Möglichkeiten, dem individuellen Leben einen Sinn zu geben, vergleichend erfassen. Der eigene Lebensentwurf behält daher stets den Charakter eines innovativen, mehr oder weniger vorbildlosen **Lebensexperiments** (von »new and original experiments in living« spricht in ähnlichem Zusammenhang John St. Mill in *On Liberty*; Mill 1963 ff., S. 281). Damit wird keineswegs der Anspruch hinfällig, die eigenen Vorstellungen eines gelingenden Lebens überhaupt zu klären und sie vor dem Hintergrund möglicher Alternativen auf authentische, persönlich maßgebliche, rational nachvollziehbare und vertretbare Gründe zu beziehen.

Verwechslung von Zielen und Mitteln: Wo Aristoteles' spezifische Ratschläge auch aus heutiger Sicht unmittelbar plausibel scheinen, verdanken sie ihre Überzeugungskraft häufig der Kritik an der Verwechslung von Mitteln und Zwecken, die in technisierten, bürokratisierten und kapitalistischen Gesellschaften keine geringere Gefahr darstellt als seinerzeit (vgl. klassisch Simmel 2015, Bd. 6). Aristoteles' Betonung des Werts von Tätigkeiten, die ihr Ziel in sich tragen, mag hier ebenso als Gegengift dienen wie Senecas Mahnung, der Grenzen des eigenen Lebens eingedenk zu sein (Seneca 1999, Bd. 2, S. 175–239 [*De brevitate vitae*]). Zugleich spricht Aristoteles' Einsicht, dass die Möglichkeit eines guten Lebens von äußeren Lebensumständen abhängig ist, auch dafür, nicht nur in der eigenen Lebensorientierung das richtige Verhältnis zwischen Zwecken und Mitteln anzustreben, sondern auch durch Kulturkritik und gesellschaftliches Engagement der Verkehrung dieses Verhältnisses und den

Daumenregeln und Lebensexperimente

damit verbundenen Entfremdungsphänomenen entgegenzuwirken (siehe Kap. 11.3).

2.3.3 | Tugendethik als Sittenlehre

Alternative Modelle des Verhältnisses zwischen Tugendethik und moderner Moralphilosophie

Tugendethik als alternative Moraltheorie: Moderne Ansätze der Moralphilosophie begreifen moralische Rechte und Pflichten oft als normativen Rahmen, der Freiräume für die persönliche Lebensführung eröffnet. Dieses Verständnis legt es nahe, eine Tugendethik, die als Ethik des gelingenden Lebens interpretiert wird, als bloße Ergänzung der modernen Moralphilosophie zu verstehen. Da Letztere sich mit der Begründung des normativen Rahmens beschäftigt, während die Tugendethik Ratschläge gibt, wie dieser Rahmen klugerweise auszufüllen ist, kommen sie sich dieser Lesart zufolge gar nicht ins Gehege. Schärfere Kontroversen resultieren, wenn die Tugendethik nicht nur als Glückslehre, sondern auch als Sittenlehre verstanden wird. Sie steht dann in Konkurrenz zu den gegenwärtig vertretenen Modellen der Moralphilosophie.

Kant und seine Anhänger/innen

Motivationstheoretische Ergänzung: Ein Konflikt zwischen moderner Moralphilosophie und Tugendethik ist vermeidbar, wenn tugendethische Überlegungen auf den Bereich der Motivationstheorie und Moralpädagogik beschränkt bleiben. Dann bleibt **wechselseitige Ergänzung** denkbar: Ein prinzipien- oder normenethischer Ansatz legt fest, was zu tun moralisch richtig ist; die Tugendethik untersucht, welche Haltungen der subjektiven Motivation zuträglich sind, das moralisch Richtige zu tun, in welchem Zusammenhang solche Haltungen mit der allgemeinen Lebensplanung stehen, und wie solche Haltungen gefördert werden können. Kant wirft in diesem Zusammenhang ein, dass es nur einen einzigen moralisch korrekten Grund geben kann, das moralisch Richtige zu tun, nämlich eben, dass es moralisch richtig ist. Die kantische Tugendlehre hat daher kein anderes Prinzip als die von Kant Rechtslehre genannte Disziplin, die sich mit den moralisch zulässigen und gebotenen Handlungstypen beschäftigt, nur dass dieses Prinzip in der kantischen **Rechtslehre** als Prinzip der äußeren Freiheit verstanden wird, in der kantischen **Tugendlehre** hingegen zugleich als Prinzip der subjektiven Handlungsmotivation. Tugendhaft ist ein Handeln *aus Pflicht*. Dass eine Handlung tatsächlich durch Pflicht motiviert und nicht nur zufälligerweise pflichtgemäß ist, ist dann am wahrscheinlichsten, wenn sie gegen den Widerstand egoistischer Neigungen vollzogen wird. In Kants Verständnis tut es deshalb der Tugendhaftigkeit einer Handlung keinen Abbruch, wenn sie mit Widerstreben vollzogen wird. Dass in der kantischen Dichotomie zwischen Pflicht und Neigung kein Raum für die differenzierende Würdigung verschiedener Arten von Neigungen vorgesehen ist, so dass Handeln aus krudem Egoismus und aus natürlichem Wohlwollen gleichermaßen in die moralisch anrüchige Kategorie eines Handelns ›aus Selbstliebe‹ fallen, ›wurmt‹ schon zeitgenössische Anhänger Kants (siehe Kap. 6). Ein harmonischer Einklang von Neigung und Pflicht, dessen Idealbild unter dem Namen der ›schönen Seele‹ beschworen wurde, sei dem rigiden Pflichtethos eines seine innere Natur strikter Kontrolle unterwerfenden

Vernunftmenschen vorzuziehen. Entsprechend haben auch einige Anhänger/innen Kants eine **Ergänzung der kantischen Motivationstheorie durch tugendethische Überlegungen** vorgeschlagen. In systematischer Hinsicht spricht tatsächlich nichts dagegen, Haltungen und Verhaltensweisen wie beispielsweise Hilfsbereitschaft, Wahrhaftigkeit, oder überhaupt die Bereitschaft zur moralischen Reflexion des eigenen Tuns so einzuüben, dass sie – ganz im Sinne des aristotelischen Tugendkonzepts – zur Quelle von Freude und gewissermaßen zur ›zweiten Natur‹ werden. Entscheidend ist nur, dass auch diese zweite Natur der vernünftigen Kritik und Korrektur zugänglich bleibt. Dies braucht nicht auf eine problematische ›Vermischung der Triebfedern‹ hinaus zu laufen – sofern denn die Kantische Vorstellung einer rein vernunftgezeugten Handlungsmotivation überhaupt haltbar ist.

Motivationstheoretische Alternative: Ob sie dies ist, ist allerdings umstritten. Elizabeth Anscombe (1958) vertritt in ihrem einflussreichen Beitrag *Modern moral philosophy* die These, dass die moderne Moralphilosophie fehl gehe, wenn sie kategorische, d. h. notfalls auch *gegen alle eigenen Interessen zu befolgende*, Normen postuliere. Die Idee der kategorischen Verbindlichkeit solcher Normen sei ein Relikt einer religiösen Gebotsethik. Sie verlören ihre motivationale Grundlage, wenn an einen mit uneingeschränkter Autorität und Zwangsgewalt ausgestatteten göttlichen Gesetzgeber nicht mehr geglaubt werde. Eine Tugendethik, die die **Quelle sittlicher Tugend letztlich im eigenen Glücksstreben** sieht, stehe hingegen auf einer stabilen motivationstheoretischen Grundlage. Anscombe scheint allerdings nicht einfach eine Rückkehr zum Modell der antiken Tugendethik anzustreben. Für dieses Zögern gibt es gute Gründe. So lässt sich fragen, inwieweit der Versuch, die Verbindlichkeit sittlicher Normen aus dem Glücksstreben der Handlungssubjekte herzuleiten, dem **intersubjektiven Charakter moralischer Ansprüche** gerecht werden kann. Ist eine Person, die andere grundlos schädigt oder quält, lediglich unklug oder närrisch? Wenn wir ihr den moralischen Vorwurf der Grausamkeit machen, scheinen wir nicht nur sagen zu wollen, dass sie ihr eigenes Glück verfehlt. Diesem Einwand lässt sich vielleicht entgegenhalten, dass die Unterscheidung zwischen dem individuellen Glück und dem Glück der Gemeinschaft gerade problematisch sei. Kants Gleichsetzung des von der Tugendethik thematisierten Glücksstrebens mit Egoismus sei daher unberechtigt. Tatsächlich geht die antike Tugendethik eher von einer **Harmonie von Individualinteressen und Gemeinschaftsinteressen** im Sinne eines organismischen Politikmodells aus. Darauf ließe sich einerseits erwidern, dass dieses Politikmodell konkurrierende Partikularinteressen faktisch nicht zum Verschwinden gebracht, sondern nur ideologisch verschleiert habe; Aristoteles' Lehre vom Sklaven von Geburt sei hierfür ein eindrückliches Beispiel. Andererseits ließe sich einräumen, dass es tatsächlich einer plausibleren motivationalen Grundlage für das Einnehmen eines unparteilichen Standpunkts bedarf, als ihn Kants Annahme einer rein vernunftgezeugten ›Achtung vor dem Gesetz‹ bieten kann. Nach einer solchen Grundlage sucht beispielsweise die von Fichte und Hegel ausgehende Anerkennungstheorie (siehe Kap. 7.1). In ihrem Rahmen lässt sich durchaus an tugendethische Überlegungen anknüpfen.

> Elizabeth Anscombe

> Probleme der klassischen Tugendethik als Sittenlehre

2 Ansätze der Tugendethik

Michael Slotes radikales Gegenmodell zur modernen Moralphilosophie

Akteursbasierter Ansatz: In direkte Konkurrenz zu späteren Modellen der Moralphilosophie tritt die Tugendethik, wenn sie selbst die Kriterien moralisch objektiv richtigen Handelns bestimmen soll. In modernen Konzeptionen der Moralphilosophie wie der Ethik Kants oder dem Utilitarismus ist Tugend der moralischen Richtigkeit systematisch nachgeordnet. Moralische Tugend bedeutet, *habituell* das Richtige zu tun, *weil* es richtig ist. Wir müssen daher wissen, was richtig ist, ehe wir wissen können, was tugendhaft ist. Eine radikale Gegenposition sieht die direkte **Umkehrung des Verhältnisses zwischen Kriterien richtigen Handelns und Kriterien tugendhafter Gesinnung** vor. Ihr zufolge ist das moralisch richtige Handeln dadurch gekennzeichnet, dass es aus einer tugendhaften Haltung hervorgeht. Wir benötigen dann zuerst Kriterien für die Tugendhaftigkeit von Haltungen, um daraus Kriterien für die Richtigkeit von Handlungen abzuleiten. Ein Vertreter dieser Auffassung ist Michael Slote, der diesbezüglich von einem akteursbasierten Ansatz (*agent-based approach*) spricht:

Slote 2001, S. 5 / Slote 1997, S. 239

»An agent-based approach to virtue ethics treats the moral or ethical status of acts as entirely derivative from independent and fundamental aretaic (as opposed to deontic) ethical characterizations of motives, character traits, or individuals.«

Befürworter/innen dieser Position nehmen *erstens* an, dass eine Orientierung gemäß dem akteursbasierten Ansatz besser als andere Ansätze in der Lage sei, mit der nötigen Flexibilität auf unterschiedliche Handlungssituationen zu reagieren. Denn die primären Gegenstände der ethischen Bewertung seien allgemeine charakterliche Haltungen, die vermöge individueller Urteilskraft mit konkreten Situationen vermittelt würden. *Zweitens* betonen sie, dass die moralische Beurteilung von Handlungen nicht von der Beurteilung der Haltung abgelöst werden könne, aus der die Handlungen resultieren. Ob mit den beiden genannten Punkten tatsächlich Differenzen bezeichnet werden, ist allerdings fraglich. Hinsichtlich der zweiten Überlegung besteht jedenfalls kein Dissens zwischen dem akteursbasierten Ansatz und etwa der Position Kants. Kant unterscheidet ja gerade zwischen einem nur objektiv richtigen (*pflichtgemäßen*) und einem moralisch guten Handeln (*aus Pflicht*) und definiert Letzteres durch die Qualität des subjektiven Handlungsprinzips, das Kant »Maxime« nennt (zur Nähe zwischen Maximen und grundlegenden charakterlichen Haltungen bzw. Tugenden vgl. Höffe 1979, S. 89 ff.). Die **moralische Bedeutung von Gesinnung und Charakter** ist also zwischen den Parteien gar nicht strittig. Was die **Flexibilität** betrifft, mit der das ethische Urteilsvermögen auf unterschiedliche Handlungssituationen reagieren kann, bleibt zumindest unklar, warum ein akteursbasierter Ansatz grundsätzliche Vorteile gegenüber einer Ethik aufweisen sollte, die die Erkenntnis des Richtigen als vorrangig gegenüber der Erkenntnis des Tugendhaften ansieht. Denn auch Letztere kann die als richtig erkannten Prinzipien oder Normen als mehr oder weniger generelle und abwägungsbedürftige ›Prima-facie‹-Orientierungen konzipieren. Auch sie kann also der individuellen Urteilskraft eine mehr oder weniger große Rolle bei der konkreten Handlungsorientierung zuweisen. In jedem Fall wäre zunächst

2.3 Systematische Fragen

zu klären, welches Maß an ›Flexibilität‹ normative Ethik überhaupt ermöglichen soll.

Priorität von Tugend oder Handlungsrichtigkeit: Der entscheidende Unterschied zwischen dem akteursbasierten Ansatz und der etwa von Kant vertretenen Position besteht darin, dass Kant zwischen der objektiven Richtigkeit der Handlung (die sich unabhängig von der Gesinnung feststellen lässt) und ihrer Tugendhaftigkeit (die von der Gesinnung abhängig ist, das objektiv Richtige zu tun) unterscheidet (Ricken 2013, S. 257 f.). Demgegenüber betrachtet der akteursbasierte Ansatz die moralische Qualität einer Handlung als vollständig (*entirely*, s. o.) abhängig von der sittlichen Qualität der Gesinnung oder Haltung, aus der die Handlung resultiert. Dabei soll die Qualität der Gesinnung unabhängig von Kriterien der Handlungsbeurteilung festzustellen sein.

Handlungsunabhängige Tugendkriterien? Diese Auffassung erscheint problematisch. Es ist schwer zu sehen, wie sich sowohl plausible als auch hinreichend präzise Kriterien für tugendhafte Haltungen definieren lassen, die nicht implizit schon Kriterien für richtige Handlungen voraussetzen. Die **Mesotes-Lehre** erscheint für den Zweck zu unspezifisch, auch ist sie nur innerhalb bestimmter Grenzen plausibel (Schneewind 1990). Überzeugend wirkt sie am ehesten im Kontext diätetisch-medizinischer oder psychologischer Harmoniekonzepte und damit eher für den Bereich der Glückstugenden: Für das eigene Wohlbefinden mag es tatsächlich hilfreich sein, weder zu viel noch zu wenig zu essen, zu schlafen, oder den Körper zu belasten, und vermutlich gilt Ähnliches auch in Bezug auf Mut und Feigheit. Für den Bereich sozialmoralischer Tugenden versucht Tugendhat, die Lehre von der goldenen Mitte auf ein an Erich Fromms Moralpsychologie orientiertes **Modell einer angemessenen sozialen Distanz** zu beziehen. Die goldene Mitte soll in diesem Sinne eine Haltung gegenüber anderen Menschen bezeichnen, die von distanzloser Symbiose gleich weit entfernt ist wie von kalter Indifferenz (Tugendhat 1993, S. 250–281). Präzisere Konturen gewinnt diese Lösung jedoch erst dadurch, dass Tugendhat sie in Richtung einer Anerkennungstheorie weiterentwickelt und dabei auch an moralphilosophische Konzepte der Unparteilichkeit anknüpft, wie sie etwa von Adam Smith und Kant entwickelt worden sind. Tugendhats Lösung zielt damit erklärtermaßen nur auf die Plausibilisierung eines *Ergänzungsverhältnisses* zwischen Tugendethik und moderner Moralphilosophie, nicht auf die Etablierung einer tugendethischen *Alternative* zur Letzteren (ebd., S. 282–309). Die **Berufung auf moralische Vorbilder** oder maßgebliche ethische Traditionen kann das Kriterienproblem ebenfalls nicht lösen, sondern verschiebt es nur auf die Frage nach Kriterien für die Vorbildhaftigkeit persönlichen Verhaltens oder die Maßgeblichkeit ethischer Traditionen.

Unterbestimmtheit des akteursbasierten Ansatzes: Fragen lässt sich zudem, ob die von ihren Vertreter/innen betonte Flexibilität der Tugendethik nicht zu weit geht. Denn charakterliche Haltungen – etwa eine Haltung des Mutes, der Aufrichtigkeit oder der Loyalität – können sehr unterschiedliche Handlungen motivieren. Wie lässt sich vor diesem Hintergrund **sicherstellen, dass aus einer tugendhaften Haltung ausschließlich richtige Handlungen resultieren**? Der akteursbasierte Ansatz wäre

Probleme der »akteursbasierten« Ethik

nur plausibel, wenn er beispielsweise die Aussageverweigerung des Auftragsmörders nicht als Ausdruck von Loyalität (Tugend) deklariert, sondern von blinder Komplizenschaft (Untugend). Es ist jedoch schwer zu sehen, wie sich Loyalität von Komplizenschaft klar genug abgrenzen lässt, ohne auf Kriterien für die Beurteilung von (paradigmatischen) *Handlungen* zu rekurrieren. Ein denkbarer Lösungsversuch basiert auf der **Annahme einer Einheit der Tugenden**: Wer eine Tugend besitzt, besitzt alle Tugenden, und wer nicht alle Tugenden besitzt, besitzt gar keine Tugend. Demnach könnte beispielsweise nicht loyal genannt werden, wer nicht zugleich über ein waches Gerechtigkeitsempfinden verfügt. Die Lösung setzt allerdings zweierlei voraus. Erstens wäre von einer Tugendliste zu zeigen, dass sie vollständig ist. Zweitens wäre zu zeigen, dass eine Person, die über alle Einzeltugenden verfügt, im Stande ist, die verschiedenen Teil-Tugenden (z. B. Nachsicht und mutiges Eintreten für Gerechtigkeit) stets korrekt abzuwägen. Dabei müsste sich die Korrektheit der Abwägung allein anhand von Kriterien prüfen lassen, die auf Charakter oder Haltungen der handelnden Person bezogen sind. Dies scheint zumindest keine leichte Aufgabe. Ein Indiz dafür ist, dass Slote selbst gelegentlich handlungsbezogene Kriterien in seine Tugendbeschreibungen einschmuggelt; etwa dort, wo er die Tugend eines Strafverfolgers als »concern for doing his job and playing the contributing social role that involves« (Slote 1997, S. 242) definiert und somit von Kriterien der Berufs- oder Rollenkonformität des Verhaltens abhängig macht.

Vagheit der akteursbasierten Ethik

Richtig versus gutgemeint: Eine weitere Herausforderung für den akteursbezogenen Ansatz liegt darin, einer verbreiteten Intuition gerecht zu werden, der zufolge wir zwischen einem objektiv richtigen und einem nur gutgemeinten Handeln unterscheiden müssen. Selbst eine Akteurin mit vollkommenem Charakter wäre nicht allwissend. Aufgrund ihrer Wissensschranken mag sie ›nach bestem Wissen und Gewissen‹ Entscheidungen treffen, die sie bei vollständiger Kenntnis aller Umstände nicht getroffen hätte und die sie nachträglich bedauern mag. Ansätze moderner Moralphilosophie, die zwischen der objektiven Richtigkeit der Handlung und der Tugendhaftigkeit der Gesinnung unterscheiden, bieten in solchen Fällen die Möglichkeit, die tatsächlich getroffenen Entscheidungen als zwar **falsch aber entschuldbar** zu charakterisieren. Der akteursbezogene Ansatz muss jedoch anscheinend alle Handlungen als moralisch fehlerlos betrachten, deren Motive untadelig waren. Wenn die Handlungsbeurteilung *vollständig* von der Gesinnung abhängt, kann nicht mehr zwischen guten und nur gutgemeinten Handlungen unterschieden werden.

Ausblick: Die griechische Philosophie tritt mit dem Anspruch an, die unkritische Orientierung an Mythos und Religion, an Traditionen und Konventionen durch rationale, argumentativ verteidigbare Orientierungen zu ersetzen. *Logos* und *physis* – die Vernunft der sprachlichen Verständigung und die intrinsische Rationalität der als wohlgeordneter Kosmos interpretierten Natur – bilden dabei die normativen Bezugspunkte. Die naturalistische Traditionslinie verdankt ihre nachhaltige Wirkung wesentlich Platons Ideenlehre und deren aristotelischer Weiterentwicklung zu einer Theorie der Entelechien, die den Dingen zugleich als ihre ›wahre Natur‹ innewohnen, ihre zielgerichtete Entwicklung erklären und das für sie jeweils Gute definieren sollen. Aristoteles' Ethik ist jedoch nicht nur eine Anwendung seiner Naturphilosophie. Sie umfasst auch davon unabhängige systematische Reflexionen auf das Wesen des menschlichen Handelns, auf Urteilskraft und Verantwortlichkeit, auf das Wesen politischer Institutionen, die Aufgaben und Grenzen philosophischer Ethik, auf Tugend, Gerechtigkeit und zumal auf Begriff, Form und Elemente eines gelingenden Lebens. Die begrifflichen und sachlichen Erträge dieser Reflexionen prägen die Diskussion bis in die Gegenwart.

Generell ist für die antike Tugendethik kennzeichnend, dass **Fragen des moralisch Richtigen und Gerechten nicht scharf von Fragen des guten Lebens abgegrenzt** werden. Im Zentrum steht die Orientierung am Ziel des guten und glücklichen Lebens. Dabei wird die Wahrung des Rechten und Schicklichen entweder als ein integrales Element dieser Orientierung am Ziel des glücklichen Lebens verstanden (so bei Aristoteles). Oder das glückliche Leben wird vollständig mit dem sittlich richtigen, vernünftigen und natürlichen Leben gleichgesetzt (so in der Stoa). Diese Versuche einer Harmonisierung des Guten und des Gerechten erscheinen zwar schon manchen Zeitgenossen als gezwungen. Radikal zurückgewiesen werden sie neuzeitlichen Denkern wie Thomas Hobbes, in einer Zeit, in der die Konflikte zwischen Individuum und Gemeinschaft (noch) deutlicher zutage treten und organismische Politikmodelle an Überzeugungskraft verlieren. Die Frage nach der Form eines guten Lebens wird damit jedoch nicht obsolet; ebenso wenig die Frage, wie Glücksstreben und Moral zu vermitteln sind. Heutige Versuche, an die antiken Tugendethiken und die mit ihnen verknüpfte Politik- und Institutionentheorie anzuknüpfen, begreifen diese Ethiken mitunter nur als Ergänzung, mitunter aber auch als systematische Alternative zur modernen, primär gerechtigkeitsorientierten normativen Ethik und politischen Philosophie.

Siglenverzeichnis
AA – Akademieausgabe (Kant)
DK – Diels/Kranz, Die Fragmente der Vorsokratiker
KpV – Kritik der praktischen Vernunft (Kant, AA, V, S. 1–163)
KSA – Kritische Studienausgabe (Nietzsche 1988)
NE – Nikomachische Ethik (Aristoteles)
SEP – Stanford Encyclopedia of Philosophy (Zalta)

Einführende Literatur
Barnes, Jonathan: Aristotle: A Very Short Introduction. Oxford/New York 1996.
Crisp, Roger/Slote Michael (Hrsg.): Virtue Ethics. Oxford 1997.
Darwall, Stephen L. (Hrsg.): Virtue Ethics. Malden 2003.
Gigon, Olof: Einführung. In: Aristoteles: Die Nikomachische Ethik. München ⁷2006, S. 5–102.
Haybron, Daniel M.: »Happiness«. In: SEP 2011.
Höffe, Otfried: Aristoteles. München ⁴2014.
Horn, Christoph: Antike Lebenskunst: Glück und Moral von Sokrates bis zu den Neuplatonikern. München 1998.
Rapp, Christof/Corcilius, Klaus: Aristoteles Handbuch: Leben – Werk – Wirkung. Stuttgart ²2021.
Ricken, Friedo: Allgemeine Ethik. Stuttgart u. a. ⁵2013.
Rippe, Klaus P./Schaber, Peter (Hrsg.): Tugendethik. Stuttgart 1998.
Wall, Steven: »Perfectionism in Moral and Political Philosophy«. In: SEP 2017.

Welzel, Hans: Naturrecht und materiale Gerechtigkeit. Göttingen ⁴1962.
Wolf, Ursula: Aristoteles' ›Nikomachische Ethik‹. Darmstadt ³2013.

Zitierte und weiterführende Literatur
Albrecht, Gary L./Devlieger, Patrick J.: »The disability paradox: high quality of life against all odds«. In: Social Science & Medicine 48/8 (1999), S. 977–988.
Annas, Julia: The Morality of Happiness. Oxford/New York 1993.
Anscombe, Elizabeth M.: »Modern Moral Philosophy«. In: Philosophy 33 (1958), S. 1–19.
Apel, Karl-Otto: Paradigmen der Ersten Philosophie. Frankfurt a. M. 2011.
Aristoteles: Werke in deutscher Übersetzung. Berlin 1956 ff.
Aristoteles: Nikomachische Ethik. Reinbek bei Hamburg ⁵2006.
Brecht, Bertolt: Werke. Große kommentierte Berliner und Frankfurter Ausgabe. Berlin/Weimar 1988
Chappell, Timothy (Hrsg.): Values and Virtues: Aristotelianism in Contemporary Ethics. Oxford 2006.
Creutzfeldt, Claire J.: »Schlaganfall«. In: Erbguth, Frank/Jox, Ralf J. (Hrsg.): Angewandte Ethik in der Neuromedizin. Berlin/Heidelberg 2017, S. 213–220 (doi:10.1007/978-3-662-49916-0_19).
Crisp, Roger: Reasons and the Good. Oxford/New York 2006.
Diels, Hermann/Kranz, Walther (Hrsg.): Die Fragmente Der Vorsokratiker, Griechisch und Deutsch. Berlin ⁸1956 [DK].
Forschner, Maximilian: Die stoische Ethik. Stuttgart ²1995.
Frankena, William K.: Ethics. Englewood Cliffs 1973.
Frankfurt, Harry G.: »Alternate Possibilities and Moral Responsibility«. In: The Journal of Philosophy 66 (1969), S. 829–839.
Gabriel Gottfried: »Solipsismus«. In: Ritter, Joachim/Gründer, Karlfried (Hrsg.): Historisches Wörterbuch der Philosophie. Basel/Stuttgart 1972 ff., Bd. 9, Sp. 1018–1023.
Gaus, Gerald F.: »What is Deontology?« In: The Journal of Value Inquiry 35 (2001), S. 27–42 und 179–193 (2 Teile).
Gigon, Olof: Einführung. In: Aristoteles: Die Nikomachische Ethik. München ⁷2006, S. 5–102.
Hardie, William F.: »The Final Good in Aristotle's Ethics«. In: Philosophy 40/154 (1965), S. 277–295.
Haybron, Daniel M.: The Pursuit of Unhappiness: The Elusive Psychology of Well-Being. Oxford 2008.
Henning, Christoph: Freiheit, Gleichheit, Entfaltung: Die politische Philosophie des Perfektionismus. Frankfurt a. M. 2015.
Herman, Barbara: The Practice of Moral Judgment. Cambridge 1993.
Höffe, Otfried: Ethik und Politik: Grundmodelle und -probleme der praktischen Philosophie. Frankfurt a. M. 1979.
Höffe, Otfried: Moral als Preis der Moderne: Ein Versuch über Wissenschaft, Technik und Umwelt. Frankfurt a. M. 1993.
Holl, Jann: Historische und systematische Untersuchungen zum Bedingungsverhältnis von Freiheit und Verantwortlichkeit. Königstein 1980.
Honneth, Axel: Kampf um Anerkennung: Zur moralischen Grammatik sozialer Konflikte. Frankfurt a. M. 1992a.
Honneth, Axel (Hrsg.): Kommunitarismus: Eine Debatte über die moralischen Grundlagen moderner Gesellschaften. Frankfurt a. M./New York 1992b.
Hurka, Thomas: Perfectionism. Oxford 1993.
Illies, Christian: The Grounds of Ethical Judgement: New Transcendental Arguments in Moral Philosophy. Oxford 2003.
Jaeger, Werner: Paideia: Die Formung des griechischen Menschen. Berlin/New York 1973.
Kant, Immanuel: Gesammelte Werke: Akademieausgabe. Berlin 1902 ff.

Korsgaard, Christine M.: The Sources of Normativity. Cambridge 1996.
MacIntyre, Alasdair C.: After Virtue: A Study in Moral Theory. Notre Dame ³2007.
McKenna, Michael/Coates, D. Justin: »Compatibilism«. In: SEP 2015.
Mill, John St.: Collected Works. Toronto 1963 ff.
Nagel, Thomas: The View from Nowhere. Oxford/New York 1986.
Nestle, Wilhelm: Die Vorsokratiker. Jena 1908.
Nietzsche, Friedrich: Sämtliche Werke: Kritische Studienausgabe in 15 Einzelbänden (KSA). Hrsg. von Giorgio Colli und Mazzino Montinari. München/Berlin/New York ²1988.
Pippin, Robert B.: »Sinn und Moral«. In: Ders. Moral und Moderne: Die Welt von Henry James. München 2004, S. 187–196.
Platon: Sämtliche Werke in zehn Bänden. Übers von. Friedrich Schleiermacher. Reinbek bei Hamburg 2004.
Popper, Karl R.: Die offene Gesellschaft und ihre Feinde 1: Der Zauber Platons. In: Ders.: Gesammelte Werke, Bd. 5. Tübingen ⁸2003 (EA: The Open Society and its Enemies, Bd. I: The Spell of Plato. London 1945).
Rawls, John: Eine Theorie der Gerechtigkeit. Frankfurt a. M. 1975.
Rawls, John: Die Idee des politischen Liberalismus. Frankfurt a. M. 1992.
Rawls, John: Politischer Liberalismus. Frankfurt a. M. 1998.
Reese-Schäfer, Walter: Grenzgötter der Moral: Der neuere europäisch-amerikanische Diskurs zur politischen Ethik. Frankfurt a. M. 1997.
Ricken, Friedo: »Wert und Wesen der Lust«. In: Höffe, Otfried (Hrsg.): Die Nikomachische Ethik. Berlin 1995, S. 207–228.
Ricken, Friedo: Allgemeine Ethik. Stuttgart u. a. ⁵2013.
Ritter, Joachim: »Ethik I–VI«. In: Ders. (Hrsg.): Historisches Wörterbuch der Philosophie, Bd. 2. Basel/Stuttgart 1971, Sp. 759–795.
Rössler, Beate: Autonomie: ein Versuch über das gelungene Leben. Berlin 2017.
Rorty, Amélie O. (Hrsg.): Essays on Aristotle's Ethics. Berkeley 1980.
Schnädelbach, Herbert: »Was ist Neoaristotelismus?« In: Kuhlmann, Wolfgang (Hrsg.): Moralität und Sittlichkeit. Frankfurt a. M. 1986, S. 38–63.
Schneewind, Jerome B.: »The Misfortunes of Virtue«. In: Ethics 101/1 (1990), S. 42–63 (Nachdruck in Crisp/Slote 1997, S. 178–200).
Seel, Martin: Versuch über die Form des Glücks. Frankfurt a. M. 1995.
Seneca, Lucius A.: Philosophische Schriften: lateinisch und deutsch. Darmstadt 1999.
Simmel, Georg: Gesamtausgabe in 24 Bänden. Berlin 2015.
Slote, Michael: »Agent-based Virtue Ethics«. In: Crisp/Slote (1997), S. 239–262.
Slote, Michael: Morals from Motives. Oxford 2001.
Snell, Bruno. Die Entdeckung des Geistes: Studien zur Entstehung des europäischen Denkens bei den Griechen. Hamburg ²1948.
Stock, St. George: Stoicism. London 1908.
Taylor, Charles: »Die Motive einer Verfahrensethik«. In: Kuhlmann, Wolfgang (Hrsg.): Moralität und Sittlichkeit. Frankfurt a. M. 1986, S. 101–135.
Thomas von Aquin: Die deutsche Thomas-Ausgabe. Graz/Wien/Köln 1933 ff.
Tugendhat, Ernst: Vorlesungen über Ethik. Frankfurt a. M. 1993.
Van Inwagen, Peter: An Essay on Free Will. Oxford 1983.
Windelband, Wilhelm: Lehrbuch der Geschichte der Philosophie. Tübingen ⁶1912.
White, Nicholas: »Socrates in Hegel and Others«. In: Ahbel-Rappe, Sara/Kamtekar, Rachana (Hrsg.): A Companion to Socrates. Malden MA 2006, S. 368–385.
Zalta, Edward N. (Hrsg.): The Stanford Encyclopedia of Philosophy. In: https://plato.stanford.edu/.

Open Access Dieses Kapitel wird unter der Creative Commons Namensnennung 4.0 International Lizenz (http://creativecommons.org/licenses/by/4.0/deed.de) veröffentlicht, welche die Nutzung, Vervielfältigung, Bearbeitung, Verbreitung und Wiedergabe in jeglichem Medium und Format erlaubt, sofern Sie den/die ursprünglichen Autor(en) und die Quelle ordnungsgemäß nennen, einen Link zur Creative Commons Lizenz beifügen und angeben, ob Änderungen vorgenommen wurden.

Die in diesem Kapitel enthaltenen Bilder und sonstiges Drittmaterial unterliegen ebenfalls der genannten Creative Commons Lizenz, sofern sich aus der Abbildungslegende nichts anderes ergibt. Sofern das betreffende Material nicht unter der genannten Creative Commons Lizenz steht und die betreffende Handlung nicht nach gesetzlichen Vorschriften erlaubt ist, ist für die oben aufgeführten Weiterverwendungen des Materials die Einwilligung des jeweiligen Rechteinhabers einzuholen.

3 Ist Moral nur kluger Egoismus? Ansätze des Kontraktualismus

3.1 Neuzeitlicher Wandel
3.2 Thomas Hobbes' Vertragstheorie
3.3 Systematische Fragen

3.1 | Neuzeitlicher Wandel

Klassischer Naturalismus: Die systematischen Überlegungen des vorangehenden Kapitels haben sich mit dem inhaltlichen Ertrag der antiken Tugendethik beschäftigt (siehe Kap. 2). Hinterfragen lässt sich jedoch auch deren **Begründungsbasis**: Was ist der Maßstab, an dem sich unsere Urteile über das gute Leben und das gerechte Zusammenleben in letzter Hinsicht orientieren sollen, und wie wird dieser Maßstab begründet? Hinsichtlich dieser Frage erscheinen die Differenzen zwischen den dominierenden Strömungen antiker und scholastischer Tugendethik und Naturrechtslehre aus heutiger Sicht weniger gravierend als die Gemeinsamkeiten. Dass das naturgemäße Leben auch das gute und richtige Leben sei, ist zwischen den philosophischen Schulen der Antike nicht strittig. Im Gegenteil, es ist das gemeinsame Dogma von Vorsokratikern wie Heraklit, von Sophisten, Kynikern, Kyrenaikern, Platonikern, Aristotelikern und Stoikern; und sogar die vielfach verpönten Epikureer lehren ein Leben im Einklang mit der Natur. Freilich gehen die **Vorstellungen über das Wesen der Natur** und entsprechend auch die aus ihnen sich ergebenden Möglichkeiten ethischer Begründung auseinander; und hier liegen dann doch wesentliche Unterschiede zwischen den die Diskussion dominierenden idealistisch-metaphysischen Konzeptionen der (Neu-)Platoniker, Stoiker und Aristoteliker einerseits und materialistischen Philosophen wie den Epikureern andererseits.

Scholastik: Die schulprägenden christlichen Philosophen des Mittelalters knüpfen an den ethischen Naturalismus der griechischen und römischen Antike in ihren idealistischen (neu-)platonischen, stoischen und aristotelischen Varianten an. Im Grundsatz halten sie an der Vorstellung fest, dass wesentliche Kriterien des Guten und moralisch Richtigen in der Natur begründet liegen, und bemühen sich, diese Vorstellung durch die ethischen Gehalte der biblischen Offenbarung zu ergänzen und mit der christlichen Vorstellungswelt insgesamt, zumal dem Mythos vom Sündenfall, zu versöhnen. Nimmt man die mit solchen Verallgemeinerungen verbundenen Vergröberungen in Kauf, so kann man das die Tradition dominierende Naturverständnis etwa wie folgt zusammenfassen: Die dominierenden Theorien gebrauchen den Begriff »Natur« nicht als einen wertfreien Sammelbegriff für die Gesamtheit von Gegenständen der sinnlichen Erfahrung oder von nicht-künstlichen Gegenständen, sondern verstehen »Natur« **als idealisierenden Wesens- und Wertbegriffs**, der eine

Rezeption der antiken Ethiken

3 Ansätze des Kontraktualismus

Ontologische Grundlagen der klassischen Ethiken

zugleich epistemologische (erkenntnistheoretische), axiologische (werttheoretische) und ontologische (seinstheoretische) Bedeutung hat: Als Natur eines Dinges wird seine ›eigentliche‹ Form oder Idee verstanden, dasjenige, unter Bezug worauf wir es als dasjenige **wahrnehmen**, das es ist. Die Natur eines Dinges ist auch dasjenige, was zu sein für es selbst **wertvoll** ist und dasjenige, von woher es seine **Wirklichkeit** erhält. Da Dinge ihrer idealen Wesensnatur mehr oder weniger weitgehend entsprechen, können sie gewissermaßen mehr oder weniger wirklich sein. »Sein« erscheint hier also als eine graduierbare Eigenschaft, und die Dinge sind desto wirklicher, desto mehr sie ihrer Natur entsprechen. Da in der Wesensnatur zugleich das Sein wie das Gutsein der Dinge besteht, **bedeuten Gutsein und Wirklichsein dasselbe**: *Ens et bonum convertuntur*, das Sein und das Gute fallen in eines, lautet der zentrale Lehrsatz der scholastischen Philosophie (u. a. Thomas von Aquin, *De veritate*, q.1a.1s.c.2). Zu dieser essentialistischen Seinslehre tritt in Gestalt von Aristoteles' teleologischer Naturphilosophie die Annahme hinzu, dass das Wesen der Naturgegenstände zugleich das **Ziel ihrer natürlichen Entwicklung** darstellt. Alle Naturdinge streben natürlicherweise nach Selbstverwirklichung; nach Realisierung der allgemeinen Form, die zugleich den Zustand ihrer Vollkommenheit definiert. Die axiologische Annahme der Höherwertigkeit der Entwicklungsziele (z. B. eines ausgewachsenen, vollständig entwickelten Kastanienbaums) gegenüber den Zuständen unvollkommener Entwicklung im Hinblick auf diese Ziele (z. B. einer Kastanie oder einem bloßen Kastaniensprössling) soll also zugleich der **Erklärung** des Entwicklungsprozesses dienen.

Nominalismus versus Universalienrealismus: Noch während des späten Mittelalters, im sogenannten Universalienstreit, werden die Grundlagen dieses idealistisch-metaphysischen Naturalismus in Frage gestellt.

Definition

> **Universalienstreit** nennt man die Diskussion über die Frage, welcher Status den Allgemeinbegriffen wie »Lebewesen«, »Tier« oder »Mensch« (im Gegensatz zu singulären Begriffen wie etwa Eigennamen) zukommt: Verweisen sie auf eine eigenständige Realität, die in irgendeiner Weise über die Realität jener Einzeldinge hinausgeht (Universalienrealismus)? Oder handelt es sich lediglich um zusammenfassende Bezeichnungen für konventionell festgelegte Klassen von Einzeldingen, die allein wirklich sind (Nominalismus)?

Hatte Aristoteles (*Metaphysik*, 991a) bereits die Platon zugeschriebene Annahme zurückgewiesen, die als Ideen bezeichneten allgemeinen Wesensformen existierten irgendwie von den ihnen nachgebildeten Einzeldingen geschieden (χωρίς, *choris*) in einer eigenen Wirklichkeitssphäre, so verfällt nun auch die von Aristoteles selbst vertretene Auffassung der Kritik, wonach die Wesensformen zwar nicht von den Einzeldingen unabhängig sind, aber in diesen Einzeldingen doch als ein objektiv vorhandenes, wirksames, die Entwicklung der Einzeldinge bestimmendes und ihnen sogar Wirklichkeit verleihendes Element existieren sollen.

3.1 Neuzeitlicher Wandel

Nominalisten wie Wilhelm von Ockham oder Pierre d'Ailli zufolge entsprechen Allgemeinbegriffen wie »Lebewesen«, »Tier« oder »Mensch« gar keine objektiven Wesenheiten. Vielmehr handelt es sich lediglich um Namen, mit denen wir bestimmte Einzeldinge anhand abstrakter Merkmale zu Klassen zusammenfassen. Der auf dem Gebiet der Metaphysik und Sprachphilosophie geführte Universalienstreit hat auch für die Ethik gravierende Implikationen. Denn der **Nominalismus untergräbt die Basis des klassischen essentialistischen Naturalismus** und damit die Begründungsbasis der dominierenden Ansätze antiker und scholastischer Ethik. Wenn Allgemeinbegriffe wie »Mensch« keine Basis in irgendeiner objektiv existierenden Wesensnatur haben, dann steht diese Wesensnatur auch nicht mehr als möglicher Maßstab des Guten und Richtigen zur Verfügung. Es lässt sich dann schon aus diesem Grund nicht mehr argumentieren, ein konkreter unvernünftiger Mensch solle vernünftig sein, weil ›der‹ Mensch seinem Wesen oder seiner Natur nach vernünftig sei. Man muss dann Gründe anderer Art für das Vernünftigsein anführen. Zum anderen verbindet sich mit der nominalistischen Umdeutung des ontologischen Verhältnisses von Allgemeinem und Individuellem auch eine Umkehrung des Wertverhältnisses – eine **Aufwertung des Individuellen gegenüber dem Allgemeinen**, die dem modernen Individualismus den Weg bahnt (Eckardt/Richter 2006).

Universalienstreit

Empirismus bezeichnet eine umfangreiche Familie erkenntnistheoretischer Positionen, die in unseren Sinneseindrücken die einzige oder allein maßgebliche Quelle unserer Erkenntnisse sehen. Klassische Charakterisierungen des Empirismus schreiben ihm die Auffassung zu, dass nichts in unserem Intellekt ist, das nicht zuvor in unseren Sinnen war und dass unser Geist mit einer leeren Tafel (*tabula rasa*) vergleichbar sei.
Rationalismus nennt man demgegenüber erkenntnistheoretische Auffassungen, die in unserer Vernunft selbst eine wesentliche Quelle von Erkenntnissen sehen (etwa vermöge ›eingeborener Ideen‹). Kant bemüht sich um eine Vermittlung der neuzeitlichen Strömungen des Empirismus und Rationalismus, und nachfolgende Entwicklungen komplizieren oder relativieren die Bedeutung der klassischen Gegenüberstellung.

Definition

Kausale versus teleologische Naturerklärung: Auch der teleologischen Naturphilosophie entzieht der Nominalismus die Grundlage. Wenn Allgemeinbegriffe nicht auf eine allgemeine Wesensnatur verweisen, kann diese Wesensnatur auch nicht als ›Zielursache‹ wirksam sein. Menschliches Handeln mag zielgerichtet sein, natürliche Veränderungen aber müssen unter Verzicht auf Zielursachen erklärt werden – und ist dieser Verzicht nicht ohnehin angezeigt? In die Geschichte der Wissenschaftstheorie eingegangen ist der Nominalist Ockham auch als vehementer Verfechter (wenn auch nicht Erfinder) des Prinzips der theoretischen Sparsamkeit, das deshalb auch als **Ockhams Rasiermesser** bezeichnet wird.

67

> **Definition**
>
> **Ockhams Rasiermesser** bezeichnet ein Prinzip der theoretischen Sparsamkeit, wonach bei gleicher Erklärungsleistung einfachere und weniger anspruchsvolle Hypothesen komplizierteren und reichhaltigeren Hypothesen generell vorzuziehen sind. Insbesondere sollen keine Annahmen bezüglich der Existenz irgendwelcher Erklärungsfaktoren gemacht werden, die für das Zustandekommen der zu erklärenden Phänomene unnötig sind.

Wenn Phänomene allein aufgrund vorangehender Ereignisse kausal erklärbar sind, sollten gemäß dem **Sparsamkeitsprinzip** keine *zusätzlichen* Annahmen etwa über die Existenz von Zielursachen eingeführt werden. Mit dieser Überzeugung wird das revolutionäre Programm der neuzeitlichen Naturwissenschaft vorbereitet, die auf teleologische Erklärungselemente ganz verzichten und **Naturprozesse rein kausal erklären** will. Das wissenschaftliche Bild der Natur wandelt sich im Verlauf der frühen Neuzeit grundlegend: Aus einem harmonisch geordneten, zielorientiert zusammenwirkenden Kosmos wird ein ›blinder‹ Kausalzusammenhang.

Natürlichkeit oder Künstlichkeit der Ethik

Probleme des klassischen Naturalismus: Philosophische Kritik an der Tauglichkeit des klassischen, naturphilosophisch unterbauten Naturalismus als Begründungsbasis der Ethik lässt sich auch unabhängig von den Entwicklungen formulieren, die den Übergang zur Neuzeit bezeichnen. So lässt sich fragen, ob der klassische Naturalismus überhaupt geeignet ist, lebenspraktische Orientierung zu bieten und/oder normative Forderungen zu begründen. Denn mit der Suche nach Orientierung oder dem Vorbringen von Forderungen wird die Existenz von praktischem Orientierungsbedarf, von Handlungsspielräumen und eventuell auch von praktischen Kontroversen und Konflikten unterstellt. Annahmen wie die, dass alle Wesen von Natur aus nach dem Zustand ihrer Vollkommenheit streben, oder dass das Gute zugleich das wahrhaft Wirkliche ist, bringen aber Probleme für die Verständlichkeit dieser Sinnbedingungen ethischer Theoriebildung mit sich: Wenn alle Wesen bereits natürlicherweise nach dem Guten streben – wozu bedarf es dann eigentlich noch ethischer Orientierung? Mehr noch: Inwieweit ist solche Orientierung angesichts der Tatsache, dass Handlungsziele von der Natur nicht nur vorgezeichnet sind, sondern als solche zugleich auch kausal wirksam sein sollen, überhaupt noch möglich? Weiterhin: Wenn das Gute bereits aus ontologischen Gründen mit dem wahrhaft Wirklichen identisch wäre – auf welche Weise ließe sich die Wirklichkeit dann überhaupt noch verbessern? Der klassische Naturalismus sieht sich Schwierigkeiten gegenüber, die Möglichkeit einer Abweichung vom Ideal bzw. einer Unvollkommenheit der Natur zu erklären. Aristoteles gibt hier der Materie die Schuld, die sich den idealen Formen nicht immer in idealer Weise anverwandelt. Woher der Materie das Vermögen zum Widerstreben zukommt, bleibt jedoch unklar. Soweit der Naturalismus auch auf den Bereich des Handelns bezogen wird, betrifft die **Schwierigkeit, Abweichungen vom Ideal zu erklären**, auch die menschliche Praxis. Wenn die praktische Orientierung

3.1 Neuzeitlicher Wandel

von Natur aus auf das Gute gerichtet ist, ist schwer zu sehen, wie schlechte, lasterhafte oder böse Handlungen überhaupt möglich sind.

Warum gibt es Übel in der Welt?   *Vertiefung*

Die Erfahrung von Leid, Übel und Bösem ist eine der existenziellen Grunderfahrungen, die gleichermaßen die Entwicklung ritueller Praktiken, mythischer Weltbilder, religiöser Glaubenssysteme und philosophischer Theorien angetrieben haben. Susan Neiman hat es sogar unternommen, die gesamte Philosophiegeschichte als Projekt zur Bewältigung dieser grundlegenden Erfahrung zu erzählen (Neiman 2004). Die vor allem auf Platon und den Neuplatonismus (u. a. Plotin, 205–270) zurückgehende Vorstellung, dass Sein und Gutsein ein und dasselbe sind, bietet nun die Möglichkeit, natürliche Übel und moralisch Böses auf gleichsam beschwichtigende Weise zu deuten: Wenn Sein und Gutsein identisch sind, lässt sich im Umkehrschluss das Schlechte oder Böse als bloßer Seinsmangel deuten, mithin als etwas Unwesentliches – ein ›Unwesen‹ –, dem keine eigentliche Wirklichkeit zukommt. Diese Interpretation des Üblen und Bösen als eines lediglich unvollständig realisierten, defizienten Guten wird als **Privationstheorie des Bösen** (lat. *privare*, berauben, befreien) bezeichnet. Im Kontext der christlichen Philosophie soll sie ein Problem lösen, das nun die spezifische Form des **Theodizeeproblems** annimmt: Wie ist die Existenz von Übeln und Bösem mit der Existenz eines Gottes vereinbar, der zugleich allwissend, gütig und allmächtig ist? Die Antwort der Privationstheorie sieht sich jedoch Einwänden ausgesetzt. Denn auch wenn Übel und Böses als Seinsmangel gedeutet werden, lässt sich fragen, warum ein gütiger und allmächtiger Gott einen solchen Mangel in seiner Schöpfung zulassen sollte. Gottfried Wilhelm von Leibniz hat das Theodizeeproblem auf andere Weise zu lösen gesucht, nämlich durch die Annahme, dass die Welt, wenngleich sie nicht aus jeder beschränkten Perspektive vollkommen erscheine, eben doch die beste aller möglichen Welten sei (Leibniz 1968). Systematisch läuft Leibniz' Theorie auf die Abschwächung der Annahme der Allmacht Gottes hinaus. Denn die These, wonach unsere Welt die beste aller möglichen Welten sei, impliziert, dass auch Gott unvermögend ist, den weiterhin bestehenden Übeln der Welt abzuhelfen. Insofern lässt sich die auch gegenwärtig noch vertretene Auffassung, wir lebten in der besten aller möglichen Welten (Hermanni 2002), als ein Schritt in Richtung der Lehre vom ›ohnmächtigen‹, ›leidenden‹ Gott verstehen, in der auf Annahme göttlicher Allmacht verzichtet wird (Mackie 1955; Jonas 1987). Wollte Kant im Rahmen seiner kritischen Philosophie der menschlichen Hoffnung immerhin noch die Aussicht auf einen jenseitigen Ausgleich für die Ungerechtigkeit der diesseitigen Welt eröffnen, zumindest als Gegenstand einer rationalen Hoffnung (vgl. Kant, KpV, AA, Bd. 5, v. a. S. 122 ff.), so erscheint den Vertretern der These vom ›leidenden Gott‹ diese Lösung nach Auschwitz zumindest schal, wenn nicht gar zynisch. Allerdings lässt sich fragen, ob noch ein substantieller Unterschied zwischen der Lehre vom ohnmächtigen Gott und einem Humanismus besteht, der die Existenz unverdienten Übels und Leidens in der Welt für eine Tatsache hält, die durch keine Theorie oder Glaubensannahme zu rechtfertigen oder beschönigen ist, die den Einsatz für eine Verbesserung der Lebensumstände aber damit nicht notwendigerweise sinnlos macht (Wellmer 1993). Wer die Anerkennung der »ethische[n] Irrationalität der Welt« (Weber 1988, S. 553) als Voraussetzung eines erwachsenen Weltverhältnisses ansieht, kann allerdings in Schwierigkeiten geraten, die denen des christlichen Theodizeeproblems analog sind. So bringt – grundsätzlich unabhängig von Kants religionsphilosophischen Annahmen – die Identifikation des autonomen Willens mit praktischer Vernunft in Kants Moralphilosophie ähnliche Probleme mit sich wie die scholastische Identifikation des Seins mit dem Gutsein: Wenn der autonome Wille als solcher moralisch vernünftig ist, wie ist dann ein »böser Wille« (als zurechenbarer freier Wille) möglich (vgl. Bernstein 2002)?

Thomas von Aquin erklärt, auch schlechte Handlungen seien letztlich auf einen in gewissem Sinne guten, zum Beispiel für den Handelnden angenehmen Zweck ausgerichtet, und bekräftigt, dass der Wille immer auf ein Gutes zielt (*Summa Theologica*, Ia-IIae q. 1 a. 1 co.). Das schlechte Handeln unterscheide sich vom guten dadurch, dass sein Zweck nicht der gebührende, der moralischen Ordnung entsprechende Zweck, also nicht in jeder Hinsicht gut sei. Niemand aber strebe etwas Schlechtes *als* Schlechtes an. Die **Möglichkeit eines radikal bösen oder ›teuflischen‹ Willens** wird damit ausgeschlossen. Allerdings stellt bereits die Möglichkeit eines nur relativ bösen, weil nur auf partikulare Güter gerichteten Willens die Vorstellung in Frage, die gesamte Welt einschließlich der sozialen bilde einen wohlgeordneten Kosmos, dessen Bewegungen uneingeschränkt auf ein höchstes Gut gerichtet sind. Es ließe sich einwenden, dass wir selbst und die von uns aufgrund einer Selbstinterpretation unserer Wesensnatur etablierten sozialen Normen Teil der natürlichen Ordnung sind und zu ihrem Funktionieren beitragen. Die Naturordnung wirke gleichsam durch unsere praktische Vernunft hindurch, indem wir vermöge unserer ethischen Orientierung und nötigenfalls auch durch die soziale Sanktionierung abweichenden Verhaltens die natürliche Ordnung aufrechterhalten. Das bestätigt jedoch gerade, dass es in der Natur durchaus auch *ordnungswidriges* Verhalten gibt, das wir eben deshalb unterlassen oder sanktionieren müssen; es bestätigt also, dass die **ethische Ordnung eine künstliche Ordnung** ist.

Voluntarismus versus Naturalismus: Die angeführten Einwände gegen den klassischen Naturalismus ergeben, dass die Standards des Richtigen und Guten nicht aus der Natur stammen können. Auch sind unsere Handlungen nicht durch eine natürliche Tendenz zum Guten motiviert. Die moralische Ordnung ist vielmehr eine künstliche. Sie beruht auf Autorität und muss durch Sanktionen aufrechterhalten werden. Eben diese Konsequenz zieht der spätmittelalterliche Voluntarismus. Voluntaristen wie Ockhams Lehrer Johannes Duns Scotus, der im Universalienstreit noch eine vermittelnde Position vertreten, aber mit der Einführung seines Konzepts der ›Diesesheit‹ (*haecceitas*) wesentlich zur Aufwertung des Individuellen beigetragen hatte, und in noch größerer Radikalität Ockham selbst vertreten die Auffassung, dass die **Kriterien des guten und richti-**

gen Handelns in Gottes Willen begründet sind. Hätte Gott uns zum Diebstahl oder Ehebruch aufgefordert, so wären dies moralisch gebotene Handlungen (Ockham 1495 [Sent. II qu. 19 O]). In seinem Dialog *Eutyphron* hatte Platon die Frage gestellt, ob das Gerechte Gott gefällt, weil es gerecht ist, oder ob es gerecht ist, weil es Gott gefällt. Die Voluntaristen geben darauf genau die Antwort, die Platon verworfen hatte: Das Gerechte ist deshalb gerecht, weil es Gott gefällt, nicht umgekehrt.

Probleme des Voluntarismus: Die Position des Voluntarismus ist nicht ohne Schwierigkeiten. Wenn es sich bei der Autorität des göttlichen Gesetzgebers um eine *moralische* Autorität handeln soll, kann unsere Anerkennung dieser Autorität nicht nur auf Furcht vor Strafe oder der Hoffnung auf Belohnung beruhen. Denn die göttlichen Willenskundgebungen wären sonst nichts anderes als die Befehle eines Erpressers. Wir brauchen demnach einen normativen **Grund, die Autorität Gottes zu akzeptieren**. Was aber könnte ein angemessener Grund sein? Er kann anscheinend nicht selbst wieder Gottes Willen entstammen. So wie Münchhausen sich nicht am eigenen Schopfe aus dem Sumpf ziehen kann, kann Gott nicht vorschreiben, dass die moralische Autorität seines Willens anzuerkennen ist, wenn dieser Wille nicht schon zuvor bindend war. Pufendorf zufolge liegt der Grund für die Anerkennung der moralischen Autorität Gottes in der Verpflichtung zur Dankbarkeit, die wir unserem Schöpfer schulden. Diese Antwort wäre jedoch unvereinbar mit der These, dass moralische Verpflichtungen durch Gottes Gebote überhaupt erst in die Welt kommen. Zumindest die Verpflichtung zur Dankbarkeit müsste dann bereits etabliert sein, bevor wir uns durch Gottes Willen leiten lassen. Zugleich ist aber nicht zu sehen, warum gerade die Verpflichtung zur Dankbarkeit im Unterschied zu allen anderen Pflichten unabhängig von Gottes Willen existieren sollte (vgl. Darwall 2006, S. 107–111).

Autorität als Basis der Moral?

3.2 | Thomas Hobbes' Vertragstheorie

Hobbes' Fragestellung: In der vorangehenden Skizze sind wesentliche Elemente versammelt, aus denen Thomas Hobbes seine Theorie politischer Legitimität gewinnt. In dem 1651 erschienenen Buch *Leviathan oder Stoff, Form und Gewalt eines kirchlichen und bürgerlichen Staates* entwirft er eine Vertragstheorie, die die politische Philosophie, Rechtsphilosophie und Ethik nachhaltig prägen wird. Vor dem Hintergrund der grausam geführten Bürger- und Konfessionskriege (1639–1651), die England, Schottland und nicht zuletzt Irland in ein blutiges Chaos stürzen, ist Hobbes' Interesse ganz darauf gerichtet, Prinzipien eines friedlichen Zusammenlebens zu begründen, die für **Personen unterschiedlicher Glaubensüberzeugungen gleichermaßen akzeptabel** sind. Sein Lösungsvorschlag teilt wesentliche Grundzüge mit dem theologischen Voluntarismus. An die Stelle der absoluten Autorität Gottes tritt bei Hobbes jedoch die **Autorität eines weltlichen Souveräns**, die sich wiederum aus nichts anderem als dem rationalen Eigeninteresse der Untertanen speist.

> **Tipp** **Hobbes lesen**
>
> Die für die Forschung maßgebliche Ausgabe der hobbesschen Werke ist die von Noel Malcolm und anderen herausgegebene *Clarendon Edition* (Hobbes 1984 ff.). Eine gute und erschwingliche Ausgabe des Leviathan mit Seitenkonkordanz zu früheren Ausgaben hat Richard Tuck herausgegeben (Hobbes 1991). Nach ihr wird im Folgenden zitiert; im Interesse der Auffindbarkeit auch in anderen Ausgaben wird in römischen Ziffern zusätzlich das Kapitel angegeben. Als deutschsprachige Übersetzung des Leviathan sei Hobbes 1984 empfohlen. Urheberrechtsfrei im elektronischen Faksimile verfügbar ist u. a. die von William Molesworth herausgegebene Ausgabe von Hobbes' englischsprachigen und lateinischen Werken (Hobbes 1839–1845).

Nominalismus und Empirismus: Hobbes ist ein vehementer Verfechter des **Nominalismus**. In der Welt gibt es nichts Universelles außer den Begriffen:

Hobbes 1991, IV, S. 26

»[T]here being nothing in the world Universall but Names; for the things named, are every one of them Individual and Singular.«

Wissenschaft als Kausalwissen

Entsprechend wendet er sich ebenso scharf wie der knapp dreißig Jahre ältere sprachkritische Empirist Francis Bacon gegen die aristotelische Schulphilosophie und warnt vor den Absurditäten, in die wir geraten, wenn wir Wörter mit Gegenständen verwechseln (ebd., V, S. 35). Bei der Rede von Wesenheiten, wie sie bei Aristoteles und den mittelalterlichen Philosophen begegnet, handele es sich um leeres und letztlich unverständliches Gerede; um ein bloßes Spiel mit Worten (ebd., XXXVI, S. 464 ff.), das vor allem dazu diene, die illegitime Autorität der (katholischen) Kirche aufrecht zu erhalten (ebd., XXXVII, S. 477 f.). Echte **Wissenschaft** gründe sich nicht auf Wortspiele und Bücherwissen, sondern auf Kenntnis der realen Sachzusammenhänge. Sie ziele auf die **Kenntnis der kausalen Relationen** zwischen mehreren Ereignissen, die uns ermögliche, Konsequenzen vorauszusehen:

Ebd., V, S. 35

»*Science* is the knowledge of Consequences, and dependance of one fact upon another«.

Wenngleich er sich weniger als Bacon für experimentelle Methoden empirischer Forschung interessiert, betont auch Hobbes den praktischen Nutzen einer Wissenschaft, durch die wir die Fähigkeit erlangen, intendierte Ereignisse zuverlässig herbeizuführen. Von praktischer Klugheit (*prudence*) unterscheidet sie sich insofern nicht grundsätzlich, sondern nur durch ihre reflektierte, systematische und auf explizitem Wissen gründende Verfahrensweise (ebd., V, S. 36).

Instrumentelle Vernunft: Hobbes setzt kausales Wissen und die Fähigkeit, Konsequenzen vorherzusagen, nicht nur mit Wissenschaft und praktischer **Klugheit** gleich, sondern auch mit dem traditionell höchsten Ziel philosophischer Liebe und Leidenschaft, der **Weisheit**. Wurde sie traditionell als aktive Selbsterkenntnis und sorgsame Kultivierung unserer inneren Natur verstanden, die uns die Schönheit und Harmonie eines wohlgeordneten Kosmos gewissermaßen in unserer eigenen Seele nachbilden lässt, so ist sie für Hobbes wiederum nichts anderes als jenes erfahrungsgestützte Kausalwissen, das uns befähigt, gewünschte Konsequenzen herbeizuführen: **instrumentelles Verfügungswissen** (ebd., III, S. 22). Zu welchem Ziel aber sollen wir dieses Verfügungswissen einsetzen? Verstehen wir diese Frage als Frage nach den letzten Zielen, so ist sie mit den Mitteln einer rein instrumentellen Rationalität nicht zu beantworten. Dementsprechend begnügt Hobbes sich mit Aussagen darüber, was aus der Sicht von Menschen rational ist, deren Motivationsstruktur so beschaffen ist, wie sie uns die Erfahrung als charakteristisch für die menschliche Natur erscheinen lässt. Praktische Deliberation – der rationale Prozess unserer Handlungsorientierung – nimmt ihren Anfang bei psychologischen **Zu- oder Abneigungen** (*appetites* bzw. *desires* und *aversions*, ebd., VI, S. 38); der Wille ist nichts anderes als diejenige Neigung, die sich im Überlegungsprozess durchsetzt und in einer tatsächlichen Handlung ausdrückt (ebd., VI, S. 44 f.).

Natur des Menschen und des Glücks: Die Natur des Menschen wird hier offenbar nicht als metaphysische Wesensnatur, sondern als empirischer Normalcharakter verstanden. Wonach aber strebt der Mensch von Natur aus? Nicht nach einem »letzten« oder »höchsten« Gut, denn das gibt es Hobbes zufolge nicht (ebd., XI, S. 70); auch nicht nach bedürfnisloser Seelenruhe. Eine solche Seelenruhe, wie sie vor allem die Stoiker als ἀταραξία (*ataraxia*) anstrebten, ist ebenfalls unmöglich (ebd.), denn das Leben selbst ist nichts anderes als ständige, von Begierden angetriebene Bewegung; es kann daher niemals ohne Verlangen oder Furcht sein (ebd., VI, S. 46). Die stärkste dieser psychologischen Triebkräfte ist das **Streben nach Selbsterhaltung** und entsprechend die Angst vor dem Tod. Menschen streben jedoch natürlicherweise auch nach Macht, Ruhm und materiellem Besitz. Hobbes sieht in der menschlichen Natur ein beständiges und **unermüdliches Machtstreben**, das erst mit dem Tod zur Ruhe kommt (ebd., XI, S. 70). Diese psychologischen Triebe wirken ganz nach Art anderer physikalischer Kräfte, denn Hobbes vertritt, gänzlich im Einklang mit seinem allgemeinen Naturverständnis, ein radikal mechanistisches Menschenbild. **Glück** ist nichts anderes als die **kontinuierliche Befriedigung stets wechselnder Bedürfnisse** (»[c]ontinuall successe in obtaining those things which a man from time to time desireth«; ebd.). Entsprechend spricht Hobbes fast durchgängig von *felicity* statt von *happiness*, was die Abhängigkeit des Glücks von ›glücklichen‹ äußeren Bedingungen betont.

Der Naturzustand: Eben diese Abhängigkeit des menschlichen Glücks von äußeren Bedingungen – sozialen und materiellen Glücksgütern – führt zu einer **Konkurrenzsituation**, da diese Güter begrenzt sind. Die wenig erfreulichen Konsequenzen, die daraus resultieren, soweit das menschliche Zusammenleben nicht durch gesellschaftliche Institutionen gebändigt wird, bezeichnet Hobbes als die »naturall condition of mankind« (ebd., XIII, S. 86). Dieser Naturzustand beschreibt nicht einen rea-

Glück als Bedürfnisbefriedigung

Selbsterhaltungs- und Machtstreben

len historischen Zustand. Es handelt sich vielmehr um ein **Gedankenexperiment**, das idealtypisch zeigen soll, wie sich die menschlichen Grundtriebe bei Abwesenheit gesellschaftlicher Institutionen auswirken müssen: Die natürliche Konkurrenz um begrenzte Selbsterhaltungs- und materielle wie soziale Glücksgüter erzeugt angesichts der relativen Gleichheit der natürlichen Kräfte **wechselseitiges Misstrauen**. Dieses Misstrauen verschärft die Konkurrenzsituation und das individuelle Machtstreben noch zusätzlich (ebd., XI, S. 70), weil zur Verteidigung gegen die jederzeit möglichen Übergriffe der Konkurrenten erst recht vorsorglich Güter und Macht akkumuliert oder sogar vorbeugende Gewaltmaßnahmen ergriffen werden müssen. Verschärfend wirkt überdies das **Streben nach Ruhm**, das schon als solches individuelle Interessen unversöhnlich gegeneinander setzt. Aus all dem folgt ein **beständiger Kriegszustand**, selbst wenn der Krieg zeitweise ›kalt‹ bleiben mag (ebd., XIII, S. 88). In diesem Zustand ist jeder des anderen Feind. Produktive wirtschaftliche, kulturelle und soziale Betätigungen sind unmöglich. Es gibt in diesem Zustand wortwörtlich keine Gerechtigkeit, die Begriffe »gerecht« und »ungerecht« haben keine Bedeutung:

Hobbes 1991, XIII, S. 90

»To this warre of every man against every man, this also is consequent; that nothing can be Unjust. The notions of Right and Wrong, Justice and Injustice have there no place. Where there is no common Power, there is no Law: where no Law, no Injustice. Force, and Fraud, are in warre the two Cardinall vertues.«

Am schlimmsten: Alle leben unter ständiger Angst und der Gefahr eines gewaltsamen Todes. Unter solchen Bedingungen ist das Leben des Menschen »solitary, poore, nasty, brutish, and short« (ebd., XIII, S. 89).

Bedingte Pflicht zum Freiheitsverzicht

Natürliche Rechte und Sozialvertrag: Die Furcht vor dem Tod und nach den für ein angenehmes Leben notwendigen (und nur durch arbeitsteilige Betätigung zu produzierenden) Gütern erzeugt jedoch ein starkes **Bedürfnis nach einer friedlichen Gesellschaftsordnung**. Während im Naturzustand jeder ein **Recht auf alles** (ebd., XIV, S. 91) hat – was freilich nur die völlige Abwesenheit aller rechtlichen Einschränkungen der Handlungsfreiheit bedeutet und nicht etwa einen irgendwo einklagbaren Rechtsanspruch –, folgt aus dem allgemeinen Streben nach Sicherung des eigenen Lebens ein erstes naturrechtliches Gesetz als ein ›allgemeines Vernunftgesetz‹,

Ebd., XIV, S. 92

»[t]hat every man, ought to endeavour Peace, as farre as he has hope of obtaining ist; and when he cannot obtain it, that he may seek, and use, all helps, and advantages of Warre.«

Aus dieser **Friedenspflicht unter Vorbehalt** leitet sich als zweites naturrechtliches Gesetz die Verpflichtung zum **Freiheitsverzicht unter Vorbehalt** ab; die Forderung nämlich,

Ebd.

»[t]hat a man be willing, when others are so too, as farre-forth, as for Peace, and defence of himselfe he shall think it necessary, to lay down his right to all things; and be contented whith as much liberty against other men, as he would allow other men against himselfe.«

Allein das rationale Eigeninteresse eines jeden Einzelnen soll ihm gebieten, die eigene Freiheit (bzw. sein ›Recht auf alles‹) auf dasjenige Maß einzuschränken, das er auch anderen zugestehen will – soweit denn diese anderen zu derselben Einschränkung bereit sind. Hobbes verweist an dieser Stelle auf die **Goldene Regel**, die er in ihrer ›positiven‹ und ›negativen‹ Formulierung anführt (siehe Kap. 6.2.1).

Notwendigkeit eines Gewaltmonopols: Das zweite naturrechtliche Gesetz – dass wir bereit sein müssen, unsere eigene Handlungsfreiheit auf dasjenige Maß einzuschränken, das wir auch anderen zugestehen würden, sofern diese anderen zu derselben Einschränkung bereit sind – wirft zwei Fragen auf:

1. Wie können wir sicherstellen, dass andere tatsächlich zu einem entsprechenden Freiheitsverzicht bereit sind und dass ihre Bereitschaft dauerhaft sichergestellt ist?
2. Was ist genau das Ausmaß des Freiheitsverzichts, zu dem rationale Akteure bereit sein sollten?

Hobbes' Antworten auf diese beiden Fragen sind eng miteinander verknüpft. Was die erste Frage betrifft, so wäre es für alle Betroffenen gleichermaßen rational, die Bereitschaft zum wechselseitigen Freiheitsverzicht **in einem verbindlichen Vertrag festzulegen**. Aber wie soll ein solcher Vertrag seine Bindewirkung erlangen? Die bindende Kraft einer bloßen Willenserklärung wäre nicht hinreichend, die Einhaltung des Vertrages sicherzustellen, »because the bonds of words are to weak to bridle mens ambition, avarice, anger, and other Passions, whithout the feare of some coercive Power« (ebd., XIV, S. 96, vgl. 99). Es muss daher eine **staatliche Zwangsgewalt** etabliert werden, die durch (die glaubwürdige Androhung von) Sanktionsmaßnahmen ein hinreichendes Maß an Vertragstreue erzwingt. Da es nun im vorrangigen Interesse aller liegt, Leben, physische Unversehrtheit und Freiheit zu sichern, ist es für alle rational, sich einer Person zu unterwerfen, die eben dies gewährleistet, selbst wenn diese Person als Einzige an ihrem natürlichen Recht auf alles festhält. Der Souverän selbst wird also kein Vertragspartner. Gelingt es einer Partei im Bürgerkrieg oder auch einem von außen kommenden Eroberer, die Herrschaft über die Bewohner eines Gebiets zu erringen, so gebietet die Vernunft den Bewohnern ebenso, sich der neuen Herrschaft zu unterwerfen, solange dies ihre individuelle Sicherheit gewährleistet. Für die Legitimität des Souveräns spielt es also keine Rolle, ob er seine Rolle durch einen zwischen den Untertanen geschlossenen **Vertrag oder Unterwerfung** erringt. Es genügt, dass es in beiden Fällen für die (prospektiven) Untertanen rational ist, sich selbst den notwendigen Freiheitsverzicht aufzuerlegen (Ottmann 2003, Bd. 3/1, S. 292 ff.).

Durchsetzung von Vertragstreue

Minimales Widerstandsrecht: Damit ist auch die zweite Frage nach dem Umfang des Freiheitsverzichts beantwortet, der durch das zweite naturrechtliche Gesetz geboten wird. Auf sein Recht auf **Leben, körperliche Unversehrtheit und physische Freiheit** kann rationalerweise niemand verzichten, denn der einzige Grund dafür, überhaupt in eine Rechtsordnung einzutreten, liegt lediglich im Interesse, eben diese Grundvoraussetzungen zu sichern. Selbst ein freiwilliger Verzicht auf diese Rechte (etwa durch Abtretung oder Verkauf) wäre ungültig; sie sind schlechthin unverfügbar. Deshalb ist niemand verpflichtet, vor Gericht sich selbst zu belasten oder mit gegen die eigene Person gerichteten Maßnahmen der Strafverfolgung zu kooperieren, und behält jeder das Recht zum Widerstand gegen den Souverän, wo dieser ihn töten, einkerkern oder verletzen will. Allerdings hat niemand das Recht, anderen bei Flucht oder Widerstand zu assistieren. Nur diese minimalen persönlichen Widerstandsrechte der Bürger/innen kollidieren mit der Autorität des Souveräns, die ähnlich absolut ist wie diejenige Gottes im theologischen Voluntarismus, und Legislative, Judikative und Exekutive gleichermaßen umfasst. Der Souverän kann nichts Unrechtes tun, weil er selbst allererst Recht setzt (u. a. ebd., XXI, S. 148).

Säkulare Begründung des Absolutismus

Vorteile der Erbmonarchie: Hobbes verteidigt eine absolute Monarchie. Gewaltenteilung oder Demokratie lehnt er ab, weil jede Machtkonkurrenz den Keim des Bürgerkriegs in sich trägt (ebd., XXIX, S. 225 ff.). Das Argument, dass die einem absoluten Herrscher ausgelieferten Untertanen ein armseliges Leben hätten, lässt Hobbes mit Blick auf den Zustand des Bürgerkriegs nicht gelten (ebd., XVIII, S. 128). Zudem kann selbst der verschwendungssüchtigste Monarch samt Familie und Günstlingen nur ein begrenztes Maß an Ressourcen verschlingen – weniger jedenfalls, als dies eine größere Regierungskörperschaft könnte (ebd., XIX, S. 132). Er darf auch eine Staatsreligion einführen, zumal, wie Hobbes schlau hinzufügt, sich innere Glaubensüberzeugungen ohnehin nicht staatlich kontrollieren lassen, und die Untertanen daher faktisch frei sind, der Staatsreligion nur Lippendienst zu leisten: »Profession with the tongue is but an externall thing« (ebd., XLII, S. 343). Der Souverän kann zwar nicht ungerecht handeln, da der Inhalt von Recht und Unrecht allein durch ihn bestimmt wird. Wohl aber kann er mehr oder weniger gut oder schlecht handeln, insofern er Stabilität und Prosperität des Staates fördert oder gefährdet. Stabilität und Prosperität werden ihm freilich aus Eigeninteresse am Herzen liegen, wenn er langfristig – in einer Erbmonarchie auch im Interesse seiner Nachkommen – denkt. Reichtum, Macht und Ehre des Monarchen basieren auf Reichtum, Macht und Ehre seines Staates; deshalb ist **das wohlverstandene Privatinteresse des Monarchen mit dem öffentlichen Interesse identisch** (ebd., XIX, S. 131).

Positives Recht gegen Privatmoral: Ausgangspunkt der ethischen Diskussion in der griechischen Antike war die Frage, welche Normen angesichts der Unterschiede der in den verschiedenen Stadtstaaten herrschenden Gesetze und Sitten objektiv begründet werden können. Nicht selten wurden dabei die universelle Vernunft und Natur gegen das lokal geltende Recht und die lokalen Sitten ausgespielt. Hobbes dagegen versucht gerade das positive Recht als solches unter Berufung auf die menschliche Natur und die allgemeine Vernunft zu verteidigen, so unterschiedlich dieses Recht in verschiedenen Staaten auch sein mag. Als vorpositive, vom Willen des Souveräns unabhängige Rechte erhalten bleiben nur das unbegrenzte Recht des Souveräns selbst (der durch keinen Vertrag gebunden ist) und das minimale persönliche Widerstandsrecht seiner Untertanen (die sich wechselseitig zum Verzicht auf den Großteil ihrer natürlichen Freiheiten verpflichten). Hobbes wendet sich vehement gegen die Anmaßung einer oft religiös begründeten Privatmoral, wo sie in Konkurrenz zur Gültigkeit öffentlicher Gesetze tritt. Unverifizierbare Glaubensoffenbarungen oder die ebenso unkontrollierbare Stimme des Gewissens haben kein Einspruchsrecht gegen die Erlasse eines weltlichen Souveräns, der allein die öffentliche Ordnung garantieren kann (ebd., XXIX, S. 223).

> **Hobbes' Traditionsbruch**
>
> Hobbes' Denken repräsentiert einen radikalen Bruch mit den prägenden Positionen der antiken Philosophie und scholastischen Orthodoxie. Henning Ottmann fasst die wesentlichen Dimensionen dieses Bruchs pointiert (und mit leicht modernitätskritischem Unterton) zusammen:
>
> »Bei Hobbes ergeben sich klare Antithesen zu den Lehrstücken der Antike: ein Ausgang vom einzelnen statt vom Gemeinschaftswesen Mensch; eine Gründung des Naturrechts auf ein subjektives Recht (statt auf Pflichten); Überleben und angenehmes Leben statt des guten Lebens; die Gemeinschaft nicht natürlich, sondern künstlich, ein Artefakt, geboren aus dem Willen der einzelnen. Die Natur wird bei Hobbes ihrer aristotelischen Teleologie beraubt. Dies schafft dem Philosophen die Möglichkeit, Glück und Macht durch ihre Steigerung zu definieren, sie zu lösen von einem vorab feststehenden Ziel. Der moderne Mensch mit seinem Verlangen nach Immer-Mehr – hier ist er zum ersten Mal systematisch eingefangen und zur Grundlage der Politik gemacht.« (Ottmann 2003, Bd. 3/1, S. 265)

Zur Vertiefung

3.3 | Systematische Fragen

Hobbes als Moralphilosoph: Zwar sind vertragstheoretische Überlegungen schon in der Antike vielfach anzutreffen (Gough 1967). Platon etwa lässt im zweiten Buch der *Politeia* seinen Bruder Glaukon eine wohldurchdachte Vertragstheorie der politischen Gerechtigkeit vertreten, wenn auch nur in der Rolle eines *advocatus diaboli*, der von Sokrates widerlegt zu werden hofft. Erst Hobbes versucht jedoch, die **Logik des aufgeklärten Eigeninteresses und des wechselseitigen Vorteilstauschs zur alleinigen Grundlage der moralischen und politischen Ordnung zu machen**. Seine säkularisierte Version des Voluntarismus, die den Willen Gottes durch den eines diesseitigen Monarchen ersetzt, verringert nicht nur das Problem der Interpretation dieses Willens. Sie soll auch noch dessen Autorität auf vollständig säkulare und rationale Weise begründen, indem sie sie ganz aus dem rationalen Eigeninteresse aller Bürger/innen ableitet. Weil es Hobbes primär um die Legitimierung staatlicher Autorität geht, könnte man zweifeln, ob seine Theorie überhaupt einen Beitrag zur Moralphilosophie darstellt (Forsyth 1994, S. 42). Allerdings bestreitet Hobbes explizit, dass es neben den von ihm beschriebenen natürlichen und den vom Souverän statuierten positiven Rechten noch andere soziale Normen von gleicher oder gar vorrangiger Verbindlichkeit gibt. Deshalb be-

Interessenbasierte Ethik

trachtet er seine Naturrechtslehre ausdrücklich als »the true and onely Moral Philosophy« (Hobbes 1991, XV, S. 110). Hobbes' Überlegungen zum Naturrecht sind insofern nicht nur für die politische Theorie und die Rechtsphilosophie, sondern auch für die Moralphilosophie von zentraler Bedeutung (Lloyd 2009; Tuck 1996). Sie lassen sich als **minimalistische Version einer kontraktualistischen Sozialethik** lesen.

Minimalismus der hobbesschen Ethik

Eingeschränkte Glücksethik: Allerdings ist der gesamte Gehalt der hobbesschen Ethik auf die Gewährleistung der physischen Sicherheit ausgerichtet. Entsprechend weist Hobbes anspruchsvollere eudaimonistische Konzepte des guten Lebens zurück (Irwin 2008, Bd. 2, S. 118) und begnügt sich mit dem Verweis auf die minimalen Voraussetzungen des Überlebens, der physischen Unversehrtheit, der äußeren Handlungsfreiheit und des wechselseitigen Vertrauens, das die Grundlage wirtschaftlicher und kultureller Entwicklung darstellt. Diese Beschränkung auf **Minimalbedingungen eines guten Lebens** erhöht zum einen die Wahrscheinlichkeit, dass sich ein *gemeinsames* Interesse aller Bürger identifizieren lässt, das als Basis eines Sozialvertrags dienen kann. Zum anderen entspricht diese Beschränkung aber auch Hobbes' materialistischer Annahme, dass das gute Leben wesentlich von der Möglichkeit der individuellen Bedürfnisbefriedigung durch äußere Glücksgüter abhängt. Damit verliert das traditionelle Programm der tugendethischen Selbstkultivierung an Bedeutung.

Eingeschränkte Gerechtigkeitsethik: Vergleichsweise inhaltsarm ist Hobbes' Ethik nicht nur in Bezug auf die Ingredienzien eines guten Lebens, sondern auch im Hinblick auf den Gehalt sozialethischer Gerechtigkeitsnormen. Garantiert sind den Staatsbürger/innen nur **minimale Rechte**. Sie sind nicht nur den Übergriffen des Souveräns weitgehend schutzlos ausgeliefert; auch im Hinblick auf den Schutz vor Übergriffen durch Mitbürger/innen und erst recht in Bezug auf die Gewährung weitergehender Freiheiten, politischer oder sozialer Rechte sind sie ganz auf die Weisheit oder die Gnade des Souveräns und die Integrität der Administration angewiesen. Mit Ausnahme des persönlichen Widerstandsrechts verbleiben ihnen keinerlei vorpositive Rechte.

Eingeschränkte Moralgemeinschaft: Auch ein weiterer großer Bereich traditioneller Ethiken und konventioneller Moralvorstellungen wird von der hobbesschen Ethik ausgespart. Hobbes' Naturrecht kennt **keine Fürsorge- und Hilfspflichten** etwa gegenüber Kindern, Kranken, Schwachen oder Alten. Denn der rationale Vorteilstausch, den die hobbesschen Bürger/innen durch den Abschluss des Gesellschaftsvertrags vollziehen, ist lediglich durch ihr Bedürfnis motiviert, die beständige Bedrohung zu neutralisieren, die eine unbegrenzte Handlungsfreiheit der anderen für die eigene Sicherheit bedeutet. Dieser Vorteilstausch kann deshalb nur diejenigen einbeziehen, von denen tatsächlich eine Bedrohung ausgeht und die selbst zu einem entsprechenden Tausch in der Lage sind. Das trifft auf schwache und hilfsbedürftige Menschen ebenso wenig zu wie auf Tiere oder auf Kinder. Entsprechend sind Kinder dem hobbesschen Naturrecht zufolge Sklaven gleichgestellt; sie dürfen von denen, die sie ernähren und erziehen, verkauft oder getötet werden (King 1998).

Begründung der hobbesschen Ethik: Wenn allerdings Hobbes' Auffassung berechtigt wäre, wonach die von ihm verteidigte Minimalethik die einzig mögliche Sicherung gegen einen Bürgerkriegszustand bietet, in dem das Leben nicht lebenswert ist, verlören die Einwände gegen den eingeschränkten Gehalt dieser Ethik an Gewicht. Die Diskussion über den Gehalt ist deshalb nicht unabhängig von der über die Begründung der hobbesschen Ethik zu führen. Sie sieht sich unter anderem zwei Gruppen von Fragen und Einwänden ausgesetzt:

1. Inwieweit sind die **empirischen Annahmen**, auf denen Hobbes' Naturrechtslehre basiert, überzeugend?
2. Gesetzt, wir akzeptieren diese Annahmen – inwieweit könnte dann **die Logik des hobbesschen Unterwerfungsvertrags** die Interessen von rein eigennutzenorientierten Akteuren tatsächlich binden oder zumindest so umlenken, dass eine stabile bürgerliche Ordnung zu erwarten wäre?

Empirische Annahmen: Hinterfragen lassen sich zunächst Hobbes' **politiktheoretische Annahmen**. Ist die Einschätzung berechtigt, dass eine absolutistische Monarchie die stabilste Regierungsform darstellt? Ist die weitgehende Identität der persönlichen Interessen eines absoluten Monarchen mit dem öffentlichen Interesse des Staates tatsächlich zu erwarten? Könnten Gewaltenteilung und Demokratie nicht auch Vorteile im Hinblick auf die Stabilität eines Staates haben? Hier gibt es gute Gründe, an Hobbes' Annahmen zu zweifeln. Einwände sind oft auch gegen Hobbes' **düsteres Menschenbild** erhoben worden. Sein Bild der menschlichen Grundtriebe erscheint zumindest unvollständig. Unbestreitbar gibt es neben den von Hobbes in Rechnung gestellten Selbsterhaltungs- und Machtinteressen auch altruistische und prosoziale Neigungen (Brigandt 2010; Wittek/Bekkers 2015). Philip Pettit hebt in diesem Zusammenhang hervor, dass Hobbes' Argument für den Absolutismus auf der nicht weiter begründeten und überdies unplausiblen Annahme basiere, alle strebten nach Überlegenheit und könnten sich nicht mit der Rolle eines Gleichen unter Gleichen begnügen (Pettit 2008, S. 96; vgl. S. 4, 149 f.).

Bindewirkung des hobbesschen Vertrags: Welche Gründe aber haben Bürger/innen für die Einhaltung des Vertrages, der sie zum Freiheitsverzicht und zum Gehorsam gegenüber dem Souverän verpflichtet? Sind die Motive, die sie zur Vertragseinhaltung veranlassen, sämtlich egoistischer Art (wie die Hoffnung, in eigener Person Nutznießer von Kooperationsgewinnen zu werden, die durch die bürgerliche Ordnung ermöglicht werden oder die Furcht vor Strafe)? Oder gibt es (darüber hinaus) eine **moralische Pflicht zur Vertragseinhaltung** auch in jenen Fällen, in denen die Einhaltung des Vertrags dem Eigeninteresse der handelnden Person widerspricht?

Wenn wir mit der Mehrheit der Interpretinnen und Interpreten davon ausgehen,

1. dass es vor dem Vertragsabschluss keinerlei moralische Rechte oder Pflichten gibt außer dem von Hobbes benannten **Naturrecht** aller auf alles,
2. dass auch dieses Naturrecht nur eine **natürliche Freiheit** ausdrückt, nämlich die Abwesenheit aller Restriktionen, und nicht ein mora-

lisches oder juridisches Anspruchsrecht, das sich irgendwo einklagen ließe und das irgendjemanden zu irgendetwas verpflichten würde,
3. dass die hobbesschen Vertragspartner **rationale Egoisten** sind, die aus purem Eigeninteresse dem Vertrag zum wechselseitigen Freiheitsverzicht zustimmen,

dann scheint die erste Antwort die einzig mögliche zu sein: Der einzige Grund zur Vertragseinhaltung liegt im rationalen Eigeninteresse der Akteure.

Besonderheit des hobbesschen Vertrags: Es ist leicht, diese Konsequenz zu übersehen, wenn man lediglich Annahme (3) im Blick hat und die Besonderheit des hobbesschen Vertrags außer Acht lässt, die in den Annahmen (1) und (2) zum Ausdruck kommt. Verträge der uns aus dem Alltagsleben vertrauten Form werden innerhalb einer bereits bestehenden normativen Ordnung geschlossen, in der die Institution des Vertrages und die Verpflichtung zur Vertragstreue schon etabliert sind. Bei solchen Verträgen schränkt der Umstand, dass jemand ein rein egoistisches Motiv für den Abschluss eines Vertrages hatte, dessen Verpflichtung zur Vertragstreue nicht ein. Der hobbessche Vertrag dagegen soll selbst allererst eine normative Ordnung begründen. Zum Zeitpunkt des Vertragsschlusses gibt es jedoch noch kein Recht und Unrecht. Vielmehr ist auch Betrug ausdrücklich erlaubt, so dass für die Vertragspartner **noch keine Verpflichtung zur Vertragstreue** existiert. Deshalb kann zwischen ihnen anscheinend gar kein Vertrag geschlossen werden, der sie auch dort in die Pflicht nehmen würde, wo die Einhaltung des Vertrags ihren Interessen zuwiderläuft. Hobbes' Vertragstheorie scheint insofern doch wieder mit einem ganz ähnlichen Problem zu kämpfen wie der theologische Voluntarismus: So wie Münchhausen sich nicht am eigenen Schopfe aus dem Sumpf ziehen kann, in dem er steckt, kann ein zum Zeitpunkt t_1 geschlossener Vertrag nicht die Verbindlichkeit von Verträgen überhaupt statuieren, wenn Verträge generell (und damit auch dieser konkrete Vertrag) zum Zeitpunkt t_1 nicht bereits verbindlich waren.

Verbindlichkeit hypothetischer Verträge: Die Frage der normativen Bindewirkung des hobbesschen Vertrags stellt sich noch aus einem anderen Grund: Der Vertrag ist lediglich *hypothetisch*. Es handelt sich um ein **bloßes Gedankenexperiment**, das zeigen soll, dass es für Personen im hobbesschen Naturzustand rational (gewesen) *wäre*, einem wechselseitigen Freiheitsverzicht zuzustimmen. Üblicherweise würden wir aber nicht annehmen, dass rein hypothetische Verträge tatsächlich gültig sind. Bindend sind sie üblicherweise nur durch die explizite oder wenigstens implizite Zustimmung der Vertragspartner/innen (Ottmann 2011, S. 5–13). Der bloße Nachweis, dass es für mich vorteilhaft wäre, eine Haftpflichtversicherung abzuschließen, reicht nicht dafür aus, dass ein Versicherungsvertrag zustande kommt.

Mögliche Antworten: Es gibt also guten Grund zum Zweifel, ob der hobbessche Vertrag in dem Sinne bindend ist, dass er Personen auch dort zur Befolgung verpflichtet, wo dies ihrem Interesse zuwiderläuft. Aber ist das eigentlich ein Problem? Vielleicht besteht ja von Anfang an gar kein Konflikt zwischen Vertragseinhaltung und Eigeninteresse (1). Vielleicht reicht die Strafandrohung durch den Souverän aus, beide in hinreichende Übereinstimmung zu bringen (2). Oder vielleicht löst sich der Eindruck eines Konflikts auf, wenn die Akteure ihre längerfristigen Interessen im Blick behalten (3).

Koordination egoistischer Handlungspläne: Was die erste Frage betrifft, spricht alles dafür, dass Vertragspflichten, deren Einhaltung im allgemeinen Interesse liegt, zumindest mit dem unmittelbaren (kurzfristigen) Eigeninteresse einzelner Akteur/innen kollidieren können. Was hier mit »im allgemeinen Interesse liegen« gemeint ist und welche Struktur mögliche Konflikte haben können, lässt sich durch zwei klassische Beispielsituationen näher erläutern, die in den Diskussionen der Spieltheorie breiten Raum einnehmen.

Gefangenendilemma

Beispiel

Nehmen wir an, dass Peter und Paul gemeinsam eine Bank überfallen haben. Ohne Zeugenaussage kann ihnen jedoch nur illegaler Waffenbesitz nachgewiesen werden. Beide werden getrennt verhört und haben nicht die Möglichkeit, sich auszutauschen. Beiden werden jeweils folgende Strafen in Aussicht gestellt: Gesteht keiner von beiden, werden beide wegen illegalen Waffenbesitzes zu je zwei Jahren Haft verurteilt. Gestehen beide, müssen sie wegen des Überfalls bei strafmildernder Anrechnung des Geständnisses für je sieben Jahre ins Gefängnis. Gesteht Paul, Peter aber nicht, kommt Paul als Kronzeuge frei, Peter aber wird zu 10 Jahren verurteilt; dasselbe gilt umgekehrt. Sind beide nun als rationale Egoisten ausschließlich an der Minimierung ihrer eigenen Haftzeit interessiert, ist es **für jeden der beiden vernünftig, auszusagen**. Paul weiß nicht, wie Peter sich verhalten wird. Er weiß allerdings, dass es sowohl dann, wenn Peter aussagt, als auch dann, wenn Peter nicht aussagt, für ihn selbst vergleichsweise vorteilhaft ist, seinerseits auszusagen. Denn falls Peter aussagt, erhält Paul durch eine eigene Aussage nur sieben statt zehn Jahre Gefängnis. Sagt Peter hingegen nicht aus, kommt Paul bei eigener Aussage sogar frei, statt für zwei Jahre ins Gefängnis zu müssen. Aus Peters Perspektive stellt sich die Situation natürlich spiegelverkehrt genauso dar. Handeln beide im Sinne der egoistischen Nutzenmaximierung rational, werden sie daher beide aussagen und folglich beide zu sieben Jahren Haft verurteilt. Irritierenderweise erzielen sie damit ein auch aus individueller Sicht schlechteres Ergebnis, als wenn sie beide geschwiegen hätten.

Hirschjagd

Das zweite Beispiel, das unter dem Namen »Hirschjagd« oder »Jagdpartie« bekannt ist, geht auf Rousseau (1782, Bd. 1, S. 92) zurück. Zwei Jäger, von denen jeder alleine nur einen Hasen fangen könnte, vereinbaren eine Treibjagd auf einen Hirsch. Gemeinsam den Hirsch zu fangen, wäre für beide jeweils die beste Option. Dies kann jedoch nur gelingen, wenn beide auf ihrem Posten bleiben. Läuft nun ein Hase an einem der Jäger vorbei, stellt sich für ihn die Frage, ob er den Hasen fangen soll, auch wenn er dafür seinen Posten verlassen muss. Könnte er sicher sein, dass der andere

Jäger am Platz bliebe, wäre das für ihn nachteilig, da ein halber Hirsch ergiebiger ist als ein ganzer Hase. Muss er davon ausgehen, dass der andere Jäger seinen Posten verlassen wird, ist es jedoch vorteilhaft, den Hasen selbst zu fangen, statt ganz leer auszugehen. Im Unterschied zum Gefangenendilemma wäre die **beiderseitige Kooperation für jeden Partner optimal**. Trotzdem müsste jedoch ein rationaler Egoist im Jagdpartie-Beispiel die Kooperation mit seinem Partner dann aufkündigen, wenn er sich der Kooperation des Partners nicht hinreichend sicher sein kann.

Nachfolgende Tabellen generalisieren die beiden Beispiele. »Kooperation« bezeichnet dabei eine Handlungsstrategie im gemeinsamen Interesse der Partner/innen (beim Gefangenendilemma ist die Kooperation zwischen Peter und Paul gemeint, nicht die Kooperation mit den Strafverfolgern!). Die Zahlenwerte bezeichnen den individuellen Nutzen, der sich aus einer bestimmten Kombination von Handlungsstrategien für die beteiligten Akteur/innen jeweils ergibt (links des Schrägstrichs für Akteur/in 1, rechts von Akteur/in 2). Dabei bezeichnet 0 den niedrigsten, 3 den höchsten Nutzen.

Tab. 3.1: Gefangendilemma

	Akteur/in 2 kooperiert	Akteur/in 2 kooperiert nicht
Akteur/in 1 kooperiert	2 / 2	0 / 3
Akteur/in 1 kooperiert nicht	3 / 0	1 / 1

Tab. 3.2: Hirschjagd

	Akteur/in 2 kooperiert	Akteur/in 2 kooperiert nicht
Akteur/in 1 kooperiert	3 / 3	0 / 2
Akteur/in 1 kooperiert nicht	2 / 0	1 / 1

Beide Beispiele machen deutlich, dass es nicht nur im Hinblick auf den durchschnittlichen Nutzen aller Beteiligten, sondern interessanterweise auch **für jeden Einzelnen von Nachteil** sein kann, **wenn alle konsequent ihr rationales Eigeninteresse verfolgen**. Dies trifft unstreitig auch auf die Situation des von Hobbes beschriebenen Naturzustands zu – eben darum hält Hobbes ja die Einigung auf einen wechselseitigen Freiheitsverzicht für geboten.

Sozialordnung als Zwangsordnung: Wird der Vertrag zwischen Personen geschlossen, die lediglich ihr Eigeninteresse verfolgen, werden sie ihn wiederum nur dort einhalten, wo ihnen dies vorteilhaft erscheint. Die bloße Absprache als solche reicht nicht aus, um rationale Egoisten zu ihrer Einhaltung zu motivieren; zumindest nicht in Situationen nach Art des Gefangenendilemmas, in denen ein »Trittbrettfahrer«, der von der Kooperation der anderen profitiert, selbst aber keinen Beitrag leistet, am günstigsten fährt. Eben deshalb schlägt Hobbes die Etablierung eines Gewaltmonopols vor, das soziale Kooperation durch Sanktionsdrohungen erzwingt, und nichts anderes als den Hinweis auf die Möglichkeit der Bestrafung hält er denn auch dem »Narren« (»Foole«) entgegen, der sein Eigeninteresse über eine etablierte Rechtsordnung stellt (ebd., XV,

S. 101 ff.). Nehmen wir an, dass die Bürger/innen im Rechtsstaat rationale Egoisten bleiben, die lediglich durch die Furcht vor Strafe von der Verfolgung gemeinwohlschädlicher, aber individuell vorteilhafter Handlungspläne abgebracht werden. Wäre dies als Grundlage einer stabilen Rechtsordnung hinreichend? Hier scheinen zumindest Zweifel angebracht. Hobbes selbst scheint von den Bürger/innen etwa bei der Verpflichtung zur Landesverteidigung ein Maß an Loyalität einzufordern, das mit seiner Motivationstheorie schwer zu vereinbaren ist (ebd., S. 484).

Moral als weitblickender Egoismus: Allerdings greift es zu kurz, das Problem der Koordination von Handlungsplänen rationaler Egoisten nur bezüglich einmaliger Interaktionen zu betrachten (wie etwa zwischen zwei Gefangenen, die später nie mehr miteinander zu tun haben). In Wirklichkeit leben Mitglieder einer Gemeinschaft über längere Zeiträume zusammen und stehen immer wieder erneut vor der Frage, wie sie sich in Zusammenhängen möglicher Kooperation verhalten sollen. Müssten dieselben egoistisch-rationalen Akteur/innen unbegrenzt oft in Situationen von der Art des Gefangenendilemmas interagieren (»iteriertes Gefangenendilemma«), wäre es für jeden von ihnen vorteilhaft, die Strategie *tit for tat* (»Wie Du mir, so ich Dir«) zu verfolgen: Sie sind grundsätzlich kooperationsorientiert, gehen gegebenenfalls in Vorleistung und kooperieren immer, wenn dies der Partner auch tut. Tut er dies nicht, »bestrafen« sie ihn jedoch in der folgenden Runde durch eigene Kooperationsverweigerung, ohne nachtragend zu sein, falls er sein Verhalten wieder ändert. Könnte es dementsprechend für Personen, die über längere Zeiträume auf die Interaktion mit anderen angewiesen sind, nicht längerfristig vorteilhaft sein, kooperationsfreundliche Strategien zu verfolgen, auch wenn damit im Einzelfall ein Verzicht auf die unmittelbaren Gewinne verbunden ist, die sie durch das Verhalten als ›Trittbrettfahrer‹ einheimsen könnten? Und können nicht bestimmte ›moralische‹ oder ›fairnessbezogene‹ Kooperationsregeln auf diese Weise erklärt werden – gewissermaßen als Ausdruck eines weitblickenden Egoismus? Diese Fragen sind Gegenstand umfangreicher Forschungen unter Beteiligung der Spieltheorie, Ökonomie und Verhaltensbiologie.

Iterierte Gefangenendilemmata

> **Die Spieltheorie** untersucht mit Hilfe mathematischer Modelle strategische Interaktionszusammenhänge, in denen sich die Handlungspläne mehrerer zweckrational operierender Akteure wechselseitig beeinflussen. Insofern dabei spezifische Rationalitätsmodelle zugrunde gelegt werden, handelt es sich bei der Spieltheorie um eine *normative* Disziplin. Spieltheoretische Methoden spielen insbesondere in der Ökonomie und den Sozialwissenschaften, der Verhaltensbiologie und der Evolutionären Ethik eine zentrale Rolle.

Definition

David Gauthiers Kontraktualismus: Besondere Beachtung hat Gauthiers Theorie gefunden, die sich auf spieltheoretische Überlegungen stützt und beide Fragen mit ›Ja‹ beantwortet (Gauthier 1986). Er versucht zu zeigen, dass unter realistischen Interaktionsbedingungen Akteure, die insofern rational sind, als sie sich stets um die Maximierung ihres persönlichen Nutzens bemühen, »die Schranken der Moral« akzeptieren würden (ebd., S. 5), selbst wenn dies einen Verzicht auf die unmittelbare Maximierung des Eigennutzens im Einzelfall bedeutet:

> **Gauthier 1986, S. 4**
> **Spieltheoretischer Kontraktualismus**

»To choose rationally, one must choose morally.«

In Bezug auf die Aufgabe, für alle Parteien akzeptable Kooperationsbedingungen auszuhandeln (*bargaining problem*) will Gauthier nachweisen, dass rational-egoistische Verhandler sich auf Kooperationsbedingungen einigen würden, die unparteilich und daher moralisch akzeptabel sind. Nehmen wir an, dass tatsächlich eine unparteiliche Lösung ausgehandelt werden kann, stellt sich die Anschlussfrage, inwieweit rational-egoistische Akteure motiviert wären, sich auch ohne Strafandrohung an die Vereinbarung zu halten, wenn sie sich (wie die Beteiligten im Gefangenendilemma) individuellen Anreizen ausgesetzt sehen, davon abzuweichen (*compliance problem*). Ein entscheidender Zug in Gauthiers Versuch, das *compliance problem* zu lösen, liegt darin, dass er nicht die Rationalität einzelner Handlungen, sondern die Rationalität übergreifender Handlungs*dispositionen* in den Blick nimmt. Dementsprechend fragt er nicht, ob es aus Sicht eines Akteurs rational ist, im Einzelfall eine getroffene Vereinbarung einzuhalten, sondern ob es rational ist, eine **allgemeine Disposition zur Vertragseinhaltung** zu entwickeln. Nehmen wir nun an, dass es sowohl Personen gibt, die disponiert sind, in jeder Einzelsituation ihren eigenen Nutzen zu maximieren (*straightforward maximizers*) als auch ungefähr ebenso viele Personen, die disponiert sind, Verträge immer dann einzuhalten, wenn sie erwarten, dass ihre Interaktionspartner dies ebenfalls tun (*constrained maximizers*). Nehmen wir ferner an, dass die Handlungsdispositionen der Interaktionspartner zwar nicht offenkundig, aber doch mit einer hinreichend hohen Wahrscheinlichkeit erkennbar sind – Gauthier spricht hier von der *translucency* –, d. h. die Interaktionspartner sind nicht durchsichtig, aber sozusagen »durchscheinend«. Dies angenommen, könnten die »constrained maximizers« voraussichtlich mehr profitieren, weil sie mit größerer Wahrscheinlichkeit fruchtbare Kooperationszusammenhänge etablieren können, und ihre Strategie wird daher zunehmend populär:

> **Gauthier 1986, S. 177**

»Suppose a population evenly divided between constrained and straightforward maximizers. If the constrained maximizers are able to co-operate successfully in two-thirds of their encounters, and to avoid being exploited by straightforward maximizers in four-fifths of their encounters, then constrained maximizers may expect to do better than their fellows. Of course, the even distribution will not be stable; it will be rational for the straightforward maximizers to change their disposition. These persons are sufficiently translucent for them to find morality rational.«

Grenze hobbesscher Vertragstheorien: Gauthiers Erklärung der **Moral als weitblickender Egoismus** ist in vieler Hinsicht erhellend. Insbesondere trägt sie zur Klärung der Frage bei, unter welchen Bedingungen Kooperation auch ohne die beständige Strafandrohung einer Sanktionsinstanz stabil sein kann. Die Theorie wirft jedoch eine Reihe von Fragen auf: Ist der Übergang von der Handlungs- auf die Dispositionsebene ein im rationalitätstheoretischen Rahmen des Kontraktualismus legitimer Zug? Oder bedeutet er nicht zumindest eine Abschwächung der Annahme, dass die Beteiligten vollständig zweckrational im Sinne ihres Eigeninteresses handeln? Ferner: Sind Akteure im Hinblick auf ihre Handlungsdispositionen tatsächlich hinreichend »durchscheinend« und sind diesbezüglich nicht Unterschiede denkbar? Ein *straightforward maximizer* mit einem weit überdurchschnittlichen Vermögen, sich zu verstellen, könnte als Trittbrettfahrer vermutlich Zusatzgewinne einfahren. Lassen sich die Kooperationsregeln, auf die sich Akteure strategisch einigen, tatsächlich mit moralischen Regeln oder gar ›den‹ moralischen Regeln identifizieren? Oder ist die Vertragslogik des individuellen Vorteilsstrebens der »normativen Logik der Zwischenmenschlichkeit« nicht letztlich doch fundamental entgegengesetzt (vgl. Ulrich 2008)? Das Ergebnis strategischer Kooperationsverhandlungen ist grundsätzlich durch die Ausgangsbedingungen der Verhandlungen bestimmt, die von mehr oder minder großer **Ungleichheit in der Verhandlungsposition** der Teilnehmer/innen geprägt sein können. Generell betreffen die ausgehandelten Regeln ausschließlich die Relation zwischen individuellen Beiträgen zu Kooperationsgewinnen und der Verteilung dieser Gewinne. Von der Fairness der Ergebnisse solcher Verhandlungen kann daher bestenfalls im Sinne von **Leistungsgerechtigkeit** die Rede sein. Gerechtigkeitsansprüche derjenigen, die beispielsweise aufgrund einer Behinderung oder anderer Benachteiligungen nur eingeschränkt leistungsfähig sind, oder Fürsorgepflichten auch denjenigen gegenüber, von deren Kooperation wir gar nicht profitieren, lassen sich auf diese Weise nicht begründen. Hier liegt offenbar eine **generelle Grenze von Vertragstheorien hobbesschen Typs** (Larmore 2008, S. 91 ff.). Hobbessche Vertragstheoretiker/innen müssen entweder die These vertreten, dass die Vertragstheorie nur einen Teil der moralischen Verpflichtungen begründen kann, oder sie müssen (wie Hobbes selbst dies getan hat) leugnen, dass es rational begründbare moralische Fürsorgepflichten und Gerechtigkeitsansprüche gibt, die über Leistungsgerechtigkeit hinausgehen.

Probleme des gauthierschen Kontraktualismus

Verhaltensbiologie und Evolutionäre Ethik

Die Annahme, dass Moral im Rückgriff auf Kooperationsvorteile erklärt werden kann, teilt die Vertragstheorie mit Arbeiten im Bereich der Verhaltensbiologie. Sie untersucht beispielsweise, inwieweit genetische Dispositionen zu ›moralischem‹ Verhalten (etwa zu altruistischem Verhalten oder zur ›moralischen Bestrafung‹ von Kooperationsverweigerern) durch Selektionsvorteile erklärt werden können. Auch wenn viele Fragen in den letzten Jahren noch lebhaft diskutiert wurden (etwa die als *kin selection*, d. h. Verwandtenselektion bezeichnete These, wonach altruistisches Verhalten gegenüber genetisch Verwandten durch eine dadurch erhöhte Wahrscheinlichkeit erklärt werden kann, dass Gene vererbt werden, die den eigenen entsprechen), spricht vieles dafür, dass die Neigung zum Altruismus evolutionsbiologisch erklärbar ist (Conway/Slavich 2017; McCullough/Tabak 2010; Okasha 2008). Ob sich der gesamte Bereich mora-

Vertiefung

lischen Verhaltens evolutionsbiologisch erklären lässt, ist hingegen strittig (Buchanan/Powell 2015). Anders als die Ethik stellt die Verhaltensbiologie keine normative Disziplin dar. Sie will *erklären*, wie sich biologische Individuen verhalten, nicht *begründen*, wie sie sich verhalten *sollen*. Dass ich eine Neigung zu altruistischem Verhalten habe, weil sich diese Neigung aufgrund des damit verbundenen Selektionsvorteils in der Artgemeinschaft verbreitet hat, gibt mir keinen moralischen Grund, mich altruistisch zu verhalten. Das schließt freilich nicht notwendig aus, dass Ergebnisse der Verhaltensbiologie oder evolutionären Psychologie für die ethische Theoriebildung genutzt werden können, wie dies die Evolutionäre Ethik versucht (für einen problembewussten Versuch vgl. Kitcher 2011).

Alternative Vertragstheorien: Hobbes' Vertragstheorie wurde hier ausführlicher diskutiert, weil sie den Versuch, Moral im Hinblick aus dem rationalen Eigeninteresse der Akteur/innen zu begründen, in besonders reiner Form verkörpert. Andere historische Vertragstheorien wie diejenigen von Locke und Rousseau waren zwar überaus einflussreich, verfolgen aber nicht (Rousseau) oder nicht in derselben Radikalität (Locke) das Interesse, Moral aus rationalem Egoismus zu begründen. Locke etwa geht davon aus, dass bestimmte grundlegende Individualrechte bereits als **vorsoziale natürliche Rechte** existieren (unter anderem das Recht an der eigenen Person und das Eigentumsrecht; Locke 2013, auch Vorwort des Herausgebers, S. 67 ff.). Rousseaus Vertragstheorie wiederum ist nicht auf die Realisierung von Privatinteressen, sondern die **Realisierung republikanischer Freiheit** fokussiert (siehe Kap. 6.4). Am Beispiel von Rawls wird schließlich noch eine weitere Vertragstheorie diskutiert, die sich von der hobbesschen deutlich unterscheidet (siehe Kap. 7).

Exemplarische Bedeutung von Hobbes' Ethik

Ausblick: Thomas Hobbes' politische Ethik steht exemplarisch für den neuzeitlichen Wandel moralphilosophischen Denkens. Zwar finden sich vertragstheoretische Überlegungen schon in der antiken Philosophie. Erst Hobbes sieht aber in einem (hypothetischen) Vertrag, der zwischen Individuen aufgrund zweckrationaler Überlegungen geschlossen wird, die *einzige* Quelle von Recht und Gerechtigkeit. Damit gibt er zum einen einem normativen Individualismus Ausdruck, der Gesellschaften und ihre Institutionen als künstliche Einrichtungen begreift, die den Bedürfnissen der Individuen dienen sollen. Die Vertragstheorie der Legitimität soll zum anderen eine normative Lücke schließen, die sich durch die Zurückweisung der essentialistischen Wesensphilosophie und teleologischen Naturphilosophie aufgetan hat. Hobbes' vertritt eine nominalistische Bedeutungstheorie und sein Verständnis der Natur – auch der menschlichen Natur – ist radikal mechanistisch. Er bestreitet die Existenz von Wesensformen der Dinge, die ihre ›wahre‹ Natur und das für sie Gute und Wertvolle verkörpern würden. Veränderungen – einschließlich menschlicher Handlungen – sind ausschließlich durch die Wirkung kausaler Kräfte zu erklären. Auch die Bindekraft sozialer Normen kann deshalb nur durch die Etablierung einer Sanktionsinstanz gesichert werden. Sie soll die natürlichen Triebkräfte menschlichen Verhaltens (primär den Selbsterhaltungs- und Machttrieb) auf sozialverträgliche Weise umlenken.

Inwieweit der hobbessche Kontraktualismus auf diese Weise die normative Verbindlichkeit moralischer Normen begründen kann, ist strittig. Strittig ist zudem, inwieweit Hobbes' Menschenbild (oder dessen moderne Weiterentwicklung zum ökonomischen Modell eines egoistischen Nutzenmaximierers, des *homo oeconomicus*) eine Basis in der Realität hat. Der Gehalt der von Hobbes verteidigten politischen Minimalethik (und auch der Gehalt späterer Aktualisierungen des hobbesschen Kontraktualismus) deckt sich jedenfalls nur zum Teil mit dem Gehalt weit verbreiteter moralischer Intuitionen. Hobbes' Argumente für die Bedeutung der Etablierung positiver, sanktionsbewehrter Sozialnormen sind jedoch zweifellos von bleibender Bedeutung. Die Frage, inwieweit sich die Entwicklung und Stabilität oder Instabilität von Konventionen, Normen und Institutionen auf der Basis zweckrationalen Eigeninteresses spieltheoretisch erklären lässt, steht heute im Zentrum vielfältiger fruchtbarer Forschungsansätze in der Moralphilosophie und ihren Nachbardisziplinen.

Siglenverzeichnis
AA – Akademieausgabe (Kant)
KpV – Kritik der praktischen Vernunft (Kant, AA, V, S. 1–163)
SEP – Stanford Encyclopedia of Philosophy (Zalta)

Einführende Literatur
Ashford, Elizabeth/Mulgan, Tim (2018): »Contractualism«. In: SEP.
Bloomfield, Paul (Hrsg.): Morality and Self-Interest. Oxford/New York 2008.
Hoerster, Norbert: Ethik und Interesse. Stuttgart 2003.
Kersting, Wolfgang: Politische Philosophie des Gesellschaftsvertrags. Darmstadt ²2006.
Kersting, Wolfgang: Kontraktualismus. In: Düwell, Marcus/Hübenthal, Christoph/Werner, Micha H. (Hrsg.): Handbuch Ethik. Stuttgart/Weimar ³2011, S. 163–178.
Ottmann, Henning: Vertragstheorien in der politischen Philosophie der Neuzeit. Sitzungsberichte der Bayerischen Akademie der Wissenschaften 5/2011.
Rutherford, Donald (Hrsg.): The Cambridge Companion to Early Modern Philosophy. Cambridge/New York 2006.
Welzel, Hans: Naturrecht und materiale Gerechtigkeit. Göttingen ⁴1962.

Zitierte und weiterführende Literatur
Aristoteles: Werke in deutscher Übersetzung. Berlin 1956 ff.
Aristoteles: Nikomachische Ethik. Reinbek bei Hamburg ⁵2006.
Bernstein, Richard J.: Radical Evil: A Philosophical Interrogation. Cambridge 2002.
Brigandt, Ingo: »Altruismus, Egoismus«. In: Sarasin, Philipp/Sommer, Marianne (Hrsg.): Evolution: Ein interdisziplinäres Handbuch. Stuttgart 2010.
Buchanan, Allen/Powell, Russell: »The Limits of Evolutionary Explanations of Morality and Their Implications for Moral Progress«. In: Ethics 126/1 (2015), S. 37–67.
Conway, Christopher C./Slavich George M.: »Behavior Genetics of Prosocial Behavior«. In: Gilbert, Paul (Hrsg.): Compassion: Concepts, Research and Applications. London 2017, S. 151–170.
Darwall, Stephen: The Second-Person Standpoint: Morality, Respect, and Accountability. Cambridge/London 2006.
Ekardt, Felix/Richter, Cornelia: »Ockham, Hobbes und die Geburt der säkularen Normativität: Zur Genese von Säkularität, Individualität und Rationalität in

Recht und Moral«. In: Archiv für Rechts- und Sozialphilosophie 92/4 (2006), S. 552–567.
Forsyth, Murray: »Hobbes's Contractarianism: A Comparative Analysis«. In: Boucher, David/Kelly, Paul J. (Hrsg.): The Social Contract from Hobbes to Rawls. London/New York 1994, S. 35–50.
Gauthier, David: Morals by Agreement. Oxford 1986.
Gauthier, David: »Artificial Virtues and the Sensible Knave«. In: Hume Studies 18/2 (1992), S. 401–427.
Gough, John W.: The Social Contract: A Critical Study of its Development. Oxford ²1963.
Hermanni, Friedrich: Das Böse und die Theodizee: Eine philosophisch-theologische Grundlegung. Gütersloh 2002.
Hobbes, Thomas: Leviathan oder Stoff, Form und Gewalt eines kirchlichen und bürgerlichen Staates. Frankfurt a. M. ¹⁶1984.
Hobbes, Thomas: Clarendon Edition of the Works. Oxford; New York 1984 ff.
Hobbes, Thomas: Leviathan or The Matter, Forme and Power of a Common-Wealth Ecclesiastical and Civill. Cambridge 1991.
Hobbes, Thomas: Complete Works, both English and Latin. London 1839–1845.
Irwin, Terence: The Development of Ethics. 3 Bände. Oxford 2008.
Kant, Immanuel: Gesammelte Schriften. Hrsg. von der Königlich Preußischen Akademie der Wissenschaften. Berlin 1902 ff.
King, Peter: Thomas Hobbes's Children. In: Turner, Susan M./Matthews, Gareth B.: The Philosopher's Child. Rochester 1998, S. 65–83.
Kitcher, Philip: The Ethical Project. Cambridge/London 2011.
Larmore, Charles E.: The Autonomy of Morality. Cambridge 2008.
Leibniz, Gottfried W.: Die Theodizee. Hamburg 1968.
Lloyd, S.A: Morality in the Philosophy of Thomas Hobbes. Cambridge 2009.
Locke, John: Two Treatises of Government. Cambridge ²⁴2013.
Mackie, John L.: »Evil and Omnipotence«. In: Mind 64 (1955), S. 200–212.
McCullough, Michael E./Tabak, Benjamin A.: »Prosocial Behavior«. In: Baumeister, Roy F./Finkel, Eli J. (Hrsg.): Advanced Social Psychology: The State of the Science. Oxford/New York 2010, S. 263–302.
Neiman, Susan: Das Böse denken. Frankfurt a. M. 2004.
Ockham, Wilhelm von: Super Quatuor Libros Sententiarum. Lyon 1495.
Okasha, Samir: »Biological Altruism«. In: SEP 2013.
Ottmann, Henning: Geschichte des politischen Denkens. Vier Bände. Stuttgart/Weimar 2003.
Pettit, Philip: Made with Words: Hobbes on Language, Mind, and Politics. Princeton 2008.
Platon: Sämtliche Werke in zehn Bänden. Übers von. Friedrich Schleiermacher. Reinbek bei Hamburg 2004.
Rousseau, Jean-Jacques: Collection complète des oeuvres de J. J. Rousseau. Genève 1762.
Thomas von Aquin: Die deutsche Thomas-Ausgabe. Graz/Wien/Köln 1933 ff.
Tuck, Richard: »Hobbes's Moral Philosophy«. In: Sorell, Tom (Hrsg.): The Cambridge Companion to Hobbes. Cambridge 1996, S. 175–207.
Ulrich, Peter: Integrative Wirtschaftsethik. Bern/Stuttgart/Wien ⁴2008.
Weber, Max: Gesammelte Politische Schriften. Tübingen ⁵1988.
Wellmer, Albrecht: »Der Mythos vom leidenden und werdenden Gott: Fragen an Hans Jonas«. In: Endspiele: Die unversöhnliche Moderne: Essays und Vorträge. Frankfurt a. M. 1993, S. 250–256.
Wittek, Rafael/Bekkers, René: »Sociology of Altruism and Prosocial Behavior«. In: Wright, James D. (Hrsg.): International Encyclopedia of the Social and Behavioral Sciences. Amsterdam ²2015, S. 579–583.
Zalta, Edward N. (Hrsg.): The Stanford Encyclopedia of Philosophy. In: https://plato.stanford.edu/.

Open Access Dieses Kapitel wird unter der Creative Commons Namensnennung 4.0 International Lizenz (http://creativecommons.org/licenses/by/4.0/deed.de) veröffentlicht, welche die Nutzung, Vervielfältigung, Bearbeitung, Verbreitung und Wiedergabe in jeglichem Medium und Format erlaubt, sofern Sie den/die ursprünglichen Autor(en) und die Quelle ordnungsgemäß nennen, einen Link zur Creative Commons Lizenz beifügen und angeben, ob Änderungen vorgenommen wurden.

Die in diesem Kapitel enthaltenen Bilder und sonstiges Drittmaterial unterliegen ebenfalls der genannten Creative Commons Lizenz, sofern sich aus der Abbildungslegende nichts anderes ergibt. Sofern das betreffende Material nicht unter der genannten Creative Commons Lizenz steht und die betreffende Handlung nicht nach gesetzlichen Vorschriften erlaubt ist, ist für die oben aufgeführten Weiterverwendungen des Materials die Einwilligung des jeweiligen Rechteinhabers einzuholen.

4 Müssen wir unserem Gefühl folgen? Ansätze des Sentimentalismus

4.1 Philosophische Grundlagen
4.2 Humes Tugendlehre
4.3 Diskussion

Nachleben eines Monsters: Hobbes' düsteres Menschenbild (siehe Kap. 3.2), seine Angriffe auf die weltlichen Machtansprüche von Glaubensgemeinschaften und seine süffisant-trockene Kritik jeder Berufung auf die Offenbarung wirken noch lange nach seinem Tod skandalös. Mit Hobbes' Verteidigung einer absolutistischen Monarchie sind nicht einmal die Monarchen selbst zufrieden, die ihre Autorität lieber dem persönlichen Gottesgnadentum als den niederen Sicherheitsbedürfnissen ihrer Untertanen verdanken wollten – Bedürfnissen, die durch jeden beliebigen Emporkömmling oder Eroberer ebenso gut befriedigt werden könnten, sofern er denn zur Herrschaft gelangt. Zur Widerlegung der hobbesschen Ideen werden hunderte von Büchern geschrieben. Der den Staat im Bild eines biblischen Monsters erfassen wollte, gilt nun selbst als das *Monster of Malmesbury*. Obwohl man sich kaum offen auf ihn berufen kann, bleiben Hobbes' Überlegungen jedoch einflussreich. Zu gut passen sie zu den die Neuzeit bestimmenden neuen Überzeugungen und Haltungen. **Hobbes' Einfluss** ist auch in der Moralphilosophie David Humes (1711–1776) unverkennbar. Zugleich ist Humes Ethik jedoch auch von der **Moral-sense-Tradition** des schottischen Sentimentalismus geprägt, einer Schule der Moralphilosophie, die von einem weit freundlicheren Menschenbild ausgeht und prosozialen Gefühlen, Wohlwollen und Empathievermögen, eine zentrale Rolle zuweist. Humes Ethik kombiniert den interessensbasierten vertragstheoretischen Ansatz, wie er von Hobbes vertreten wurde, mit einer Gefühlstheorie der Moral. Sie tut dies auf eine Weise, die durch ihre radikalisierte Grundlagenkritik die ethische Diskussion nachhaltig prägen wird.

Kontraktualismus und Sentimentalismus

4.1 | Philosophische Grundlagen

Empiristische Erkenntnistheorie: Im ersten Buch seines Hauptwerks *A Treatise of Human Nature* untersucht Hume das Erkenntnisvermögen, im zweiten die menschlichen Leidenschaften einschließlich der Motivations- und Handlungstheorie und im dritten die Moralphilosophie. Auf dem Gebiet der Erkenntnistheorie vertritt Hume einen Empirismus, der Annahmen Lockes radikal weiterdenkt. Der **gesamte Gehalt unseres Bewusstseins besteht aus Wahrnehmungen** (*perceptions*), die sich in **Eindrücke** (*impressions*) und **Ideen** (*ideas*) unterscheiden lassen. Die Ideen

Impressions and ideas

4 Ansätze des Sentimentalismus

Kausalitätsproblem sind blassere Abbilder der Eindrücke oder, im Fall komplexer Ideen, aus solchen zusammengesetzt. Ideen, die nicht auf Eindrücke zurückgehen – ›eingeborene Ideen‹, wie sie von Vertretern des Rationalismus angenommen werden – gibt es nicht. Dem konsequenten Empiristen Hume bleibt auch die Tatsache nicht verborgen, dass wir **Kausalität als solche niemals wahrnehmen können**. Was wir wahrnehmen, ist beispielsweise nur, dass eine Billardkugel eine andere trifft und diese sich zu bewegen beginnt. Die von uns unterstellte kausale Kraft, als deren Ergebnis wir dieses Phänomen begreifen, sehen wir jedoch nicht; sie ist kein möglicher Gegenstand der Wahrnehmung. Hume zufolge haben Kausalaussagen daher ihre Basis nur in der psychologischen Gewohnheit, Ereignisse, die regelmäßig in bestimmter Reihenfolge nacheinander auftreten, als verbunden zu interpretieren.

Tipp | **Hume lesen**

Hume legt seine philosophischen Überzeugungen in systematischer und detaillierter Form in dem 1738–1740 erschienenen Werk *A Treatise of Human Nature* dar (Hume 2007). Unzufrieden mit der zögerlichen Rezeption dieses Werks präsentiert er dessen zentrale Ideen in etwas vereinfachter Form erneut in seinen zwei Büchern *An Enquiry Concerning Human Understanding* (1748) und *An Enquiry Concerning the Principles of Morals* (1751). In der zweiten, moralphilosophischen *Enquiry* fehlen einige Argumente (etwa für die These der Passivität der Vernunft; s. u.), die Hume möglicherweise für zu voraussetzungsvoll für ein breiteres Publikum gehalten hat. Umgekehrt finden sich alle wesentlichen Thesen und fast alle Argumente der *Enquiry* bereits im *Treatise*. Die maßgebliche Ausgabe der humeschen Werke ist die kritische und kommentierte *Clarendon Hume Edition Series*, nach der im Folgenden zitiert wird. Konventionsgemäß werden vor den Seitenzahlen der zitierten Ausgabe noch die jeweils vorhandenen Gliederungsebenen (Teil, Kapitel, Abschnitt und Absatz) angegeben. Als *Oxford Philosophical Texts* (OPT) stehen teils textidentische Studienausgaben der Werke zur Verfügung (der Text des *Treatise* in der OPT-Ausgabe ist ab deren 11. Auflage mit dem Text der kritischen Ausgabe identisch). Ältere, von Selby-Bigge edierte Ausgaben sind urheberrechtsfrei im elektronischen Faksimile verfügbar. Deutschsprachige Übersetzungen von Humes Werk sind nur mit Vorsicht zu gebrauchen.

Vernunft beurteilt Ideenrelationen **Rationalität und Wahrheit:** Vernunft versteht Hume als das **Vermögen der Beurteilung wahrheitsfähiger Annahmen.** Wahrheit und Falschheit kann nur von Behauptungen über Relationen ausgesagt werden, die entweder das Verhältnis von Ideen untereinander betreffen – etwa das Verhältnis zwischen den Ideen ›Junggeselle‹, ›Mann‹, und ›unverheiratet‹ – oder die Übereinstimmung zwischen Ideenverbindungen und gemeinsam auftretenden Eindrücken ausdrücken – etwa die Übereinstimmung zwischen der Ideenrelation, dass die Marsoberfläche rot ist und dem Eindruck einer rötlichen Färbung beim Blick auf die Marsoberfläche. Humes

4.1 Philosophische Grundlagen

Interpretation von Wahrheit und Vernunft – wenn man so will: seine **deskriptivistische Rationalitätstheorie** – spielt eine wichtige Rolle in seinem Argument gegen einen ethischen Rationalismus.

»Desires« als Motivationsgrundlage: Im zweiten Teil des *Treatise* entwickelt Hume die Grundlagen einer Motivations- und Handlungstheorie, die in weiterentwickelten Formen die Diskussion bis heute prägt (vgl. v. a. Davidson 2001, insbes. Essay 1; Williams 1981, Kap. 8; zur Übersicht Stout 2005; als radikale Kritik vgl. Bittner 2005). Grundlage der Handlungsmotivation ist Hume zufolge ein **a-rationaler innerer Zustand**, den er als *desire*, *affection* oder *passion* bezeichnet, was mit »Verlangen«, »Leidenschaft« oder »Neigung« nur unvollkommen übersetzt werden kann. Gemeint ist eine wie auch immer gefärbte, grundsätzlich positive Haltung gegenüber einem bestimmten Weltzustand (entsprechend spricht Davidson später vorsichtig, aber umständlich von einer »Pro-Einstellung«; vgl. Davidson 2001). A-rational ist der mentale Zustand eines *desires*, weil

- Rationalität sich lediglich auf die **Untersuchung von Wahrheit oder Falschheit** bezieht,
- Wahrheit oder Falschheit nur von Behauptungen ausgesagt werden kann, die auf **Relationen** bezogen sind,
- ein *desire* keine Relation ist, sondern ein **einfacher innerer Zustand**.

Selbstverständlich kann zwar die *Behauptung, dass jemand ein bestimmtes Verlangen hat*, wahr oder falsch sein, denn damit wird ja das Vorliegen einer Relation behauptet (nämlich zwischen der betreffenden Person und ihrem Verlangen). *Das Verlangen selbst* aber ist als solches nicht wahrheitsfähig und insofern auch kein Gegenstand einer rationalen Beurteilung oder Kritik. Der Unterschied zwischen *beliefs* und *desires* wird gegenwärtig in einer der Sprechakttheorie entstammenden Metaphorik häufig mit ihrer gegensätzlichen ›Passungsrichtung‹ (*direction of fit*) erläutert. Demnach stellen *beliefs* geistige Zustände dar, die an der Welt ausgerichtet werden sollen (*mind-to-world direction of fit*), während umgekehrt *desires* darauf zielen, die Welt an den *desires* auszurichten (*world-to-mind direction of fit*; u. a. Anscombe 1957; Smith 1994, S. 111 ff.; dazu kritisch Copp/Sobel 2001; Jacobson-Horowitz 2006).

Vernunft und Handlungsmotivation: Freilich können *desires* erst dann eine Handlung motivieren, wenn bestimmte Überzeugungen (*beliefs*) hinzutreten (das ist die Annahme, die Davidson zum sog. **Belief-desire-Modell** der Handlungsmotivation ausgearbeitet hat). Mein Verlangen, ein Glas Gin zu trinken (meine positive Einstellung gegenüber einem Weltzustand, in dem ich Gin trinke) wird mich nur dann zu der Handlung motivieren, den Inhalt des vor mir stehenden Glases zu leeren, wenn ich überzeugt bin, dass dieses Glas Gin enthält und dass ich, wenn ich es leere, den gewünschten Weltzustand herbeiführe. Insofern solche Überzeugungen kritisierbar sind, sind, wie Hume ausführt, auch Handlungen bzw. Handlungsmotive rationaler Beurteilung zugänglich: Gegenstand wahrheitsfähiger Behauptungen können zum einen Aussagen über die **Existenz von erstrebten Objekten** meines Verlangens sein (in dem Glas dort befindet sich der von mir erstrebte Gin – oder nein, es ist Benzin) und zum anderen Aussagen über die **Effektivität und Effizienz von Mit-**

Motivation basiert auf a-rationalen Verlangen

Belief-desire-Modell

Ansätze des Sentimentalismus

teln zur Realisierung des erstrebten Weltzustandes (nein, Gin lässt sich nicht aus Benzin destillieren). Entsprechend kann Vernunft unsere Handlungen nur auf zweierlei Weise beeinflussen:

> Hume 2007, 3.1.1.12, S. 295

»It has been observ'd, that reason, in a strict and philosophical sense, can have an influence on our conduct only after two ways: Either when it excites a passion by informing us of the existence of something which is a proper object of it; or when it discovers the connexion of causes and effects, so as to afford us means of exerting any passion.«

Es ist wichtig, diese Passage genau zu lesen. Hume will mit der ersten Möglichkeit keineswegs sagen, dass die Vernunft eine Leidenschaft oder Neigung *produziert* oder ›ins Dasein ruft‹. Es ist vielmehr so, dass die Vernunft, indem sie uns über die Existenz eines Objekts einer Leidenschaft informiert, diese latent – als Gefühlsdisposition – bereits vorhandene Leidenschaft *erregt* oder *anfacht* (*excites*). Mit der zweiten Möglichkeit wiederum ist lediglich gemeint, dass die Vernunft uns Mittel und Wege aufzeigt, unsere Leidenschaft oder unseren Affekt *auszuleben* (*to exert*). Keineswegs will Hume hier sagen, dass die Vernunft »uns die Mittel [zeigt], irgendeinen Affekt zu *erzeugen*«, wie eine deutsche Übersetzung sinnentstellend vorschlägt (Hume 2007b, S. 18; Hervorh. M. W.).

> Vernunft als Sklavin der Leidenschaften

Passivität der Vernunft: Der Punkt ist bedeutsam, weil er eine zentrale und folgenreiche These Humes betrifft: **Vernunft ist steril**, sie kann allein, d. h. ohne die Mitwirkung eines bereits existierenden Verlangens, kein neues Verlangen produzieren. Weil ohne ein solches Verlangen keine Handlungsmotivation zustande kommt (die dem Belief-desire-Modell zufolge immer *beide* Elemente benötigt) kann Vernunft allein Handlungen oder Affekte weder verhindern noch hervorbringen: »reason is perfectly inert, and can never either prevent or produce any action or affection« (Hume 2007, 3.1.1.8, S. 294). Da die Rolle der Vernunft in praktischen Zusammenhängen auf die **Suche nach möglichen Objekten und geeigneten Mitteln** zur Befriedigung bereits existierender Leidenschaften beschränkt ist, kommt ihr lediglich eine dienende Funktion zu. Ohne Furcht vor Zuspitzungen bezeichnet Hume in einer berühmten Passage des *Treatise* die **Vernunft als Sklavin der Leidenschaften:**

> Hume 2007, 2.3.3.4, S. 266

»Reason is, and ought only to be the slave of the passions, and can never pretend to any other office than to serve and obey them.«

Handlungspräferenzen sind demnach auch nicht rationaler Kritik zugänglich, wie Hume an einem ebenso prägnanten Beispiel illustriert:

> Hume 2007, 2.3.3.6, S. 267

»Where a passion is neither founded on false suppositions, nor chooses means insufficient for the end, the understanding can neither justify nor condemn it. 'Tis not contrary to reason to prefer the destruction of the whole world to the scratching of my finger.«

Handlungen mögen lobenswert oder tadelnswert sein, sie können aber nicht vernünftig oder unvernünftig sein (ebd., 3.1.1.10, S. 295). Praktische Vernunft ist bestenfalls als instrumentelle Vernunft zu verstehen. Tatsächlich ist nicht völlig klar, ob Hume ein Vertreter eines Konzepts **instrumenteller Vernunft** oder vielmehr ein Vernunftskeptiker ist. Ein Konzept instrumenteller Vernunft zu vertreten bedeutet zu behaupten, dass Vernunft uns niemals letzte Ziele vorschreiben oder empfehlen kann, dass sie uns jedoch eine rationale Verpflichtung zur Wahl eines Mittels auferlegt, soweit wir uns an ein Ziel gebunden wissen: Wer den Zweck will, muss auch die Mittel wollen. Ein Vernunftskeptiker will der Vernunft nicht einmal diese eingeschränkte Orientierungsfunktion zuschreiben. Dass Hume ein Vernunftskeptiker sein könnte, wird durch eine eigentümliche Passage nahegelegt, in der er behauptet, es sei nicht einmal gegen die Vernunft, das von uns selbst für geringer gehaltene Gut einem größeren Gut vorzuziehen (ebd., 2.3.3.6, S. 267). Die Passage ist jedoch nicht eindeutig. Insgesamt spricht mehr dafür, dass Hume eine Konzeption instrumenteller Vernunft vertritt (Railton 2006).

Ruhige und leidenschaftliche Affekte: Vernunft und Leidenschaften können sich demnach auch nicht im Widerstreit befinden, da die Vernunft überhaupt keine Kraft hat, die sie dem Verlangen entgegensetzen könnte. Wie ist dann jedoch zu erklären, dass ein solcher **Widerstreit zwischen Vernunft und Leidenschaft** immer wieder angenommen wird? Wie sind die traditionellen ethischen Ermahnungen zu interpretieren, wir sollten unsere Leidenschaften der Vernunft unterwerfen – man denke etwa an Platons Allegorie des Wagenlenkers, der zufolge der vernünftige Seelenteil die triebhaften und leidenschaftlichen Seelenteile zügeln und lenken soll? Solche Ermahnungen sind nach Humes Auffassung tatsächlich sinnlos. Sie erklären sich aus einer zwar psychologisch nachvollziehbaren, aber gleichwohl gravierenden Verwechslung. Nicht alle Neigungen und Affekte präsentieren sich nämlich in derselben Weise. Es gibt unter ihnen solche, die die Seele gewaltig aufwühlen (*violent emotions*; ebd., 2.2.3.9, S. 268), und solche, die so ruhig und beständig wirken, dass sie sich der Wahrnehmung entziehen und als unsichtbarer Unterstrom unseres Gefühlslebens nur an ihren Wirkungen erkennbar sind (*calm desires and tendencies*). Die ruhigen Verlangen sind von zweierlei Art. Es handelt sich einerseits um natürliche und instinktive Anlagen wie Wohlwollen (*benevolence*) oder moralischen Groll (*resentment*), die Liebe zum Leben oder die Freundlichkeit gegenüber Kindern. Diese Art der *calm passions* wirft keine Probleme auf und spielt als Grundlage der Humeschen Moraltheorie eine klare Rolle. Eine zweite (und im Rahmen seines Systems problematischere) Art ruhigen Verlangens sieht Hume in dem »general appetite to good, and aversion to evil, consider'd merely as such« (ebd., 2.2.3.8 f., S. 268). Aufgrund dieses ruhigen und unauffälligen Charakters einiger Leidenschaften wird ihr Einfluss Hume zufolge immer wieder mit dem Einfluss der Vernunft verwechselt. Was man als Willensstärke preist, ist aber in Wahrheit nicht die Herrschaft der Vernunft über die Leidenschaften, sondern ein Charakter, in dem die ruhigen Leidenschaften stärker ausgeprägt sind als die gewaltsamen.

Moral und Motivation: Vernunft allein hat also keinen Einfluss auf unsere Handlungen und Leidenschaften. Moral hingegen hat einen solchen Einfluss: Hume zufolge zeigt uns die Erfahrung, dass Menschen

Wahre Natur der Willensstärke

häufig durch ihr Pflichtgefühl zu Handlungen motiviert oder durch ihre Einschätzung, dass bestimmte Handlungen ungerecht sind, von deren Ausführung abgehalten werden (ebd., 3.1.1.5, S. 294). Er vertritt damit eine Auffassung, die als **metaethischer Internalismus** bezeichnet wird.

Definition	
	Metaethischer Internalismus bezeichnet die Auffassung, wonach moralische Überzeugungen oder Haltungen als solche motivational bedeutsam sind. Metaethische Internalisten nehmen an, dass das Sich-zu-eigen-Machen eines moralischen Prinzips *notwendigerweise* mit einer motivationalen Disposition einhergeht, gemäß diesem Prinzip zu handeln – so schwach diese Disposition auch sein und so häufig sie in der Konkurrenz mit anderen Neigungen auch unterliegen mag. Der internalistischen Auffassung zufolge wäre es inkonsistent, zugleich zu behaupten: »Peter ist überzeugt, moralisch verpflichtet zu sein, pünktlich zur Verabredung zu kommen« und zu behaupten: »Peter hat *keinerlei* Motiv, pünktlich zur Verabredung zu kommen«. Metaethische Externalisten bestreiten einen entsprechenden Zusammenhang. (Diese Verwendung der Begriffe »Externalismus« und »Internalismus« ist von ihrem Gebrauch im Rahmen der philosophischen Erkenntnistheorie zu unterscheiden.)

Anti-Rationalismus: Aus dem zuvor Gesagten folgert Hume, dass der ethische Rationalismus, wie er beispielsweise von dem eine Generation älteren Samuel Clarke vertreten wurde, unhaltbar ist. Denn da Moral einen Einfluss auf unsere Handlungen und Effekte hat, während Vernunft allein einen solchen Einfluss unmöglich ausüben kann, folgt notwendigerweise, dass **Moral nicht allein der Vernunft entstammt**. Hume hat dem ethischen Rationalismus damit die Grundlage entzogen. Moralische Urteile können, anders als Clarke behauptet, keine Vernunftwahrheiten ausdrücken.

Vertiefung

Humes Argument gegen den moraltheoretischen Rationalismus

Humes Argument für die These, dass Moral nicht allein der Vernunft entstammen kann, lässt sich lose als eine Sequenz zweier Syllogismen verstehen, wobei die Konklusion des ersten Syllogismus eine Prämisse des zweiten Syllogismus bildet.

Prämisse 1: Belief-desire-Modell der Handlungsmotivation
Überzeugungen (*beliefs*) können nur gemeinsam mit Verlangen (*desires*) Handlungen motivieren.

Prämisse 2: Deskriptivistische Rationalitätstheorie
Vernunft kann nur Überzeugungen begründen, nicht aber Verlangen erzeugen oder aus der Welt schaffen.

→ **Konklusion 1: Passivität der Vernunft**
Vernunft allein kann keine Handlungen motivieren.

Prämisse 3: Metaethischer Internalismus
Moral motiviert Handlungen.

Konklusion 2: Moraltheoretischer Anti-Rationalismus
Moral kann nicht (allein) der Vernunft entstammen.

Sein-Sollens-Fehlschluss: In einer einflussreichen, aber nicht sehr klaren und unterschiedlich interpretierten Passage im moralphilosophischen Teil des *Treatise* wendet sich Hume gegen seiner Auffassung nach fehlerhafte Argumentationen in allen moralphilosophischen Texten, die ihm bislang untergekommen sind:

»In every system of morality, which I have hitherto met with, I have always remark'd, that the author proceeds for some time in the ordinary way of reasoning, and establishes the being of a God, or makes observations concerning human affairs; when of a sudden I am surpriz'd to find, that instead of the usual copulations of propositions, *is*, and *is not*, I meet with no proposition that is not connected with an *ought*, or an *ought not*. This change is imperceptible; but is, however, of the last consequence. For as this *ought*, or *ought not*, expresses some new relation or affirmation, 'tis necessary that it shou'd be observ'd and explain'd; and at the same time that a reason shou'd be given, for what seems altogether inconceivable, how this new relation can be a deduction from others, which are entirely different from it.«

Hume 2007, 3.1.1.27, S. 302

Wenn man ›Seinsaussagen‹ als Feststellungen versteht, wonach etwas der Fall *ist*, und ›Sollensaussagen‹ als Feststellungen, die besagen, dass etwas der Fall sein oder etwas getan werden *soll*, vertritt Hume also die These, dass aus ›Seinsaussagen‹ *nicht ohne weitere Erläuterung und Begründung* ›Sollensaussagen‹ abgeleitet werden können. Das mag zunächst trivial scheinen. Zweifellos ist es nicht ohne Veränderung des Wahrheitswertes einer Aussage möglich, ein »ist« durch ein »soll« zu ersetzen. **Dass ein Stuhl grün ist impliziert nicht, dass dieser Stuhl grün sein soll**. Unter bestimmten Interpretationen des Wortes »sein« mag schon diese Behauptung nicht trivial wirken. Wie erwähnt, versteht der auf Platon zurückgehende metaphysische Naturalismus »Sein« als graduierbaren Wesens- und Wertbegriff. In diesem Rahmen mögen ganz ähnliche Aussagen wie die über den grünen Stuhl durchaus plausibel scheinen: Der Mensch *ist* vernünftig, darum *soll* der Mensch auch vernünftig sein. Die Rede von »dem Menschen« ist dabei freilich mehrdeutig: In der Seinsaussage bezeichnet »der Mensch« das *Wesen* bzw. die *Idee* des Menschen, die immer nur mehr oder weniger realisiert ist, in der Sollensaussage ist hingegen mit »der Mensch« der *reale* Mensch gemeint, der offenbar seinem Ideal noch nicht vollständig entspricht. Die Sollensaussage, dass reale Menschen die Idee des Menschen realisieren *sollen*, wird also implizit schon als Prämisse *vorausgesetzt*, und Humes Überlegung lässt sich in diesem Zusammenhang als Aufforderung verstehen, diese unausgesprochene Prämisse explizit zu machen. Im Rahmen des Empirismus,

Differenz zwischen Sein und Sollen

wie er von Hume vertreten wird, wird Platons Zusatzprämisse freilich unverständlich, denn ›Ideen‹ treten dort nur noch als schwacher Nachklang von Eindrücken auf und nicht als Ideale, denen wir nachstreben sollten.

Hume wendet sich jedoch nicht nur gegen die Vorstellung, dass eine vereinzelte Seinsaussage unmittelbar in eine Sollensaussage umgewandelt werden kann. Er behauptet überdies, dass aus einer *Menge* von Seinsaussagen ohne zusätzliche Begründung *keinerlei* Sollensaussage abgeleitet werden kann. Was bedeutet diese Annahme, die manchmal auch als **Humes Gesetz** oder als **Sein-Sollen-Dichotomie** bezeichnet wird? Hume gibt an dieser Stelle keine weiteren Erläuterungen. Seine Intentionen bezüglich dieser Passage können daher nur aus dem Kontext seiner moralphilosophischen Überzeugungen erschlossen, deren metaethische Interpretation allerdings ebenfalls kontrovers ist. Entsprechend besteht kein Konsens über die Frage, unter welcher Interpretation die Passage einen guten Sinn ergibt.

Lesarten der humeschen Distinktion: Die Lesart, die der Passage die radikalste Aussage zuordnet, sieht darin ein Bekenntnis zum Nonkognitivismus.

Definition	Eine grundlegende Kontroverse der Metaethik betrifft die Frage, ob moralische Urteile (z. B.: »Es ist verwerflich, zu lügen«) einen **Wahrheitswert** haben, d. h. ob sie überhaupt wahr oder falsch sein können. **Kognitivisten** gehen von der Wahrheitsfähigkeit moralischer Urteile aus. **Nonkognitivisten** nehmen hingegen an, dass moralische Urteile entgegen dem Eindruck, der durch ihre sprachliche Form erzeugt wird, weder wahr noch falsch sein können (siehe Kap. 8).

Hume als Nonkognitivist? Sie nimmt an, dass Hume *jede* Art der Gewinnung von Sollensaussagen aus Seinsaussagen für unmöglich erklären wollte. Diese Auffassung habe Hume jedoch nur vertreten können, wenn er überzeugt gewesen sei, dass Werturteile nicht als wahrheitsfähige Tatsachenaussagen interpretiert werden können. Am anderen Ende des Spektrums steht die Interpretation, dass Hume lediglich eine *logische Ableitbarkeit* von Seinsaussagen aus Sollensaussagen bestreiten wollte. Auch der Schluss von »A ist ein Quadrat« auf »A ist ein Rechteck« (Schluss *Q-R*) ist freilich kein *logisch* gültiger Schluss. Logisch gültig sind Schlüsse nur dann, wenn die Wahrheit der Schlussfolgerung schon aufgrund ihrer *Form* zwingend aus der Wahrheit der Prämissen folgt. *Q-R* ist aber nur aufgrund des spezifischen *Inhalts* der verwandten Begriffe »Quadrat« und »Rechteck« wahr. Um *Q-R* in einen logisch gültigen Schluss umzuwandeln, wäre die **Einführung eines Brückenprinzips** nötig (»Alle Quadrate sind Rechtecke«), das als zweite Prämisse fungiert.

Entsprechend könnte es sich (so diese vorsichtige Lesart der Passage) bei dem zusätzlichen Grund, den Hume für einen *legitimen* Übergang von Seinsaussagen zu Sollensaussagen für nötig gehalten habe (»a reason shou'd be given«, s. o.), um Brückenprinzipien handeln, die den impliziten Sollens- oder Empfehlungscharakter bestimmter Seinsaussagen explizit machen. Beispielsweise würde der Schluss von »Handlung *H* ist grausam« auf »Man soll *H* unterlassen« das Brückenprinzip erfordern »Man soll grausame Handlungen unterlassen«. Dieser Deutung zufolge würde Hume lediglich einen Spezialfall des allgemeinen logischen Grundsatzes bekräftigen, dass die Konklusion eines gültigen Schlusses nichts Substantielles enthalten kann, das nicht auch schon in den Prämissen enthalten war. Humes Gesetz hätte dann die begrenzte Funktion, diejenigen, die moralische Auffassungen zu begründen versuchen, zu zwingen, **alle Prämissen explizit zu machen**. Die entscheidende metaethische Frage, inwieweit bestimmte Arten von Seinsaussagen tatsächlich normative Gehalte haben, die dann durch angemessene Brückenprinzipien zum Vorschein gebracht werden können, wäre damit aber noch nicht beantwortet. Vertreter/innen bestimmter Spielarten des moralischen Realismus könnten beispielsweise weiterhin die Auffassung vertreten, dass die Aussage: »Man soll nichts Grausames tun« ähnlich selbstverständlich aus unserem Verständnis von Grausamkeit und von Sollen folgt wie die Aussage: »Alle Quadrate sind Rechtecke« aus unserem Verständnis von Quadraten und Rechtecken (z. B. Audi 2006, S. 2; Foot 2001, S. 78; Ross 2009, S. 137).

Moralische Brückenprinzipien

Anti-Naturalismus: Auch wenn seine Überlegungen zum Sein-Sollens-Fehlschluss damit vereinbar sein mögen, teilt Hume selbst *diese* metaethische Auffassung allerdings nicht. Er wendet sich explizit nicht nur gegen einen moralischen Rationalismus, der moralische Prinzipien allein aus »Ideen« logisch deduzieren will, sondern auch gegen einen moralischen Naturalismus, dem zufolge moralische Eigenschaften (die Tugendhaftigkeit oder Lasterhaftigkeit einer Handlung oder eines Charakters) natürliche Tatsachen oder feststellbare Relationen sind. Betrachte man allein die objektiven Aspekte einer Handlung, beispielsweise eines Mordes, werde ihr moralischer Charakter völlig unsichtbar:

»Take any action allow'd to be vicious: Wilful murder, for instance. Examine it in all lights, and see if you can find that matter of fact, or real existence, which you call *vice*. In which-ever way you take it, you find only certain passions, motives, volitions and thoughts. There is no other matter of fact in the case.«

Hume 2007, 3.1.1.26, S. 301

4.2 | Humes Tugendlehre

Gefühlstheorie der Moral: Der überwiegende Teil der dargestellten Überlegungen war bislang kritischer Art. Hume hat der Vernunft auf dem Gebiet der Praxis eine bestenfalls instrumentelle Rolle als »Sklavin der Leidenschaften« zugewiesen. Er hat den ethischen Rationalismus und Realismus zurückgewiesen. Er hat die Ableitung von Sollensaussagen aus Seinsaussagen kritisiert. Auf welcher Grundlage lässt sich vor diesem Hintergrund noch eine Moralphilosophie errichten? Die Antwort gibt Hume direkt im Anschluss an das zuletzt angeführte Zitat: Der moralische Charakter, etwa die Verwerflichkeit eines Mordes, entgeht einem nur so lange,

4 Ansätze des Sentimentalismus

Hume 2007, 3.1.1.26, S. 301

»till you turn your reflexion into your own breast, and find a sentiment of disapprobation, which arises in you, towards this action. Here is a matter of fact; but 'tis the object of feeling, not of reason. It lies in yourself, not in the object. So that when you pronounce any action or character to be vicious, you mean nothing, but that from the constitution of your nature you have a feeling or sentiment of blame from the contemplation of it. Vice and virtue, therefore, may be compar'd to sounds, colours, heat and cold, which, according to modern philosophy, are not qualities in objects, but perceptions in the mind [...].«

Moralische Qualitäten als Gegenstand der Gefühlswahrnehmungen

Humes Antwort liegt also wiederum in den Gefühlen. Die wesentliche Basis moralischer Urteile liegt ›in unserer eigenen Brust‹; in unseren Gefühlen als Betrachter/innen moralisch relevanter Geschehnisse. Mit dieser Auffassung reiht Hume sich in die Tradition der Moral-Sense-Theorie bzw. des Sentimentalismus ein, zu der Autoren wie Shaftesbury, Butler, Hutcheson und auch der etwas jüngere, heute vornehmlich als Ökonom bekannte Adam Smith gehören. Hume vergleicht **moralische Qualitäten** mit sekundären Qualitäten wie Farbe oder Kälte, die **lediglich subjektiver Natur** seien. Er knüpft hier an die unter anderem von Locke betonte Unterscheidung zwischen primären Qualitäten und sekundären Qualitäten an. Primäre Qualitäten wie Masse oder Ausdehnung werden dabei als objektive Eigenschaften der Dinge verstanden, während die durch sekundäre Qualitäten präsentierten Phänomene (etwa der Farbwahrnehmung oder des Geschmacks) nur durch die spezifische Art unserer subjektiven Sinnesausstattung zu erklären sind (dazu Kemmerling 2007; siehe auch Kap. 8.4.3).

Moralische Bedeutung des Charakters

Hume als Tugendethiker: Gegenstand der ethischen Beurteilung sind im Rahmen der humeschen Ethik allerdings nicht so sehr Handlungen oder Handlungsnormen, als vielmehr Charakterzüge. Der primäre ethische Wertbegriff der humeschen Ethik ist dementsprechend nicht der Begriff der Richtigkeit, sondern der Tugend. Wenigstens in diesem formalen Sinn ist Hume zweifellos ein Vertreter der Tugendethik (zur weiteren Diskussion vgl. Swanton 2007). Die moralische Beurteilung von Handlungen ist gegenüber der Beurteilung des Charakters in systematischer Hinsicht nachrangig: »[t]he external performance has no merit« (Hume 2007, 3.2.1.2, S. 307). Wir billigen oder missbilligen Handlungen nur in Abhängigkeit von unserer **Billigung oder Missbilligung der Charakterzüge**, die sich in ihnen manifestieren. Hinsichtlich unserer Erkenntnismöglichkeiten müssen wir bei der moralischen Beurteilung des Charakters freilich wiederum von dem Eindruck ausgehen, den das Verhalten einer Person auf uns ausübt. Ihre Handlungen dienen als Indizien ihres Charakters. Denn die Affekte, die die Grundlage der Handlungsmotivation darstellen, treten nicht willkürlich, isoliert und punktuell auf, sondern nach Maßgabe allgemeiner Gefühlsdispositionen, die, in einem bestimmten Mischungsverhältnis, den Charakter der Person prägen. Gegenstand der ethischen Bewertung sind diese **Gefühlsdispositionen**, die unter bestimmten Umständen im Verhalten einer Person symptomatisch werden (ebd., 3.2.1.1–4, S. 307).

Gefühlsreaktionen als Sensorium: Diese Bestimmung des *Gegenstandes* der moralischen Beurteilung ist jedoch nicht der wesentliche Grund, warum Humes Tugendethik als Gefühlstheorie der Moral zu bezeichnen ist. Entscheidend ist vielmehr, dass auch die ethischen *Kriterien* der Klassifikationen eines Charakters als tugend- oder lasterhaft in unseren Gefühlen liegen. Moral-sense-Theoretiker wie Hume begreifen unsere Gefühlsreaktionen als eine Art Sensorium: Werden wir Zeug/innen einer Handlung – ein Obdachloser hilft einer gestrandeten Autofahrerin; ein Präsidentschaftskandidat macht sich öffentlich über die Behinderung eines Journalisten lustig –, dann löst der Eindruck dieser Handlung, die bestimmten Affekten der handelnden Person entspringt und die in den von der Handlung unmittelbar betroffenen Personen ebenfalls bestimmte Affekte erzeugt, in uns als Beobachter/innen ebenfalls Affekte aus. Vermittelt durch unser natürliches Empathievermögen entsteht gewissermaßen eine Gefühlsresonanz. Deren Art und Intensität mag freilich davon abhängen, ob wir mit der wahrgenommenen Situation irgendwelche eigenen Interessen verbinden und inwieweit wir uns mit den beteiligten Personen verbunden fühlen oder identifizieren. Soweit unsere Gefühlsreaktionen in dieser Weise durch partikulare Interessen und persönliche Bindungen bestimmt sind, können sie kaum als Basis der moralischen Beurteilung verstanden werden.

Der unparteiische Beobachter: Wir können uns nun aber vorstellen, dass auch eine Person, die eine soziale Interaktion **ganz unvoreingenommen** betrachtet – die keinerlei besonderes Interesse mit der Handlung oder mit deren Konsequenzen verbindet und mit keiner der beteiligten Personen durch ein besonderes Verhältnis der Nähe oder Identifikation verbunden ist –, ebenfalls eine emotionale Resonanz in sich verspüren würde. Die Gefühle, die sie der handelnden Person aufgrund der wahrgenommenen äußeren Handlung zuschreibt, sind ihr aus eigener innerer Wahrnehmung grundsätzlich vertraut. Ebenso vertraut ist ihr die emotionale Wirkung der Handlung auf die von der Handlung betroffene Person. Diese grundsätzliche Vertrautheit erklärt sich aus der allgemeinen Ähnlichkeit der menschlichen Natur. Im Sinne einer **generalisierten Einfühlung oder ›Sympathie‹** identifiziert sie sich mit *allen* beteiligten oder betroffenen Personen in derselben unparteiischen und unvoreingenommenen Weise. (Hume und andere Moral-sense-Theoretiker/innen verwenden das Wort »Sympathie« hier im Sinne dessen, was wir heute als *Empathie* bezeichnen würden: Sie meinen weniger eine positive Voreingenommenheit zugunsten einer anderen Person als vielmehr die Einfühlung in deren Zustand und Situation; vgl. ebd., 3.3.2.2–6, S. 378 ff.) Die Abwesenheit eigener Interessen oder Parteilichkeiten bedeutet also nicht, dass jene Person kalt und unbeteiligt wäre. Vielmehr nimmt sie sozusagen für alle Beteiligten gleichermaßen Partei. Sie vertritt, wie Hume formuliert, den **common point of view** (ebd., 3.3.1.30, S. 377). Nennen wir diese Person einen unparteiischen Beobachter (**impartial spectator**). Die Gefühlsreaktionen eines solchen unparteiischen Beobachters auf die Interaktionen zwischen einer handelnden Person (*agent*) und einem Handlungsbetroffenen (*recipient*) sind nach Auffassung der Moral-sense-Theoretiker das Kriterium der moralischen Beurteilung.

Realität des unparteiischen Beobachters: Der unparteiische Beobachter ist natürlich nicht ein konkretes Individuum, das wir aufgrund ihrer

Generalisierte Einfühlung als moralischer Kompass

Moralischer Sinn

besonderen ethischen Autorität in Zweifelsfällen zu Rate ziehen müssten. Ebenso wie bei der Idee des hobbesschen oder rawlsschen Sozialvertrags handelt es sich beim unparteiischen Beobachter zunächst um ein **fiktives Idealmodell** (vgl. Kymlicka 1993). Allerdings ist der unparteiische Beobachter mehr als ein bloßes Gedankenexperiment. Denn wir können offenbar tatsächlich versuchen, gleichsam hinter unsere eigenen Interessen und Loyalitäten zurückzutreten, um uns zumindest annäherungsweise in die Rolle eines unparteiischen Beobachters zu versetzen. Mehr noch: Als Personen mit einem entwickelten moralischen Sinn haben wir die Rolle des unparteiischen Beobachters so internalisiert, dass ihre Stimme mehr oder weniger deutlich im Konzert unserer Gefühle vernehmbar ist. Zwar ist es mitunter schwierig, parteiliche und unparteiliche Gefühle auseinanderzuhalten. So ist es schwer, an jemandem, den man als Gegner betrachtet, moralische Tugenden zu bemerken. Aber so wie jemand mit feinem Gehör und hinreichender Selbstbeherrschung imstande ist, wahrzunehmen, dass die Stimme seines Gegners angenehm ist, sind wir prinzipiell imstande, unsere interesselose moralische Billigung oder Missbilligung von unseren parteilichen Gefühlen zu unterscheiden (Hume 2007, 3.1.2.4, S. 304 f.). Es muss dafür kein künstliches Element in unseren Seelenhaushalt eingeführt werden. Denn die moralischen Gefühle der Billigung oder Missbilligung entstehen aufgrund der natürlichen ›Sympathie‹, die uns am Wohl anderer Personen Anteil nehmen lässt. Wir müssen lediglich die Verzerrungen und Einseitigkeiten in Rechnung stellen, die durch unsere eingeschränkte Perspektive und zumal unsere Partikularinteressen zustande kommen.

Kategorisierung der Tugenden

Sozial- und Individualtugenden: Charakterzüge, die Gegenstand der moralischen Billigung sind, teilen Hume zufolge zwei Merkmale: Sie sind entweder **nützlich** oder **angenehm,** und zwar sind sie nützlich oder angenehm entweder **für den Handelnden selbst** oder **für andere Personen.** Humes Tugendethik umfasst also Sozial- und Individualtugenden und steht insofern zwischen eudaimonistischen oder perfektionistischen Konzeptionen, die das Glück oder die Vollkommenheit des oder der Handelnden in den Mittelpunkt stellen, und jenen modernen Moral- und Tugendtheorien, die ausschließlich Verpflichtungen gegenüber anderen oder soziale Tugenden betrachten. Als »ultimativer Test« zur Beurteilung der Tugend einer Person kann Hume zufolge gelten, dass eine Person genau dann von vollkommener Tugend ist, wenn ich mir kein persönliches Verhältnis zu dieser Person vorstellen kann (einschließlich der Vorstellung, dass ich selbst diese Person bin), in dem ich mich nicht gerne befinden würde:

Hume 2007, 3.3.3.9, S. 386

»And 'tis a most certain rule, that if there be no relation of life, in which I cou'd not wish to stand to a particular person, his character must so far be allow'd to be perfect. If he be as little wanting to himself as to others, his character is entirely perfect. This is the ultimate test of merit and virtue.«

Darüber hinaus unterscheidet Hume im *Treatise* **natürliche und künstliche Tugenden** – eine von Zeitgenossen kontrovers diskutierte Innovation Humes im Vergleich zu den früheren Vertretern des Sentimentalismus. (In der zweiten *Enquiry* tritt die Unterscheidung in den Hintergrund, wird der Sache nach aber nicht aufgegeben.)

Natürliche Tugenden: Als natürliche Tugenden betrachtet Hume diejenigen Charakterzüge, deren Ausübung im Normalfall auch **unabhängig von bestehenden sozialen Institutionen oder Konventionen** unmittelbar angenehm oder nützlich für die Handelnden oder die von der Handlung Betroffenen sind (ebd., 3.3.1.28, S. 377). Dazu zählen soziale Tugenden der Güte und des Wohlwollens wie Großmut, Menschlichkeit, Mitleid, Dankbarkeit, Freundschaft, persönliche Treue, Engagement für andere, Uneigennützigkeit und Freigiebigkeit (ebd., 3.3.3.3, S. 385). Sie sind Ausdruck von unmittelbar angenehmen Gefühlen. Aufgrund des emotionalen Resonanzmechanismus, den Hume Sympathie nennt, sind diese Gefühle »so contagious, that they pass with the greatest facility from one person to another, and produce correspondent movements in all human breasts« (ebd., 3.3.3.5, S. 386). Sie erzeugen deshalb im unvoreingenommenen Betrachter ebenfalls ein unmittelbar positives Gefühl. Wie die Liebe unmittelbar angenehm ist, so ist der Hass unmittelbar unangenehm. Daher verurteilen wir alle Leidenschaften, die eine wesentliche Beimengung des Letzteren haben (ebd., 3.3.3.4, S. 385), am meisten die Grausamkeit, die das am meisten verachtete aller Laster darstellt (ebd., 3.3.3.8, S. 386). Zu den natürlichen Tugenden zählen auch Individualtugenden, die für tugendhafte Personen selbst angenehm oder nützlich sind, beispielsweise Fleiß (ebd., 3.3.1.13, S. 371), oder Tugenden der Seelengröße wie ein angemessenes Selbstbewusstsein, das von übertriebener Eitelkeit eben so weit entfernt ist wie von zerknirschter Selbsterniedrigung (ebd., 3.3.2, S. 378 ff.).

Künstliche Tugenden: Die Struktur der künstlichen Tugenden ist komplizierter. Diese Tugenden gewinnen ihre Nützlichkeit aus ihrem unverzichtbaren **Beitrag zur Aufrechterhaltung gesellschaftlicher Institutionen**, die das allgemeine Wohl der Gemeinschaft befördern. Entsprechend ist die genaue Beschaffenheit derjenigen Handlungen, die durch die künstlichen Tugenden motiviert werden, von der Ausgestaltung jener Institutionen abhängig. Der Inhalt der künstlichen Tugenden hängt deshalb zu einem gewissen Teil von der Struktur der jeweiligen Gesellschaft, ihrer Institutionen und Konventionen, ab. Auch die Struktur der emotionalen Reaktion auf die Wahrnehmung von Handlungen, die als Ausdruck der künstlichen Tugenden interpretiert werden können, ist komplizierter als in Bezug auf die natürlichen Tugenden. Das Gefühl der moralischen Billigung stellt sich in Bezug auf die künstlichen Tugenden nämlich nicht als unmittelbarer Widerhall derjenigen positiven Gefühle ein, durch die die Handlung motiviert war, oder die das unmittelbare Resultat der Handlung bei den von ihr Betroffenen sind. Das positive Gefühl, das Grundlage der moralischen Billigung ist, ist hier vielmehr das Ergebnis der empathischen Anteilnahme an dem allgemeinen gesellschaftlichen Wohl, das durch die künstlichen Tugenden ermöglicht wird. Es ist ein »general sense of common interest; which sense all the members of the society express to one another, and which induces them to regulate their conduct by certain rules« (ebd., 3.2.2.10, S. 315). Die Entwicklung der künstlichen Tugenden vollzieht sich parallel mit der Entwicklung der gesellschaftli-

Beispiele für Tugenden und Laster

chen Konventionen und Institutionen wie denen des Eigentums, des Rechts oder der Vertragstreue, die durch die Tugenden gestützt werden.

Konvention statt Vertrag: Die Respektierung des Eigentums anderer, die Einhaltung des Rechts und die Vertragstreue entstehen zunächst als bloße Konventionen. Aufgrund ihrer offenkundigen Nützlichkeit als Grundlagen fruchtbarer sozialer Kooperation gewinnen sie zunehmend an Stabilität und Verbindlichkeit. Einerseits folgt Hume damit Hobbes in der Auffassung, dass Institutionen wie Eigentum und Recht eine Grundlage in dem rationalen Eigeninteresse haben, das jeder Einzelne an den durch sie ermöglichten Vorzügen eines friedlichen Zusammenlebens und der kulturellen und wirtschaftlichen Kooperation nimmt. (Hingegen widerspricht er damit der Auffassung Lockes. Nach dessen Auffassung, die bis heute großen Einfluss auf liberale und libertaristische Konzepte politischer Philosophie ausübt, hat das Eigentumsrecht eine naturrechtliche Grundlage, die von sozialen Vereinbarungen unabhängig ist. Das Eigentumsrecht resultiert Locke zufolge aus dem uns von Gott verliehenen Recht an unserer eigenen Person und Arbeitskraft. Sobald wir einen zuvor herrschaftslosen Gegenstand in Besitz nehmen und durch eigene Arbeit mit unserer Person ›mischen‹, geht er in unser Eigentum über, sofern genug Gegenstände vergleichbarer Qualität zur Verfügung stehen; Locke 2016; vgl. Becker 1977, Kap. 4; Waldron 1988). Humes Interpretation der genannten Institutionen unterscheidet sich andererseits in zweierlei Weise aber auch von der hobbesschen. Gegen die vertragstheoretische Auffassung, wonach ein rechtlich geordnetes Gemeinwesen dadurch zustande kommt, dass Personen, die sich selbst noch in einem vorrechtlichen Naturzustand befinden, miteinander einen Vertrag schließen, wendet er ein, dass die Institution des Vertrages selbst nur vor dem Hintergrund bereits bestehender sozialer Konventionen einen verständlichen Sinn hat (vgl. das in Kap. 3 bereits angesprochene ›Münchhausen-Problem‹ hobbesscher Vertragstheorien). Humes Alternativvorschlag beruht in der Annahme, dass Institutionen wie die des Eigentums aus konventionellen Übereinkünften hervorgehen, die sich als vorteilhaft erweisen. Er illustriert dies anhand der stillschweigenden Übereinkunft zweier Ruderer, die in demselben Boot sitzen:

»I observe, that it will be for my interest to leave another in possession of his goods, provided he will act in the same manner with regard to me. He is sensible of a like interest in the regulation of his conduct. When this common sense of interest is mutually express'd, and is known to both, it produces a suitable resolution and behaviour. And this may properly enough be call'd a convention or agreement betwixt us, tho' without the interposition of a promise [...]. Two men, who pull the oars of a boat, do it by an agreement or convention, tho' they have never given promises to each other.«

Egoismus und Altruismus: Ein zweiter Differenzpunkt liegt darin, dass Hume, anders als Hobbes, das rationale Eigeninteresse nicht als *einzige* psychologische Grundlage für die Entstehung und Aufrechterhaltung der Institutionen betrachtet. Zwar begreift er diese Institutionen, zumal die Rechtsordnung, explizit auch als Maßnahmen zur **Kompensation der**

Grenzen des menschlichen Altruismus. Der emotionale Resonanzmechanismus der Sympathie funktioniert nämlich vor allem im nahen sozialen Umfeld. Für das Wohl und Wehe von Personen, die in größerer räumlicher oder zeitlicher Entfernung leben, ist er deutlich weniger empfindlich – die menschliche Großzügigkeit ist begrenzt (ebd., 3.2.2., S. 317; für eine aktuellere Diskussion solcher »altruism failures« vgl. Kitcher 2011). Zugleich ist die Ausdehnung von Kooperationszusammenhängen über das engere persönliche Umfeld hinaus aber von großem Vorteil. Insofern sind Institutionen und künstliche Tugenden, die egoistische Motive gewissermaßen in eine pro-soziale Richtung umlenken (ebd., 3.2.2.13, S. 316), gegen die Schwächen unserer eigenen Natur gerichtet. Hume wehrt sich jedoch dagegen, den natürlichen Egoismus des Menschen zu übertreiben. Ohne das ›Monster von Malmesbury‹ namentlich zu erwähnen, stellt er fest, dass die Beschreibungen der menschlichen Selbstsucht, »which certain philosophers delight so much to form of mankind« ebenso weit von der wahren Natur entfernt seien wie die Berichte von Monstern, denen wir in Fabeln und Dichtungen begegnen (ebd., 3.2.2.5, S. 313). Hume gelingt es damit, Zweifel an der Stabilität einer gesellschaftlichen Ordnung, die wesentlich auf Eigeninteresse gegründet ist, zumindest zu beschwichtigen. Denn Eigeninteresse ist zwar auch Hume zufolge das ursprüngliche Motiv für die Etablierung einer Rechtsordnung. Diese Ordnung wird jedoch gestützt durch eine Sympathie für das Allgemeinwohl, die sich in der moralischen Anerkennung der künstlichen, die soziale Ordnung tragenden Tugenden manifestiert (ebd., 3.2.2.24, S. 320 f.). Neben die Furcht vor Strafe tritt bei Hume also eine in allgemeinem Wohlwollen begründete **bürgerliche Loyalität** als Motiv für die Aufrechterhaltung der Rechtsordnung.

Eigennutz und allgemeines Wohlwollen

4.3 | Diskussion

Der schlaue Schurke: Ob Hume das Trittbrettfahrer-Problem damit vollständig gelöst hat, ist zweifelhaft. Hume thematisiert es vor allem in der moralphilosophischen *Enquiry*. Er diskutiert dort den Fall eines ›schlauen Schurken‹ (»sensible knave«) der, ähnlich wie der erwähnte ›Narr‹ in Hobbes' Leviathan, aus egoistischen Motiven gegen die Forderungen der Gerechtigkeit verstößt, sobald er überzeugt ist, dass ein einzelner Regelverstoß für ihn selbst großen Nutzen bringt, ohne die auch für ihn profitable Sozialordnung insgesamt zu gefährden (Hume 1998, 9.2.23 S. 81 f.). Hume äußert selbst Zweifel, inwieweit man diesem Schurken Gründe vermitteln kann, in solchen Fällen seinen Eigennutz zurückzustellen. Wenn die wesentliche motivationale Grundlage der Gerechtigkeitstugend umgelenktes Eigeninteresse ist, ist tatsächlich nicht leicht zu sehen, was man einem ›schlauen Schurken‹ mit wenig entwickeltem moralischen Gefühl entgegenhalten könnte. Die von Hume selbst vorgeschlagenen Antwortversuche sind nach Meinung der meisten Interpret/innen nicht völlig überzeugend (vgl. kritisch Baron 1982; Culp 2013; Gauthier 1992; Postema 1988; metakritisch Baier 1992; Frazer 2010, S. 78 f.). Die einschlägigen

4 Ansätze des Sentimentalismus

Kontroversen erklären sich zum großen Teil aus Unklarheiten bezüglich der Frage, wie genau die Motive von Akteuren bei der Entstehung der künstlichen Tugend zusammenwirken (s. u. und Darwall 1995, Kap. 10).

Spannungen in Humes praktischer Philosophie: Humes Moraltheorie besticht durch die Anschaulichkeit und Differenziertheit der in den Blick genommen ethischen Phänomene, ihren Gedankenreichtum, die Originalität, in der verschiedene Theorietraditionen vermittelt und weiterentwickelt werden, die Radikalität der philosophischen Grundannahmen und die zumal im *Treatise* äußerst dichten, trotz großen Detailreichtums klar strukturierten Darstellungen der einzelnen Argumentationsschritte. Der überragenden Bedeutung des humeschen Beitrags zur moralphilosophischen Tradition entspricht die **Vielfalt der Diskussionen**, die sie ausgelöst hat. Nicht wenige davon betreffen die Frage, wie die im Einzelnen jeweils als zwingend präsentierten Überlegungen Humes miteinander vereinbart werden können. Zwar übertreibt der Hume-Herausgeber Selby-Bigge mit seiner häufig zitierten Behauptung, Hume sage

Selby-Bigge in Hume 1902, S. vii

»so many different things in so many different ways and different connexions, and with so much indifference to what he has said before, that it is very hard to say positively that he taught, or did not teach, this or that particular doctrine.«

Spannungsreich sind Humes Überlegungen aber durchaus.

Anti-Naturalismus oder Naturalismus: So argumentiert Hume in vielen Passagen als vehementer Kritiker des moralphilosophischen Naturalismus. Am Ende des ersten Teils von Buch 3 des *Treatise* geht er die Frage, ob Moral aus der Natur stammen kann, systematisch an. Im ersten Schritt unterscheidet er mit großer Umsicht unterschiedliche **Interpretationen des Begriffs »Natur«**. Im zweiten Schritt argumentiert er, dass die These, die Tugend bezeichne das Natürliche, unter jeder dieser Interpretationen unhaltbar sei. Verstehe man das Natürliche als **Gegenteil des Wunderbaren**, seien Tugend und Laster gleichermaßen natürlich. Verstehe man das Natürliche als **Gegenteil des Ungewöhnlichen**, dann sei Tugend vielleicht das am allerwenigsten Natürlichste. Begreife man das Natürliche als **Gegenteil des Künstlichen**, so stünden Tugend und Laster erneut genau auf derselben Stufe. Es sei daher schlechthin unmöglich, dass die Unterschiede zwischen dem Natürlichen und dem Unnatürlichen in irgendeiner Weise die Unterschiede zwischen Tugend und Laster markierten:

Hume 2007, 3.1.2.10, S. 305

»'Tis is impossible, therefore, that the character of natural and unnatural can ever, in any sense, mark the boundaries of vice and virtue.«

Das ist eine starke und eindeutige Aussage. Hume unterstreicht sie noch durch die Behauptung, nichts könne ›unphilosophischer‹ sein als jene ethischen Systeme, die die Tugend mit dem Natürlichen und das Laster mit dem Unnatürlichen gleichsetzen (ebd.). Nur wenig später behauptet Hume jedoch überraschenderweise, dass wir uns stets an der »natürlichen« und »üblichen« Stärke der Leidenschaften orientieren, wenn wir Tugend und Laster beurteilen (»we always consider the *natural* and *usual* force of the passions, when we determine concerning vice and virtue«; ebd., 3.2.1.18, S. 311; Hervorh. im Orig.) – ganz so, wie wir die Schönheit eines Körpers am Standard der arttypischen Proportionen bemessen (ebd.). Wenn die Leidenschaften in die eine oder andere Richtung sehr stark von dem allgemeinen Maß abweichen, würden sie stets als lasterhaft verurteilt. Seine Überlegungen, die einer Aristoteles-Paraphrase verblüffend nahe kommen, schließt Hume mit den Worten:

»**Our sense of duty always follows the common and natural course of our passions.**« Hume 2007, 3.2.1.18, S. 311

Es ist kaum zu sehen, wie diese Stellungnahmen miteinander vereinbart werden könnten. Aus den jeweiligen Kontexten wird klar, dass Hume nicht nur die Auffassungen anderer Autoren wiedergibt, sondern seine eigene Position ausdrücken möchte. Auch besteht das Problem unabhängig davon, ob man Hume als einen Vertreter des Nonkognitivismus, etwa des Emotivismus, interpretiert, oder ob man ihm eine kognitivistische, beispielsweise subjektivistische oder irrtumstheoretische Position zuschreibt (zu diesen metaethischen Positionen siehe Kap. 8). Die Spannung zwischen den beiden zitierten Passagen bleibt unter jeder Interpretation bestehen, die Konsistenzforderungen *wenigstens auf der Ebene der ethischen Theorie* erhebt (selbst wenn sie dies, wie der klassische Emotivismus, auf der ›Objektebene‹ der moralischen Äußerungen selbst nicht tut): Entweder ist es »unmöglich«, dass die Unterscheidung zwischen dem Natürlichen und Unnatürlichen »in irgendeinem Sinne« den Unterschied zwischen Tugend und Laster bezeichnet, oder unser moralischer Sinn »folgt immer« dem normalen und natürlichen Lauf der Leidenschaften und deren natürlicher und normaler Stärke und Proportion.

Ambivalente Stellung zum Ethischen Naturalismus

Universalismus oder Partikularismus: Eindeutig ist Humes Position allerdings in der Aussage, dass moralische Qualitäten nicht an objektiv beschreibbaren Merkmalen des äußeren Verhaltens haften können (s. o., die Diskussion des Mord-Beispiels). Moralische Qualitäten schreiben wir nur nach Maßgabe der subjektiven Gefühlsresonanz zu, die ein beobachtbares Verhalten bei unparteilicher Betrachtung in uns auslöst. Die moralisch maßgebliche Gefühlsresonanz bemisst sich aber ihrerseits anscheinend an natürlichen und objektiven Standards – »the *natural* and *usual* force of the passions« (s. o.). Mehr noch: Anscheinend *soll* sie sich auch daran orientieren. Hier wird eine weitere Spannung deutlich, nämlich eine Spannung zwischen Universalismus und Partikularismus: Einerseits müssen wir, um den »common point of view« einzunehmen, den natürlichen Partikularismus unserer Privatperspektive hinter uns lassen; unsere Sympathie soll für alle Beteiligten und Betroffenen gleichermaßen sensibel sein. Andererseits sollen wir auch in der Rolle eines unparteiischen Beobachters unsere moralischen Urteile anscheinend noch an den von der Natur vorgegebenen Abstufungen des Wohlwollens oder der Solidarität orientieren.

Verallgemeinertes oder parteiliches Wohlwollen?

»**A man naturally loves his children better than his cousins, his cousins better than strangers, where every thing else is equal. Hence arise our common measures of duty, in preferring the one to the other.**« Hume 2007, 3.2.1.18, S. 311

4 Ansätze des Sentimentalismus

Anatom oder Maler?

Deskriptive oder normative Ethik: Wie ist der hier vollzogene Übergang von den Standards des Normalen und Natürlichen zu Maßstäben der Tugend zu rechtfertigen – zumal vor dem Hintergrund von Humes eigenen Ausführungen zum Sein-Sollens-Fehlschluss? Warum *sollen* wir uns an der ›normalen‹ und ›natürlichen‹ Stärke der verschiedenen Leidenschaften orientieren? Eine denkbare Reaktion könnte in der Annahme liegen, dass Hume im Grunde gar keine normative, sondern nur eine deskriptive Ethik entwickeln will – dass er lediglich beschreiben und erklären will, wie und warum wir faktisch Tugendurteile fällen, aber nicht das Anliegen verfolgt, diese Urteile auch zu *rechtfertigen*. Tatsächlich haben viele Aussagen Humes über die Zuschreibung von Tugend und Laster den Charakter von Beschreibungen, die wiedergeben, auf welcher Grundlage moralische Bewertungen üblicherweise vorgenommen werden, aber nicht begründen, warum sie auf diese Weise vorgenommen werden sollten. In einem Brief an Hutcheson (Hume 1932, Bd. 1, S. 32 f.) und später in einer Passage der *Enquiry Concerning Human Understanding* (Hume 2000, 1.1.8, S. 8) erläutert Hume denn auch, dass er sich primär als Anatom der Moral versteht, der gleichsam Struktur und Funktion der Knochen, Muskeln und Organe unseres Gefühlslebens analysiert, und nicht als Maler, der das Bild der Tugend im Hinblick auf die Wirkung auf den Betrachter komponiert, bei dem er starke Gefühle auslösen will. In vielen anderen Passagen macht Hume aber wiederum deutlich, dass er die Moralphilosophie für eine *praktische* Disziplin hält, die überhaupt nur dadurch Berechtigung erlangt, dass sie auf das Handeln der Menschen Einfluss ausübt (Hume 2007, 3.1.1.1, S. 293; 3.1.1.5, S. 294; vgl. auch Hume 1998, 1.7, S. 5).

Pflichtgefühl und das Gute an sich: Komplikationen ergeben sich in diesem Kontext durch Humes Äußerungen zur Frage, ob die Handlungen einer Person **durch Vorstellungen von Pflicht und Gerechtigkeit motiviert** sein können. Hume scheint dies notwendigerweise annehmen zu müssen, wenn er an der These festhalten will, dass ethische Theorien motivierenden Einfluss haben, und er sagt es auch explizit:

Hume 2007, 3.1.1.5, S. 294

»[C]ommon experience [...] informs us, that men are often govern'd by their duties, and are deter'd from some actions by the opinion of injustice, and impell'd to others by that of obligation.«

Pflicht als Motiv?

Im Zusammenhang mit der Einführung der künstlichen Tugenden vertritt Hume dann jedoch die Auffassung, dass tugendhafte Handlungen niemals durch das Bewusstsein ihrer Tugendhaftigkeit motiviert sein könnten. Er argumentiert wie folgt: Um zu beurteilen, ob eine Handlung tugendhaft ist, müssen wir ihr Motiv beurteilen. Das können wir nur, wenn bereits ein **vorgängiges Motiv** vorliegt, das wir im Hinblick auf seine Tugendhaftigkeit beurteilen können. Die Tugendhaftigkeit der Handlung kann daher nicht selbst erstes Handlungsmotiv sein, denn anderenfalls gerieten wir in einen Zirkel, in dem die Grundlage der Prüfung zugleich ihr Ergebnis ist und umgekehrt (ebd., 3.2.1.2–7, S. 307 f.). Es sei daher

4.3 Diskussion

»establish'd as an undoubted maxim, *that no action can be virtuous, or morally good, unless there be in human nature some motive to produce it, distinct from the sense of its morality.*«

Hume 2007, 3.2.1.7, S. 308, Hervorh. im Orig.

Wie Abramson (2002, S. 304) ausführt, ist diese Auffassung jedoch mit Humes Internalismus schwer zu vereinbaren.

Handlungs- und Rationalitätstheorie: Wie Moralphilosophie unter den humeschen Annahmen Handlungen motivieren können soll, ist freilich auch aufgrund seiner Handlungs- und Rationalitätstheorie nicht leicht zu verstehen. Wenn Vernunft nur als Sklavin der Leidenschaften dient, stellt sich die Frage, inwieweit moralische Überzeugungen und ethische Theorien überhaupt die Richtung unserer Motivation beeinflussen können. Falls es sich bei moralischen Überzeugungen um ›echte‹ Überzeugungen handelt – das heißt, wenn Sie im Sinne des Kognitivismus den Charakter von wahrheitsfähigen *beliefs* haben – und falls es überdies stimmt, dass *beliefs* allein niemals Handlungen motivieren können, dann muss anscheinend die internalistische Annahme aufgegeben werden, wonach moralische Überzeugungen notwendigerweise motivierende Kraft haben (und nicht nur dann, wenn zufälligerweise ein passendes *desire* hinzutritt). Eine emotivistische Deutung hingegen, wonach wir moralische Urteile gar nicht als ›echte‹ Urteile – das heißt: nicht als Ausdruck wahrheitsfähiger Überzeugungen, sondern Ausdruck von *desires* – verstehen müssen, könnte zwar im Rahmen des Belief-desire-Modells erklären, warum diese (Pseudo-)Urteile notwendig an motivationale Dispositionen (eben die ausgedrückten *desires*) gebunden sind. Sie könnte aber wiederum kaum erklären, wie ethische Argumentation möglich ist oder wie moralphilosophische Theorien die moralischen Haltungen von Rezipient/innen auf rationale Weise beeinflussen könnten (einen entsprechenden Versuch unternimmt etwa Gibbard 1990; dazu kritisch Habermas 1996, S. 28 ff.; Sinnott-Armstrong 1993). Wie Korsgaard bemerkt, lässt die Unterscheidung zwischen Anatom und Maler gar keinen Raum für die eigentliche normative Frage: Der Anatom beschreibt und erklärt nüchtern das Zustandekommen von Gefühlen, der Maler sucht sie anzufachen. **Inwieweit die Gefühle gerechtfertigt werden können**, fragt jedoch keiner von beiden (Korsgaard 1996, S. 52).

Problematische Rolle der praktischen Vernunft

Erklärende oder normative Gründe: Folgt die Schwierigkeit, in Humes Theorie Raum für die *Rechtfertigung* (nicht nur Erklärung) von Haltungen, Entscheidungen oder ethischen Urteilen zu finden, tatsächlich unmittelbar aus seiner Handlungs- und Rationalitätstheorie? Man könnte einwenden, dass die Rolle, die er der Vernunft zubilligt, bedeutender ist, als seine zugespitzten Beispiele suggerieren. Denn auch eine instrumentelle Vernunft, die uns lediglich auf Objekte unserer Verlangen und auf Mittel zu deren Befriedigung hinweist, müsse diese Verlangen faktisch in bedeutender Weise formen. Dies gelte zumal dann, wenn es sich um Verlangen sehr allgemeiner Art handele. Wie schon erwähnt, nimmt Hume ja sogar die Existenz eines »general appetite to good, and aversion to evil, consider'd merely as such« an (Hume 2007, 2.3.4.8, S. 268). Allerdings entwickelt Hume keine Konzeption einer Vernunft, die uns die Abwägung zwischen verschiedenen Objekten und/oder Wegen zur Befriedigung

Kein Raum für normative Gründe (und damit zugleich eine Präzisierung) derart allgemeiner Verlangen ermöglichen würde. Im Gegenteil: Zwar räumt er gelegentlich eine mögliche Differenz zwischen dem *faktisch Erstrebten* (dem Objekt unserer stärksten Begierden) und dem (aus unserer eigenen Perspektive) Erstrebens*werten* ein. Statt an diese Differenz jedoch normative Überlegungen anzuknüpfen, sucht er sie sogleich durch eine mechanistische Psychologie wieder aus der Welt zu schaffen, die nach dem Modell der Hebelwirkung erklären soll, wieso schwächere Affekte sich manchmal gegen stärkere durchzusetzen vermögen (ebd., 2.3.3.6, S. 267). Vieles spricht für Michael Smiths Auffassung, wonach es Hume nicht gelungen ist, das **Wesen normativer Gründe** (im Unterschied zu motivationalen Gründen) verständlich zu machen (Smith 1994, insbes. Kap. 4 und 5). Wenn wir uns in deliberativer Perspektive, d. h. aus der Perspektive des Akteurs im Zuge der Handlungsorientierung, fragen, was wirklich erstrebenswert ist, scheinen wir (häufig) nicht einfach ›in unsere eigene Brust‹ zu blicken und zu fragen, welches unserer bereits vorliegenden Verlangen das stärkste ist. Eine alternative Theorie normativer Gründe stellt Hume jedoch nicht zur Verfügung.

Ausblick: Hume begründet seine Kritik des ethischen Rationalismus mit einer Theorie der Vernunft, die in ihr nur eine Sklavin a-rationaler Verlangen sieht. Er wendet sich vehement gegen einen ethischen Naturalismus, der das Tugendhafte mit dem Natürlichen identifizieren will. Unklar bleibt allerdings, inwieweit die von ihm vertretene Gefühlsethik selbst eine Form des Naturalismus verkörpert. Charakteristisch für Humes Version des Sentimentalismus ist die Unterscheidung zwischen natürlichen und künstlichen Tugenden. Erstere sind unmittelbarer Ausdruck pro-sozialer Gefühle. Letztere erhalten ihren Inhalt erst durch soziale Vereinbarungen und ihre motivationale Kraft wesentlich durch umgelenktes Eigeninteresse, das allerdings durch ein generalisiertes Wohlwollen unterstützt wird. Humes immenser Einfluss lässt sich an den Inhaltsverzeichnissen aktueller Ethik-Einführungen nur bedingt ablesen. Der Humeanismus wird eher selten (z. B. in Beauchamp 2001) als eine der Hauptströmungen der Ethik aufgeführt. Mitunter werden überhaupt nur Utilitarismus und Kantianismus als allgemeine Schulen präsentiert; häufiger werden noch aristotelisch-tugendethische und kontraktualistische Ansätze genannt. Der Rolle Humes wird das auch deshalb nicht gerecht, weil Utilitarismus wie Kantianismus ohne den Einfluss Humes gar nicht denkbar wären: Kant begreift seine kritische Philosophie als direkten Gegenentwurf zu dem von Hume verteidigten Sentimentalismus (den Kant zunächst auch selbst vertreten hatte); und Bentham sieht den Utilitarismus in der direkten Tradition Humes. Ferner ist Hume auch eine zentrale Bezugsperson für Vertreter/innen evolutionstheoretischer Ansätze in der Ethik (Kitcher 2011) und nicht zuletzt auch für die Mitleidsethik und die jüngere Sorgeethik (vgl. Baier 1993).

Einführende Literatur
Frazer, Michael L.: The Enlightenment of Sympathy: Justice and the Moral Sentiments in the Eighteenth Century and Today. Oxford/New York 2010.
Gräfrath, Bernd: Moral Sense und praktische Vernunft: David Humes Ethik und Rechtsphilosophie. Stuttgart 1991.
Mackie, John L.: Hume's Moral Theory. London/New York 1980.
Streminger, Gerhard: David Hume: Sein Leben und sein Werk. Paderborn 1995.

Zitierte und weiterführende Literatur
Abramson, Kate: »Two Portraits of the Humean Moral Agent«. In: Pacific Philosophical Quarterly 83 (2002), S. 301–334.
Anscombe, Elizabeth M.: Intention. Cambridge/London 1957.
Anscombe, Elizabeth M.: »Modern Moral Philosophy«. In: Philosophy 33 (1958), S. 1–19.
Audi, Robert: Practical Reasoning and Ethical Decision. London 2006.
Baier, Annette C.: »Artificial Virtues and the Equally Sensible Non-Knaves«. In: Hume Studies 18/2 (1992), S. 429–439.
Baier, Annette C.: »Hume, der Moraltheoretiker der Frauen?«. In: Nagl-Docekal, Herta/Pauer-Studer, Herlinde (Hrsg.): Jenseits der Geschlechtermoral: Beiträge zur feministischen Ethik. Frankfurt a. M. 1993, S. 105–134.
Baron, Marcia W.: »Hume's Noble Lie: An Account of His Artificial Virtues«. In: Canadian Journal of Philosophy 12/3 (1982), S. 539–555.
Beauchamp, Tom L.: Philosophical Ethics: An Introduction to Moral Philosophy. Boston ³2001.
Becker, Lawrence C: Property Rights: Philosophic Foundations. London 1977.
Blackburn, Simon: Ruling Passions a Theory of Practical Reasoning. Oxford 1998.
Copp, David/Sobel, David: »Against Direction of Fit Accounts of Belief and Desire«. In: Analysis 61 (2001), S. 44–53.
Culp, Jonathan: »Justice, Happiness, and the Sensible Knave: Hume's Incomplete Defense of the Just Life«. In: The Review of Politics 75/2 (2013), S. 193–219.
Darwall, Stephen L.: The British Moralists and the Internal »Ought«: 1640–1740. Cambridge/New York 1995.
Davidson, Donald: Essays on Actions and Events. Oxford ²2001.
Foot, Philippa: Natural Goodness. Oxford 2001.
Gauthier, David: »Artificial Virtues and the Sensible Knave«. In: Hume Studies 18/2 (1992), S. 401–427.
Gibbard, Allan: Wise Choices, Apt Feelings: A Theory of Normative Judgment. Harvard 1990.
Habermas, Jürgen: Die Einbeziehung des Anderen: Studien zur politischen Philosophie. Frankfurt a. M. 1996.
Hume, David: A Treatise of Human Nature, edited by David Fate Norton and Mary J. Norton. Clarendon Hume Edition Series, Bd. 1: Texts. Oxford/New York 2007.
Hume, David: An Enquiry Concerning the Principles of Morals: A Critical Edition. Hrsg. von Tom L. Beauchamp. Oxford/New York 1998.
Hume, David: An Enquiry Concerning Human Understanding. Hrsg. von Tom L. Beauchamp. Oxford/New York 2000.
Hume, David: Enquiries Concerning the Human Understanding and Concerning the Principles of Morals. Hrsg. von L. A. Selby-Bigge. Oxford 1902.
Hume, David: The Letters of David Hume. Hrsg. von J. Y. T. Greig. Oxford/New York 1932.
Jacobson-Horowitz, Hilla: »Motivational Cognitivism and the Argument from Direction of Fit«. In: Philosophical Studies 127/3 (2006), S. 561.
Kemmerling, Andreas: »Locke über die Wahrnehmung sekundärer Qualitäten«. In: Perler, Dominik/Wild, Markus (Hrsg.): Sehen und Begreifen: Wahrnehmungstheorien in der frühen Neuzeit. Berlin 2007, S. 203–233.

Ansätze des Sentimentalismus

Kitc Postema, Gerald J.: »Hume's Reply to the Sensible Knave«. In: History of Philosophy Quarterly 5/1 (1988), S. 23–40.
Kitcher, Philip: The Ethical Project. Cambridge/London 2011.
Korsgaard, Christine M.: The Sources of Normativity. Cambridge 1996.
Kymlicka, Will: »The Social Contract Tradition«. In: Singer, Peter (Hrsg.): A Companion to Ethics. Oxford 1993, S. 186–196.
Locke, John: Second Treatise of Government and A Letter Concerning Toleration [1714]. Oxford/New York 2016.
Railton, Peter: »Humean Theory of Practical Rationality«. In: Copp, David (Hrsg.): The Oxford Handbook of Ethical Theory. Oxford 2006, S. 265–281.
Ross, David: The Right and the Good [1930]. Oxford 2009.
Sinnott-Armstrong, Walter: »Some problems for Gibbard's norm-expressivism«. In: Philosophical Studies 69/2 (1993), S. 297–313.
Smith, Michael A.: The Moral Problem. Oxford/Cambridge 1994.
Swanton, Christine: »Can Hume Be Read as a Virtue Ethicist?« In: Hume Studies 33/1 (2007), S. 91–113.
Waldron, Jeremy: The Right to Private Property. Oxford 1988.

Open Access Dieses Kapitel wird unter der Creative Commons Namensnennung 4.0 International Lizenz (http://creativecommons.org/licenses/by/4.0/deed.de) veröffentlicht, welche die Nutzung, Vervielfältigung, Bearbeitung, Verbreitung und Wiedergabe in jeglichem Medium und Format erlaubt, sofern Sie den/die ursprünglichen Autor(en) und die Quelle ordnungsgemäß nennen, einen Link zur Creative Commons Lizenz beifügen und angeben, ob Änderungen vorgenommen wurden.

Die in diesem Kapitel enthaltenen Bilder und sonstiges Drittmaterial unterliegen ebenfalls der genannten Creative Commons Lizenz, sofern sich aus der Abbildungslegende nichts anderes ergibt. Sofern das betreffende Material nicht unter der genannten Creative Commons Lizenz steht und die betreffende Handlung nicht nach gesetzlichen Vorschriften erlaubt ist, ist für die oben aufgeführten Weiterverwendungen des Materials die Einwilligung des jeweiligen Rechteinhabers einzuholen.

5 Sollen wir Nutzen maximieren? Ansätze des Utilitarismus

5.1 Benthams Glücksutilitarismus
5.2 Systematische Fragen und Ausblick

5.1 | Benthams Glücksutilitarismus

Ein höchstes Moralprinzip: Nach Humes Ansicht sind das Angenehme und das Nützliche Gegenstand moralischer Billigung. Auf Hume beruft sich auch Jeremy Bentham, der Begründer des Utilitarismus, der das Kriterium moralischer Richtigkeit in einer bestimmten Form von Nützlichkeit erblickt. Ursprünglich war der Utilitarismus nicht nur eine moralphilosophische Theorie, sondern **auch politische Reformbewegung**, die gesellschaftliche Institutionen gemäß der utilitaristischen Ethik reformieren wollte. Gegenwärtig steht der Utilitarismus zwar nicht mehr für eine einheitliche politische Bewegung (Kymlicka 2002, S. 46; Pettit 1993, S. 6); Versionen des Utilitarismus spielen aber in vielen gesellschaftlichen Kontexten immer noch eine Rolle. Zur Attraktivität der utilitaristischen Ethik trägt bei, dass ihr theoretischer Kern relativ einfach ist (Copp 2006, S. 21). Sie gehört zu den Formen normativer Ethik, die ihre primäre Aufgabe darin sehen, Kriterien für die Beurteilung der moralischen **Richtigkeit von Handlungen** festzulegen. Der klassische Handlungsutilitarismus, wie ihn Bentham vertritt, sieht dafür **ein maßgebliches Kriterium** vor, anhand dessen alle Handlungen, politische Maßnahmen oder Institutionen beurteilt werden sollen. In diesem spezifischen Sinn des in unterschiedlicher Bedeutung gebrauchten Begriffs lässt sich der Utilitarismus

Utilitarismus als Prinzipienethik

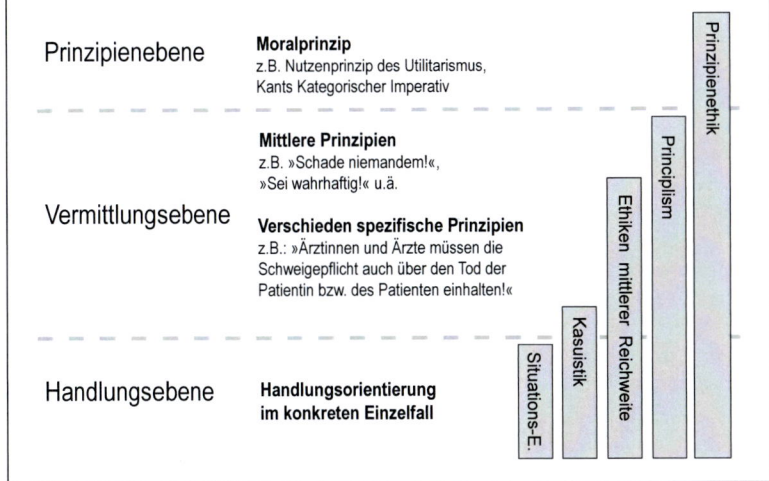

Abb. 5.1: Ebenen ethischer Reflexion

als **Prinzipienethik** bezeichnen, im Unterschied zu anderen Typen normativer Ethik, die erst auf ›niedrigeren‹ Ebenen der ethischen Reflexion ansetzen und auf ein ›höchstes‹ Moralprinzip verzichten.

Das Nutzenprinzip: Das utilitaristische Moralkriterium bezeichnet Bentham als Nutzenprinzip (*principle of utility*), später auch als **Prinzip des größten Glücks** (*greatest happiness principle*). Diesem Prinzip zufolge ist eine Handlung richtig, wenn sie im Vergleich zu allen in der betreffenden Situation möglichen alternativen Handlungen den größten Beitrag zum Gesamtnutzen leistet. Unter dem Gesamtnutzen versteht Bentham die Summe des Glücks aller empfindungsfähigen Wesen.

Bentham 1907, S. 2 f.

»By the principle [...] of utility is meant that principle which approves or disapproves of every action whatsoever, according to the tendency which it appears to have to augment or diminish the happiness of the party whose interest is in question: or, what is the same thing in other words, to promote or to oppose that happiness.«

John Stuart Mill, Schüler Benthams und der wohl am meisten rezipierte Vertreter des Utilitarismus, formuliert den Grundgedanken des Utilitarismus ähnlich:

Mill 1963, Bd. 10, S. 210

»The creed which accepts as the foundation of morals, Utility, or the Happiness Principle, holds that actions are right in proportion as they tend to promote happiness, wrong as they tend to produce the reverse of happiness. By happiness is intended pleasure, and the absence of pain; by unhappiness, pain, and the privation of pleasure.«

Nutzen als subjektives Wohlgefühl

Gütermonismus: Grundlage des klassischen Utilitarismus, wie er von Bentham vertreten wird, ist eine monistische Werttheorie oder, anders gesagt, ein Gütermonismus. Gütermonist/innen nehmen an, dass es grundsätzlich **nur ein einziges intrinsisches Gut** gibt, also nur eines, das um seiner selbst und nicht um eines anderen Gutes willen erstrebt wird. Natürlich leugnen auch Gütermonist/innen nicht, dass es in unserem Leben eine Vielfalt unterschiedlicher erstrebenswerter Dinge gibt. Aus gütermonistischer Sicht ist diese Vielfalt jedoch ein bloßes Oberflächenphänomen. Alle erstrebenswerten Dinge, so unterschiedlich sie sein mögen, sind entweder deshalb erstrebenswert, weil in ihnen etwas von dem intrinsischen Gut enthalten ist oder sie selbst einen Teil dieses intrinsischen Gutes ausmachen, oder deshalb, weil sie Mittel zur Realisierung dieses Gutes sind. Güterpluralist/innen gehen hingegen davon aus, dass es wenigstens zwei qualitativ verschiedene, nicht aufeinander reduzierbare Güter gibt.

Hedonismus: Das vom Utilitarismus postulierte intrinsische Gut als **Nutzen** bezeichnet. **Glücksutilitarist/innen** wie Bentham setzen Nutzen mit Glück gleich. Ihr Glücksbegriff ist dabei denkbar weit entfernt von perfektionistischen oder gar moralistischen Interpretationen menschlichen Glücks, wie sie von Aristoteles oder den stoischen Philosophen vertreten werden. Benthams Glücksutilitarismus geht von einem hedonistischen Glücksbegriff aus. Er interpretiert Glück als *pleasure*, als einen Zustand subjektiven Wohlbefindens, bei dem sich die Waage zwischen

Lust- und Unlustgefühlen so weit wie möglich zur Seite der Lust senkt. Damit ist Bentham zwar nicht festgelegt auf die von Aristoteles im ersten Buch der Nikomachischen Ethik verworfene Glücksauffassung, wonach Glück in *sinnlichem* Genuss besteht. Der klassische Glücksutilitarismus ist vielmehr völlig indifferent gegenüber der Frage, auf welche Weise **subjektives Wohlempfinden** erreicht wird. Ob sinnliche oder geistige Genüsse vorzuziehen sind, hängt allein von der Menge des produzierten Wohlseins ab. Was zählt, ist allerdings in jedem Fall ein subjektives Wohlgefühl. Auf *qualitative* Unterscheidungen verschiedener Arten dieses Wohlgefühls (die eine Aufgabe des Wertmonismus bedeuten würden) verzichtet Bentham. Entscheidend ist die Quantität (Intensität und Dauer), nicht die Qualität des subjektiv empfundenen Glücks:

Intensität und Dauer des Glückserlebens

»Prejudice apart, the game of push-pin is of equal value with the arts and sciences of music and poetry. If the game of push-pin furnish more pleasure, it is more valuable than either.«

Bentham 1830, S. 206

Universalismus: Eine auch in Hinsicht auf die historische Bedeutung des Utilitarismus wesentliche Eigenschaft dieser ethischen Position liegt in seiner Ablehnung traditioneller Privilegien und sozialer Diskriminierungen. Jedes Lebewesen, dessen Glücksempfinden einen Beitrag zum Gesamtnutzen leisten kann, verdient *gleiche* Berücksichtigung: Ihr oder sein möglicher Nutzenbeitrag muss genauso in die Nutzensumme einbezogen werden wie der mögliche Beitrag aller anderen Lebewesen. Da auch Tiere empfindungsfähig sind, sind sie bei der Beurteilung alternativer Handlungsoptionen ausdrücklich mit zu berücksichtigen: »the question is not, can they *reason*? nor, Can they *talk*? but, Can they *suffer*?« (Bentham 1907, S. 311). Bentham ist damit einer der **Pioniere der Tierethik**, deren Anliegen er mit dem der Befreiung von rassistischer Diskriminierung vergleicht:

Gleiche Berücksichtigung aller empfindungsfähigen Wesen

»The day *may* come, when the rest of the animal creation may acquire those rights which never could have been withholden from them but by the hand of tyranny. The French have already discovered that the blackness of the skin is no reason why human being should be abandoned without redress to the caprice of a tormentor [...]. It may come one day to be recognized, that the number of legs, the villosity of the skin, or the termination of the *os sacrum*, are reasons equally insufficient for abandoning a sensitive being to the same fate.«

Bentham 1907, S. 311

Interindividuelle Nutzenaggregation und Gesamtnutzen: Aus Sicht des benthamschen Utilitarismus ist neben der Qualität des Glücksempfindens auch dessen **Verteilung über verschiedene Individuen an sich irrelevant**. Maßgeblich ist allein die Gesamtsumme des von allen empfindungsfähigen Wesen erlebten Glücks. Der Utilitarismus muss also annehmen, dass Nutzen (im Fall des Glücksutilitarismus: Glück) prinzipiell quantifizierbar, messbar und auch interindividuell vergleichbar ist, denn nur auf dieser Grundlage können verschiedene Weltzustände im Hinblick auf den in ihnen realisierten Gesamtnutzen miteinander verglichen werden. Der von Bentham vertretene Utilitarismus ist dabei als **Gesamtnutzenutilita-**

Verteilungsindifferenz

Ansätze des Utilitarismus

rismus zu charakterisieren. Diese Form des Utilitarismus definiert das zu maximierende Gut unmittelbar als Summe des Glücks aller empfindungsfähigen Wesen. Daraus folgt, dass das zu maximierende Gut nicht nur durch die Erhöhung des Wohlbefindens von bereits existierenden Individuen vermehrt werden kann, sondern auch durch die Vergrößerung der Anzahl empfindungsfähiger Wesen, sofern die neu hinzukommenden Wesen mehr Lust als Unlust empfinden.

Instrumentelle Deutung der Moral

Handlungsutilitarismus und Konsequentialismus: Der von Bentham verteidigte Utilitarismus bemisst die Richtigkeit jeder konkreten Handlung an ihrem Beitrag zur Nutzenmaximierung (Bentham 1907, Kap. 4). Dieser Utilitarismus ist daher als Handlungs- bzw. **Akt-Utilitarismus** zu bezeichnen. Akt-utilitaristische Ethiken sind zugleich **konsequentialistisch**.

Definition

> **Konsequentialistisch** ist eine normativ-ethische Theorie genau dann, wenn sie die **Richtigkeit jeder Handlung vollständig von deren Folgen abhängig** macht. Mit dem Begriff ›Folgen‹ sind dabei nicht nur Ereignisse gemeint, die der ›eigentlichen Handlung‹ zeitlich nachgeordnet sind. Zu den Folgen zählen vielmehr auch die Handlungsergebnisse, die bereits Teil der Handlungsbeschreibung sind (etwa schon das Gedemütigtsein einer Person als Ergebnis einer Handlung, die als Demütigung beschrieben wird) und unmittelbar im Vollzug der Handlung auftretende Effekte. So wäre auch die im Vollzug des Tanzes erlebte Freude des Tänzers als ›Folge‹ zu bezeichnen. Die vollständige Abhängigkeit der moralischen Handlungsbewertung von den Folgen bedeutet, dass Handlungen nicht ›an sich‹ bzw. ›intrinsisch‹ moralisch richtig oder falsch sein können (etwa weil sie einer gültigen Regel folgen oder widersprechen oder weil sie Ausdruck einer bestimmten Einstellung, Haltung oder Motivation sind).

Die moralische Qualität von Handlungen ist rein instrumentell zu verstehen, sie besteht in ihrem Beitrag zur Nutzenmaximierung. Da der durch eine konkrete Handlung produzierte Nutzen von den Umständen der jeweiligen Handlungssituation abhängig ist, erfordert der Handlungsutilitarismus eine situationsspezifische Folgenbewertung, die in verschiedenen Situationen unterschiedliche Handlungsvorschriften zum Ergebnis haben kann.

Maximierung: Im Sinne des utilitaristischen Maximierungsgedankens ist eine Handlung genau dann richtig, wenn zu erwarten ist, dass sie mindestens so viel Nutzen produziert wie jede andere in der betreffenden Situation mögliche Handlung. Gütermonismus und Maximierungsgedanke gemeinsam sorgen dafür, dass sich prinzipiell jedes moralische Entscheidungsproblem in eine Optimierungsaufgabe übersetzen lässt. Das ermöglicht es, **alle moralischen Fragen mit derselben Methode zu lösen**. Zudem sind im Rahmen einer utilitaristischen Interpretation von Handlungssituationen **kaum Dilemmasituationen** zu erwarten. Dilemmasituationen entstehen im Utilitarismus nur in dem unwahrscheinlichen

5.1 Benthams Glücksutilitarismus

Fall, dass neben der optimalen (nutzenmaximierenden) Handlungsoption noch eine zweite Option genau denselben Nutzenzuwachs verspricht. In diesem Fall können beide Optionen gleichermaßen als moralisch richtig gelten.

> **Maximierung oder Satisfizierung?** *Zur Vertiefung*
>
> Nicht alle konsequentialistischen, wert- oder güterbasierten Ethiken halten die Maximierung der betreffenden Werte oder Güter für notwendig. In Konkurrenz zu Maximierungstheorien wie dem Utilitarismus stehen sogenannte **Satisfizierungstheorien**, die Ziele unterhalb der Nutzenmaximierung als moralisch hinreichend auszuweisen suchen, beispielsweise um die **Überforderung** moralischer Akteur/innen zu vermeiden (Slote/Pettit 1984).

Die von Bentham ursprünglich verwandte Formulierung vom ›größten Glück der größten Zahl‹ gibt den zu realisierenden Zustand übrigens nicht eindeutig an. Sie lässt sich so verstehen, als müsste neben dem Glück auch noch die Zahl der glücklichen Wesen maximiert werden. Das würde jedoch den Gütermonismus und damit die prinzipielle Entscheidbarkeit aller moralischen Probleme gefährden. Denn das Ziel, die Zahl der Glück empfindenden Wesen zu maximieren, fällt nicht notwendigerweise mit dem Ziel zusammen, die Summe des Glücks aller Wesen zu maximieren. Bentham ist später denn auch dazu übergegangen, nur noch vom ›größten Glück‹ zu sprechen (Scarre 1996, S. 24).

Teleologie: Der Handlungsutilitarismus ist zudem (im Sinne der Standarddefinition von Frankena und Rawls siehe Kap. 2.2) als **teleologische Ethik** und damit als nicht-deontologisch zu charakterisieren. Denn es handelt sich um eine Ethik, die dasjenige Handeln als moralisch richtig ausweist, das ein ›vor-moralisches‹ Gut maximiert. Der Nutzen des benthamschen Glücksutilitarismus ist als vor-moralisches Gut zu bezeichnen, weil seine Charakterisierung als Gut nicht von moralischen, sondern von rein hedonistischen Kriterien abhängt (Bentham selbst gebraucht den Begriff ›Deontologie‹ in einer heute nicht mehr üblichen Weise und versteht ihn wörtlich und ganz allgemein als ›Sollenslehre‹, so dass er ihn auch auf seinen eigenen Ansatz anwenden kann). Nicht alle konsequentialistischen Theorien sind im Sinne der von Frankena und Rawls vorgeschlagenen Definition teleologisch. Eine konsequentialistische Theorie könnte auch auf die Realisierung eines moralischen Gutes zielen, etwa auf die Herstellung sozialer Gerechtigkeit oder auf die möglichst weitreichende Entfaltung moralischer Tugenden aller Bürger/innen (vgl. Nida-Rümelin 1993).

> **Glückskalkül und Wahrscheinlichkeit** *Beispiel*
>
> Nehmen wir an, eine Patientin, die nach erfolgter Operation im Krankenhaus liegt, fragt eine Pflegekraft nach dem Operationsbefund, den der zuständige Stationsarzt ihr aus Gründen, die weder der Patientin noch der Pflegekraft einleuchten, vorenthalten hat. Wie müsste sich die Pfle-

gekraft verhalten, um im Sinne des Glücks- und Handlungsutilitarismus richtig zu handeln? Im Sinne des Konsequentialismus wären zunächst die jeweiligen Auswirkungen der verschiedenen Handlungenoptionen auf das Glück aller Betroffenen zu ermitteln. Der Glückszustand kann dabei als ein quantitativer Wert, beispielsweise als Punkt auf einer linearen Lust-Unlust-Skala gedacht werden. Die Ergebnisse könnten dann im Rahmen eines **Glückskalküls** verrechnet werden, in dem für jede Handlungsoption jeweils die mit ihr verbundenen Werte zusammengezählt werden. Moralisch richtig ist diejenige Handlungsweise, welche die größte Glückssumme zur Folge hat.

	Patientin	Pflegekraft	Vorgesetzter	Summe
Wahrhaftigkeit	30	45	85	160
Unwahrhaftigkeit	40	55	60	155

Nehmen wir an, eine wahrhaftige Aussage über den Operationsbefund würde die Patientin psychisch belasten und ihr Befinden vergleichsweise negativ beeinflussen. Die Pflegekraft wäre durch ihre Wahrhaftigkeit zwar von Gewissensskrupeln entlastet, hätte aber mit Sanktionen ihres Vorgesetzten zu rechnen, was zu Minderung ihres Glücks führt. Der Vorgesetzte schließlich hegt der Pflegekraft gegenüber ohnehin negative Gefühle und ist froh über die Gelegenheit, sie zu maßregeln, was sein Wohlbefinden deutlich steigert. Hat man die Auswirkungen der verschiedenen Handlungsoptionen auf das Glück aller Betroffenen erst einmal so weit ermittelt, muss man lediglich die verschiedenen Glückserträge jeder Handlungsoption summieren und diejenige wählen, die die höchste Gesamtsumme erbringt.

Ausgeklammert wurde bislang die **Wahrscheinlichkeitsverteilung**. Grundsätzlich lassen sich Handlungsfolgen immer nur mit einer gewissen Wahrscheinlichkeit prognostizieren. In Fällen, in denen Wahrscheinlichkeitswerte angesetzt werden können, besteht eine mögliche Strategie darin, die Wahrscheinlichkeit, mit der ein bestimmtes Handlungsszenario einen bestimmten Nutzenertrag realisiert, jeweils mit diesem Nutzenertrag zu multiplizieren. Ein Glückszuwachs von 5, der mit 50 %iger Wahrscheinlichkeit erzielt werden kann, wäre z. B. im Glückskalkül mit dem Wert 2,5 zu berücksichtigen. Obige Tabelle wäre dann so zu lesen, dass die verschiedenen Zahlenwerte nicht einfach Nutzenwerte, sondern **Nutzenerwartungswerte** darstellen, die jeweils aus der Summe der Produkte verschiedener möglicher Nutzenerträge mit der Wahrscheinlichkeit ihrer jeweiligen Realisierung gebildet sind. Diese Vorgehensweise stößt an Grenzen, wenn die Eintrittswahrscheinlichkeiten der relevanten Ereignisse nicht mehr hinreichend verlässlich zu ermitteln sind, wenn wir es also nicht mit berechenbaren Chancen und Risiken, sondern mit **Ungewissheiten** zu tun haben (klassisch Knight 1921).

5.2 | Systematische Fragen und Ausblick

5.2.1 | Warum Utilitarismus?

Klarheit und Sparsamkeit: Für den Utilitarismus spricht seine Klarheit und Einfachheit. Anhand eines einzigen Prinzips sollen alle moralischen Problemsituationen interpretiert und alle verfügbaren Handlungsoptionen im Vergleich zueinander bewertet werden. Die Sparsamkeit der Theorie beschränkt sich jedoch nicht auf ihre innere Struktur, sondern betrifft auch die von ihr in Anspruch genommenen Voraussetzungen. Die Theorie als solche kommt ohne anspruchsvolle Annahmen über die Natur der praktischen Rationalität aus. Ein weiterer theoretischer Vorzug besteht darin, dass der Utilitarismus **mit unterschiedlichen metaethischen Positionen vereinbar**, also auch in dieser Hinsicht nicht allzu voraussetzungsvoll ist. Unter den Vertretern des Utilitarismus befinden sich Anhänger des intuitionistischen und des naturalistischen Realismus ebenso wie solche des präskriptivistischen Nonkognitivismus. Wie angedeutet versprechen dabei die Beschränkung auf ein Moralprinzip, der Gütermonismus und der Konsequentialismus, alle moralischen Konflikte in Optimierungsfragen zu transformieren, für die es eindeutig entscheidbare Antworten gibt. Bei der Beantwortung dieser Fragen kann sich die utilitaristische Ethik auf wissenschaftliche Verfahren der Folgenabschätzung, Ökonomie, Entscheidungs- und Spieltheorie stützen.

Utilitarismus und Unparteilichkeit: Einfachheit, Klarheit und theoretische Sparsamkeit reichen freilich nicht aus, um normativ-ethische Prinzipien oder Theorien attraktiv erscheinen zu lassen. Vielmehr wird in aller Regel erwartet, dass sie auch vor dem Hintergrund wohlerwogener und weithin geteilter moralischer Intuitionen **plausibel** sind (siehe Kap. 7.2.2, Kap. 8.2 und Kap. 9.5) und/oder dass eine noch tiefergehende **Begründung** für die von den betreffenden Prinzipien oder Theorien erhobenen Ansprüche gegeben wird. Vertreter/innen des Utilitarismus setzen dabei in aller Regel an zwei Punkten an: *Erstens* argumentieren sie, dass rationales Handeln grundsätzlich nutzenorientiert ist. *Zweitens* stützen sie sich auf die moralische Intuition der **Unparteilichkeit**. Nehme man beides – das Nutzenstreben als allgemeines Kennzeichen rationaler Handlungsorientierung und die Unparteilichkeit – zusammen, so gelange man mehr oder weniger zwangsläufig zur utilitaristischen Forderung, den Gesamtnutzen (in dem ja die individuellen Nutzenbeiträge aller empfindungsfähigen Wesen unparteilich berücksichtigt sind) zu maximieren (z. B. Smart 1973).

Nutzenstreben und Unparteilichkeit

Mills ›Beweis‹ des Utilitarismus: In einer viel diskutierten Passage stützt sich auch John Stuart Mill auf diese beiden Elemente, um einen »Beweis« (*proof*) des Utilitarismus zu entwickeln. Er stellt zunächst fest, dass Aussagen über ›letzte Ziele‹ – Dinge, die als solche erstrebenswert und also gut sind – nicht beweisbar seien; ebenso wenig wie Axiome (*first principles*) auf anderen Wissensgebieten (Mill 1963, Bd. 10, S. 234). Ebenso wie die Sichtbarkeit oder Hörbarkeit von etwas einzig dadurch zu belegen ist, dass es tatsächlich gesehen oder gehört wird, kann der Charakter des Erstrebenswerten nur dadurch belegt werden, dass es tatsächlich erstrebt wird. Nun zeigt sich, dass alle Menschen ihr eigenes Glück anstreben. Gemäß der Analogie der optischen oder akustischen Wahrnehmung dürfen wir daraus folgern, dass das Glück tatsächlich erstrebenswert ist. Weil nun für jedes Individuum gelte, dass sein eigenes Glück für dieses Individuum gut sei, sei das allgemeine Glück für die Gesamtheit aller Personen ein Gut:

Mill 1963, Bd. 10, S. 234

»No reason can be given why the general happiness is desirable, except that each person, so far as he believes it to be attainable, desires his own happiness. This, however, being a fact, we have not only all the proof which the case admits of, but all which it is possible to require, that happiness is a good: that each person's happiness is a good to that person, and the general happiness, therefore, a good to the aggregate of all persons.«

Glück als einziges Gut

Damit sei allerdings erst gezeigt, dass Glück eines der Ziele menschlichen Verhaltens und damit eines der Moralkriterien sei (ebd.). In einem zweiten Schritt möchte Mill daher nachweisen, dass Glück das einzige intrinsische Gut darstellt. Während die Frage, ob Glück erstrebenswert ist, wenig strittig scheint, ist die These, Glück sei *das einzige* intrinsische Gut, weitaus strittiger. Mill versucht allerdings nicht, nachzuweisen, dass alle anderen Güter rein instrumenteller Natur sind. Vielmehr vertritt er eine **inklusive Deutung des utilitaristischen Glücksbegriffs**, der zufolge verschiedene Dinge, die um ihrer selbst willen erstrebt werden, als konstitutive Elemente des Glücks verstanden werden (vgl. die inklusive Deutung des aristotelischen Lebensziels in Kap. 2.3.2). So könnten Musik, Gesundheit oder auch Tugend nicht nur instrumentell, sondern auch um ihrer selbst willen erstrebt werden. Mills Auffassung ist, dass alle entsprechend intrinsisch wertvollen Güter sich zu dem einen übergreifenden Gut ›Glück‹ zusammenschließen. Aber warum sollten wir das annehmen?

Angesehen und erstrebenswert

Was stellt die grundsätzliche Homogenität der verschiedenen Güter sicher, und warum ist gerade Glück der passende Begriff dafür? Mill hält es für eine analytische, allein aus der Bedeutung der betreffenden Begriffe folgende, Wahrheit, dass wir uns, was wir als erstrebenswert (*desirable*) denken, auch als angenehm (*pleasant*) vorstellen. Er führt aus,

Mill 1963, Bd. 10, S. 237 f.

»that desiring a thing and finding it pleasant, aversion to it and thinking of it as painful, are phenomena entirely inseparable, or rather two parts of the same phenomenon; in strictness of language, two different modes of naming the same psychological fact: that to think of an object as desirable (unless for the sake of its consequences), and to think of it as pleasant, are one and the same thing; and that to desire anything, except in proportion as the idea of it is pleasant, is a physical and metaphysical impossibility.«

Probleme des millschen Beweises: Mills ›Beweis‹ der Gültigkeit des Utilitarismus ist überwiegend kritisch aufgenommen worden. Einwände beziehen sich dabei auf die folgenden Schritte:
1. den Übergang vom Erstrebtwerden zum Erstrebenswert-Sein;
2. den Übergang vom individuellen Glücksstreben zum Erstreben des allgemeinen Glücks;

3. die Annahme, dass Glück nicht nur *ein* Gut, sondern das *einzige* Gut darstellt.

Erstrebtwerden und Erstrebenswert-Sein: Gegen den Schluss vom Erstrebtwerden auf das Erstrebenswert-Sein ist eingewandt worden, dass faktisch weder alle erstrebenswerten Dinge erstrebt würden noch alle erstrebten Dinge tatsächlich erstrebenswert seien. Gegen Mills Vergleich des Verhältnisses zwischen dem Erstrebtwerden und dem Erstrebenswert-Sein mit dem Verhältnis zwischen dem Gesehen- bzw. Gehörtwerden und dem Sichtbar- bzw. Hörbarsein wird unter anderem vorgebracht, dass er aufgrund einer Äquivokation des Begriffs »desirable« unhaltbar sei. »Desirability« könne nämlich sowohl als die Eigenschaft des Erstrebtwerden-Könnens als auch als die des Erstrebenswert-Seins verstanden werden. Mills Analogie mit der Sicht- oder Hörbarkeit sei nur in der ersten Bedeutung haltbar; für sein Argument benötige er aber die zweite Bedeutung des Erstrebenswert-Seins (Moore 1959, S. 66 f.). Allerdings vertritt Mill nicht die Auffassung, dass Erstrebtwerden und Erstrebenswert-Sein identisch sind. Er vertritt nur die schwächere These, dass das Erstrebtwerden die einzige Evidenz für das Erstrebenswert-Sein darstellt. Und während es sehr gute Gründe gibt, zu bestreiten, dass alles, was im Einzelfall erstrebt wird, tatsächlich erstrebenswert ist, gibt es weniger gute Gründe zu bestreiten, dass etwas, das (wie nicht nur Mill annimmt) von allen Personen erstrebt wird, tatsächlich erstrebenswert ist – also zu behaupten, dass die gesamte Menschheit in dieser Hinsicht verblendet oder irrational ist. Der erste Schritt des millschen Arguments kann also zwar nicht die Annahme beweisen, dass Glück erstrebenswert ist, er liefert aber durchaus gute Gründe dafür.

Nicht alles Erstrebte ist erstrebenswert

Individuelles und allgemeines Glück: Gegen den zweiten Schritt ist vielfach eingewandt worden, dass er einen Fehlschluss von den Teilen auf das Ganze (*fallacy of composition*) beinhalte. Auch der Utilitarist Sidgwick hält Mills Überlegung für unhaltbar:

»For an aggregate of actual desires, each directed towards a different part of the general happiness, does not constitute an actual desire for the general happiness, existing in any individual; and Mill would certainly not contend that a desire which does not exist in any individual can possibly exist in an aggregate of individuals.«

Sidgwick 1907, S. 388

Aus dem Umstand, dass das Glück jeder Person für diese Person gut ist, folgt nicht, dass das allgemeine Glück ein Gut für die Gemeinschaft aller Personen wäre. Der Umstand, dass in einer von Anna und Rosa bewohnten Welt Anna nach dem Glück Annas strebt und Rosa nach dem Glück Rosas strebt, impliziert weder, dass Anna und Rosa eine Gemeinschaft bilden, die nach dem Gesamtglück Annas und Rosas streben müsste, noch dasjenige, was das utilitaristische Nutzenprinzip tatsächlich fordert, nämlich dass sowohl Anna als auch Rosa als Individuen jeweils nach dem Gesamtglück Annas und Rosas streben müssten. Allerdings zielt Mills Argument nicht darauf, nachzuweisen, dass alle Personen faktisch das allgemeine Glück anstreben. Sein Argument soll vielmehr zeigen, dass wir – da wir (die wir alle das eigene Glück anstreben) der Überzeugung

»Fallacy of composition«

sind, dass Glück ein Gut darstellt – Grund haben, dieses Gut auch dort zu realisieren, wo es nicht unser eigenes ist. Auch dieses Ziel könnte Mills Argument jedoch nur erreichen, wenn es den Nachweis erbringen könnte, dass **Glück einen ›akteursneutralen‹ Wert** darstellt, also etwas, das nicht nur aus einer bestimmten partikularen Perspektive als gut erscheint, sondern aus schlechthin jeder Perspektive (vgl. Nagels analogen Versuch, nachzuweisen, dass Schmerz ein akteursneutrales Übel ist; Nagel 1986, Kap. 8). Dies ist jedoch zumindest nicht ohne Weiteres ersichtlich (für eine Verteidigung des millschen Arguments vgl. Sayre-McCord 2001).

Glück als einziges Gut: Fragen wirft auch Mills These auf, dass wir alles aus unserer Sicht Erstrebenswerte auch als angenehm denken. Könnte es eine Pflegekraft nicht für erstrebenswert halten, ihren Patienten wahrhaftig über dessen Gesundheitszustand zu informieren, obwohl sie davon kurz- wie langfristig sowohl für sich selbst als auch für den Patienten eher eine Verminderung des Wohlbefindens erwartet? Und könnte sie nicht vielleicht sogar dann an dieser Einstellung festhalten, wenn sie wüsste, dass ihr nach Erteilung einer unwahrhaftigen Auskunft eine Droge verabreicht würde, die jeden Anflug von Gewissensqualen erfolgreich unterdrücken würde (vgl. dazu die Überlegungen zu Grenzen des Hedonismus in Kap. 2.3.2)? Falls man diese Fragen bejaht, kann man als Utilitarist/in zwar weiter zu zeigen versuchen, dass die Haltung der Pflegekraft irrational ist. Man kann sich dabei aber nicht mehr auf die von Mill vertretene These stützen, es stelle eine allgemein akzeptierte analytische Wahrheit dar, dass »erstrebenswert sein« und »Wohlbefinden erzeugend« gleichbedeutend sind.

Hedonistische Motivationstheorie

Angenehmes und Erstrebenswertes: Die Bedeutungsidentität der Begriffe der »desirablility« und »pleasurability« zu behaupten, ist nicht die einzige Möglichkeit, zu begründen, dass das einzig erstrebenswerte Gut in demjenigen liegt, das Wohlbefinden erzeugt. Dieselbe Folgerung ließe sich etwa auch aus einer hedonistischen Motivationstheorie ziehen, die annimmt, dass die einzige **Ursache** dafür, bestimmte Dinge anzustreben in der Erwartung liegt, dadurch unsere Lust/Unlust-Bilanz zu verbessern. Diese Theorie sieht sich allerdings starken Begründungslasten ausgesetzt. Auch würde sie auf eine rein instrumentelle Interpretation aller Güter außer dem psychologischen Wohlgefühl selbst hinauslaufen. Sie widerspräche wohl auch der von Mill vertretenen inklusiven Lesart des Glücks, das die Möglichkeit einschließt, dass wir bestimmte Dinge (etwa Tugend) um ihrer selbst willen wertschätzen können. Eine andere Verteidigungsmöglichkeit könnte in dem Versuch liegen, den Begriff »pleasurable« so zu interpretieren, dass seine Bindung an ein deutlich feststellbares psychologisches Gefühl gelockert wird. Ein Vorbild für diese Strategie liegt in Humes Behauptung, dass unsere Handlungen von »calm passions« mitbestimmt werden, die wir gar nicht als solche wahrnehmen, sondern nur aus ihren Wirkungen erschließen können (siehe Kap. 4.1). Diese Antwort birgt indes die Gefahr, dass die Theorie unüberprüfbar wird: Wenn wir nicht mehr unabhängig von den zu erklärenden Entscheidungen und Präferenzen ermitteln können, was Akteur/innen als angenehm empfinden, läuft die Erklärung der Strebungen von Personen durch deren Wahrnehmung des Erstrebten als angenehm auf eine Scheinerklärung nach dem Muster der molièreschen *virtus dormitiva* hinaus. Für die utilitaristische Ethik brächte die Antwort zudem das Problem mit sich, dass das Gefühl des Angenehmen dann nicht mehr als ein identifizierbares, messbares und homogenes Gut gedacht werden kann. Eine naheliegende Konsequenz wäre dann der Übergang vom Glücks- zum Präferenzutilitarismus (s. u.).

Reduktion der Begründungsansprüche: Angesichts der genannten Schwierigkeiten versuchen die meisten Vertreter/innen des Utilitarismus nicht, diese Theorie als gültig zu *beweisen*, sondern begnügen sich mit dem Versuch, ihre Plausibilität zu verdeutlichen. Auch wenn Mills Schritt vom individuellen Glückstreben zum Wert des Gesamtglücks nicht ohne Weiteres überzeugend ist, scheint er zumindest geeignet, **Intuitionen der Unparteilichkeit** zu mobilisieren, die weit verbreitet und nach Ansicht vieler Interpret/innen für jedes plausible Moralverständnis grundlegend sind.

5.2.2 | Widerstreitende Intuitionen

Moralische Intuitionen: Der Versuch, den Utilitarismus auf vorphilosophische Intuitionen zu stützen, ist allerdings nicht unproblematisch. Intuitionen der Unparteilichkeit etwa sind zwar weit verbreitet, lassen sich aber (wie auch in den folgenden Kapiteln deutlich werden wird) sehr unterschiedlich interpretieren. Hinsichtlich des Gütermonismus, Konsequentialismus und Hedonismus sprechen unsere vortheoretischen Intuitionen ebenfalls nicht unbedingt für den klassischen Utilitarismus. Ein unklares Bild ergibt sich jedenfalls im Hinblick auf mögliche Implikationen und Konsequenzen der utilitaristischen Ethik in verschiedenen Fallbeispielen. Dass eine Konzeption normativer Ethik gegen bestimmte moralische Intuitionen verstößt, ist nicht unbedingt ein Argument gegen diese Theorie, zumal vortheoretische Intuitionen teils intern widersprüchlich sind und sich im Lauf der historischen Entwicklung (teils unter dem Einfluss ethischer Theorien) auch gewandelt haben. Wohl aber schwächt es die Plausibilität ethischer Theorien zumindest in dem Maß, in dem diese selbst mit dem Hinweis auf bestimmte moralische Intuitionen begründet werden sollen (vgl. die Ausführungen zum Überlegungsgleichgewicht, zum Intuitionismus und zur Berufung auf faktische Konsense in Kap. 7, Kap. 8 und Kap. 9).

Verantwortlichkeit und Integrität: Einige Kritiker/innen des Utilitarismus befürchten eine Auflösung persönlicher Verantwortlichkeit und Integrität durch den Utilitarismus. Ein erster Grund dafür liegt im konsequentialistischen Charakter der Theorie. Im Rahmen einer reinen Folgenorientierung ist es gleichgültig, ob ich bestimmte Konsequenzen durch eigenes Handeln direkt hervorbringe, oder dadurch, dass ich andere zu bestimmten Handlungen veranlasse. Bernard Williams führt in diesem Zusammenhang das Beispiel eines Chemikers an, der die Entwicklung chemischer Waffen leidenschaftlich ablehnt, nun aber vor der Frage steht, ob er im Rahmen eines auch aus familiären Gründen dringend benötigten Jobs an deren Entwicklung mitwirken soll – zumal angesichts der Tatsache, dass ein anderer Chemiker diese Arbeit möglicher-

Konsequenzen des Konsequentialismus

weise mit weit größerem Enthusiasmus vorantreiben würde (Williams 1973, S. 97 f.). Zweitens verweist er auf das Beispiel eines Botanikers, der als Feldforscher in Südamerika von dem Anführer einer paramilitärischen Gruppe vor die Alternative gestellt wird, entweder selbst einen der von den Paramilitärs gefangengenommenen Indios zu erschießen, worauf der Rest der Indios freigelassen würde, oder zuzulassen, dass alle Indios erschossen werden (ebd., S. 98 f.). Führt es nicht zu einer Auflösung persönlicher Verantwortlichkeit und Integrität, wenn solche Entscheidungen schlicht im Sinne der Nutzenmaximierung getroffen werden (ebd., S. 108 ff.; zur Diskussion Ashford 2000; Moseley 2014)? Benthams rein quantitativer Glücksutilitarismus oder Richard M. Hares Präferenzutilitarismus verschärfen das Integritätsproblem insofern, als sie einen Akteur nötigen, im Rahmen der Nutzenkalkulation alle Formen subjektiven Wohlbefindens gleichermaßen zu berücksichtigen, einschließlich etwa der Schadenfreude des fanatischen Rassisten oder der Erleichterung des religiösen Fundamentalisten über die Diskriminierung der Familie oder der Religion des Akteurs.

Kein Freiraum des bloß Erlaubten

Überforderung: Im Zusammenhang mit der Frage der persönlichen Integrität wird unter der Überschrift *(over-)demandingness* auch diskutiert, ob der Akt-Utilitarismus nicht auch zu einer motivationalen Überforderung der handelnden Personen führt. Die Alltagsmoral und viele Konzeptionen normativer Ethik sehen neben dem Bereich des moralisch Gebotenen und Verbotenen einen Bereich des bloß Erlaubten vor. Sie erkennen moralischen Akteur/innen also **Spielräume freien Entscheidens** zu, in denen sie von moralischen Pflichten entlastet sind. Häufig wird zudem angenommen, dass in diesen Bereich des bloß Erlaubten nicht nur moralisch indifferente Handlungen fallen, sondern auch sogenannte **supererogatorische Handlungen**, die nicht eigentlich geboten sind (weil sie mit zu großen Zumutungen an die handelnden Personen verbunden wären), aber gleichwohl als moralisch vorbildlich gelten können. Sich als unbewaffneter Passant einem mit Schusswaffen versehenen Amokläufer in den Weg zu stellen, in der Hoffnung, zwei anderen Personen zur Flucht zu verhelfen, könnte demnach als supererogatorische Handlung verstanden werden – als moralisch heldenhaft und vorbildlich, aber nicht strikt geboten. Der utilitaristische Optimierungsgedanke hat demgegenüber zur Folge, dass es, von wenigen Ausnahmen abgesehen, nur gebotene und verbotene Handlungsoptionen gibt. Lediglich in dem unwahrscheinlichen Fall, dass mit zwei oder mehr Handlungsoptionen genau dieselben maximalen Nutzenerwartungen verbunden sind, ist die Wahl einer dieser Optionen in das Belieben der oder des Handelnden gestellt. Zugleich sind alle Handlungen moralisch relevant, die irgendeinen Einfluss auf den Gesamtnutzen haben. Sogar die Entscheidung, ob ich Vanille- oder Erdbeereis bestelle, ist schon eine moralische Frage, wenn zu erwarten ist, dass ich aus einer der beiden Sorten mehr Genuss ziehe – denn auch mein eigenes Glück fließt ja in die Nutzensumme ein.

Keine ›an sich‹ (un-)moralischen Handlungen

Intrinsische moralische Qualitäten von Handlungen: Die Alltagsmoral nimmt vielfach an, dass bestimmte Handlungen als solche – als Handlungen eines bestimmten Typs – richtig oder falsch sind, auch **unabhängig von den in der spezifischen Situation erwartbaren Konsequenzen**.

Das muss nicht zwangsläufig bedeuten, dass diese Handlungen unter allen Umständen richtig oder falsch wären (im Sinne ausnahmslos gültiger, ›absoluter‹ moralischer Regeln), sondern nur, dass ihr moralischer Charakter nicht *vollständig* von den in der konkreten einzelnen Handlungssituation zu erwartenden Konsequenzen abhängt (im Sinne normativer Prima-facie-Regeln; s. u.). Beispielsweise wird häufig angenommen, dass es ›an sich‹ falsch ist, zu lügen oder dass es ›an sich‹ geboten ist, Versprechen zu halten, auch wenn die Konsequenzen dieser Handlungen im konkreten Einzelfall nicht optimal sein mögen. Diese Vorstellung verträgt sich jedoch nicht mit dem handlungsutilitaristischen Konsequentialismus (zum Kontext Nida-Rümelin 1993).

Individuelle Grundrechte: Bestandteil des modernen Moralverständnisses ist zudem, dass bestimmte Grundrechte von Individuen entweder gar nicht oder nur in Extremfällen aufgrund von Nützlichkeitsüberlegungen relativiert werden dürfen. Der Handlungsutilitarismus kennt demgegenüber im Grundsatz nur ein einziges individuelles Recht: Das Recht darauf, dass der eigene Beitrag zum Gesamtnutzen ebenso in die Kalkulation dieses Nutzens einbezogen wird wie die Nutzenbeiträge aller anderen Betroffenen. Aufgrund der interindividuellen Aufsummierung der Nutzenbeiträge aller Betroffenen sind jedoch mit diesem Recht keine spezifischeren persönlichen Garantien verbunden. Es ist daher vergleichsweise einfach, Fallbeispiele zu konstruieren, in denen der Handlungsutilitarismus zu Handlungen verpflichten würde, die im Rahmen der Alltagsmoral (und im Rahmen des geltenden Rechtssystems) **klar verboten** wären: Müsste der Handlungsutilitarismus nicht fordern, eine reiche, aber depressive Person zu töten, insofern dies schmerzfrei und unentdeckt möglich wäre, und das Erbe in anderen Händen erwartbarerweise mehr Glück produzieren würde? Etc.

Keine unverrechenbaren Grundrechte

Implikationen für die Güterverteilung: Auch wo nicht grundlegende Interessen von Beteiligten zur Disposition stehen, befindet sich die vom Utilitarismus vorgesehene interindividuelle Nutzenaggregation in Konflikt zu verbreiteten Intuitionen der Gerechtigkeit. Diese legen nahe, dass die **Verteilung von Nutzen und Nachteilen** zwischen verschiedenen Betroffenen moralisch von großer Bedeutung ist, während sie im Utilitarismus – jedenfalls unmittelbar – keine Rolle spielt. Allerdings spricht auch das utilitaristische Prinzip der Nutzenmaximierung unter bestimmten Umständen dafür, Ressourcen gleichmäßiger zu verteilen. Angesichts der extremen Ungleichheit der globalen Vermögensverteilung würde eine Umverteilung zugunsten des ärmeren Teils der Weltbevölkerung *prima facie* den Gesamtnutzen erhöhen. Denn dem **Gesetz des abnehmenden Grenznutzens** zufolge nimmt der individuelle Nutzen zusätzlicher Ressourcen mit zunehmendem Wohlstand der Ressourcenbezieher tendenziell ab. Wer zu den etwa 750 Millionen Menschen gehört, die in extremer Armut leben (also nach der Definition der Weltbank pro Tag weniger als das globale Kaufkraftäquivalent zur Verfügung hat, das 1,90 US-Dollar in den USA des Jahres 2011 entspricht), wird von einem täglichen Zusatzeinkommen von 10 Dollaräquivalenten unvergleichlich viel mehr profitieren als ein/e deutsche Durchschnittsverdiener/in oder gar eine jener reichsten 42 Personen, die gemeinsam etwa so viel besitzen wie die gesamte ärmere

Kein intrinsischer Wert der Verteilungsgerechtigkeit

Hälfte der Weltbevölkerung (Pimentel et al. 2018). Die empirische Glücksforschung liefert starke Anhaltspunkte dafür, dass die Bedeutung materieller Güter für die individuelle Lebenszufriedenheit zumindest deutlich abnimmt oder sich gar völlig erschöpft, sobald grundlegende Bedürfnisse an Nahrung, Kleidung, Wohnung, Gesundheitsversorgung, Bildung und den materiellen Grundvoraussetzungen sozialer Partizipation einmal gedeckt sind. Utilitarist/innen wie Peter Singer (2009) fordern denn auch vehement eine gleichmäßigere globale Güterverteilung und halten die meisten Bewohner/innen wohlhabender Industriestaaten für moralisch verpflichtet, Geld für die globale Armutsbekämpfung zu spenden.

Verteilungsindifferenz des Utilitarismus: Der Zusammenhang zwischen dem utilitaristischen Gebot der Nutzenmaximierung und der gleichmäßigen Ressourcenverteilung ist jedoch kontingenter Natur. Ob Nutzenerwägungen eher eine gleichmäßige oder ungleiche Ressourcenverteilung nahelegen, hängt von den jeweiligen Situationsumständen ab. Auch braucht man nicht auf unrealistische Gedankenexperimente (wie die Idee eines übermenschlichen Glücksgefühle fähigen und extrem ressourcenverschlingenden »Nutzenmonsters«; Nozick 1974, S. 41; dazu kritisch Parfit 2004, S. 10) Bezug zu nehmen, um Beispiele zu finden, in denen der Utilitarismus *prima facie* eine inegalitäre, intuitiv ungerecht erscheinende Ressourcenverteilung fordert. Nehmen wir beispielsweise an, dass es nur mit sehr großem Ressourcenaufwand möglich wäre, die Lebensumstände einer über viele Generationen diskriminierten und marginalisierten Bevölkerungsgruppe so zu verbessern, dass sich dies deutlich in der Glücksbilanz der Betroffenen oder gar im Gesamtnutzen niederschlägt (etwa weil dafür Institutionen grundlegend umgestaltet und fest verankerte kulturelle Klischees und soziale Verhaltensmuster transformiert werden müssten). In diesem Fall könnte es im Sinne der Nutzenmaximierung schlicht effizienter sein, Ressourcen für die Verbesserung des Glückszustandes anderer Personen einzusetzen. Selbst die Aufrechterhaltung unbegründeter kultureller Klischees, die die Verantwortung für das Elend der unterprivilegierten Gruppe deren Mitgliedern selbst zuschreiben, könnte unter bestimmten Bedingungen gesamtnutzenerhöhend wirken, wenn sie die bessergestellten Mitglieder der Gesellschaft von Schuldgefühlen entlastet. Unter solchen Bedingungen dem Nutzenprinzip zu folgen, erscheint jedoch intuitiv verwerflich und empörend. **Nutzenerhöhende und moralisch gebotene Handlungsstrategien scheinen nicht identisch** zu sein.

5.2.3 | Varianten des Utilitarismus

Im vorigen Abschnitt wurden Einwände skizziert und Intuitionen mobilisiert, die entweder gegen den Utilitarismus insgesamt oder gegen die klassische Form des Utilitarismus ins Feld geführt worden sind. Im Folgenden sollen Varianten des Utilitarismus betrachtet werden, die zum Teil mit dem Ziel entwickelt worden sind, jenen Einwänden und moralischen Intuitionen besser gerecht zu werden als der von Bentham vertretene klassische Utilitarismus.

Alternative Nutzendefinitionen

Qualität oder Quantität: Mill wendet sich gegen Benthams These, dass alle Arten des Glückserlebens als gleichwertig zu betrachten seien, so dass nur quantitative, aber keine qualitativen Unterschiede im Glückserleben zu berücksichtigen wären:

»It is better to be a human being dissatisfied than a pig satisfied; better to be Socrates dissatisfied than a fool satisfied. And if the fool, or the pig, is of a different opinion, it is because they only know their own side of the question. The other party to the comparison knows both sides.«

Mill 1963, Bd. 10, S. 212

Besser sind die Formen des Glückserlebens, die **erfahrene Beurteiler/innen** vorziehen würden. Die Annahme, dass sich positive emotionale Erfahrungen nicht nur im Hinblick auf ihre Intensität unterscheiden, sondern dass es auch Unterschiede in ihrer Tiefe und Bedeutung gibt, erscheint plausibel. Sie nimmt der utilitaristischen Theorie allerdings die Einfachheit und Eindeutigkeit, die aus der Kombination von Gütermonismus und Konsequentialismus resultiert, denn Mills Vorschlag gemäß gibt es nun *zwei* Dimensionen (Quantität und Qualität des Gesamtglücks), im Hinblick auf die optimiert werden kann. Um die Klarheit der Orientierung wiederherzustellen, könnte zwar ein Umrechnungsfaktor eingeführt werden, der Qualität und Quantität in Beziehung setzt. Für zusätzliche Schwierigkeiten sorgt jedoch die Bezugnahme auf »erfahrene Beurteiler/innen«, zumal Mill einräumen muss, dass diejenigen, die Erfahrungen mit verschiedenen Glücksformen gemacht haben, faktisch nicht immer die wertvolleren vorziehen, was durch eine Art Abstumpfung zu erklären sei. Wir sind daher auf Beurteilerinnen und Beurteiler angewiesen, die nicht nur verschiedene Arten des Glücks erleben, sondern ihre »nobleren Gefühle« auch gepflegt und am Leben erhalten haben (Mill 1993, Bd. 10, S. 212 f.). Dabei droht freilich ein Zirkel, wie er bereits im Kontext der aristotelischen Ethik diskutiert wurde (siehe Kap. 2.2): Wir benötigen bereits ein Kriterium, um zu beurteilen, was die »nobleren Gefühle« sind, um festzustellen, wer als Beurteiler/in in Frage kommt.

Arten des Glücks

Negativer Utilitarismus: Der klassische Utilitarismus betrachtet Glück und Leid als Kontinuum, so dass das Kalkül der Glücksmaximierung die Vermehrung des Glücks und die Minderung des Unglücks nicht gesondert in Rechnung stellen muss. Vertreter/innen des sogenannten Negativen Utilitarismus halten es jedoch für plausibel, dass die Verpflichtung zur Vermeidung oder Linderung von Leiden grundsätzlich Vorrang vor der Pflicht haben sollte, Glück zu maximieren (Walker 1974). Durch die Einführung eines entsprechenden Vorrangprinzips hoffen sie, auch **Intuitionen der Gerechtigkeit** besser gerecht zu werden. Tatsächlich sind auch viele nicht-utilitaristische Autor/innen der Auffassung, dass die Minderung von Leiden Vorrang vor der Mehrung des Glücks haben sollte (so nachdrücklich Gert 1998).

Vorrang der Leidvermeidung?

Glück oder Präferenzen: Wie Bentham hält auch Mill an der Vorstellung fest, dass das zu maximierende Gut letztlich das Glück der Betroffenen ist. Benthams und Mills Utilitarismus ist daher als **Glücksutilitaris-**

mus zu charakterisieren: Was moralisch zählt, sind die erwartbaren Folgen fraglicher Handlungen für die **objektive Glücksmenge** (auch wenn diese sich an Intensität und Dauer subjektiv erlebter Gefühlszustände bemisst), nicht hingegen die Folgen für das Ausmaß der **Befriedigung subjektiver Präferenzen**. Vereinfacht gesagt: Benthamsche Moralakteur/innen müssen tun, was objektiv dazu beiträgt, die Handlungsbetroffenen (einschließlich ihrer selbst) glücklich zu machen, nicht etwa, was diese Betroffenen am liebsten hätten. Etliche Utilitarist/innen haben später jedoch vorgeschlagen, nicht die Maximierung des hedonistisch interpretierten Gesamtglücks, sondern die Maximierung der Befriedigung von Verlangen (*desires*) oder Präferenzen als Ziel moralisch richtigen Handelns zu verstehen. Für den Übergang vom Glücksutilitarismus zum **Präferenzutilitarismus** werden sowohl methodologische als auch normative Gründe angeführt:

Präferenzbefriedigung als Nutzen?

1. Die Intensität des erlebten Glücks Anderer – zumal einer großen Zahl – lässt sich schlecht auf kontrollierte Weise ermitteln. Für die **Feststellung von Präferenzen** durch direkte Befragungen oder durch Rückschlüsse aus tatsächlichem Verhalten stehen hingegen gut etablierte – wenngleich im Hinblick auf ihre jeweilige Aussagekraft durchaus umstrittene – Methoden zur Verfügung (für eine kritische Übersicht vgl. Sumner 1996).
2. Das **Maß der Präferenzbefriedigung** stellvertretend für die objektive Glücksmenge anzusetzen, erscheint überdies angemessen, wenn man entweder akzeptiert, dass Glück im Kern Präferenzbefriedigung ist, oder annimmt, dass Lebewesen hinreichend zuverlässig dasjenige präferieren, was sie glücklich macht.
3. Das von Bentham vertretene rein hedonistische Glücksverständnis kollidiert mit Intuitionen, die etwa durch Nozicks Gedankenexperiment der **Erlebnismaschine** (*experience machine*) mobilisiert werden können: Hätten wir die Möglichkeit, durch neurophysiologische Stimulation von Hirnarealen langfristig intensive Glückserlebnisse zu produzieren, während unser Körper faktisch in einem Wassertank treibt, würden wir uns nach Nozicks Auffassung gegen diese Möglichkeit entscheiden. Dies zeige, dass **positive Erlebnisse nicht alles sind**, das wir in unserem Leben als erstrebenswert betrachten (Nozick 1974, S. 42 ff.).
4. Die Orientierung an den Präferenzen der Betroffenen vermeidet kontroverse oder bevormundende (›paternalistische‹) Annahmen über die relative Wichtigkeit verschiedener Glücksgüter für das subjektive Wohlbefinden Anderer. Sie scheint damit auch eher der **Bedeutung persönlicher Authentizität und Autonomie** für das individuelle Glück Rechnung zu tragen als der hedonistische Glücksutilitarismus.

Probleme des Präferenzutilitarismus: Umgekehrt sieht sich jedoch auch der Präferenzutilitarismus schwerwiegenden Einwänden ausgesetzt. Einerseits scheint unplausibel, dass Präferenzbefriedigung *als solche* nicht nur ein Gut, sondern das einzige intrinsische Gut darstellt. Andererseits ist Präferenzbefriedigung nicht so eng an das (hedonistisch interpretierte) Glück gekoppelt wie häufig angenommen wird. Wir können uns in dem, was uns glücklich macht, täuschen – und wir tun dies tatsächlich ziemlich häufig (Haybron 2003). Unsere Präferenzen sind stark durch die zeitliche Entfernung möglicher Glückserfahrungen beeinflusst. Auch kann das Spektrum unserer Präferenzen und Hoffnungen unter dem Eindruck von Deprivationserfahrungen verarmen, so dass die Befriedigung unserer Präferenzen unsere Glücksmöglichkeiten nicht erschöpft. Wir können Neigungen haben, die irrelevant für unser Wohlbefinden oder diesem abträglich sind. Auch muss die Intensität unserer Verlangen nicht der Intensität des Glückserlebens entsprechen, das aus der Befriedigung dieser Verlangen entspringt (Sidgwick 1903, S. 340). Die Kontroverse zwischen Glücks- und Präferenzutilitaristen dauert gegenwärtig an. Darüber hinaus werden in der weiteren (auch nicht-utilitaristischen) Diskussion auch noch andere Ansätze vertreten; z. B. solche, die Wohlbefinden am Zugang zu bestimmten Grundgütern oder dem Vorliegen bestimmter Fähigkeiten festmachen: Crisp 2006, Kap. 4; Griffin 2000; Haybron 2013; Sen/Nussbaum 1993; Sumner 1996).

Gesamt- oder Durchschnittsnutzen: Beim klassischen Utilitarismus Benthams handelt es sich um einen Gesamtnutzenutilitarismus (GNU). Das bedeutet, dass der von der Ethik als maßgeblich ausgewiesene Nutzen sowohl dadurch erhöht werden kann, dass das Nutzenniveau bereits existierender glücksfähiger Lebewesen erhöht wird, als auch dadurch, dass die Anzahl solcher Wesen erhöht wird. Der Durchschnittsnutzenutilitarismus (DNU) fordert demgegenüber die Maximierung des durchschnittlichen Nutzenniveaus aller Betroffenen. Beide Positionen haben sowohl plausible als auch unplausible Konsequenzen, wie sich insbesondere im Hinblick auf die **Ethik des Bevölkerungswachstums** zeigt. Zu den unplausiblen Konsequenzen des GNU gehört, dass es die effizienteste Strategie zur Nutzenmaximierung und damit moralisch geboten sein könnte, die Zahl der nutzenrelevanten Lebewesen extrem zu erhöhen, selbst wenn das individuelle Nutzenniveau dieser in einer dichtbevölkerten Welt zusammengedrängten Lebewesen sehr gering wäre – was Parfit als »abstoßende Schlussfolgerung« (*repugnant conclusion*) bekannt gemacht hat (Parfit 1984, Kap. 17; Tännsjö/Ryberg 2004). Zu den extrem unplausiblen Konsequenzen des DNU gehört, dass der Durchschnittsnutzen anscheinend einfach erhöht werden kann, indem Lebewesen mit (erwartbar) unterdurchschnittlicher individueller Nutzenbilanz am Entstehen gehindert oder gar getötet werden (Henson 1971; Carson 1983). Nach Auffassung von Kritiker/innen des Utilitarismus sind beide unplausiblen Konsequenzen auf dasselbe Problem zurückzuführen: Insofern der gütermonistische Utilitarismus die Maximierung des aggregierten Nutzens oder Durchschnittsnutzens als einziges Handlungsziel postuliert, kann er auch die Existenz (oder Nichtexistenz) von nutzenfähigen Lebewesen lediglich *instrumentell* wertschätzen. Lebewesen wären demnach um des von ihnen erlebten Glücks oder der Befriedigung ihrer Präferenzen willen da, nicht umgekehrt. Diese Auffassung lässt sich mit den Annahmen unserer Alltagsmoral kaum in Einklang bringen.

Instrumenteller Wert der Existenz?

Akt- versus Regelutilitarismus

Heuristische und normative Prima-facie-Regeln

Akt-Utilitarismus und ›Daumenregeln‹: Der klassische Akt- bzw. Handlungsutilitarismus beurteilt die moralische Richtigkeit einer Handlung unmittelbar nach Maßgabe ihres konkret erwartbaren Beitrags zum Gesamtnutzen. Idealerweise müssten also alle Akteur/innen in jedem Moment sämtliche nutzenrelevanten Konsequenzen sämtlicher verfügbaren Handlungsoptionen kalkulieren. Dies ist jedoch offenbar nicht zu leisten (Hare 1981, Kap. 3). Schon Bentham selbst hält deshalb die **Orientierung an verallgemeinernden Daumenregeln** für sinnvoll. Handlungsutilitaristen wie Bentham, Smart und letztlich auch Hare verstehen solche Regeln jedoch nur **als heuristische Hilfsmittel**, die einer zeiteffizienten Annäherung an die richtige (nutzenoptimale) Handlungsoption dienen. Darüber hinaus haben diese Regeln jedoch kein normatives Gewicht. Das heißt, dass immer dann, wenn eine zuverlässigere Folgenkalkulation erweist, dass die Regelbefolgung im konkreten Einzelfall voraussichtlich suboptimal ist, das Festhalten an der betreffenden Regel moralisch falsch wäre. Objektiv richtig bleibt immer die Einzelhandlung, die den Gesamtnutzen maximiert. Der Handlungsutilitarismus versteht moralische ›Regeln‹ also nicht nur als Prima-facie-Regeln, die (im Gegensatz zu absoluten Regeln, die keinerlei Ausnahme dulden) unter Umständen zurückgestellt werden dürfen oder gegebenenfalls auch zurückgestellt werden müssen. Er versteht sie darüber hinaus auch als Prima-facie-Regeln mit rein heuristischer Funktion, nicht als Regeln mit eigenem normativem Gewicht.

Vertiefung

Heuristische und normative Prima-facie-Regeln

Der Unterschied sei am Lügenverbot illustriert: Wer das Lügenverbot als eine Prima-facie-Regel mit genuiner **normativer** Bedeutung versteht, nimmt zwar an, dass es Situation geben kann, in denen es erlaubt ist, zu lügen. Zugleich nimmt er jedoch an, dass an einer lügenhaften Handlung grundsätzliches etwas Schlechtes ist, das gewissermaßen nur aufgewogen werden, aber nie verschwinden kann. Das mag sich etwa darin äußern, dass der Belogene eine Rechtfertigung, Entschuldigung oder Kompensation fordern kann. Versteht man das Lügenverbot hingegen nur als eine **heuristische** Prima-facie-Regel, versteht man sie bloß als Grund für die Vermutung, dass die Handlung wahrscheinlich falsch ist (im Fall des Utilitarismus zum Beispiel deshalb, weil Lügen in der Mehrzahl der Fälle nicht zur Nutzenmaximierung beiträgt). Falls diese Vermutung jedoch in einer konkreten Situation nicht zutrifft, bleibt von der vermuteten moralischen Falschheit der Handlung nichts mehr übrig. In beiden Fällen sind Prima-facie-Regeln also Gründe, die möglicherweise durch andere Gründe aufgewogen werden können. Im ersten Fall handelt es sich jedoch um Sachgründe für die moralische Richtigkeit oder Falschheit einer Handlung selbst, im zweiten Fall lediglich um Erkenntnisgründe für die Annahme, dass eine Handlung richtig oder falsch ist.

5.2 Systematische Fragen und Ausblick

Regelutilitarismus: Es wird kontrovers diskutiert, ob Mill moralische Regeln nur als heuristische Daumenregeln betrachtet oder ob er ihnen eine darüber hinausgehende Rolle zugewiesen und eine regelutilitaristische Position vertreten hat (zur Diskussion West 2006). Anders als der Handlungsutilitarismus bemisst der Regelutilitarismus die moralische Richtigkeit einer konkreten Handlung nicht unmittelbar an ihrem Beitrag zur Maximierung des Gesamtnutzens. Vielmehr ist eine Handlung genau dann richtig, wenn sie einer universellen Regel folgt, die (bzw. Teil eines Systems moralischer Regeln ist, das) bei (hinreichend) allgemeiner Befolgung den Gesamtnutzen maximieren würde (Brandt 1965; Hooker 2000; zur Übersicht Hooker 2016).

> **universell – singulär / generell – spezifisch** *(Zur Vertiefung)*
> Insofern Aufforderungen oder Handlungsregeln singuläre Termini wie Eigennamen (Thea Schulz), demonstrative Ausdrücke (diese Handlung hier) oder konkrete Orts- oder Zeitangaben enthalten (»Thea Schulz ist verpflichtet, die Wahrheit zu sagen«, »Anwälte müssen in Wuppertal Schokoladeneis essen«, »Niemand darf diesem Kaninchen etwas zuleide tun«) sind sie nicht **universell**, sondern **singulär**. Diese Unterscheidung ist eine kategoriale Unterscheidung, die keine Grade zulässt. Allerdings können Handlungsregeln jeweils in mehreren Hinsichten singulär oder universell sein (z. B. bezüglich des Regeladressaten, der Handlungssituation, der Handlungsbetroffenen etc.). Insofern universelle Termini eine mehr oder weniger große Klasse von Einzeldingen unter sich befassen können, sind Handlungsregeln, insofern sie universell sind, zugleich mehr oder weniger **generell** bzw. **spezifisch** (so ist die Regel »Anwälte dürfen nicht lügen« im Hinblick auf den Normadressaten spezifischer als die Regel »Menschen dürfen nicht lügen« und weniger spezifisch als die Regel »Gelb gekleidete Anwälte dürfen nicht lügen«).
> Von **Universalisierung** wird in der Ethik in verschiedener Bedeutung gesprochen (vgl. Potter/Timmons 1985; Singer 1963; Wimmer 1980). In einem schwachen Sinn kann Universalisierung lediglich bedeuten, eine bestimmte singuläre praktische Aussage (»Ich darf dieses Stück Kuchen nehmen«) aus einer universell formulierten Regel herzuleiten, für die vom Sprecher Gültigkeit beansprucht wird (»Bei Geburtstagsfesten, bei denen für alle Teilnehmer/innen mehrere Kuchenstücke identischer Qualität zur Verfügung stehen, darf jede/r Teilnehmer/in sich ein Stück nehmen«). In einem anspruchsvolleren Sinn wird Universalisierung dort verstanden, wo zusätzlich die **universelle Zustimmungsfähigkeit (Konsensfähigkeit)** derjenigen Regel gefordert wird, aus der die singuläre Aussage herzuleiten ist (so dass die folgende Aussage wahr wäre: »Alle potentiell Betroffenen können der Regel zustimmen, dass bei Geburtstagsfeiern, bei denen für alle Teilnehmer/innen... etc.«).

Die Handlungsorientierung erfolgt hier also in einem zweistufigen Verfahren. Im ersten Schritt muss geprüft werden, welche Regeln bzw. welches Regelsystem bei (hinreichend) allgemeiner Befolgung die besten Konsequenzen hätte. Im zweiten Schritt muss die für die betreffende Handlungssituation einschlägige Regel befolgt werden. Unterschiede zwi- *(Nutzen allgemeiner Regelbefolgung)* schen verschiedenen Konzeptionen des Regelutilitarismus können sich unter anderem im Hinblick auf die Frage ergeben, ob einzelne Handlungsregeln oder gesamte Regelsysteme geprüft werden müssen, welcher Grad der Regelbefolgung als hinreichend gilt, und ob moralische Regeln als absolute Regeln oder als normative Prima-facie-Regeln verstanden werden, die genau dann, wenn ein regelkonformes Handeln dem Gesamtnutzen in gravierender Weise abträglich wäre, zurückgestellt werden dürfen. Der Regelutilitarismus scheint eher geeignet als der Handlungsutilitarismus, **allgemeine Rechte oder personale Pflichten** zu begründen. Denn die Befolgung allgemeiner Regeln die vorsehen, Versprechen zu halten, wahrhaftig zu sein, niemanden an der Äußerung seiner Meinung zu hindern, oder nur im Fall von Notwehr zu töten wäre mit hoher Wahrscheinlichkeit nutzenförderlicher als die Befolgung von Regeln, die Lügen und Vertragsbruch generell erlauben. Insofern der Regelutilitarismus die Richtigkeit von Handlungen nicht unmittelbar im Hinblick auf deren konkreten Nutzen im Einzelfall bestimmt, sondern von der Konformität mit moralischen Regeln abhängig macht, scheint er auch eher der alltagsmoralischen Intuition entgegenzukommen, dass manche Handlungen ›an sich‹ moralisch gut oder schlecht sind, d. h. aufgrund des in ihnen verkörperten Handlungs*typs*.

Handlungsutilitarismus vs. Regelfetischismus

Handlungsutilitaristische Einwände: Aus handlungsutilitaristischer Sicht erscheint der Regelutilitarismus freilich inkonsistent: Entweder müsse er fordern, dass Regeln auch dann zu befolgen sind, wenn sie nicht nutzenmaximierend seien. Das laufe jedoch auf einen **Regelfetischismus** hinaus, der unplausibel sei. Denn so lange an der Annahme festgehalten werde, dass das einzige moralisch relevante Gut im durch die Regelbefolgung produzierten Nutzen liege, sei gar nicht einzusehen, warum im Einzelfall Nutzenverzichte hingenommen oder sogar geboten sein sollten. Oder der Regelutilitarismus müsse für solche Fälle eine Orientierung direkt am Nutzenprinzip oder auch an spezifischeren, die besonderen Situationsumstände berücksichtigenden und dadurch auch bei allgemeiner Befolgung nutzenförderlicheren Regeln zulassen. Dann falle der Regelutilitarismus aber letztlich auf den Handlungsutilitarismus zurück (Lyons 1965; Smart 1973). Regelutilitaristen wie Richard B. Brandt entgegnen diesem Einwand mit dem Hinweis, dass schon aufgrund der beschränkten Kapazitäten zur Folgenkalkulation und zur Internalisierung moralischer Grundsätze Handlungsregeln benötigt werden, die einfach zu behalten sind und eine rasche und eindeutige Orientierung ermöglichen. Fraglich ist allerdings, ob mit solchen pragmatischen Argumenten Regeln begründet werden können, die mehr als einen *heuristischen* Wert haben – Regeln, die ein eigenes normatives Gewicht haben, das im Einzelfall auch *gegen* Nutzenerwägungen in die Waagschale geworfen werden kann. Wäre das nicht der Fall, bestünde zwischen Regel- und einem aus pragmatischen Gründen mit (je nach kognitiven Kapazitäten mehr oder weniger komplexen; vgl. Hare 1981) Daumenregeln ausgestatteten Handlungsutilitarismus tatsächlich kein Unterschied.

Regelutilitarismus als Mischtheorie: Letztlich scheint der Regelutilitarismus eine instabile Position zu beziehen. Denn so lange er an der gütermonistischen Annahme festhält, dass Moral letztlich ausschließlich am

Ziel der Nutzenmaximierung orientiert ist, scheint er nicht begründen zu können, **warum die Befolgung moralischer Regeln als solche richtig oder wertvoll sein sollte**. Auch den moralischen Regeln bzw. der Regelbefolgung könnte er dann nur einen instrumentellen Wert zuschreiben. Auch der Umstand, dass allein durch die Orientierung an Regeln soziales Vertrauen etabliert oder eine effiziente soziale Handlungskoordination ermöglicht wird, bezöge seine Kraft aus der Tatsache, dass Vertrauen und soziale Handlungskoordination wiederum der Nutzenmaximierung dienen. Auf dieser Basis ließe sich jedoch nicht begründen, dass wir uns auch dann an Regeln halten sollen, wenn wir entweder sicher sein können, dass ein in der konkreten Handlungssituation nutzenmaximierender Regelverstoß unentdeckt bliebe oder die relative Gefährdung von Vertrauen und Erwartungssicherheit durch den konkreten Nutzengewinn des Regelverstoßes überkompensiert würden. Die Annahme, dass der Regelbefolgung ein eigenes moralisches Gewicht zukommt, das sich in ihrem instrumentellen Beitrag zur Nutzenmaximierung nicht erschöpft, wäre unvereinbar mit dem strikten Gütermonismus, wie er vom klassischen Utilitarismus vertreten wird. Sie scheint sich eher aus nicht-konsequentialistischen Intuitionen zu speisen. Der Regelutilitarismus lässt sich insofern am ehesten als eine **Mischtheorie** verstehen, die sich bemüht, widerstreitende Intuitionen zu vereinbaren, ohne sie jedoch aus einer gemeinsamen Grundlage herleiten zu können.

Ausblick: Der Utilitarismus ist im Kern eine einfache Theorie. Dem klassischen (Handlungs-, Glücks- und Gesamtnutzen-)Utilitarismus zufolge ist eine Handlung genau dann moralisch richtig, wenn sie den größtmöglichen Beitrag zum subjektiven Wohlbefinden aller betroffenen Wesen liefert. Da die Richtigkeit aller Handlungen an einem einzigen Prinzip zu bemessen ist, können sich keine Normenkonflikte ergeben. Da das utilitaristische Moralprinzip zudem nur einen einzigen intrinsischen Wert anerkennt (subjektives Wohlbefinden), sind Entscheidungsprobleme durch inkommensurable Werte ebenfalls ausgeschlossen. Der klassische Handlungsutilitarismus besticht durch konzeptionelle Klarheit und theoretische Sparsamkeit. Wertmonismus, interindividuelle Nutzenaggregation und teleologische Struktur der Theorie sorgen zusammengenommen dafür, dass sich alle moralischen Probleme in Optimierungsaufgaben übersetzen lassen. Diese Merkmale erleichtern auch die Kooperation zwischen utilitaristischer Ethik, Spieltheorie und Ökonomie. Damit erklären sie zu einem guten Teil auch den großen und andauernden Einfluss utilitaristischen Denkens. Mit der theoretischen Sparsamkeit und Klarheit der Grundlagen des klassischen Utilitarismus geht freilich eine Reihe anwendungsbezogener Fragen einher. Einige seiner praktischen Implikationen sind mit weit verbreiteten moralischen Intuitionen kaum vereinbar oder erscheinen gar anstößig. Dies gilt vor allem für die möglichen Konsequenzen der Indifferenz des utilitaristischen Maximierungsgedankens gegenüber der interindividuellen Verteilung von Nutzen und Schaden. Fraglich erscheint auch, ob der utilitaristische Konsequentialismus den normativen Ansprüchen basaler Rechte, der persönlichen Integrität, Authentizität und Verantwortlichkeit angemessen Rechnung tragen kann.

5 Ansätze des Utilitarismus

Die moralphilosophische Diskussion hat allerdings zu einer erheblichen Diversifizierung utilitaristischer Ethiken beigetragen, die Allgemeinaussagen über ›den‹ Utilitarismus nur bedingt sinnvoll erscheinen lässt. Auch wenn sich der Utilitarismus heute kaum mehr als geschlossene politische Reformbewegung präsentiert, sind utilitaristische Überlegungen und Modelle weiterhin von großer Bedeutung auch über die moralphilosophische Fachdiskussion hinaus; insbesondere in der Ökonomie und in politischen Planungskontexten. Die grundsätzlichen Einwände gegen den Utilitarismus sind jedoch nie verstummt. Ein Ansatz, der explizit als Gegenentwurf zum Utilitarismus konzipiert wurde, wird im übernächsten Kapitel behandelt (siehe Kap. 7).

Siglenverzeichnis
SEP – Stanford Encyclopedia of Philosophy (Zalta)

Einführende Literatur
Birnbacher, Dieter: Utilitarismus. In: Düwell, Marcus/Hübenthal, Christoph/Werner, Micha H. (Hrsg.): Handbuch Ethik. Stuttgart/Weimar 2011, S. 95–107.
Birnbacher, Dieter: Analytische Einführung in die Ethik. Berlin/New York ^{3}2013, insbes. Kap. 5–7.
Crimmins, James E. (Hrsg.): The Bloomsbury Encyclopedia of Utilitarianism. London/New York ^{2}2017.
Eggleston, Ben/Miller, Dale E. (Hrsg.): The Cambridge Companion to Utilitarianism. Cambridge/New York 2014.
Mill, John St.: Utilitarianism. In: Ders.: Collected Works. Toronto 1963 ff., Bd. 10, S. 203–259.
Nida-Rümelin, Julian: Kritik des Konsequentialismus. München 1993.
Scarre, Geoffrey: Utilitarianism. London/New York 1996.
Sidgwick, Henry: The Methods of Ethics. London ^{7}1907.
Singer, Peter: Practical Ethics. Cambridge/New York ^{3}2011.
Smart, J. J. C./Williams, Bernard: Utilitarianism: For and Against. Cambridge 1973.

Zitierte und weiterführende Literatur
Ashford, Elizabeth: »Utilitarianism, Integrity, and Partiality«. In: The Journal of Philosophy 97/8 (2000), S. 421–439.
Bentham, Jeremy: The Rationale of Reward. London 1830.
Bentham, Jeremy: An Introduction to the Principles of Morals and Legislation [1789]. Oxford 1907.
Brandt, Richard B.: »Toward a Credible Form of Utilitarianism«. In: Castañeda, Hector-Neri/Nakhnikian, George (Hrsg.): Morality and the Language of Conduct. Detroit 1965, S. 107–143.
Carson, Thomas L.: »Utilitarianism and the Wrongness of Killing«. In: Erkenntnis 20/1 (1983), S. 49–60.
Copp, David (Hrsg.): The Oxford Handbook of Ethical Theory. Oxford 2006.
Crisp, Roger: Reasons and the Good. Oxford/New York 2006.
Gert, Bernard: Morality: Its Nature and Justification. New York/Oxford 1998.
Griffin, James: Well-Being: It's Meaning, Measurement and Moral Importance. Oxford/New York 2000.
Hare, Richard M.: Moral Thinking: Its Levels, Method, and Point. Oxford/New York 1981.
Haybron, Daniel M.: The Pursuit of Unhappiness: The Elusive Psychology of Well-Being. Oxford 2008.
Haybron, Daniel M.: Happiness: A Very Short Introduction. Oxford/New York 2013.

Henson, Richard G.: »Utilitarianism and the Wrongness of Killing«. In: The Philosophical Review 80/3 (1971), S. 320–337.
Hooker, Brad: Ideal Code, Real World: A Rule-Consequentialist Theory of Morality. Oxford/New York 2000.
Hooker, Brad: »Rule Consequentialism«. In: SEP 2016.
Knight, Frank H: Risk, Uncertainty, and Profit. Boston 1921.
Kymlicka, Will: Contemporary Political Philosophy: An Introduction. Oxford/New York 2002.
Lyons, David: Forms and Limits of Utilitarianism. New York/Oxford 1965.
Mill, John St.: Collected Works. Toronto 1963 ff.
Moore, George E.: Principia Ethica [1902]. Cambridge ^{8}1959.
Moseley, Daniel D.: »Revisiting Williams on Integrity«. In: The Journal of Value Inquiry 48/1 (2014), S. 53–68.
Nozick, Robert: Anarchy, State, and Utopia. New York 1974.
Parfit, Derek: Reasons and Persons. Oxford 1984.
Pettit, Philip: »Analytical Philosophy«. In: Goodin, Robert E./Pettit Philip/Pogge, Thomas (Hrsg.): A Companion to Contemporary Political Philosophy. Malden MA 1993, S. 5–35.
Potter, Nelson T./Timmons, Mark: Morality and Universality: Essays on Ethical Universalizability. Dordrecht u. a. 1985.
Sayre-McCord, Geoffrey: »Mill's ›Proof‹ of the Principle of Utility: A More than Half-Hearted Defense«. In: Social Philosophy and Policy 18/2 (2001), S. 330–360.
Sen, Amartya/Nussbaum, Martha: The Quality of Life. Oxford/New York 1993.
Shaw, William H.: Contemporary Ethics: Taking Account of Utilitarianism. Malden/Oxford 1999.
Sidgwick, Henry: Lectures on the Ethics of T. H. Green, Mr. Herbert Spencer, and J. Martineau. London 1903.
Singer, Marcus G.: Generalization in Ethics: An Essay in the Logic of Ethics, with the Rudiments of a System of Moral Philosophy. London 1963.
Slote, Michael/Pettit Philip: »Satisficing Consequentialism«. In: Proceedings of the Aristotelian Society 58 (1984), S. 139–163.
Smart, J. J. C.: »An Outline of a System of Utilitarian Ethics«. In: Smart, J. J. C./Williams, Bernard: Utilitarianism: For and Against. Cambridge 1973, S. 3–74.
Sumner, L. W.: Welfare, Happiness, and Ethics. Oxford/New York 1996.
Tännsjö, Torbjorn/Ryberg, Jesper (Hrsg.): The Repugnant Conclusion: Essays on Population Ethics. Dordrecht u. a. 2004, S. 7–22.
Walker, A. D. M.: »Negative Utilitarianism«. In: Mind 83/331 (1974), S. 424–428.
West, Henry R. (Hrsg.): The Blackwell Guide to Mill's Utilitarianism. Malden/Oxford 2006.
Williams, Bernard: »A Critique of Utilitarianism«. In: Smart, J. J. C./Williams, Bernard: Utilitarianism: For and Against. Cambridge 1973, S. 73–150.
Wimmer, Reiner: Universalisierung in der Ethik: Analyse, Kritik und Rekonstruktion ethischer Rationalitätsansprüche. Frankfurt a. M. 1980.
Zalta, Edward N. (Hrsg.): The Stanford Encyclopedia of Philosophy. In: https://plato.stanford.edu/.

Open Access Dieses Kapitel wird unter der Creative Commons Namensnennung 4.0 International Lizenz (http://creativecommons.org/licenses/by/4.0/deed.de) veröffentlicht, welche die Nutzung, Vervielfältigung, Bearbeitung, Verbreitung und Wiedergabe in jeglichem Medium und Format erlaubt, sofern Sie den/die ursprünglichen Autor(en) und die Quelle ordnungsgemäß nennen, einen Link zur Creative Commons Lizenz beifügen und angeben, ob Änderungen vorgenommen wurden.

Die in diesem Kapitel enthaltenen Bilder und sonstiges Drittmaterial unterliegen ebenfalls der genannten Creative Commons Lizenz, sofern sich aus der Abbildungslegende nichts anderes ergibt. Sofern das betreffende Material nicht unter der genannten Creative Commons Lizenz steht und die betreffende Handlung nicht nach gesetzlichen Vorschriften erlaubt ist, ist für die oben aufgeführten Weiterverwendungen des Materials die Einwilligung des jeweiligen Rechteinhabers einzuholen.

6 Befreit Moral? Immanuel Kants autonomieorientierte Ethik

6.1 Der Kategorische Imperativ und seine Anwendung
6.2 Einwände und Schwierigkeiten
6.3 Versuch einer plausiblen Deutung der kantischen Ethik
6.4 Philosophischer Kontext und Ausblick

Moralphilosophischer Empirismus: Die bisherige Darstellung neuzeitlicher Ethik war hinsichtlich der repräsentierten philosophischen Strömungen einseitig: Unter den neuzeitlichen Autoren wurden ausschließlich Vertreter des **Empirismus** in den Blick genommen (zur Unterscheidung zwischen Empirismus und Rationalismus siehe Kap. 3.1). Sie teilen (will man sie nicht gar als Vernunftskeptiker interpretieren) ein **instrumentelles Verständnis der praktischen Vernunft**. Entsprechend bleiben ihnen im Hinblick auf die Interpretation der Moral nur zwei Optionen: Entweder sie halten an der traditionell angenommenen Verbindung zwischen Moral und Vernunft fest und interpretieren auch die Moral selbst instrumentell. Oder sie schwächen die Verbindung zwischen Moral und Vernunft ab und weisen der Moral (zusätzlich) eine andere Grundlage zu. Den ersten Weg gehen Vertragstheoretiker/innen wie Hobbes und die Utilitaristen. Den zweiten Weg gehen Moral-Sense-Theoretiker/innen, die moralische Unterscheidungen in Gefühlen begründet sehen. Hume steht sozusagen mit je einem Fuß in beiden Lagern, denn seine Moralphilosophie kombiniert natürliche Tugenden, die unmittelbarer Ausdruck emotionaler Einstellungen sind, mit künstlichen Tugenden, die primär einem institutionell umgelenkten rationalen Eigeninteresse entstammen.

Probleme des ethischen Instrumentalismus: An den bislang betrachteten Ansätzen lassen sich zudem generelle Schwierigkeiten des Empirismus ablesen. Instrumentalistische Theorien sind grundsätzlich nicht imstande, uns auf die *letzten* Ziele unseres Handelns zu verpflichten. Denn letzte Ziele können nicht wiederum instrumentell begründet werden. Soweit instrumentalistische Ethiken letzte Ziele nicht einfach als Gegenstand a-rationaler Willkürentscheidungen verstehen wollen (**Dezisionismus**), sollten sie diese Ziele zumindest als ohnehin unkontrovers oder jedenfalls als im Wesentlichen plausibel und unproblematisch ausweisen. Aber gibt es wirklich unkontroverse Vorschläge für letzte Ziele? Ist beispielsweise die Maximierung des subjektiven Wohlbefindens aller empfindungsfähigen Wesen ein unkontroverses Ziel? Und wenn es dies tatsächlich wäre – würde eine weitgehende *faktische* Übereinstimmung bezüglich dieses Ziels ausreichen, um auch moralische Verpflichtungen, Schuldzuschreibungen und gegebenenfalls sogar schmerzhafte Sanktionen zu rechtfertigen?

Probleme der Moral-Sense-Theorien: Ähnliche Fragen stellen sich auch im Hinblick auf die sentimentalistischen Theorien: Gibt es hinrei-

Begründung »letzter« Ziele?

chend große Ähnlichkeiten und hinreichend große Stabilität in unserem Gefühlsleben, um darauf eine Moraltheorie zu begründen? Entspricht eine auf unsere ›natürlichen‹ Gefühlstendenzen begründete Moral demjenigen, was wir als gültige Moral anzuerkennen bereit sind? Angenommen, der Inhalt der Moral ließe sich tatsächlich aus unserem Gefühlsleben herleiten – könnten wir auf dieser Grundlage moralische Vorschriften, Verantwortung und Schuld zuschreiben? Wären wir dann nicht vielmehr zu der Annahme genötigt, dass diejenigen, die moralische Erwartungen verletzen, letztlich an einer emotionalen Störung leiden und müssten wir dementsprechend nicht psychotherapeutische Interventionen an die Stelle moralischer Kritik setzen? Sowohl in seiner instrumentalistischen wie in seiner sentimentalistischen Variante fällt es dem Empirismus offenbar schwer, die **Normativität moralischer Erwartungen** auf Begriffe zu bringen. Freilich könnte es sein, dass sich Normativität ohnehin schwer oder gar nicht philosophisch fassen lässt. Es gibt jedoch auch Gründe für die Vermutung, dass der Empirismus – jedenfalls in den bislang vorgestellten Ansätzen – von vornherein einen Zugang zum Phänomen der menschlichen Praxis wählt, der Normativität gar nicht erst in den Blick geraten lässt. Um diese Vermutung plausibel zu machen, sei etwas weiter zurückgegriffen.

Von der Kontemplation zum Experiment

Rückblick: Die primäre Erkenntnishaltung der antiken Naturphilosophie und Metaphysik war die der kontemplativen Betrachtung. *Theoria* bedeutet eigentlich Schau. Gegenstand der Kontemplation war die freie, ungebundene Natur, nicht die unter kontrollierten Bedingungen experimentell untersuchte Natur. Unterschiede zwischen der Naturerkenntnis und der Erkenntnis der menschlichen Praxis sieht Aristoteles vor allem im Hinblick auf die Variabilität des Gegenstandes. In beiden Bereichen meint er jedoch dieselben Strukturen zweckgerichteter Wirksamkeit zu entdecken. Der spätmittelalterliche Nominalismus unterminiert die Basis der teleologischen Wesensphilosophie. An die Stelle der theoretischen Schau, die in der kontemplativen Betrachtung freier Natur deren Wesen zu entschlüsseln sucht, tritt eine aktiv ins Naturgeschehen eingreifende **experimentelle Naturforschung**. Die neuzeitliche Naturwissenschaft untersucht, wie vor allem Francis Bacon hervorhebt, nicht die freie, sondern die zielgerichtet manipulierte Natur. An dieser objektivierten, unter kontrollierten Bedingungen untersuchten Natur lässt sich die Annahme der Wirksamkeit von Entelechien nicht bestätigen. Stattdessen lassen sich der Natur ihre kausalen Gesetzmäßigkeiten entreißen. Die Methode der experimentellen Naturwissenschaft basiert auf der Hypothese, dass sich alle Naturprozesse rein kausal aus vorausliegenden Ursachen erklären lassen.

Praxisvergessenheit des Empirismus: Die Wissenschaftspraxis des neuzeitlichen Empirismus hat insofern die passive, kontemplative Erkenntnisform der antiken *Theoria*-Tradition hinter sich gelassen. Allerdings wird die aktive Rolle, die der Experimentator im Erkenntnisprozess durch seine zielgerichteten Interventionen in Naturzusammenhänge spielt, in den erkenntnistheoretischen Überlegungen des neuzeitlichen Empirismus nur begrenzt reflektiert. Hume blendet die aktiven gegenstandskonstitutiven Leistungen des Erkenntnissubjekts weitgehend aus (abgesehen nur von der Wirksamkeit psychologischer Assoziationsmechanismen bei der Kombination von Eindrücken). Er entwickelt seine Erkenntnistheorie gleichsam aus der Perspektive eines Kinozuschauers, hinter dessen Rücken ohne sein Zutun der Film seiner Erfahrungen abgespult wird. Das führt paradoxerweise dazu, dass einerseits sogar Kausalität selbst fragwürdig wird, weil dasjenige, was einem passiven Beobachter erscheint, der die eigenen geplanten Interventionen in den Weltverlauf ausblendet, immer nur die zeitliche Abfolge von Phänomenen, aber niemals das Wirksamwerden irgendeiner kausalen Kraft ist. Andererseits will Hume gleichwohl auch noch den Bereich der menschlichen Praxis und des menschlichen Gefühlslebens nach dem Muster *kausal erklärbarer* Naturphänomene interpretieren. Er vergleicht, wie schon erwähnt, seine Herangehensweise mit der eines Anatomen, der die Strukturen unseres Gefühlslebens ausmisst, um dessen Funktionsweise zu erklären, und rechnet es sich als Verdienst an, auch die Moral zum Gegenstand der experimentellen Untersuchung und Beobachtung zu machen, nachdem sich diese Methode auf dem Gebiet der Naturforschung bereits hundert Jahre früher durchgesetzt habe (Hume 2007, 1.Intr.7, S. 4 f.). In der Perspektive von Empirist/innen wie Hume (und bereits Hobbes) wird mithin auch das menschliche Handeln zu einem Naturprozess, in dem unsere Verlangen die Rolle von ›Triebfedern‹ spielen, die, nach Maßgabe mehr oder weniger korrekter Annahmen über die Außenwelt und vermittelt durch die Hebel, Seilzüge und Umlenkrollen einer rein instrumentellen Vernunft, unser Verhalten in Bewegung setzen.

Mechanistische Psychologie

Erklärungsperspektive und Deliberationsperspektive: In dieser auf quasi-naturwissenschaftliche Erklärung observierter Gefühle, Entscheidungen oder Handlungen gerichteten Perspektive kann praktische Freiheit nun aber ebenso wenig in den Blick geraten wie eigentlich – Humes eigener Einsicht zufolge – Kausalität. Es ist damit auch nicht die Perspektive, in der die Normativität praktischer Gründe sichtbar werden kann. Denn die Frage, ob ein vermeintlicher Handlungsgrund tatsächlich ein guter Grund für eine bestimmte Handlung ist, stellt sich uns ausschließlich in der Perspektive von **Teilnehmer/innen eines deliberativen Prozesses, die den Horizont ihres Handelns als offen erfahren**. Die deliberative Perspektive unterscheidet sich damit strukturell von der Perspektive erklärender Naturbeobachtung. Insbesondere interpretieren wir unsere eigenen **Neigungen und Verlangen** (ebenso wie die an uns gerichteten Verlangen anderer Personen) in der deliberativen Perspektive nicht als Naturkräfte, die durch uns wie durch ein Räderwerk hindurchwirken. Wir begreifen sie vielmehr **als (implizite) Ansprüche auf Berücksichtigung**, zwischen denen wir abwägen und denen wir uns gegebenenfalls auch verweigern können. Selbst dort, wo wir nachträglich die Stichhaltigkeit von Handlungsgründen bewerten, nehmen wir virtuell diese deliberative Perspektive ein.

6 Immanuel Kants autonomieorientierte Ethik

Tipp

Kant lesen

Zitiert wird Kant meist nach der Akademieausgabe. Sie ist weiterhin im Druck und zudem in Gestalt des **Bonner Kant-Korpus** auch in elektronischer Form frei und mit praktischer Suchfunktion verfügbar (https://korpora.zim.uni-duisburg-essen.de/kant/). Auf zentrale Werke Kants wird häufig durch Siglen verwiesen, so auch im Folgenden; siehe das Verzeichnis am Ende des Kapitels.

Raum für Freiheit und Moralität

Kants Abkehr vom kontemplativen Erkenntnisideal: Kants kritische Philosophie zielt darauf, Empirismus und Rationalismus miteinander zu vermitteln und dadurch auch hartnäckige philosophische Probleme als Probleme verständlich zu machen, die durch die Struktur und die Grenzen unseres Erkenntnisvermögens bedingt sind. Die spezifische Form der kantischen Vermittlung von Empirismus und Rationalismus rückt einen weiteren Schritt vom erkenntnistheoretischen Modell passiver Kontemplation ab. Kant betrachtet **Erkenntnis als Tätigkeit**, die die Welt, soweit sie für uns zur Erscheinung kommt, wesentlich prägt. In seiner Transzendentalphilosophie soll die Vernunfttätigkeit selbstreflexiv ihr eigenes Funktionieren aufklären und ihre eigenen Grenzen ausmessen. Dadurch soll auch Raum für die Möglichkeit praktischer Freiheit und Moralität geschaffen werden. Im Interesse eines möglichst einfachen Zugangs werden die tieferen philosophischen Grundlagen der kantischen Ethik allerdings zunächst zurückgestellt. Die Darstellung wird sich im ersten Schritt ganz auf eine der Formulierungen des von Kant vorgeschlagenen Moralprinzips beschränken. In einem zweiten Schritt werden einige miteinander verhakte Interpretationsprobleme und Komplikationen untersucht, die sich bei dem Versuch der praktischen Orientierung an diesem Moralprinzip ergeben. Erst im Anschluss daran wird knapp auf den größeren Kontext der kantischen Philosophie Bezug genommen.

6.1 | Der Kategorische Imperativ und seine Anwendung

Der gute Wille: Der Hauptteil von Kants 1785 erschienener Schrift *Grundlegung zur Metaphysik der Sitten* (GMS) beginnt mit folgender, häufig zitierter Passage:

GMS, S. 393

»Es ist überall nichts in der Welt, ja überhaupt auch außer derselben zu denken möglich, was ohne Einschränkung für gut könnte gehalten werden, als allein ein guter Wille. Verstand, Witz, Urtheilskraft und wie die *Talente* des Geistes sonst heißen mögen, oder Muth, Entschlossenheit, Beharrlichkeit im Vorsatze als Eigenschaften des *Temperaments* sind ohne Zweifel in mancher Absicht gut und wünschenswerth; aber sie können auch äußerst böse und schädlich werden, wenn der Wille, der von diesen Naturgaben Gebrauch machen soll und dessen eigenthümliche Beschaffenheit darum *Charakter* heißt, nicht gut ist. Mit den *Glücksgaben* ist es eben so bewandt. Macht, Reichthum, Ehre, selbst Gesundheit und das ganze Wohlbefinden und Zufriedenheit mit seinem Zustande unter dem Namen der *Glückseligkeit* machen Muth und hiedurch öfters auch Übermuth, wo nicht ein guter Wille da ist, der den Einfluß derselben aufs Gemüth und hiemit auch das ganze Princip zu handeln berichtige und allgemein=zweckmäßig mache; ohne zu erwähnen, daß ein vernünftiger unparteiischer Zuschauer sogar am Anblicke eines ununterbrochenen Wohlergehens eines Wesens, das kein Zug eines reinen und guten Willens ziert, nimmermehr ein Wohlgefallen haben kann, und so der gute Wille die unerläßliche Bedingung selbst der Würdigkeit glücklich zu sein auszumachen scheint.«

Diese Passage lässt erkennen, worin Kant den **Gegenstand der moralischen Beurteilung** erblickt: Es ist der **Wille** einer Person, der letztlich als moralisch gut oder böse zu beurteilen ist. Kant unterscheidet klar zwischen der äußeren Richtigkeit der Handlung, die er später auch »Legalität« nennt (KpV, S. 71 f.), und ihrer Moralität. Eine Handlung – oder genauer: der sie regierende Wille – ist nur dann moralisch gut, wenn nicht nur **pflichtgemäß**, sondern auch **aus Pflicht** bzw. aus **Achtung vor dem (Moral-)Gesetz** gehandelt wird. Hinsichtlich des Gegenstandes der moralischen Beurteilung stimmt Kant also in gewissem Umfang mit Hume überein. Auch in Kants Verständnis zielt die moralische Beurteilung wesentlich auf den subjektiven Willen bzw. den Charakter, für den die Handlungen einer Person lediglich Indizien liefern. Auch durch die Bezugnahme auf die Figur des unparteiischen Zuschauers knüpft Kant explizit an die Moral-sense-Tradition an. Zugleich macht die Passage jedoch eine wesentliche Differenz, nicht nur zum Eudaimonismus antiker Tugendethiken, sondern auch zur humeschen Tugendethik deutlich. Denn den natürlichen Tugenden Humes liegen tatsächlich »Eigenschaften des *Temperaments*« zugrunde; Eigenschaften also, die nach Kants Auffassung als bloße »Naturgaben« stets ambivalent bleiben und nur durch die Leitung des »reinen und guten Willens« veredelt werden können. Für die Moral kommt es **nicht auf das natürliche Temperament, sondern allein auf den selbstbestimmten Willen** einer Person an.

Wesen des Kategorischen Imperativs: Was aber dient als Kriterium des »reinen und guten Willens«? Ebenso wie der Utilitarismus postuliert Kant ein **oberstes Moralprinzip**, an dem sich der Wille orientieren soll. Kant nennt dieses Prinzip den **Kategorischen Imperativ**. Kant sucht zu zeigen, dass das Moralprinzip ein notwendiges Prinzip der praktischen Vernunft darstellt. Praktische Vernunft ist nach Kants Auffassung also nicht nur instrumentelle Vernunft; sie ist nicht auf die Beurteilung von Mitteln für gegebene Zwecke beschränkt und daher auch nicht (wie von Hume angenommen) ›steril‹. Sie enthält vielmehr (genauer: konstituiert sich selbst als praktische Vernunft durch) ein praktisches Prinzip, das (in Verbindung mit unseren Maximen, s. u.) selbst handlungsorientierende Kraft hat. Weil wir Menschen nicht immer schon von Natur aus vollkommen vernünftig handeln, nimmt dieses Prinzip für uns den Charakter einer normativen Forderung – eines **Imperativ**s – an. **Kategorisch** nennt Kant einen Imperativ genau dann, wenn seine Verbindlichkeit unabhängig davon besteht, ob seine Befolgung den Wünschen oder Interessen des Ad-

Verhältnis zu Hume

ressaten entgegenkommt. In diesem spezifischen Sinn sind Kategorische Imperative ›unbedingt‹. **Hypothetische Imperative** drücken hingegen nur aus, was Adressat/innen tun müssen, *soweit* sie bestimmte Ziele verfolgen.

Imperative		
hypothetische		kategorische
technische	pragmatische	moralische
Regeln der Geschicklichkeit	Ratschläge der Klugheit	Gebote der Sittlichkeit
Wie erreiche ich (effizient), Ziel Z?	Wie lebe ich glücklich?	Was muss ich unbedingt tun und lassen?

Unbedingtheit der Moral

Dabei unterscheidet Kant noch einmal zwischen zwei Arten hypothetischer Imperative: **Technische Imperative** geben Bedingungen für die Erreichung beliebiger Ziele an, die Menschen verfolgen mögen oder auch nicht. **Pragmatische Imperative** geben demgegenüber Orientierungen für ein gutes und glückliches Leben der Akteurin oder des Akteurs. Sie sind damit auf ein Ziel gerichtet, das nach Kants (wie nach Aristoteles') Auffassung alle Menschen tatsächlich verfolgen, das allerdings inhaltlich nicht klar umrissen ist. Kant nennt die technischen Imperative auch »Regeln der Geschicklichkeit«, die pragmatischen auch »Ratschläge der Klugheit« (GMS, S. 416). Darin drückt sich eine gewisse Unsicherheit aus, ob der Begriff »Imperativ« in Bezug auf die hypothetischen Imperative angemessen ist. Denn da hypothetische Imperative letztlich »gar nicht gebieten, d. i. Handlungen objektiv als praktisch-*notwendig* darstellen« handele es sich eher um »Anrathungen (*consislia*) als Gebote (*praecepta*) der Vernunft« (GMS, S. 418). Die **unbedingte (kategorische) Verbindlichkeit** ist für Kant ein wesentliches Merkmal moralischer Forderungen. Darin liegt eine klare Absage an den Instrumentalismus, der letztlich immer nur »Regeln der Geschicklichkeit« begründen kann, wie an den Eudaimonismus, der sich mit »Ratschlägen der Klugheit« begnügt. Folgt man Kant, so berührt beides den Bereich der Moral noch gar nicht. Denn das Wesen der Moral ist nicht durch bestimmte Inhalte, sondern eben durch ihren unbedingten Verbindlichkeitsanspruch definiert.

Die Gesetzesformel des Kategorischen Imperativs: In der *Grundlegung* schlägt Kant zwar unterschiedliche Formulierungen des Kategorischen Imperativs vor, die in der Sekundärliteratur zu verschiedenen ›Formeln‹ zusammengefasst werden. Er vertritt jedoch die Auffassung, dass alle Formulierungen im Hinblick auf die durch das Prinzip erhobenen Forderungen äquivalent sind. Eine der Formulierungen der sogenannten Gesetzesformel des Kategorischen Imperativs lautet:

GMS, S. 402

»[I]ch soll niemals anders verfahren als so, *daß ich auch wollen könne, meine Maxime solle ein allgemeines Gesetz werden*.«

Maximen und Gesetze: Wie können wir uns die Orientierung an diesem Prinzip vorstellen? Anders als etwa das Moralprinzip des Handlungsutilitarismus schreibt der Kategorische Imperativ nicht unmittelbar ein be-

6.1 Der Kategorische Imperativ und seine Anwendung

stimmtes Handlungsziel vor, an dem das Handeln sich direkt orientieren soll. Vielmehr ist die Orientierung am Kategorischen Imperativ auf eine noch näher zu klärende Weise über Zwischenprinzipien vermittelt, die Kant **Maximen** nennt. Die Maximen sind es wiederum, die dem Handeln eine bestimmte Ausrichtung geben. In dieser Mehrstufigkeit der moralischen Orientierung scheint einerseits eine gewisse Parallele zum Regelutilitarismus zu liegen. Dass Kant die moralische Beurteilung nicht unmittelbar auf Handlungen, sondern auf die Maximen bezieht, entspricht aber anderseits auch seiner Auffassung, dass der Wille der eigentliche Gegenstand der moralischen Beurteilung ist. Die Maximen sind nämlich nicht einfach nur Handlungsregeln, denen das Handeln einer Person (möglicherweise rein zufällig) entsprechen könnte. Vielmehr sind sie dasjenige, was den Willen einer Person wesentlich bestimmt (Höffe 1977, S. 367). Es sind allgemeine Grundsätze, an denen sich Personen in ihrem Handeln orientieren, die für diese Personen also **generelle Handlungsgründe** darstellen. In der *Grundlegung* finden sich mehrere Beispiele für solche Grundsätze. Eine der Maximen, die Kant als Beispiel anführt, lautet etwa: »Wenn ich mich in Geldnoth zu sein glaube, so will ich Geld borgen und versprechen, es zu bezahlen, ob ich gleich weiß, es werde niemals geschehen« (GMS, S. 422). Ebenso könne es »sich jemand zur Maxime machen, keine Beleidigung ungeracht zu erdulden« (KpV, S. 19) oder sich »alle Mittel des Wohllebens in der Absicht auf den Genuß anzuschaffen und zu erhalten« (MdS, S. 432). Kant definiert die Maximen als **subjektive Handlungsprinzipien**. Mit der Kennzeichnung der Maximen als *subjektiv* will Kant ausdrücken, dass noch nicht ausgemacht ist, ob die Maximen auch als allgemeingültige und in diesem Sinne *objektive* Handlungsgrundsätze gerechtfertigt werden können. Objektive Handlungsprinzipien nennt Kant **Gesetze**.

Maximen und Gesetze

Das Moralprinzip als ›Maximenfilter‹: Auf welche Weise gelangen wir nun **von subjektiven Maximen zu objektiven praktischen Gesetzen**? Anders als das Prinzip »Maximiere das Glück aller Lebewesen!« legt uns der Kategorische Imperativ nicht direkt auf *Inhalte* unseres Handelns fest. Kant betont, dass es sich beim Kategorischen Imperativ um ein **rein formales Moralprinzip** handelt. Die Funktionsweise dieses Prinzips lässt sich mit dem Bild eines **Maximenfilters** erläutern. Maximen, die den Filter passieren, sind moralisch akzeptabel; wir dürfen sie verfolgen. Maximen, die den Filter nicht passieren, sind unmoralisch; wir dürfen uns nicht an ihnen orientieren. Durch den Test von Maximen, die wir uns ›vormoralisch‹ zu eigen gemacht haben oder zu eigen machen könnten, gelangen wir also einerseits zu moralischen **Erlaubnissen**, andererseits zu moralischen **Verboten**. Falls es zu dem Verbotenen nur eine einzige Alternative gibt, können wir daraus indirekt auch **Gebote** gewinnen (da es verboten ist, Verträge zu brechen, ist es geboten, Verträge einzuhalten).

Zweistufiger Maximentest: Um eine meiner (möglichen) Maximen am Kategorischen Imperativ zu testen, muss ich mich fragen, ob ich wollen kann, dass sich *alle* Personen in *allen* vergleichbaren Situationen an derjenigen Maxime orientieren, auf deren Grundlage ich zu handeln erwäge. Wenn dies der Fall ist, darf ich mir diese Maxime zu eigen machen (bzw.

darf sie beibehalten), anderenfalls nicht. Dabei lassen sich, bleibt man im Bild des Maximenfilters, gewissermaßen zwei Filterstufen unterscheiden:

GMS, S. 424

»Einige Handlungen sind so beschaffen, daß ihre Maxime ohne Widerspruch nicht einmal als allgemeines Naturgesetz *gedacht* werden kann; weit gefehlt, daß man noch *wollen* könne, es *sollte* ein solches werden. Bei anderen ist zwar jene Unmöglichkeit nicht anzutreffen, aber es ist doch unmöglich zu *wollen*, daß ihre Maxime zur Allgemeinheit eines Naturgesetzes erhoben werde, weil ein solcher Wille sich selbst widersprechen würde.«

Mehrstufiger Maximentest

Die Beantwortung der Frage, ob wir eine bestimmte Maxime als allgemeines Gesetz wollen können, muss demnach in zwei Schritten erfolgen. Wir prüfen zunächst das **Denken-Können** und dann das **Wollen-Können** eines der zu prüfenden Maxime entsprechenden allgemeinen Gesetzes.

Vier Beispiele: Kant sucht in der *Grundlegung* den Maximentest an vier Beispielen zu demonstrieren. Zwei Beispielmaximen scheitern ihm zufolge im ersten, zwei im zweiten Prüfungsschritt. Dabei bezieht sich jeweils eine Maxime auf das Verhalten gegenüber anderen Personen und eine auf das Verhalten gegenüber der eigenen Person. Kants Beispiel für eine auf das Verhalten gegenüber anderen bezogene Maxime, die als allgemeines Gesetz nicht einmal *denkbar* ist, ist die schon zitierte Maxime des falschen Versprechens (»wenn ich mich in Geldnoth zu sein glaube, so will ich Geld borgen und versprechen, es zu bezahlen, ob ich gleich weiß, es werde niemals geschehen«). Verträge schließen zu können ist ja überhaupt nur möglich, so lange potentielle Vertragspartner/innen davon ausgehen, dass das **Prinzip der Vertragstreue** gilt, wonach Verträge einzuhalten sind. Die Strategie eines geplanten Vertragsbruchs ist nur als Strategie eines Trittbrettfahrers denkbar, der von der allgemeinen Erwartung der Vertragstreue profitiert, indem er die Vertragspartner über seine wahren Intentionen *täuscht*. Als allgemeine Praxis würde die Maxime jedoch die Erwartung der Vertragstreue und damit eine notwendige Bedingung ihrer eigenen Möglichkeit aufheben:

GMS, S. 422

»[D]ie Allgemeinheit eines Gesetzes, daß jeder, nachdem er in Noth zu sein glaubt, versprechen könne, was ihm einfällt, mit dem Vorsatz, es nicht zu halten, würde das Versprechen und den Zweck, den man damit haben mag, selbst unmöglich machen, indem niemand glauben würde, daß ihm was versprochen sei, sondern über alle solche Äußerung als eitles Vorgeben lachen würde.«

Von anderen Maximen können wir uns hingegen widerspruchsfrei vorstellen, dass sie allgemein als Handlungsprinzipien akzeptiert wären. Trotzdem würden wir, Kant zufolge, von einigen dieser Maximen nicht *wollen*, dass sie als allgemeine Gesetze Geltung hätten. Ein Beispiel ist die Maxime der **Gleichgültigkeit gegenüber der Not anderer**: der Grundsatz, anderen Personen, die »mit großen Mühseligkeiten zu kämpfen haben« in ihrer Not *nicht* beizustehen, obwohl das im Rahmen des Möglichen läge. Zwar lässt sich *denken*, dass eine solche Maxime allgemein befolgt würde. Wir können aber nach Kants Auffassung nicht ernsthaft *wollen*, dass alle sich an einer Maxime der Gleichgültigkeit gegenüber der

Not anderer orientieren, da »der Fälle sich doch manche ereignen können«, wo wir selbst der »Liebe und Teilnehmung« anderer Personen bedürfen. Daher würden wir uns vernünftigerweise nicht »alle Hoffnung des Beistandes« in solchen Fällen »rauben« lassen wollen (GMS, S. 423). Als Beispiele für subjektive Prinzipien, die primär das Verhalten gegenüber der eigenen Person betreffen, nennt Kant zum einen die Maxime, »wenn das Leben bei seiner längeren Frist mehr Übel droht, als es Annehmlichkeit verspricht, es mir abzukürzen« (GMS, S. 422), also sich das Leben zu nehmen; zweitens die Maxime »lieber dem Vergnügen nachzuhängen, als sich mit Erweiterung und Verbesserung seiner glücklichen Naturanlagen zu bemühen« (GMS, S. 423). Die Maxime der hedonistisch motivierten Selbsttötung wäre nach Kants Auffassung nicht einmal als allgemeines Gesetz zu *denken*, sie soll also schon im ersten Prüfungsschritt scheitern. Die Maxime, die Bequemlichkeit vor Selbstentfaltung setzt, sei dagegen zwar zu denken, aber nicht als allgemeines Gesetz zu *wollen*. Kants Argumentation ist in diesem Zusammenhang knapp und nicht sehr klar; sie soll an dieser Stelle nicht weiter diskutiert werden.

Pflichttypen: Dass Kant vier Beispielmaximen anführt, die im vom Kategorischen Imperativ gebotenen Test allesamt scheitern, ist kein Zufall. Nur im Falle des Scheiterns eines Maximentests werden nämlich moralische Pflichten oder »Gesetze« sichtbar, die den Charakter von Verboten oder Geboten haben. Den vier Beispielen entsprechen dabei vier Typen von Pflichten:

Pflichttypen und Beispiele		
	Vollkommene Pflichten ...	Unvollkommene Pflichten ...
... gegenüber sich selbst	Verbot hedonistisch motivierten Suizids	Verbot hedonistisch motivierter Selbstverwahrlosung
... gegenüber anderen	Verbot lügenhaften Versprechens / Gebot der Vertragstreue	Verbot der Indifferenz gegenüber der Not anderer / Hilfsgebot

Aus dem Scheitern selbstbezogener Maximen ergeben sich **Pflichten gegenüber sich selbst**, aus dem Scheitern von Maximen, die das Verhalten gegenüber anderen regieren, ergeben sich sozialethische **Pflichten gegenüber anderen**. In beiden Pflichtkategorien unterscheidet Kant wiederum zwischen vollkommenen Pflichten und unvollkommenen Pflichten. Kant zufolge stellen diejenigen moralischen Pflichten **vollkommene Pflichten** dar, die sich in der ersten Phase des Tests ergeben – Verbote und Gebote also, die daraus resultieren, dass bestimmte Maximen als Grundlagen einer allgemeinen Handlungsorientierung noch nicht einmal ›gedacht‹ werden können. Diejenigen moralischen Pflichten, die sich in der zweiten Phase des Tests ergeben, weil wir bestimmte Maximen zwar als ›allgemeine Gesetze‹ denken, aber nicht wollen können, sind hingegen **unvollkommene Pflichten** (siehe Abb. 6.1).

Ethischer Absolutismus: Kants Unterscheidung zwischen vollkommenen und unvollkommenen Pflichten ist folgenreich. **Vollkommene Pflichten** sind unter allen Umständen zu befolgen. **Unvollkommene Pflichten** dürfen hingegen zurückgestellt werden, wenn sie mit anderen,

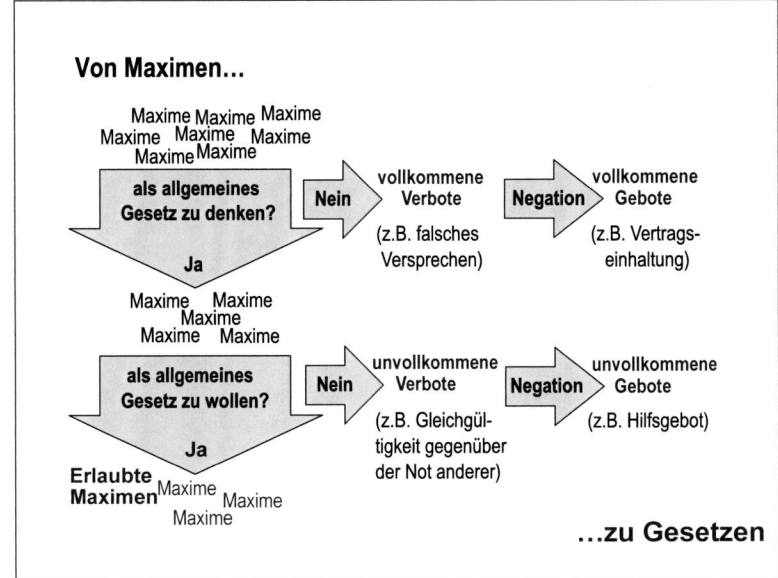

Abb. 6.1:
Gesetzesformel
des Kategorischen
Imperativs als
›Maximenfilter‹

vorrangigen moralischen Pflichten kollidieren, also nicht gleichzeitig mit ihnen befolgt werden können. Wie Kant in der *Metaphysik der Sitten* klarstellt, dürfen freilich auch die unvollkommenen Pflichten nicht etwa um vormoralischer *Neigungen* willen zurückgestellt werden (MdS, S. 390). Eine dieser Aussage widersprechende Äußerung in einer Anmerkung der *Grundlegung* ist sehr wahrscheinlich nur ein später revidierter Lapsus Kants (Kersting 1993, S. 189 ff.; anderer Auffassung ist Höffe 2000, S. 214), zumal sie von Kant in der betreffenden Anmerkung selbst ausdrücklich als vorläufig gekennzeichnet wird (GMS, S. 421). Die Auffassung, dass moralische Pflichten keinerlei Ausnahmen dulden, wird auch als **ethischer Absolutismus** bezeichnet; in Bezug auf die vollkommenen Pflichten ist Kant also ein Absolutist.

Vertiefung

Absolutismus, Deontologie und Kategorizität

Von manchen Autor/innen wird auch der Begriff »Deontologie« so definiert, dass er auf einen Absolutismus hinausläuft (klassisch Broad 2013, S. 206 f.). Dies entspricht nicht der von Frankena und Rawls eingeführten Standarddefinition des Deontologiebegriffs, die auch im vorliegenden Band verwandt wird. Geht man von *dieser* Definition aus, so muss eine deontologische Ethik *nicht* notwendigerweise absolutistisch sein. Ferner ist die vollständige Ausnahmslosigkeit der Verbindlichkeit von Pflichten auch *keine* Implikation des *kategorischen* Charakters moralischer Pflichten im Sinne von Kant. Kategorisch gelten Kant zufolge neben den vollkommenen auch die unvollkommenen Pflichten: Die Verbindlichkeit *beider* Arten von Pflichten hängt nämlich nicht davon ab, ob ihre Befolgung im vormoralischen Interesse der handelnden Person liegt. Deshalb dürfen beide nicht um vormoralischer Neigungen willen zurückgestellt

> werden. Das schließt aber nicht aus, dass sie aus moralischen Gründen zurückgestellt werden dürfen – Letzteres ist die Möglichkeit, die Kant für die unvollkommenen Pflichten einräumt, aber für die vollkommenen bestreitet. Dass Kant in Bezug auf die vollkommenen Pflichten einen ethischen Absolutismus vertritt, folgt also weder aus dem Umstand, dass seine Ethik deontologisch ist, noch aus dem Umstand, dass er den moralischen Pflichten kategorische Verbindlichkeit zuschreibt.

Konsequenzen des Absolutismus: Kants Unterscheidung zwischen vollkommenen und unvollkommenen Pflichten mag auch erklären, weshalb Kant später in dem kurzen Aufsatz *Über ein vermeintes Recht aus Menschenliebe zu lügen* (AA, Bd. 8, S. 423–430) zu dem Schluss kommt, man dürfe eine Person mit Mordabsichten nicht über den Aufenthaltsort von deren prospektivem Opfer belügen. Kants Beurteilung dieses auf Benjamin Constant zurückgehenden Beispiels ist viel diskutiert worden. Sie erscheint jedoch konsequent, wenn man annimmt, dass die Wahrhaftigkeitspflicht eine vollkommene, ausnahmslos verbindliche Pflicht darstellt, während es sich bei der Hilfsverpflichtung nur um eine unvollkommene Liebespflicht handelt.

Moralischer Wert: In scharfem Gegensatz zu Hume betont Kant, dass dem Handeln nur dann ein moralischer Wert zukommt, wenn es nicht nur pflicht*gemäß*, sondern *aus Pflicht* vollzogen wird: Die ausschlaggebende Motivation muss eben in der Pflichterfüllung selbst liegen, nicht in moralunabhängigen Neigungen der handelnden Person. Die *einzige* Form moralisch guter Handlungen ist nach Kants Auffassung gerade diejenige, die in Humes Moralphilosophie bestenfalls als eine mit den Grundlagen seiner Theorie kaum vereinbare Ausnahmeerscheinung möglich scheint (Hume ist unentschlossen hinsichtlich der Frage, ob ein Handeln aus reinem Pflichtgefühl möglich ist; vgl. Hume 2007, 3.2.1.7, S. 308). Während Hume ein Handeln aus *natürlicher* Menschenfreundlichkeit, *natürlicher* Großzügigkeit, *natürlicher* Furchtlosigkeit umstandslos als tugendhaft bewertet, mag ein solches Handeln nach Kants Auffassung zwar häufig pflichtgemäß sein, hat aber keinerlei *moralischen* Wert, eben insofern es bloßen Naturanlagen entstammt und nicht der vernünftigen Orientierung am moralischen Gesetz. Dass nicht nur zufälligerweise pflichtgemäß bzw. **äußerlich richtig** gehandelt wird, sondern tatsächlich aus Pflicht und damit **moralisch gut**, ist gerade dort am wahrscheinlichsten, wo Personen ihren natürlichen Neigungen zuwiderhandeln.

Handeln »aus Pflicht«

6.2 | Einwände und Schwierigkeiten

Bis zu diesem Punkt ging es vor allem darum, ein **Vorverständnis** davon zu gewinnen, wie der Kategorische Imperativ als Moralprinzip dem Willen überhaupt eine Richtung geben könnte. Bei näherem Hinsehen wird eine Reihe von Unklarheiten und Schwierigkeiten sichtbar. Im Folgenden werden zunächst vier gängige Einwände gegen das von Kant vorgeschlagene Moralprinzip skizziert. Im Anschluss soll verdeutlicht werden, dass im Hinblick auf die Frage, wie wir uns genau am Kategorischen Imperativ orientieren sollen, verschiedene Interpretationen möglich sind. Auf dieser Grundlage wird dann eine Lesart vorgeschlagen, die von den zuvor aufgeführten Einwänden möglichst wenig betroffen ist; allerdings um den Preis, etwas komplizierter zu sein als konkurrierende Lesarten.

Vier verbreitete Einwände

1. **Egozentrismus:** Kants Kategorischer Imperativ lässt sich als kritische Weiterentwicklung der Goldenen Regel verstehen. Als Moralprinzip erscheint die Goldene Regel problematisch, weil sie eine bestimmte Form von egozentrischer Beurteilung nicht überwinden kann. Kant betont zwar zu Recht, dass sein Moralprinzip nicht mit der Goldenen Regel identisch ist. Trotzdem lässt sich fragen, ob Kant das Egozentrismusproblem der Goldenen Regel *vollständig* ausräumen kann.
2. **Formalismus:** Was man von einem Moralprinzip mindestens erwarten kann, ist, dass es überhaupt *irgendeine* Orientierung bietet. Einige Autoren, darunter Hegel, bezweifeln jedoch, dass der Kategorische Imperativ dem Handeln überhaupt eine Richtung weisen kann. Bestimmte Lesarten der kantischen Ethik können diesen Zweifel tatsächlich nähren.
3. **Legalistischer Rigorismus:** Viele Interpret/innen halten die von Kant unterstellte Absolutheit derjenigen moralischen Gesetze, die aus dem ersten Schritt der Maximenprüfung resultieren, für unplausibel – für in problematischer Weise regelfetischistisch oder rigoristisch. Ihrer Auffassung nach sprechen unsere moralischen Intuitionen dafür, dass auch die von Kant für ›vollkommen‹ gehaltenen Pflichten offen für Abwägungen sein sollten (dass wir z. B. einen prospektiven Mörder belügen dürfen, wenn dies die einzige Möglichkeit darstellt, den von ihm Verfolgten zu retten).
4. **Moralischer Rigorismus:** Rigorismus wird Kant auch noch in einer anderen Bedeutung vorgeworfen: Im Sinne einer Kritik an seiner Auffassung, dass ein Handeln aus natürlichen Neigungen grundsätzlich ohne moralischen Wert sei, auch dann, wenn es sich um prosoziale Neigungen wie Wohlwollen, Menschenliebe oder Großzügigkeit handelt. Der stark von Kant beeinflusste Schiller hat dem Einwand ironischen Ausdruck gegeben:

Schiller 1943 ff., Bd. 20, S. 357

Gewissensskrupel
»Gern dien' ich den Freunden, doch thu ich es leider mit Neigung
Und so wurmt mir oft, daß ich nicht tugendhaft bin.«

Decisum
»Da ist kein anderer Rath, du mußt suchen sie zu verachten,
Und mit Abscheu alsdann thun, wie die Pflicht dir gebeut.«

Im Interesse der Unterscheidbarkeit wird diese Form des Rigorismus im Anschluss an Höffe als *moralischer* Rigorismus bezeichnet, die zuvor besprochene Form als *legalistischer* Rigorismus (Höffe 1990, S. 190 ff.; Höffe 2000, S. 217 f.).

6.2.1 | Egozentrismus-Problem und Goldene Regel

Die Goldene Regel: Die sogenannte Goldene Regel ist im Zusammenhang mit Hobbes bereits kurz erwähnt worden (siehe Kap. 3.2). Sie stellt ein sehr früh und in verschiedenen Varianten in zahlreichen religiösen und juristischen Überlieferungen nachweisbares Moralprinzip dar (Neusner/ Chilton 2009; Wattles 1996). Allgemeines Kennzeichen des Prinzips ist, dass es die Legitimität des eigenen Verhaltens von einer bestimmten Art des (gedankenexperimentellen) **Rollentauschs** abhängig macht. So soll eine sich zum Handeln anschickende Person prüfen, ob sie die von ihr geplante Handlung auch dann gutheißen würde, wenn sie in der Rolle einer der von der Handlung betroffenen Personen wäre (›negative‹ Fassung der Goldenen Regel):

»Was du nicht willst, dass man dir tu, das füg' auch keinem andern zu!«

Oder die Person ist aufgefordert, aktiv dasjenige zu tun, was sie selbst von der Person, die sie jetzt ist, erwarten würde, wenn sie in der Situation einer der Handlungsbetroffenen wäre (›positive‹ Fassung der Goldenen Regel):

»Was Du willst, dass andere Dir tun, tue ihnen!«

Modelle der Unparteilichkeit: Die Goldene Regel verdankt ihre (begrenzte) Plausibilität weit verbreiteten moralischen Intuitionen der Unparteilichkeit. Es erscheint unfair, an das eigene Handeln (einschließlich des Unterlassens von aktiven Handlungen) andere Maßstäbe anzulegen als an das Handeln anderer Personen. Eben dies – das Messen mit zweierlei Maßstab – ist es, was die Goldene Regel in jeder ihrer Fassungen verbieten möchte (vgl. Singer 2001; Wimmer 1980, S. 254 ff., 290 ff.). Die Goldene Regel stellt allerdings nur *einen* Versuch unter mehreren dar, die **Intuition der Unparteilichkeit** auf den Begriff zu bringen. Der im Kontext des humeschen Sentimentalismus erwähnte **unparteiische Beobachter** stellt einen weiteren Versuch dar; ebenso der **Kategorische Imperativ** Kants, der von John Rawls vorgeschlagene **Urzustand** (siehe Kap. 7.2.2) oder die diskursethische Orientierung am **Grundsatz der allgemeinen Konsensfähigkeit** (z. B. Habermas' »Universalisierungsprinzip«; 1996, S. 60).

Kants Einwände gegen die Goldene Regel: In der gelebten Moral und den Strukturen moralischen Urteilens (vgl. Kohlberg 1981, Bd. 1) spielt die Goldene Regel zweifellos eine zentrale Rolle. Warum also geben sich so viele Moralphilosoph/innen – darunter Kant – nicht damit zufrieden, sondern suchen nach alternativen Modellen der Unparteilichkeit? Die Goldene Regel drückt die Intuition der Unparteilichkeit offenbar zumindest dann nicht angemessen aus, wenn man sie als die Aufforderung versteht, unmittelbar die Perspektive der konkreten Handlungsbetroffenen einzunehmen. Entsprechend interpretiert Kant die Goldene Regel, wo er im Sinne eines *argumentum ad absurdum* ausführt, dass ein Verbrecher diese Regel gegen einen Richter anführen könnte, der ihn zu einer Strafe verurteilen wolle (GMS, S. 430, Anm.). Das Argument des Verbrechers wäre dann offenbar, dass auch der Richter, wenn er in der Haut des Verbrechers steckte, freigesprochen werden wollte, und ihn daher entsprechend dem Prinzip »Was Du nicht willst...« nicht verurteilen dürfe. Kant wendet gegen die Goldene Regel zweitens ein, dass sich auf ihrer Basis keine Pflichten gegenüber der eigenen Person rechtfertigen ließen. Drittens ließen sich auch keine »Liebespflichten gegen andere« begründen, denn, so Kant, »mancher würde es gerne eingehen, daß andere ihm nicht wohlthun sollen, wenn er es nur überhoben sein dürfte, ihnen Wohlthat zu erzeigen« (ebd.).

Intendierte Revision der Goldenen Regel: Kants Kategorischer Imperativ soll diese Probleme anscheinend dadurch vermeiden, dass er nicht die Akzeptabilität einer *konkreten Einzelhandlung* aus der Perspektive des konkreten Betroffenen zum Kriterium der moralischen Richtigkeit der Handlung macht, sondern die Akzeptabilität der zum allgemeinen Gesetz erhobenen Handlungs*maxime* aus der Perspektive einer handelnden Person, die sich selbst als Gesetzgeber *universeller Moralgesetze* versteht. Der Kategorische Imperativ müsste sich demnach von der Goldenen Regel unterscheiden, indem er zweierlei klarstellt:

1. Es geht bei der moralischen Beurteilung niemals (nur) um die Akzeptabilität einer isoliert betrachteten Einzelhandlung, sondern (stets auch) um die einer allgemeinen Handlungsweise (**Universalität des Gegenstands**).
2. Es ist nicht die Perspektive einer einzelnen konkreten Person entscheidend, sondern eine unparteiische Perspektive, die die Perspektive der Akteurin bzw. des Akteurs selbst ebenso umfasst wie die *aller* möglichen Betroffenen (**Universalität des Standpunkts**).

Ebenen der Universalisierung

Beide Punkte sind bedeutsam. Der erste drückt im Grunde eine Bedingung ethischer Argumentation überhaupt aus. Rationales Argumentieren über die moralische Richtigkeit einer konkreten Handlung in einer konkreten Situation ist nur auf der Basis von Gründen möglich, die grundsätzlich auf *alle* Handlungen in *allen* Situationen zutreffen, die im Hinblick auf ihre allgemeinen (in universellen Begriffen ausdrückbaren) Merkmale identisch sind. Würde man nämlich annehmen, moralische Qualitäten hafteten an der numerischen Identität ihrer Gegenstände (so dass, was in Situation *S1* richtig ist, in Situation *S2* falsch sein könnte, obwohl es keinerlei *qualitative* Unterschiede zwischen *S1* und *S2* gibt), käme die ethische Argumentation zum Erliegen. Im Rahmen der kantischen Ethik ist die Universalität des Beurteilungsgegenstandes notwendig, um den ersten Schritt der vom Kategorischen Imperativ gebotenen Maximenprüfung zu ermöglichen. Denn eine ›Denkunmöglichkeit‹ wie im Fall des falschen Versprechens kann sich überhaupt nur in Bezug auf allgemeine Gesetze einstellen. Die Universalität des Standpunkts ist wiederum wichtig um zu verhindern, dass die partikulare Perspektive einer einzelnen konkreten Person – einer Person mit spezifisch-persönlichen, eventuell sogar bizarren, Präferenzen – zum maßgeblichen moralischen Standpunkt verabsolutiert wird. Dabei wäre nicht nur die Verabsolutierung der konkreten Betroffenenperspektive problematisch, sondern ebenso die Verabsolutierung der Perspektive einer konkreten handelnden Person, die sich zwar per Gedankenexperiment in die objektive Lage eines/einer Handlungsbetroffenen versetzt, diese Lage aber ausschließlich **auf der Grundlage ihrer eigenen persönlichen Präferenzen und Wertvorstellungen** beurteilt.

Alternative Lesarten der Goldenen Regel: Die erste Problematik wird in Kants Gerichtsbeispiel thematisiert. Kant interpretiert hier die Goldene Regel so, dass sie auf eine **Verabsolutierung der Betroffenenperspektive** hinausläuft: Es sind die konkreten, subjektiv-persönlichen Präferenzen des Verbrechers, die darüber entscheiden, wie der Richter ihn behandeln soll. Nicht weniger problematisch wäre freilich eine **Verabsolutierung der Akteursperspektive** also in diesem Fall der empirischen Präferenzen des Richters. Zwar verbietet die Goldene Regel eine Entscheidung gemäß dem unmittelbaren Eigeninteresse des Handelnden: Der Richter darf den Verbrecher beispielsweise nicht einfach deshalb verurteilen, weil dies für seine Karriere nützlich wäre. Eine direkte egoistische Handlungsorientierung wird durch die Orientierung an der Goldenen Regel unterbunden. Denkbar ist freilich auch eine subtilere Form des Akteurs-Egozentrismus: Nehmen wir beispielsweise an, der Richter sei eine unsichere, von zahlreichen Ängsten geplagte Person. Versetzt er sich in die Lage des Verbrechers – Mitglied einer kriminellen Motorradgang, die sich aktuell in einer gewaltsamen Fehde mit einer konkurrierenden Gruppe befindet – so wäre sein innigster Wunsch der nach einer vieljährigen Gefängnisstrafe, die ihm ermöglicht, in der relativen Sicherheit des Gefängnisses den Ausgang der Fehde auszusitzen, bevor er wieder in Freiheit entlassen wird. Orientiert er sich nun in dem Sinne an der Goldenen Regel, dass er von demjenigen ausgeht, was *er selbst* wollen würde, wenn er sich *äußerlich* in der Lage des Delinquenten befände, so würde er ihm eine lange Gefängnisstrafe auferlegen. Gerichtsbeispiele sind freilich problematisch, weil hier ja primär positive Rechtsnormen zu beachten sind. Ein gängiges Alternativbeispiel ist das eines Sadomasochisten, der sich fragt, ob er einer anderen Person Schmerz zufügen darf. Versetzt er sich in *dessen objektive* Situation, geht dabei aber weiter von *seinen unmittelbaren persönlichen* Präferenzen aus, könnte er die Schmerzzufügung mit der Goldenen Regel für vereinbar halten. Diese problematische Verabsolutierung der Akteursperspektive ließe sich zwar vermeiden, wenn man die von der Goldenen Regel geforderte Rollenübernahme so interpretiert, dass die handelnde Person sich nicht nur in die *äußere* Situation der Handlungsbetroffenen versetzen, sondern auch deren subjektive Präferenzen und Wertvorstellungen übernehmen soll, um auf Basis von *deren* Präferenzen und Werthaltungen die eigenen Handlungsoptionen zu beurteilen. Damit fiele man jedoch wieder auf die ebenso problematische Option zurück, die Perspektive der oder des Handlungsbetroffenen (z. B. von Kants Verbrecher) zu verabsolutieren. Plausibel kann also nur eine Interpretation sein, die weder die Perspektive der einen noch der anderen Person unkritisch verabsolutiert. Einer solchen Interpretation näher kommt etwa **Nelsons sogenanntes Abwägungsgesetz** »Handle nie so, daß du nicht *auch* in deine Handlungsweise einwilligen könntest, wenn die Interessen der von ihr Betroffenen auch deine eigenen wären« (Nelson 1970 ff., Bd. 4, S. 133, Hervorh. MW). Zu klären bleibt dann freilich, auf welche Weise in denjenigen Fällen, in denen sich die Perspektiven von Handeln-

Schwierigkeiten der Orientierung an der Goldenen Regel

den und (möglicherweise auch mehreren) Betroffenen unterscheiden, ein **Konsens aller Beteiligten** hergestellt werden kann, so dass Akteur/in und Betroffene die Handlungsweise *gemeinsam* akzeptieren können.

Egozentrismusproblem und Kategorischer Imperativ: Die Goldene Regel drückt die Intuition der Unparteilichkeit also nicht in völlig befriedigender Weise aus. Kann der Kategorische Imperativ die genannten Schwächen restlos überwinden? Darüber lässt sich jedenfalls streiten. Kants Einwand gegen die Goldene Regel, dass sie keine »Liebespflichten gegen andere« rechtfertigen könne, weil »mancher [...] es gerne eingehen« würde, »daß andere ihm nicht wohlthun sollen, wenn er es nur überhoben sein dürfte, ihnen Wohlthat zu erzeigen« (GMS, S. 430, Anm.), scheint grundsätzlich auch auf den Kategorischen Imperativ zuzutreffen (Parfit 2011, Bd. 1, S. 321 ff.). Denn Kants Begründung für die Annahme, dass wir die Maxime der Gleichgültigkeit gegenüber der Not anderer nicht als allgemeines Gesetz wollen können, soll ja eben auf der Annahme basieren, dass wir uns durch ein solches Gesetz »selbst alle Hoffnung des Beistandes [...] rauben« (GMS, S. 423) würden. Für Personen, die tatsächlich bereit sind, ohne diese Hoffnung zu leben – das heißt für genau die Personen, auf die sich Kant in seiner Kritik der Goldenen Regel bezieht –, könnte demnach auch der Kategorische Imperativ keine »Liebespflichten« begründen. Die von Kant als Kriterium angeführte Überlegung, ob »ich wohl damit zufrieden sein [könnte], daß meine Maxime [...] als ein allgemeines Gesetz [...] gelten solle« (GMS, S. 403) kann also die subtilere Form des Akteurs-Egozentrismus jedenfalls nicht ohne Weiteres vermeiden. Die Gefahr liegt in der Verabsolutierung der persönlichen Präferenzen der handelnden Person in Situationen, in denen sich diese Präferenzen von denen der Handlungsbetroffenen unterscheiden.

6.2.2 | Zwei Varianten des Formalismus-Einwands

Lassen sich zu allen Handlungen verallgemeinerbare Maximen finden?

Hegels Formalismuseinwand: Hegel hat gegen Kants Kategorischen Imperativ eingewandt, dass er eine reine Leerformel sei. Nun betont zwar Kant selbst, dass es sich dabei um ein **rein formales Moralprinzip** handelt. Konkrete Handlungsinhalte sollen erst durch die Maximen ins Spiel kommen und werden durch den Kategorischen Imperativ sozusagen nur ausgefiltert. Hegel behauptet jedoch, dass der Moralfilter in Wahrheit gar nicht selektiv sei: Jede Maxime lasse sich nämlich so formulieren, dass sie der Anforderung des Kategorischen Imperativs genüge. Es gebe »gar nichts, was nicht auf diese Weise zu einem sittlichen Gesetz gemacht werden könnte« (Hegel 1970, Bd. 2, S. 461). Dieser Einwand weist auf ein ernstes Problem hin: **Handlungsregeln lassen sich unterschiedlich formulieren**, und ein und dieselbe konkrete Handlung könnte grundsätzlich Ausdruck unterschiedlicher Maximen sein (z. B.: »Ich will lügen«, »Ich will lügen, wenn ich dadurch mein Ziel erreiche«, »Ich will lügen, wenn dies die einzige Möglichkeit ist, das Leben eines Verfolgten zu retten«, etc.). Wenn wir Maximen nun so verstehen würden, dass es sich dabei auch um **extrem spezifisch formulierte Regeln** handeln dürfte (so lange sie nur in universellen Termini formuliert sind, also etwa keine Eigennamen oder konkrete Zeit- oder Ortsangaben enthalten), ließe sich (sofern wir auch noch das »wollen können« in bestimmter Weise interpretieren; s. u.) tatsächlich *jede* intendierte Handlung als Ausdruck einer Maxime verstehen, die eine handelnde Person als ›allgemeines Gesetz‹ »wollen kann« – ganz einfach deswegen, weil sie aufgrund der sehr spezifischen Formulierung gar nicht zu erwarten braucht, dass sich jemals eine zweite Anwendungssituation ergibt. Auch eine ›Denkunmöglichkeit‹ von Maximen könnte sich bei sehr spezifisch formulierten Maximen kaum einstellen. Um Hegels Version des Formalismuseinwands gegen die Gesetzesformel des Kategorischen Imperativs zurückweisen, scheint ein **anspruchsvollerer Maximenbegriff** nötig zu sein.

Formalismuseinwand als Zirkularitätseinwand: Ein Formalismusproblem würde sich allerdings nicht nur bei allzu spezifischen, sondern auch bei extrem allgemeinen Maximenformulierungen ergeben. Versteht man als »Maxime« nämlich, wie der vom lateinischen »maximus« (»größter«) abgeleitete Begriff nahelegt, als das allgemeinste, ›oberste‹ Handlungsprinzip einer Akteurin, so stellt sich die Frage, ob für eine moralisch vorbildliche Person nicht der Kategorische Imperativ selbst die Maxime sein muss. Tatsächlich lassen sich Ausführungen in Kants 1793 erschienenen Schrift *Die Religion innerhalb der Grenzen der bloßen Vernunft* so verstehen, dass wir in jeder Entscheidung nur die Wahl zwischen zwei Maximen haben: der Maxime der Selbstliebe und dem in Maximenform gebrachten Kategorischen Imperativ (AA, Bd. 6, S. 36; vgl. Tugendhat 1993, S. 124 f.). Diese Deutung wird auch durch Formulierungen des Kategorischen Imperativs nahegelegt, die sich bereits in der *Grundlegung* finden, etwa:

Kategorischer Imperativ als Maxime?

»[H]andle nur nach derjenigen Maxime, *durch die* du zugleich wollen kannst, daß sie ein allgemeines Gesetz werde.«

GMS, S. 421, Hervorh. MW

Diese Aufforderung würde offenbar zu einem **Begründungszirkel** und damit tatsächlich zu einem leeren Formalismus führen. Denn der Kategorische Imperativ könnte uns nur immer wieder erneut auferlegen, gemäß dem Kategorischen Imperativ zu handeln, ohne dass wir je herausfinden könnten, welche konkreten Handlungsinhalte damit gegeben sind.

6.2.3 | Legalistischer Rigorismus

Wie der ›legalistische Rigorismus‹, der in der erwähnten Schrift *Über ein vermeintes Recht...* zum Ausdruck kommt, zu bewerten ist, hängt von Annahmen darüber ab, welche fallbezogenen Urteile sich aus einer normativ-ethischen Theorie ergeben *sollten*. Diese Bewertung ist ethisch nicht neutral. In allen Ethiken, die die moralische Richtigkeit einer Handlung nicht (nur) von den Folgen abhängig machen, sondern (auch) von der Übereinstimmung des Handlungstyps mit generellen Normen oder Prinzipien, besteht grundsätzlich die Möglichkeit, dass eine konkrete Handlung, die durch eine Einzelnorm geboten wird, problematisch oder gar anstößig erscheint (entweder intuitiv oder vor dem Hintergrund allgemeinerer ethischer Prinzipien). Dies trifft etwa auch auf den Regeluti-

Beurteilung des Absolutismus

litarismus zu (Smart 1973). Es stellt sich dann stets die Frage, ob und unter welchen Bedingungen Ausnahmen von der Regel zugelassen werden sollen. Die von Kant im Hinblick auf die vollkommenen Pflichten vertretene absolutistische Auffassung **verhindert eine Verantwortungsdiffusion**, wie sie etwa bei einer rein konsequenzorientierten Beurteilung drohen würde: Im Rahmen der kantischen Ethik ergibt sich eindeutig, dass allein der Mörder Verantwortung für die Ermordung seines Opfers trägt, nicht derjenige, der den Mord durch eine wahre Aussage ermöglicht hat. (Hätte Letzterer gelogen und dadurch – ungewollt – dem Mörder doch in seinem Plan geholfen, trüge er hingegen eine Mitverantwortung.) Andererseits widersprechen einige ihrer Konsequenzen deutlich **gegen verbreitete moralische Intuitionen**. Darüber hinaus lässt sich fragen, warum die ausnahmslose Verbindlichkeit eines bestimmten Moralgesetzes ausgerechnet von der Frage abhängen soll, ob die Verallgemeinerung einer gesetzeswidrigen Maxime unmöglich zu *denken* oder nur unmöglich zu *wollen* ist. Für die moralische Bedeutung dieser Unterscheidung wären jedenfalls zusätzliche Gründe anzuführen. Zu fragen ist jedoch auch, ob die von Kant selbst gezogenen rigoristischen Konsequenzen wirklich unvermeidlich sind oder ob sie nicht wiederum durch eine plausiblere Interpretation des Maximenbegriffs vermieden werden können (s. u.).

6.2.4 | Moralischer Rigorismus

Bei der zweiten Form von Rigorismus, die Schiller beklagt, handelt es sich um ein weniger tiefgreifendes Problem. Denn man kann durchaus mit Kant der Auffassung sein, dass ein Handeln aus ›natürlichen‹ Neigungen nicht moralisch verdienstvoll ist und dass keine Neigung unser Handeln *ungeprüft* bestimmen sollte, weil auch ein durch prosoziale Neigungen motiviertes Handeln im konkreten Fall falsch sein kann – und kann gleichwohl die Kultivierung prosozialer Neigungen für moralisch begrüßenswert und einen **Einklang zwischen Neigung und moralischer Pflicht** für erstrebenswert halten (Tugendhat 1993, S. 116 ff.). Die wesentlichen Festlegungen der kantischen Moralphilosophie schließen diese Position jedenfalls nicht aus.

6.3 | Versuch einer plausiblen Deutung der kantischen Ethik

Lesarten des Kategorischen Imperativs: Im vorigen Abschnitt wurden Einwände gegen Kants Moralprinzip skizziert. Dabei ist deutlich geworden, dass die Gültigkeit der Einwände oft von bestimmten Interpretationen dieses Moralprinzips und seiner Anwendung abhängt. Betrachten wir noch einmal die bereits angeführte Formulierung:

GMS, S. 402, Unterstreichungen MW

»[I]ch soll niemals anders verfahren als so, *daß ich auch wollen* könne, meine *Maxime* solle ein allgemeines Gesetz werden.«

6.3 Versuch einer plausiblen Deutung der kantischen Ethik

Hier sind unter anderem drei Fragen zu klären, die allerdings miteinander verhakt sind:

1. Wer genau ist das »Ich«, dessen »Als-allgemeines-Gesetz-wollen-Können« der Maxime ausschlaggebend ist? Ist jede Akteurin und jeder Akteur als konkretes Individuum gemeint? Steht das »Ich« stellvertretend für eine idealisierte, z. B. besonders rationale Person? Oder steht es repräsentativ für eine reale oder wiederum irgendwie idealisierte moralische Gemeinschaft?
2. Wie ist das »Wollen« dieses »Ich« genau zu verstehen? Handelt es sich schlicht um die faktischen Präferenzen realer Personen? Oder muss das maßgebliche »Wollen« bereits irgendwelchen Rationalitätsbedingungen genügen?
3. Wie sind »Maximen« genau beschaffen? Handelt es sich um extrem generelle oder um extrem spezifische Handlungsregeln oder um Regeln einer mittleren Allgemeinheit? Oder sind Maximen gar nicht als einfache Handlungsregeln zu verstehen, sondern als Prinzipien mit einer komplexeren Struktur?

Drei Interpretationsfragen

Kant hat in seinen Schriften zwar Hinweise, aber keine ganz eindeutigen und befriedigenden Antworten auf diese Fragen gegeben. Unabhängig von Kants eigenen Auffassungen lässt sich fragen, welche (Kombinationen von) Antworten am meisten Sinn ergeben (vgl. zum Folgenden ausführlicher Werner 2003, S. 134–150).

»Ich« und »Wollen-Können«: Was die erste und die zweite Frage betrifft, gilt jedenfalls Folgendes: Einerseits kann das maßgebliche Wollen kein vollständig vernünftiges Wollen eines schlechthin rationalen Wesens sein. Denn als schlechthin vernünftiges Wollen bestimmt Kant gerade dasjenige, das am Kategorischen Imperativ orientiert ist, so dass die Antwort zu einem **Zirkelproblem** führen würde (gemäß der zweiten Variante des Formalismusvorwurfs): Wir müssten das Ergebnis der Maximenprüfung schon in Händen haben, um mit der Prüfung beginnen zu können. Setzt man andererseits das maßgebliche »Ich« umstandslos mit dem konkreten Individuum eines Akteurs und das maßgebliche Wollen mit seinen empirischen Präferenzen gleich, droht wiederum das Problem des **subtilen Akteurs-Egozentrismus**, das oben im Zusammenhang mit Kants Kritik an der Goldenen Regel verdeutlicht wurde: Soweit die empirischen Präferenzen verschiedener Akteure sich unterscheiden, wäre es problematisch, wenn auf der Basis der Präferenzen *eines* Akteurs allgemeine Gesetze begründet würden, die für *alle* gleichermaßen gelten sollen. Soweit der zweite Schritt der Maximenprüfung betroffen ist, kämen dann als Ergebnis der Maximenprüfung in gewissem Sinne gar keine wirklich ›allgemeinen‹ – soll heißen: aus der Perspektive aller Handelnden gleichermaßen verbindlichen – Gesetze mehr zustande.

»Ich« als virtuelles »Wir«: Aus eben diesem Grund müsste freilich auch jede Person einsehen können, dass sie die sozusagen höchststufige Maxime (M^{privat}), nach Maximen zu handeln, die zwar sie selbst aufgrund ihrer persönlichen Präferenzen als allgemeine Gesetze wollen kann, die andere Personen auf Basis ihrer persönlichen Präferenzen jedoch nicht als allgemeine Gesetze wollen können, selbst nicht als allgemeines Gesetz wollen kann. Denn die allgemeine Befolgung von M^{privat} würde zu einer Auflösung des Begriffs eines allgemeinen Moralgesetzes als eines aus der Perspektive aller Adressaten gleichermaßen verbindlichen Prinzips führen. Aus der Perspektive verschiedener Akteure könnten vielmehr jeweils unterschiedliche und unvereinbare Moralgesetze begründet erscheinen. Eine Maxime wie M^{privat} als allgemeines Gesetz zu wollen würde bedeuten zu wollen, dass andere Personen nach ›Gesetzen‹ handeln, welche die eigenen Präferenzen unberücksichtigt lassen. Dies erscheint jedoch widersprüchlich: Ich kann nicht zugleich wollen, dass ›allgemeine‹ Gesetze – das heißt solche, die für *alle* Moralsubjekte verbindlich sind – allein von meinen eigenen Präferenzen *und* allein von den Präferenzen anderer abhängen. Die einzig akzeptable Alternative scheint darin zu liegen, beim zweiten Schritt der Maximenprüfung nicht Privatinteressen zugrunde zu legen, sondern sich im Bewusstsein der unterschiedlichen Präferenzen und Wertorientierungen um eine **unparteiische Beurteilung** der Auswirkungen einer Verallgemeinerung der zu prüfenden Maxime zu bemühen. Dass die maßgebliche Beurteilungsperspektive tatsächlich nicht die eines einzelnen konkreten Individuums, sondern die unparteiliche Perspektive der **moralischen Gemeinschaft insgesamt** ist, wird auch durch die sogenannte **Reich der Zwecke-Formel** des Kategorischen Imperativs nahegelegt, der zufolge »[d]as vernünftige Wesen [...] sich jederzeit als gesetzgebend in einem durch Freiheit des Willens möglichen Reich der Zwecke betrachten« muss. Kant erläutert allerdings nicht, auf welche Weise wir uns genau aus unvollkommenen Individuen mit unterschiedlichen Bedürfnissen, Interessen und Wertanschauungen in die »Glieder« derjenigen idealisierten moralischen Gemeinschaft verwandeln können, die Kant »Reich der Zwecke« nennt. Klar ist jedoch, dass das Ziel in der Einigung auf Kriterien liegt, die von allen Gliedern gleichermaßen akzeptiert werden können. Unsere Aufgabe wäre offenbar, uns angesichts unterschiedlicher empirischer Präferenzen **auf eine gemeinsame Perspektive zu verständigen**.

›Ich‹ als Platzhalter der Moralgemeinschaft

Problem der Maximenspezifikation: Das vielleicht am häufigsten diskutierte Problem im Hinblick auf die Orientierung am kategorischen Imperativ besteht in dem Umstand, dass **Handlungen unterschiedlich beschrieben werden können** und daher die Kopplung zwischen Maximen und Handlungen weniger starr ist, als Kant anzunehmen scheint. William David Ross formuliert das Problem als grundlegenden Einwand gegen Kants Moralprinzip:

»Kant's error seems to lie in this: Any individual act is an instance of a class of acts which is a species of a wider class which is a species of a still wider class; we can set no limit to the degrees of specification which may intervene between the *summum genus* ›act‹ and the individual act. For example, if C tells a lie to the would-be-murderer, this falls (i) under the sub-species ›lies told to murderous persons‹, (ii) under the species ›lies‹, (iii) under the genus ›statements.‹ Kant pitches, arbitrarily, on the middle one of these three classes, and since acts of this class are generally wrong, and are indeed always *prima facie* wrong, he says that the particular lie is wrong. But the man who tells the lie may well retort to Kant »Why should the test of universalizability be applied to my act regarded in this very abstract way, simply as a lie?« [...] The test of universalizability applied at one level of abstractness condemns the act; applied at another level of abstractness it justifies it. And since the principle itself does not indicate at what level of abstractness it is to be applied, it does not furnish us with a criterion of the correctness of maxims, and of the rightness of acts that conform to them.« (Ross 1954, S. 32 f.)

Ob dieser Einwand gegen den Kategorischen Imperativ und vergleichbare Verallgemeinerungsprinzipien sozusagen ›tödlich‹ ist, wird kontrovers diskutiert (vgl. z. B. Potter/Timmons 1986; Wimmer 1980; im Kontext des Regelutilitarismus Singer 1963). Der Interpretation des Maximenbegriffs kommt in diesem Zusammenhang zentrale Bedeutung zu. Dass eine Klärung dieses Begriffs nötig ist, hat bereits die Diskussion der Vorwürfe des Formalismus und des legalistischen Rigorismus deutlich gemacht.

Maximen als subjektive (Prima-facie-)Gründe: Wesentliches Element einer möglichst plausiblen Deutung des Maximenbegriffs ist die Feststellung, dass es sich bei Maximen nicht einfach um mögliche Handlungs*beschreibungen* oder beliebige Handlungs*regeln* handelt, unter die die Handlung mehr oder weniger zufällig fällt. Maximen sind vielmehr **subjektive Gründe** für bestimmte (Klassen von) Handlungen: Sie drücken aus, was diese (Klassen von) Handlungen aus Sicht der Akteurin oder des Akteurs tatsächlich geboten oder potentiell wertvoll erscheinen lässt (z. B., dass es sich um die Einhaltung eines Versprechens handelt, oder dass die Handlung notwendig ist, um einen unschuldig Verfolgten zu retten). Weil Maximen nicht beliebig wählbar sind, sondern reale (vorläufige) Handlungsgründe ausdrücken, können sich Akteur/innen nicht einfach irgendwelche verallgemeinerungsfähigen Formulierungen ihrer Maximen aussuchen – mithin auch nicht diejenigen, deren Gesetzesform sie am ehesten würden wollen können. (Zu prüfende) Maximen bringen vielmehr (vorläufige) **Selbstbindungen** der Akteurin bzw. des Akteurs zum Ausdruck – dasjenige, worum es ihr oder ihm bei einer Handlung wirklich geht. Wer lügt oder zu lügen geneigt ist, weil es ihm einfach Spaß macht, andere Personen hinters Licht zu führen, kann demnach nicht einfach behaupten, seine Maxime sei gewesen, (M^1) »einen unschuldig Verfolgten zu retten« oder (M^2) »zu lügen, wenn dies zur Rettung eines Unschuldigen unvermeidlich ist«, denn sowohl M^1 als auch die einschränkende Bedingung in M^2 sind kein authentischer Ausdruck der realen Gründe für eigene Handlungen oder Handlungstendenzen.

Maximen als Handlungsgründe

Prima-facie-Charakter: Zweitens scheint es plausibel – vermutlich gegen Kant – anzunehmen, dass alle explizit formulierten Maximen aufgrund ihres mehr oder weniger stark generalisierenden Charakters nur als *Prima-facie*-Gründe für konkrete Handlungen verstanden werden können. Da sie mit anderen Prima-facie-Gründen kollidieren können, sind sie nur unter Vorbehalt auf neue Situationen zu übertragen. Absolute Verbindlichkeit für alle Situationen hat dieser Deutung zufolge nur das formale Moralprinzip selbst. Entsprechend sollten demnach auch die aus der Maximenprüfung resultierenden spezifischeren Moralgesetze grundsätzlich nur als **Prima-facie-Pflichten** verstanden werden. Plausibler als Kants Annahme der Absolutheit eines Teils der moralischen Pflichten wäre es, im Fall einer Pflichtenkollision einen erneuten Verallgemeinerungstest möglicher alternativer Priorisierungen kollidierender Pflichten durchzuführen.

Komplexe Maximen: Um einen solchen Test zu ermöglichen, ist es freilich drittens nötig anzunehmen, dass neben einfachen Maximen wie »Ich will nicht lügen« oder »Ich will Menschen in Not helfen« auch komplexe Maximen möglich sind, die dadurch zustande kommen, dass einfachere Maximen durch Vorrangregeln verbunden werden. Wir hätten dann, wie Klaus Steigleder ausführt,

»von einem Geflecht oder Netz von Maximen auszugehen, das sich aus den Entscheidungen eines Individuums ergibt und das Über- und Unterordnungen von ›Willensbestimmungen‹ verschiedenen Allgemeinheitsgrades [...] enthält. Das Spektrum reicht [...] von einer grundlegenden und obersten Maxime für die Wahl aller Zwecke überhaupt bis hin zu den Entscheidungen, konkretere Handlungen auszuführen, um bestimmte Ziele zu erreichen.« (Steigleder 2002, S. 124)

Maximengeflecht mit Vorrangregeln

Ausgehend von einfachen Maximen, die ihrerseits verallgemeinerbar sein müssen, in einem konkreten Fall aber nicht gleichzeitig verfolgt werden können, fragen sich Akteur/innen, welche *komplexere* Maxime sie als allgemeines Gesetz akzeptieren könnten. Höffe schlägt in ähnlicher Weise eine alternative Lösung für das in Kants Schrift *Über ein vermeintes Recht...* beschriebene Beispiel vor:

»Die Maxime wäre formal gesehen komplexer als die uns vertrauten einfachen Maximen. Nennen wir die einfache Maxime (die der Ehrlichkeit oder die der Hilfsbereitschaft, der Gleichgültigkeit usw.) eine Basismaxime, so bestünde die (die Pflichtenkollision lösende) Maxime erstens aus mehr als einer Basismaxime, und jede der Basismaximen müßte schon den Test des Kategorischen Imperativs bestanden haben; in die komplexe Maxime gehen nicht die Unehrlichkeit und die Gleichgültigkeit, sondern die Ehrlichkeit und das Hilfsgebot ein. Zweitens enthielte die komplexe Maxime eine Prioritätsregel für die Basismaximen. Im Verhältnis zu Ehrlichkeit und Hilfsbereitschaft würde die Regel formuliert, unter den Bedingungen A (etwa der Rettung menschlichen Lebens) sei die Verletzung der Ehrlichkeit zulässig. Wie auch immer am Ende diese komplexere Maxime lauten würde: ihre Minimalbedingung, um moralisch zu sein, läge in der Verallgemeinerungsfähigkeit der Prioritätsregel. Kurz: der Prioritätenkonflikt, schlage ich im Rahmen der kantischen Ethik vor, wird durch ein zweistufiges Verallgemeinerungsverfahren gelöst.« (Höffe 1990, S. 195; vgl. Höffe 2000, S. 218 f.)

6.4 | Philosophischer Kontext und Ausblick

Explikation der Alltagsmoral: Die bisherige Darstellung war ganz auf (eine der Formeln von) Kants Moralprinzip und dessen ›Anwendung‹ beschränkt. Die Perspektive soll nun noch ein wenig erweitert werden. Kant selbst geht in der *Grundlegung* von »der gemeinen sittlichen Vernunfterkenntnis« (GMS, erster Abschnitt) aus, d. h. von unserem vorphilosophischen Moralverständnis. Diesem Alltagsverständnis lasse sich entnehmen, dass der **gute Wille** das einzig schlechthin Gute darstelle (s. o.) und dass der gute Wille durch die Orientierung an der moralischen Pflicht gekennzeichnet sei (GMS, S. 397). Moralische **Pflicht** wiederum sei durch ihre **strikte Verbindlichkeit** und die **Allgemeinheit der Gesetzesform** bestimmt: »*Pflicht ist die Notwendigkeit einer Handlung aus Achtung fürs Gesetz.*« (GMS, S. 400) »Nothwendigkeit« könne aber nur einem Moralprinzip zukommen, das keinerlei empirische Bestimmungen enthalte, denn sonst wäre es bedingt durch kontingente Umstände. Da es sich auch beim menschlichen Glück um einen empirischen, von kontingenten Situationsumständen und den Wechselfällen des Schicksals bestimmten Zustand handelt, wendet sich Kant vehement gegen alle Ethiken, die das moralische Sollen auf das Ziel der Glückseligkeit beziehen (GMS, S. 441 ff.; KpV, S. 92 f.). Er betont, dass **Moral kein Instrument der Glückseligkeit** sein kann; schon gar nicht der Glückseligkeit der handelnden Person. Wohl aber kann sie uns des Glücks würdig machen. Auch ist es vernünftig, zu hoffen, dass in einer jenseitigen Welt die Harmonie von Moral und Glückseligkeit wiederhergestellt werden könnte (KpV, S. 107 ff.). Wenn nun jedoch, wie sich dem Verständnis moralischer Pflicht entnehmen lässt, »nichts als die allgemeine Gesetzmäßigkeit der Handlungen überhaupt [...] allein dem Willen zum Prinzip dienen soll«, so ergibt sich daraus, dass ich »niemals anders verfahren [soll] als so, daß ich auch wollen könne, meine Maxime solle ein allgemeines Gesetz werden« (GMS, S. 402; vgl. S. 420 f.).

Moral und Glück

Synthetisch-praktische Sätze a priori: Kant gewinnt den Kategorischen Imperativ in der oben angeführten Formulierung also zunächst aus einer Explikation unseres vorphilosophischen Moralverständnisses. Zugleich betont er, dass es sich bei diesem Prinzip selbst nicht um ein analytisch-praktisches, sondern um ein **synthetisch-praktisches Prinzip a priori** handelt (GMS, S. 420). Was ist damit gemeint? Kant unterteilt Aussagen generell in *analytische* und *synthetische* Aussagen sowie in Aussagen *a priori* und *a posteriori* (KrV, B, S. 27 ff.). Analytische Aussagen buchstabieren aus, was in Begriffen bereits enthalten ist (z. B.: »Ein Junggeselle ist ein unverheirateter Mann«). Synthetische Aussagen dagegen erweitern unser Wissen. »Der Erdkern enthält Eisen« ist eine synthetische Aussage, weil nicht schon aus der Bedeutung des Begriffs »Erdkern« folgt, dass er Eisen enthält. Um festzustellen, ob der Erdkern Eisen enthält, ist *Erfahrung* nötig. Deshalb ist diese synthetische Aussage zugleich eine Aussage *a posteriori*, während die Behauptung, dass ein Junggeselle unverheiratet ist, schon vor jeder empirischen Untersuchung bestätigt werden kann, allein auf der Grundlage des Verständnisses der verwandten Begriffe. Es handelt sich daher um eine analytische Aussage *a priori*. Empirist/innen wie Hume halten nur analytische Aussagen *a priori* und synthetische Aussagen *a posteriori* für möglich. Kant hingegen behauptet, dass es auch synthetische Aussagen oder Prinzipien *a priori* gibt: Solche, die zugleich erkenntniserweiternd sind und vor aller Erfahrung als gültig erkannt werden können. Hypothetische Imperative sind im Grunde analytische Sätze. Denn sie buchstabieren lediglich aus, was bereits in dem jeweiligen Wollen enthalten ist, sind also nicht erkenntniserweiternd (GMS, S. 417 ff.). Insofern ich ein Ziel tatsächlich will, will ich auch die dafür notwendigen Mittel ergreifen. Die Wahrheit dieser Annahme folgt aus dem Begriff des Willens, der (im Gegensatz zum bloßen Wünschen) den Entschluss impliziert, das Gewollte unter den gegebenen

Umständen zu realisieren. Der Kategorische Imperativ ist ein synthetischer Satz a priori. Denn er buchstabiert nicht einfach aus, was bereits (vor der Maximenprüfung) in meinem Willen enthalten war, sondern schreibt dem Willen gegebenenfalls eine neuartige Richtung vor. Synthetisch *a priori* ist er, weil er die Kraft dazu nicht aus irgendwelchen empirischen Erkenntnissen schöpft, sondern allein aus der Idee eines freien Vernunftwesens (s. u.).

Moral als Bedingung praktischer Selbstbestimmung

Transzendentalphilosophischer Hintergrund: Dass es synthetische Sätze a priori gibt, ist eine zentrale Annahme der kantischen Transzendentalphilosophie. Wie aber sind solche Aussagen möglich? Anders als frühere Idealisten und Rationalisten unterstellt Kant nicht die Existenz eingeborener Ideen, die uns vor aller sinnlichen Erfahrung mit *inhaltlichen* Erkenntnissen versorgen würden. Auch unterstellt er nicht, sondern bestreitet, dass wir durch synthetisch-apriorische Urteile oder Prinzipien Zugang zu einer schlechthin ›objektiven‹, das heißt von unserer Erfahrung oder Praxis unabhängigen, Wirklichkeit erhielten. Kant will vielmehr zeigen, dass bestimmte synthetische Urteile und Prinzipien deshalb *für uns* als erkenntnis- und handlungsfähige Vernunftwesen gültig sind, weil sie für unsere Erkenntnis oder für unsere praktische Freiheit konstitutiv sind: Unsere Erkenntnis- oder Deliberationspraxis funktioniert nur auf ihrer Grundlage. Weil es sich um **Bedingungen der Möglichkeit unserer Erkenntnis bzw. unserer praktischen Freiheit** handelt, sind sie für uns *a priori* gültig. Kants Konzeption apriorischer Bedingungen der Möglichkeit von theoretischer Erfahrung und praktischer Selbstbestimmung soll zwischen dem Empirismus und dem Rationalismus vermitteln. Eine zentrale Rolle spielt bei dieser Vermittlungsbemühung die **Unterscheidung zwischen Inhalt und Form**, und zwar in der theoretischen wie in der praktischen Philosophie. In der *Kritik der reinen Vernunft* sucht Kant zu zeigen, dass die Erkenntnis- und Verständnisleistungen von Sinnlichkeit, Verstand und Vernunft nur durch reine Formen, Kategorien und Ideen möglich sind. Auf diese Weise möchte Kant unter anderem das von Hume aufgeworfene Problem nach der Berechtigung von Kausalgesetzen lösen: Da Kausalität als solche kein Gegenstand der sinnlichen Erfahrung ist (was wir sinnlich wahrnehmen können, ist immer nur die zeitliche Abfolge von Phänomenen) werden Kausalbehauptungen für Hume problematisch; er sieht sie letztlich in psychologischen Mechanismen begründet. Kant hingegen sucht zu zeigen, dass die Kategorie der Kausalität eine Bedingung der Möglichkeit von Erfahrung darstellt, also eine apriorische Grundlage hat. Erfahrung ist jedoch nur durch ein Zusammenspiel der apriorischen Erkenntnisformen mit den durch unsere Sinne gelieferten Erkenntnisinhalten möglich: »Gedanken ohne Inhalt sind leer, Anschauungen ohne Begriffe sind blind« (KrV, A, S. 48; B, S. 75). Auf dem Gebiet der praktischen Philosophie verhält es sich ganz analog: Der synthetisch-apriorische Kategorische Imperativ gibt nur die **Form unseres Willens** vor, die empirischen Maximen sorgen gewissermaßen für die **Inhalte unserer Willensbestimmung**.

Moral als Autonomie: Wie erwähnt leitet Kant den Kategorischen Imperativ zunächst aus unserem moralischen Alltagsverständnis her. Dieses Alltagsverständnis könnte jedoch verzerrt oder gar gänzlich illusorisch sein. Kant begnügt sich denn auch nicht mit dieser Herleitung, sondern bemüht sich um eine transzendentalphilosophische Begründung des von ihm vorgeschlagenen Moralprinzips. Die Interpretation der betreffenden Passagen in der *Grundlegung* und der *Kritik der praktischen Vernunft* sind Gegenstand von Deutungskontroversen, die Kants Intentionen, seine verschiedenen Argumentationswege und deren jeweiligen Erfolg betreffen. Unstrittig ist jedoch, dass Kants Überlegungen um das Verhältnis zwischen Moral und praktischer Freiheit kreisen: Der freie Wille ist Kant zufolge als eine Art der Kausalität zu verstehen und muss daher (wie Kausalität überhaupt) nach allgemeinen Gesetzen wirken. Nach welchen Gesetzen aber könnte ein *freier* Wille wirken? Nur nach **Gesetzen, die er sich selbst vorschreibt**. Der freie Wille ist selbstgesetzgebend – autonom. Er orientiert sich also am Kategorischen Imperativ, denn dieser bindet den Willen an nichts anderes als an diejenigen allgemeinen Gesetze, denen ich selbst zustimmen könnte. Also sind **Autonomieprinzip und Moralprinzip identisch**. Kant überträgt damit einen Gedanken Rousseaus (1782, Bd. 1, S. 187–360) aus der politischen Philosophie auf das Gebiet der Moralphilosophie. Wie Hobbes vertritt Rousseau eine Vertragstheorie politischer Autorität. Während jedoch Hobbes' Überlegungen ganz auf die Gewährleistung von Sicherheit für die einzelnen Bürger zielen, will Rousseau die Frage beantworten, wie wir in einer politischen Rechtsordnung zusammenleben können, ohne unsere Freiheit einzubüßen. Möglich ist dies, wenn wir den Gesetzen, denen wir uns unterordnen, als Mitglieder der Gemeinschaft selbst zustimmen können, weil sie Ausdruck des Allgemeinwillens, der *volonté générale* sind.

Einfluss Rousseaus

Möglichkeit der Willensfreiheit: Kant zufolge können wir uns nicht als freie Vernunftwesen verstehen, ohne uns am Moralprinzip zu orientieren und umgekehrt. (In der Sekundärliteratur wird diese Annahme häufig als *reciprocity thesis* bezeichnet; vgl. Allison 1986). Willensfreiheit und Moralität bedingen sich wechselseitig (GMS, S. 446 ff.; KpV, S. 3 ff.). Damit können wir zwar nicht das eine zugestehen und das andere bestreiten; aber warum sollten wir nicht beides bestreiten? Ist es vielleicht möglich, die Existenz der Willensfreiheit zu beweisen, um damit indirekt auch die Verbindlichkeit des Moralprinzips zu begründen?

> **Willensfreiheit und Handlungsfreiheit**
>
> Von menschlicher Freiheit wird in verschiedener Bedeutung gesprochen. **Handlungsfreiheit** lässt sich als die Abwesenheit äußerer Hindernisse bei der Realisierung der eigenen Handlungspläne verstehen. Sie kann etwa durch physischen Zwang oder natürliche Hindernisse eingeschränkt werden. Es ist diejenige Form von Freiheit, von der im Rahmen der hobbesschen Ethik die Rede war. Über Handlungsfreiheit könnten auch Wesen verfügen, deren ›Willen‹ (besser: dessen innere Handlungsantriebe) vollständig kausal determiniert wären – Hobbes zufolge sind wir tatsächlich solche Wesen. Von der Handlungsfreiheit zu unterscheiden ist die **Willensfreiheit**, die eine Art personaler Kontrolle über die Richtung des eigenen Willens bezeichnet und deren Existenz und genaue Interpretation in der Philosophie strittig ist.

Zur Vertiefung

Kant nimmt an, dass Willensfreiheit von der Möglichkeit der Person abhängt, auf die Welt kausal einzuwirken, ohne dazu durch zeitlich vorausliegende ›mechanische‹ oder innere ›psychische‹ Kausalursachen genötigt zu sein (KpV, S. 93 ff.). Diese Art von Freiheit könne niemals Gegenstand der empirischen Erfahrung sein, weil die Annahme eines durchgängigen Kausalzusammenhangs gerade eine Bedingung der Möglichkeit von Erfahrung sei:

KrV, B, S. 363 »Weil es ein allgemeines Gesetz [...] der Möglichkeit aller Erfahrung ist, daß alles, was geschieht, eine Ursache, mithin auch die Causalität der Ursache, die selbst geschehen oder entstanden, wiederum eine Ursache haben müsse; wodurch denn das ganze Feld der Erfahrung, so weit es sich erstrecken mag, in einem Inbegriff bloßer Natur verwandelt wird.«

Kausalität und Willensfreiheit

Gerade der Umstand, dass die Annahme einer durchgängigen kausalen Determiniertheit aller Erscheinungen eine Bedingung der Möglichkeit unserer Erfahrung ist, hat aber zugleich zur Folge, dass wir die Möglichkeit der Freiheit im Sinne der Erstursächlichkeit auch niemals aufgrund irgendwelcher Erfahrungen ausschließen können: Wenn die Tatsache, dass wir die Welt als durchgängig kausal strukturiert erfahren, aus dem Umstand resultiert, dass dies zu den Bedingungen der Möglichkeit der Erfahrung gehört, dann können wir aus ihr nicht schlussfolgern, dass die Welt *an sich* tatsächlich durchgängig kausal strukturiert ist. Im Übrigen stehen Freiheit und Kausalität insofern auf derselben Stufe, als auch Letztere niemals ein Gegenstand der Erfahrung sein kann. Zwar können wir Freiheit im Sinne der Erstursächlichkeit nicht *erfahren*. Es kann uns aber nichts davon abhalten, sie als wirklich zu *denken*.

Praktische Notwendigkeit der Freiheitsunterstellung: Aber warum sollten wir sie denken – warum sollten wir uns in diesem starken Sinne als frei verstehen? Eine mögliche Antwort wäre, dass wir dies **in unserer Rolle als rationale Akteure** unvermeidlich immer schon tun. Entsprechend führt Kant im dritten und letzten Abschnitt der *Grundlegung* aus, dass ein Vernunftwesen »nicht anders als unter der Idee der Freiheit handeln kann«:

GMS, S. 448 »Denn in einem solchen Wesen denken wir uns eine Vernunft, die praktisch ist, d. i. Causalität in Ansehung ihrer Objecte hat. Nun kann man sich unmöglich eine Vernunft denken, die mit ihrem eigenen Bewußtsein in Ansehung ihrer Urtheile anderwärts her eine Lenkung empfinge, denn alsdann würde das Subject nicht seiner Vernunft, sondern einem Antriebe die Bestimmung der Urtheilskraft zuschreiben. Sie muß sich selbst als Urheberin ihrer Principien ansehen unabhängig von fremden Einflüssen, folglich muß sie als praktische Vernunft, oder als Wille eines vernünftigen Wesens von ihr selbst als frei angesehen werden; d. i. der Wille desselben kann nur unter der Idee der Freiheit ein eigener Wille sein und muß also in praktischer Absicht allen vernünftigen Wesen beigelegt werden.«

Kants Argument ist also, dass wir nicht unsere Rolle deliberierender, rational zwischen verschiedenen Handlungsoptionen abwägender Akteur/innen ernst nehmen und dabei *zugleich* die Überzeugung aufrechterhalten können, dass wir in all unseren Entscheidungen durch vorausliegende Kausalursachen, etwa unsere empirischen ›Neigungen‹, determiniert sind (vgl. Korsgaard 1996, S. 94 ff.). Die Annahme der Willensfreiheit ist also nicht empirisch oder aufgrund theoretischer Überlegungen begründet, sondern weil sie für unsere menschliche Praxis konstitutiv ist. Wir können niemals positiv ›wissen‹, dass wir frei sind. So lange wir aber versuchen, uns auf vernünftige Weise in unserem Handeln zu orientieren, können wir gar nicht anders, als uns als frei zu begreifen. Dies wiederum können wir nur, indem wir uns am Prinzip der Autonomie orientieren, das zugleich das Moralprinzip ist.

Transzendentale Freiheit und Verantwortlichkeit: Ob diese Antwort Kants letztes Wort und inwieweit sie überzeugend ist, wird kontrovers diskutiert. Sie sieht sich vor allem drei Gruppen von Einwänden ausgesetzt, die hier nur knapp skizziert seien (ausführlicher z. B. Watkins 2017):

1. Eine erste Gruppe von Einwänden zielt auf den Nachweis, dass wir uns auch auf Basis einer **schwächeren Freiheitskonzeption** als der kantischen noch als rationale Akteur/innen verstehen könnten.
2. Eine zweite Gruppe von Einwänden legt nahe, dass Kants Freiheitsverständnis als solches problematisch ist. Tatsächlich führt Kants an den Naturwissenschaften orientierte Interpretation der Erfahrung, wonach alle empirischen Erscheinungen als kausal determiniert konzipiert werden müssen, zu der Notwendigkeit, Freiheit in eine nicht sinnlich erfahrbare ›noumenale‹ Welt – ein reines Gedankenreich – zu verlegen. Dies wirft, wie schon Fichte feststellt, die Frage auf, wie es möglich ist, innerhalb der Erscheinungswelt **zurechenbare Handlungen** und **zurechnungsfähige Akteur/innen** zu identifizieren (1962, Bd. I.3, S. 380; siehe Kap. 7.1). *Empirische* Kriterien dafür scheinen im Rahmen von Kants Transzendentalphilosophie nicht denkbar (eine aufschlussreiche Stellungnahme hierzu findet sich in Kants *Anthropologie*, AA, Bd. 7, S. 213 ff.).
3. Eine dritte Gruppe von Einwänden verweist auf problematische Konsequenzen der von Kant vorgenommenen engen Kopplung zwischen Autonomie und Moralität. Zum einen ist zu klären, wie und warum freie Vernunftwesen überhaupt dem moralischen Gesetz zuwiderhandeln können. (Ein Indiz dafür, dass hier eine Schwierigkeit stecken könnte, ist ein schon in der *Grundlegung* feststellbares Schwanken hinsichtlich der Deutung des menschlichen Willens. Ist er »nichts anders als praktische Vernunft« oder »nicht an sich völlig der Vernunft gemäß«?, GMS, S. 412 f.). Zum anderen sollte die Erklärung jedoch so beschaffen sein, dass sie nicht die Möglichkeit ausschließt, Personen **Verantwortlichkeit** für Handlungen zuzuschreiben, die *nicht* am Moralprinzip orientiert sind – beispielsweise für selbstsüchtige Handlungen, die bewusst die Interessen anderer verletzen. Kant hat dieses Problem in seiner Schrift *Die Religion innerhalb der Grenzen der blossen Vernunft* (AA, Bd. 6, S. 1–202) durch die Annahme eines »Hangs zum Bösen« zu lösen versucht, der einerseits zur allgemeinen Menschennatur gehören, andererseits jedoch auch von jeder einzelnen Person zu verantworten sein soll, aber diese Lösung wirft eher zusätzliche Fragen auf (vgl. Bernstein 2002, S. 11–45).

> Probleme der kantischen Deutung transzendentaler Freiheit

Ausblick: Ungeachtet der angedeuteten Schwierigkeiten ist Kants Beitrag zum moralphilosophischen Denken nicht zu überschätzen. Kant bemüht sich um eine Interpretation und Begründung der Moral, die dem von Hume hervorgehobenen Problem des Übergangs vom Sein zum Sollen konsequenter Rechnung trägt als Humes eigene Tugendlehre. Vor diesem Hintergrund hat er zentrale Probleme benannt, denen sich eudaimonistische, instrumentalistische oder sentimentalistische Ansätze gegenübergestellt sehen. Kants Interpretation moralischer Pflichten als ›kategorisch‹ vorrangig gegenüber allen anderen praktischen Erwägungen prägt die Diskussion weit über den eigenen Schulzusammenhang hinaus (Birnbacher 2013, Kap. 1).

Achtung der Autonomie und Instrumentalisierungsverbot

Kants Bemühen, Prinzipien der praktischen Vernunft nicht in der kontemplativen Einstellung eines Naturforschers oder Moralpsychologen zu gewinnen, sondern durch die Reflexion auf die Bedingungen unseres Deliberierens und Handelns selbst, etabliert ein neues Modell ethischen Denkens, das seither in vielfältigen Varianten weiterentwickelt wird. Es führt ihn auch zu einem modernen Moralverständnis, das **personale Verantwortung und Autonomie** und damit die **Würde des Individuums** zentral stellt. Aus Kants Autonomie- und Moralprinzip folgt nämlich, dass wir die eigene Autonomie nur realisieren können, indem wir zugleich die Autonomie aller anderen wahren. Denn um unsere Autonomie zu realisieren (statt tatsächlich zum Sklaven unserer Neigungen zu werden) müssen wir nach Maximen handeln, die wir als allgemeine Gesetze wollen können. Wie gezeigt kann dies jedoch nur bedeuten, nach Maximen zu handeln, die *alle* Betroffenen vernünftigerweise als allgemeine Gesetze akzeptieren können. Das impliziert eine Pflicht zur moralischen Anerkennung von Personen. Sie wird auch in der sogenannten Selbstzweckformel des Kategorischen Imperativs zum Ausdruck gebracht, die eine Instrumentalisierung anderer Menschen verbietet:

GMS, S. 429

»Handele so, daß du die Menschheit sowohl in deiner Person, als in der Person eines jeden anderen jederzeit zugleich als Zweck, niemals bloß als Mittel brauchst.«

Diese Forderung drückt eine Intuition des unbedingten Respekts vor der Urteilsautonomie aller Personen aus, von der unser heutiges Moralverständnis ebenso wesentlich geprägt ist wie unsere auf dem Prinzip der Menschenwürde basierende Verfassungsordnung.

Siglenverzeichnis
AA – Akademieausgabe (Kant 1902 ff.)
DK – Diels/Kranz, Die Fragmente der Vorsokratiker
GMS – Grundlegung zur Metaphysik der Sitten (Kant, AA, IV, S. 385–463)
KpV – Kritik der praktischen Vernunft (Kant, AA, V, S. 1–163)
KrV – Kritik der reinen Vernunft (Kant, 2. Aufl. (B) AA, III, 1. Aufl. (A) AA IV, 1–252)
KdU – Kritik der Urteilskraft (Kant, AA, V, S. 165–485)
MdS – Metaphysik der Sitten (Kant, AA, VI, S. 203–493)
SEP – Stanford Encyclopedia of Philosophy (Zalta)

6.4 Philosophischer Kontext und Ausblick

Einführende Literatur
Guyer, Paul (Hrsg.): The Cambridge Companion to Kant and Modern Philosophy. Cambridge 2006.
Höffe, Otfried: Immanuel Kant. München 1992.
Irrlitz, Gerd (Hrsg.): Kant-Handbuch: Leben und Werk. Stuttgart 2002.
Kant, Immanuel: Grundlegung zur Metaphysik der Sitten, mit einem Kommentar von Christoph Horn, Corinna Mieth und Nico Scarano. Frankfurt a. M. ²2010.
Reath, Andrews/Timmermann, Jens (Hrsg.): Kant's »Critique of Practical Reason«: A Critical Guide. Cambridge 2013.
Schönecker, Dieter/Wood, Allen W.: Kants »Grundlegung zur Metaphysik der Sitten«: Ein einführender Kommentar. Paderborn ⁴2011.
Timmermann, Jens: Kant's Groundwork of the Metaphysics of Morals: A Commentary. Cambridge 2007.
Tugendhat, Ernst: Vorlesungen über Ethik. Frankfurt a. M. 1993.

Zitierte und weiterführende Literatur
Allison, Henry E.: »Morality and Freedom: Kant's Reciprocity Thesis«. In: The Philosophical Review 95/3 (1986), S. 393–425.
Bernstein, Richard J.: Radical Evil: A Philosophical Interrogation. Cambridge 2002.
Broad, C. D.: Five Types of Ethical Theory [1930]. London 2013.
Fichte, Johann G.: Gesamtausgabe der Bayerischen Akademie der Wissenschaften. Stuttgart-Bad Cannstatt 1962 ff.
Habermas, Jürgen: Die Einbeziehung des Anderen. Frankfurt a. M. 1996.
Hegel, Georg W.: Werke in zwanzig Bänden. Frankfurt a. M. 1970.
Höffe, Otfried: »Kants kategorischer Imperativ als Kriterium des Sittlichen«. In: Zeitschrift für philosophische Forschung 31/3 (1977), S. 354–384.
Höffe, Otfried: Kategorische Rechtsprinzipien: Ein Kontrapunkt der Moderne. Frankfurt a. M. 1990.
Höffe, Otfried: »Kants nichtempirische Verallgemeinerung: Zum Rechtsbeispiel des falschen Versprechens«. In: Ders. (Hrsg.): Grundlegung zur Metaphysik der Sitten: Ein kooperativer Kommentar. Frankfurt a. M. ³2000, S. 206–233.
Hume, David: A Treatise of Human Nature. Hrsg. von David Fate Norton und Mary J. Norton. Clarendon Hume Edition Series, Bd. 1: Texts. Oxford/New York 2007.
Kant, Immanuel: Gesammelte Schriften. Hrsg. von der Königlich Preußischen Akademie der Wissenschaften. Berlin 1902 ff.
Kersting, Wolfgang: Wohlgeordnete Freiheit: Immanuel Kants Rechts- und Staatsphilosophie. Frankfurt a. M. 1993.
Kohlberg, Lawrence: Essays in Moral Development. Cambridge 1981.
Korsgaard, Christine M.: The Sources of Normativity. Cambridge 1996.
Neusner, Jacob/Chilton, Bruce B.: The Golden Rule: The Ethics of Reciprocity in World Religions. London/New York 2009.
Parfit, Derek: On What Matters. 2 Bände. Oxford/New York 2011.
Potter, Nelson T./Timmons, Mark: Morality and Universality: Essays on Universalizibility. Dordrecht u. a. 1985.
Ross, David: Kant's Ethical Theory: A Commentary on the Grundlegung zur Metaphysik der Sitten. Oxford 1954.
Rousseau, Jean-Jacques: Collection complète des oeuvres de J. J. Rousseau. Genève 1762.
Singer, Marcus G.: Generalization in Ethics: An Essay in the Logic of Ethics, with the Rudiments of a System of Moral Philosophy. London 1963.
Singer, Marcus G.: Golden Rule. In: Becker, Lawrence C./Becker, Charlotte B. (Hrsg.): Encyclopedia of Ethics. New York/London ²2001, Bd. 1, S. 61.
Smart, J. J. C.: »An Outline of a System of Utilitarian Ethics«. In: Smart, J. J. C./Williams, Bernard: Utilitarianism: For and Against. Cambridge 1973, S. 3–74.

Watkins, Eric (Hrsg.): Kant on Persons and Agency. Cambridge 2017.
Wattles, Jeffrey: The Golden Rule. Oxford/New York 1997.
Werner, Micha H.: Diskursethik als Maximenethik: Von der Prinzipienbegründung zur Handlungsorientierung. Würzburg 2003.
Wimmer, Reiner: Universalisierung in der Ethik: Analyse, Kritik und Rekonstruktion ethischer Rationalitätsansprüche. Frankfurt a. M. 1980.
Wood, Allen W.: Kant's Ethical Thought. Cambridge 1999.
Zalta, Edward N. (Hrsg.): The Stanford Encyclopedia of Philosophy. In: https://plato.stanford.edu/.

Open Access Dieses Kapitel wird unter der Creative Commons Namensnennung 4.0 International Lizenz (http://creativecommons.org/licenses/by/4.0/deed.de) veröffentlicht, welche die Nutzung, Vervielfältigung, Bearbeitung, Verbreitung und Wiedergabe in jeglichem Medium und Format erlaubt, sofern Sie den/die ursprünglichen Autor(en) und die Quelle ordnungsgemäß nennen, einen Link zur Creative Commons Lizenz beifügen und angeben, ob Änderungen vorgenommen wurden.

Die in diesem Kapitel enthaltenen Bilder und sonstiges Drittmaterial unterliegen ebenfalls der genannten Creative Commons Lizenz, sofern sich aus der Abbildungslegende nichts anderes ergibt. Sofern das betreffende Material nicht unter der genannten Creative Commons Lizenz steht und die betreffende Handlung nicht nach gesetzlichen Vorschriften erlaubt ist, ist für die oben aufgeführten Weiterverwendungen des Materials die Einwilligung des jeweiligen Rechteinhabers einzuholen.

7 Wann ist unser Zusammenleben fair? John Rawls' Beitrag zur modernen Moralphilosophie

7.1 Von Immanuel Kant zu John Rawls
7.2 Rawls' Ethik politischer Gerechtigkeit

7.1 | Von Immanuel Kant zu John Rawls

Deutscher Idealismus: Kants Philosophie bildet den Auftakt zu philosophischen Systembildungen, die der Rubrik **Deutscher Idealismus** zugeordnet werden. Ihnen ist der Versuch gemeinsam, in Kants System verbleibende Spannungen und Dualismen zu überwinden. Dies zeigt sich beispielsweise in Johann Gottlieb Fichtes Radikalisierung der kantischen Bewusstseinsphilosophie. Sie erklärt auch noch den von Kant nicht angetasteten Rest eines subjektunabhängigen Seins, das bestimmungslose und an sich unerkennbare **Ding an sich**, zum Ergebnis einer aktiven Setzung des Erkenntnissubjekts. Es zeigt sich auch in Georg W. F. Hegels Modell dialektischer Entwicklung. Es soll Polaritäten wie die zwischen Begriff und Gegenstand, Subjekt und Objekt oder Moralität und Sittlichkeit zwar nicht eliminieren, aber doch vermitteln und ›aufheben‹. Trotz ihres Harmonisierungsbestrebens sind die Ansätze des Deutschen Idealismus oft von einer tiefen Ambivalenz gekennzeichnet. Sie zeigt sich etwa in Fichtes Naturrechtsbuch (Fichte 1962, Bd. I.3 und I.4). Fichte sucht dort einerseits nachzuweisen, dass Subjekte nur als soziale und leibliche Wesen gedacht werden können. Andererseits will er sogar noch Sozialität und Leiblichkeit aus der schöpferischen Subjektivität des *einen* Erkenntnissubjekts herleiten. Erkennbar wird die Ambivalenz auch in den radikalen Positionsänderungen in Fichtes und Schellings Denken. Sie zeigt sich schließlich auch in der Offenheit der Hegelschen Philosophie für ganz unterschiedliche, materialistische oder idealistische, Weiterentwicklungen.

Ambiguität des Deutschen Idealismus

Intersubjektivität und Anerkennung: Kants transzendentale Bewusstseinsphilosophie konzipiert Vernunft als Bewusstseinsapparat von Vernunftwesen überhaupt. Die zentrale Rolle der **Intersubjektivität**, der **Sprachlichkeit** und der **Geschichtlichkeit** der menschlichen Vernunft wird weitgehend ausgeblendet. Zwar entwickelt Kant eine aufklärerische Geschichtsphilosophie. Auch zeigt er sich als scharfsinniger Beobachter der Strukturen, Gepflogenheiten und Fallstricke des sozialen Zusammenlebens. Er formuliert sogar explizit eine Kritik des epistemologischen Solipsismus, der es »für unnöthig [hält], sein Urtheil auch am Verstande Anderer zu prüfen; gleich als ob er dieses Probirsteins [...] gar nicht bedürfte« (*Anthropologie*, AA, Bd. 7, S. 128; zum Begriff siehe Kap. 2.2). Dessen ungeachtet geht Kant davon aus, dass ein einsames Vernunftwesen grundsätzlich über alle nötigen Erkenntnisbedingungen verfügen könnte,

Probleme der kantischen Erkenntnistheorie

die nötig sind, um seine Wahrnehmungen strukturieren, und die in ihr anzutreffenden Phänomene verstehen und erklären zu können. Diese Phänomene werden als kausal determiniert erfahren. Dies hat zur Folge, dass die Sphäre der Subjektivität, der Spontaneität und der menschlichen Freiheit auf einen Punkt jenseits der möglichen Erfahrung – das transzendentale Ich – zusammenschrumpft. Damit wird es unmöglich, eine **soziale Mitwelt**, d. h. eine Sphäre der Begegnung mehrerer Subjekte, des freien Austauschs und der sozialen Interaktion, innerhalb der erfahrbaren Wirklichkeit zu konzipieren. Praktische Freiheit ist nur ›hinter‹ dieser Wirklichkeit zu denken, kann sich jedoch niemals als solche darin manifestieren. Diese erkenntnistheoretische These führt zu Problemen für die Ethik. Beispielsweise lässt sie die Frage unlösbar erscheinen, wie und mit welchem Recht wir innerhalb der uns erscheinenden Phänomene so etwas wie **zurechenbare Handlungen** und zurechnungsfähige Akteure identifizieren oder auch nur empirische Indizien für sie finden könnten. Fichte beschreibt dieses Problem in großer Klarheit, indem er fragt:

Fichte 1962, Bd. I.3, S. 380

»[W]ie kommen wir dazu auf einige Gegenstände der Sinnenwelt den Begriff der Vernünftigkeit überzutragen, auf andere nicht; welches ist der charakteristische Unterschied beider Klassen? Kant sagt: handle so, daß die Maxime deines Willens Princip einer allgemeinen Gesetzgebung seyn könne. [...] Aber wer soll denn in das Reich, das durch diese Gesetzgebung regiert wird, mit gehören, und Antheil an dem Schutze derselben haben? [...] Nun sagt man mir: es versteht sich, daß nur von Wesen, die der Vorstellung von Gesetzen fähig sind, also von vernünftigen Wesen, die Rede sey; und ich habe zwar statt des einen unbestimmten Begriffs einen andern, aber keinesweges eine Antwort auf meine Frage. Denn, wie weiß ich denn, welches bestimmte Objekt ein vernünftiges Wesen sey [...].«

Anerkennung als Schlüsselbegriff

Fichte selbst begnügt sich allerdings seinerseits mit der Antwort, »[d]ie Natur« habe »diese Frage längst entschieden« (ebd.). Das hat philosophische Gründe, denn Fichte legt zwar dar, dass sich niemand als Vernunftwesen verstehen könne, ohne »auch andere endliche Vernunftwesen ausser sich anzunehmen« (ebd., S. 340). Auch Fichte kann jedoch nicht erklären, wie wir *in unserer Erfahrung* zu diesen Wesen als Mit-Vernunftwesen Zugang erhalten, denn erweitert den kantischen Erfahrungsbegriff, der am Modell der newtonschen Physik orientiert ist, nicht in einer Weise, die einen solchen Zugang zur sozialen Mitwelt ermöglichen würde. Allerdings führt mit dem **Begriff interpersonaler Anerkennung** einen wichtigen Ansatzpunkt für eine solche Erweiterung des Erfahrungsbegriffs ein. Vermittelt durch Hegel wird dieser Begriff zunehmend zu einem Schlüsselkonzept moral- und sozialphilosophischer Theorien, die in den Strukturen der Intersubjektivität selbst die wesentliche Grundlage sozialer Normierungen erblicken (vgl. ideengeschichtlich Habermas 1988, S. 187–241.; Honneth 2018; als Überblick Siep/Ikaheimo/Quante 2018).

Dialogphilosophie und Sorge-Ethik: Auch die ihrerseits an Fichte, den materialistischen Hegel-Schüler Feuerbach und die Sprachphilosophen Wilhelm v. Humboldt und Hamann anknüpfende **Tradition der Dialogphilosophie** rückt die Rolle der Intersubjektivität in den Mittelpunkt (u. a. Ebner, Buber, Rosenzweig; zur Übersicht und Einordnung Theunissen 1965). Kritisch gegenüber dem Erfahrungsbegriff Kants stellen sie der objektivierenden Gegenstandserfahrung (bzw. dem »Ich-Es-Verhältnis«) eine dialogische Beziehung (ein »Ich-Du-Verhältnis«) zur Seite (vgl. exemplarisch Buber 1995). Anders als die Ansätze des Deutschen Idealismus zielen sie aber nicht auf die Aufhebung der Polarität, sondern belassen es weitgehend bei der dichotomischen Gegenüberstellung der beiden Weltzugänge (zu den daraus resultierenden Schwierigkeiten vgl. Habbel 1994; Werner 2016). Phänomenologisch orientierte, durch Beiträge der Phänomenologie Husserls und Schelers und der Daseinsanalyse Heideggers modifizierte Einflüsse dieser Tradition sind heute noch in Gestalt einer an Emmanuel Levinas anschließenden ›Ethik des Anderen‹ präsent (Levinas 1987, 1989). Ihrer moralischen Substanz nach weist sie Überschneidungen mit der **Sorgeethik** (*Care Ethics*, vgl. Gilligan 1982; Held, 2006; Slote 2007) auf. Ethiken dieses Typs betonen die Ansprüche der konkreten Anderen. Sie sind mehr oder weniger situationistisch angelegt und entsprechend kritisch gegenüber ›abstrakten‹ universalistischen Prinzipienethiken. Die Sorge-Ethik knüpft an vor-kantische Traditionen wie den schottischen Sentimentalismus sowie an die Mitleidsethik an (siehe Kap. 4; Schopenhauer 1988, Bd. 2–4; Schweitzer 1996). Ähnlich dem negativen Utilitarismus (siehe Kap. Alternative Nutzendefinitionen) sieht sie in der Reduzierung des Leidens empfindungsfähiger Wesen den zentralen Gehalt moralischer Verpflichtung. Sie konzipiert diese Verpflichtung aber nicht als Aufgabe einer handlungskonsequentialistischen Optimierung interindividuell aufsummierter Gefühlszustände. Vielmehr betont sie akteursrelative, aus konkreten Beziehungen stammende Verpflichtungen. Während die Sorgeethik heutzutage insbesondere in Kontexten der klinischen Medizinethik und der Pflegeethik vertreten wird, spielt die Mitleidsethik vor allem in der Tierethik eine prominente Rolle (siehe Kap. 11.2).

Phänomenologische und sorgeethische Ansätze

Sprachpragmatische Wende: Kant vergleicht den Beitrag seiner Transzendentalphilosophie mit dem Übergang zum kopernikanischen Weltbild (**kopernikanische Wende**). Die vorangehende Philosophie habe versucht, unmittelbaren Zugang zu den Strukturen der objektiven Wirklichkeit zu erhalten, ohne zunächst kritisch die Voraussetzungen der Erkenntnis selbst zu untersuchen. Kants kritischer Idealismus steht für den Wechsel von der Objekt- zur Subjekt-Philosophie. Die konstitutiven Voraussetzungen des Erkennens und Denkens versteht Kant als feste Strukturen des Erkenntnisapparats von Vernunftwesen überhaupt. Eine der entscheidende Leistungen der nach-kantischen Philosophie besteht darin, Kants Frage nach den Voraussetzungen von Erkenntnis und praktischer Deliberation noch weiter zu radikalisieren. Gefragt wird nun auch, inwieweit Erkenntnis und Deliberation ihrerseits von historisch gewachsener sozialer Praktiken abhängig sind; zumal von **Strukturen sprachlicher Verständigung**. An der Entwicklung dieser neuen Perspektive sind zahlreiche Beiträge aus Semiotik und Pragmatismus, der Logik, Philosophie der Logik, Sprachphilosophie und sprachanalytischen Wissenschafts- und Erkenntnistheorie und der philosophischen Hermeneutik beteiligt. Diese zweite selbstkritische Wendung der philosophischen Perspektive wird, je nach Lesart und Schwerpunktsetzung, als linguistische Wende, semiotische Wende, pragmatische oder **sprachpragmatische Wende** bezeichnet, wobei auch weitere Kombinationsbegriffe (z. B. pragmatisch-linguistische Wende) anzutreffen sind (vgl. klassisch Rorty 1967; zur Einordnung und Diskussion Sandbothe 2000).

Ethik und Sprachpragmatik

Diversität sprachpragmatisch geprägter Ansätze: Moralphilosoph/innen ziehen aus den skizzierten Entwicklungen sehr unterschiedliche Konsequenzen, die im Folgenden nur exemplarisch angedeutet werden können. Autor/innen wie Richard Rorty gehen davon aus, dass Pragmatismus und Sprachphilosophie Versuchen einer rationalistischen Moralbegründung in der Tradition Kants den Boden entzogen habe. Diskursethiker/innen und einige andere Vertreter/innen anerkennungstheoretischer und konstruktivistischer (siehe Kap. 8.4.5) Positionen sehen dagegen die Chance einer sprachpragmatisch und hermeneutisch aufgeklärten »Transformation« der Philosophie (Apel 1973), die es ermöglicht, die Kerngehalte der Kantischen Ethik in revidierter Form zu verteidigen. Gerade die Einsicht, dass unsere Vernunft selbst in intersubjektiven Praktiken fundiert ist, soll den Nachweis ermöglichen, dass das Erheben und Einlösen von rationaler Geltungsansprüche (z. B. auf die Wahrheit von Behauptungen oder die Richtigkeit von Handlungen; vgl. Habermas 1981, Bd. 1) immer schon bestimmte intersubjektive Verpflichtungen impliziert. Gezeigt werden soll, dass schon die Rolle einer potentiellen Teilnehmerin an unseren Kommunikations- oder Rechtfertigungspraxen ein grundlegendes »Recht auf Rechtfertigung« (Forst 2005) impliziert (vgl. z. B. Apel 1988; Brune 2010; Darwall 2006).

Ethik und Geschichtsphilosophie

Historizistische ›Aufhebung‹ der Moral: Auch die verstärkte Berücksichtigung der Geschichte macht sich in gegenläufigen Tendenzen geltend. **Hegel** ist überzeugt, dass Kants Moralprinzip allein, ohne Rückgriff auf bereits anerkannte substantielle Normen, keine praktische Orientierung geben kann (›Formalismuseinwand‹). Kants am Prinzip der individuellen Autonomie orientiertes Verständnis von Moralität möchte er jedoch nicht abstrakt kritisieren, sondern vielmehr in einer Entwicklungsgeschichte der Sittlichkeit ›aufheben‹ (soll heißen: zugleich bewahren, auf eine höhere Stufe heben und überwinden). Den Begriff der **Sittlichkeit** verwendet Hegel dabei nicht mehr als gleichbedeutend mit dem der Moralität. Vielmehr versteht er darunter die objektive Seite sozial etablierter Verhaltensnormen. Im Sinne des von Hegel eingeführten Konzepts des **objektiven Geistes** schlagen sich in den normativen Gehalten der Sittlichkeit freilich selbst die Ergebnisse vernünftiger Reflexion und Kritik nieder. Daher soll die in sozialen Institutionen und Traditionen verkörperte Sittlichkeit auch die von Kant geltend gemachten Ansprüche individueller Autonomie in sich aufnehmen. Als **konkrete Sittlichkeit** soll sie dadurch selbst zum Medium der Freiheit werden. Tatsächlich interpretiert Hegel die Geschichte der Menschheit idealistisch als einen einer inneren Logik folgenden **Emanzipationsprozess** des Geistes:

Hegel 1970, Bd. 12, S. 32

»Die Weltgeschichte ist der Fortschritt im Bewußtsein der Freiheit – ein Fortschritt, den wir in seiner Notwendigkeit zu erkennen haben.«

Der **Marxismus** hält die Vorstellung einer emanzipatorischen Entwicklungslogik der Geschichte aufrecht, nachdem Feuerbach und Marx Hegels idealistische Philosophie materialistisch umgedeutet haben. Da Marx die Triebfeder der historischen Entwicklung nicht mehr in geistigen Widersprüchen, sondern in widerstreitenden ökonomischen Klasseninteressen sieht, erscheinen die Entwicklungen von Moral und Recht jedoch als eher sekundäre Phänomene des ideologischen ›Überbaus‹. Auch die von der ›bürgerlichen‹ Moral erhobenen universalistischen Geltungsansprüche werden daher geschichtsphilosophisch und ideologiekritisch relativiert. Auch innerhalb der marxistischen Diskussion kommt jedoch wiederholt die Frage auf, inwieweit nicht doch auch der Marxismus selbst an universellen ethischen Ansprüchen orientiert ist (vgl. exemplarisch Sandkühler/De la Vega 1970; andererseits Lukács 1970, S. 110 ff.).

Historismus und Historizismus: Hegel und der Marxismus vertreten die Auffassung, dass die Geschichte einer erkennbaren inneren Gesetzmäßigkeit folgt. Karl R. Popper hat diese Auffassung mit dem Begriff des **Historizismus** belegt (Popper 2003; der Begriff wird allerdings nicht in einheitlicher Weise gebraucht). Eine noch stärkere Relativierung universalistischer Moralprinzipien als im marxistischen Historizismus findet dort statt, wo die wesentliche Bedeutung soziokultureller Phänomene (einschließlich der Moral und der Ethik) zwar ebenfalls als historisch konstituiert verstanden wird, zugleich jedoch auch noch die Idee einer inneren Entwicklungslogik der Geschichte preisgegeben wird. Entsprechende Auffassungen wurden wiederum schon früh und häufig in polemischer Absicht als **historistisch** bezeichnet (zum Begriff Scholtz 1971). Eine historistische Auffassung der Moral bedeutet für die normative Ethik, dass die Begründung oder Kritik moralischer Überzeugungen bestenfalls relative, auf einen bestimmten historischen Kontext bezogene Gültigkeit beanspruchen kann. Inwieweit sich ein entsprechender ethischer Relativismus widerspruchsfrei formulieren und verteidigen lässt, wird im nachfolgenden Kapitel diskutiert (siehe Kap. 8.4.2).

Geschichtsrelativismus

Schopenhauers Nihilismus: Kant will die Objektivitätsansprüche wissenschaftlicher Erkenntnis und praktischer Orientierung rechtfertigen. Er will sie gegen die Verwirrungen schützen, die entstehen, sobald wir versuchen, die der Vernunft gesteckten Grenzen zu überschreiten. Seine Auffassung, wonach ›hinter‹ der für uns zugänglichen, durch unsere Wahrnehmungsformen und Verstandeskategorien geformten Erscheinungswelt ein an sich unerkennbares »Ding an sich« anzunehmen ist, versteht Kant keineswegs als Ausdruck eines Skeptizismus, der die Möglichkeit ›echter‹ Erkenntnis in Frage stellt. Just so, als radikaler Skeptizismus, wird Kants Philosophie jedoch von manchen Nachfahren interpretiert. Heinrich von Kleist gerät in Verzweiflung, weil er in Kants Philosophie den Nachweis sieht, dass wir die Wirklichkeit nur wie durch eine verfälschende Brille wahrnehmen können. Auch Hegel findet in Kants Philosophie einen problematischen und sogar selbstwidersprüchlichen Skeptizismus, dem er die Auffassung entgegensetzt, dass Vernunft sich die Überwindung des Gegensatzes von Erscheinung und wahrem Wesen zutrauen kann und muss. Was Kleist in Verzweiflung stürzt und Hegel überwinden will – die Vermutung, dass unser Erkenntnisvermögen uns nur ein Zerrbild der Wirklichkeit darbietet – hält **Schopenhauer** gerade für Kants wesentliche

Schopenhauers Mitleidsethik Einsicht. Er gibt der Skeptizismus-Interpretation der Kantischen Philosophie eine ganz andere, äußerst düstere Lesart: Unsere **Vorstellung der Wirklichkeit** ist tatsächlich **Trug und Schein**. Was hinter ihr liegt, ist der **Wille** – ein a-rationales Streben, das grundsätzlich unerfüllt bleiben muss, weil es außer ihm gar nicht gibt, was ihn befriedigen könnte, und der daher grundsätzlich **Leiden** bedeutet. Der Wille, der in unseren leiblichen Strebungen und Trieben vorbegrifflich erfahrbar wird, ist das »Ding an sich«. Tatsächlich ist er in allen Wesen derselbe, nur die trügerischen Erkenntnisformen unserer Vernunft gaukeln uns vor, dass es verschiedene, mit ›Einzelwillen‹ versehene Individuen gäbe. Dabei steht unsere Vernunft selbst im Dienste individueller Selbstbehauptung. Ist die Trennung von Ich und Du nur eine scheinbare, so ist auch das Leiden aller anderen Wesen im Grunde unser eigenes Leiden. Schopenhauer leitet daraus seine **Mitleidsethik** ab. Eine vollständige Aufhebung des Leidens ist freilich nur bei vollständiger Aufhebung des Willens möglich. Der Weise, der seinen eigenen Willen überwindet, hebt damit auch die Welt als solche auf. Schopenhauer schreckt vor dieser Konsequenz nicht zurück. Seine Philosophie ist im wörtlichen Sinne nihilistisch. Durch die Lehren des Buddhismus sieht er sich in seiner Auffassung bestätigt.

Vernunftskepsis und Bedeutungsrelativismus: Nietzsche verbindet die von Schopenhauer übernommene ›ontologische‹ Relativierung der Ansprüche unseres Erkenntnisvermögens als Ausdruck individueller Selbstbehauptung mit einer sprachphilosophischen und historischen Relativierung unserer Kulturleistungen. In *Über Wahrheit und Lüge im außermoralischen Sinne* definiert er Wahrheit folgendermaßen:

Nietzsche, KSA Bd. 1, S. 880 f. »Was ist also Wahrheit? Ein bewegliches Heer von Metaphern, Metonymien, Anthropomorphismen kurz eine Summe von menschlichen Relationen, die, poetisch und rhetorisch gesteigert, übertragen, geschmückt wurden, und die nach langem Gebrauche einem Volke fest, canonisch und verbindlich dünken: die Wahrheiten sind Illusionen, von denen man vergessen hat, dass sie welche sind [...].«

Ungeachtet dieses bedeutungstheoretisch begründeten *Wahrheits*relativismus versteht sich Nietzsche selbst als Gegner eines historistischen *Wert*relativismus (vgl. KSA, Bd. 1, S. 243 ff.), dem alles letztlich gleichgültig ist. Das zeigt sich auch in seiner sprachkritisch unterlegten Moralkritik. In seinem Werk *Zur Genealogie der Moral* versucht er die historische Entwicklung unserer Moralvorstellungen nachzuzeichnen. Am Bedeutungswandel des Begriffs »gut« meint er zeigen zu können, dass die aristokratische, lebens- und herrschaftsbejahende (griechische) »Herren-Moral« durch eine asketische, lebensverneinende und letztlich nihilistische (jüdisch-christliche) »Sklaven-Moral« ersetzt worden sei (KSA, Bd. V, S. 245 ff.). Die kultur- und ideologiekritische Absicht der begriffs- und kulturgeschichtlichen Skizze ist unverkennbar. Die Darstellung ist durchdrungen von starken, wenn auch nicht immer leicht vereinbaren, Werturteilen. Nietzsche verzichtet jedoch auf den Versuch einer systematischen Darstellung und Begründung dieser Werturteile. Der von ihm vertretene Bedeutungsrelativismus scheint dafür auch kaum Möglichkeiten offen zu lassen. Damit bleibt anscheinend nur die Option, solche Werturteile **dezisionistisch** zu interpretieren, das heißt: sie (in der Innenperspektive) als Gegenstand einer nicht mehr hintergehbaren persönlichen ›Wertentscheidung‹ und (in der Außenbetrachtung) als Elemente einer letztlich a-rationalen ›Weltanschauung‹ zu verstehen. Diese dezisionistische Subjektivierung der Moral erhält teils auch durch den an Kierkegaard anschließenden **Existentialismus** Unterstützung (vgl. Kierkegaard 2000). Dezisionismus und Weltanschauungsrelativismus legen es wiederum nahe, die Durchsetzung sozialer Verhaltensnormen *ausschließlich* als Sache von Sanktion und Machtausübung zu verstehen. Denn der Versuch einer argumentativen Beilegung von Weltanschauungskonflikten über ›letzte Wertentscheidungen‹ ist dieser Auffassung zufolge von vornherein zum Scheitern verurteilt.

Macht statt Vernunft

Ideologische Situation nach 1945: Viele der den öffentlichen Diskurs dominierenden Strömungen des 19. und frühen 20. Jahrhunderts – historischer und sprachphilosophischer Relativismus, Positivismus, metaethischer Nonkognitivismus, lebensphilosophischer Anti-Rationalismus und existenzialistischer Dezisionismus – stehen dem aufklärerischen Projekt einer rationalen Begründung allgemeinverbindlicher Moralnormen kritisch gegenüber oder stellen dessen Möglichkeit in Frage. Der Neomarxist Georg Lukács (1955) ebenso wie der konservative Rechtsphilosoph Hans Welzel (1990, S. 183) sprechen mit guten Gründen von einer »Zerstörung« bzw. »Selbstzerstörung und Selbstzersetzung« der Vernunft. Übereinstimmend sehen sie darin eine wesentliche Bedingung für die moralische Katastrophe des Nationalsozialismus. An Lukács anknüpfend beschreibt Karl-Otto Apel noch 1973 (Bd. 2, S. 370) die Ideologie der westlichen Nachkriegsgesellschaften als ›Komplementaritätssystem‹. Ethische Orientierung werde als a-rationale Privatsache, das öffentliche Leben hingegen als tendenziell moralfrei organisierbar (miss-)verstanden. Die Entmoralisierung des öffentlichen Raums erscheint Apel jedoch nicht nur aufgrund der historischen Erfahrungen problematisch, sondern auch im Hinblick auf den durch technolgische Entwicklungen erweiterten Bereich menschlicher Handlungsfolgen (ebd., S. 361). Apel formuliert seine Diagnose in einer historischen Situation, in der neue Partizipationsbestrebungen eine Re-Moralisierung des öffentlichen Raums einfordern. Zugleich und in Zusammenhang damit ist im akademischen Diskurs der Philosophie eine Entwicklung zu verzeichnen, die als Rehabilitierung der praktischen Philosophie bezeichnet wird (Riedel 1972). Motiviert durch den wahrgenommenen Bedarf an politisch-ethischer Orientierung angesichts historischer Erfahrungen, neuer zivilisatorischer Herausforderungen und aktueller politischer Partizipationsbestrebungen, wird sie zugleich durch philosophische Entwicklungen etwa auf dem Feld der Metaethik begünstigt (vgl. Darwall/Gibbard/Railton 1992, S. 121 ff.; siehe Kap. 8).

Rehabilitierung der praktischen Philosophie

7.2 | Rawls' Ethik politischer Gerechtigkeit

Rawls' dreifache Bedeutung: Zu den Personen, die am nachhaltigsten zur Rehabilitierung der philosophischen Ethik beigetragen haben, zählt ohne Zweifel John Rawls (Sen 2009, S. 59). Sein Buch *Eine Theorie der Gerechtigkeit* (*A Theory of Justice*, Rawls 1999), erstmals 1971 erschienen, prägt die nachfolgende internationale Diskussion in wenigstens dreierlei Weise:

1. **Erstens** trägt Rawls mit seiner Fokussierung auf **Gerechtigkeitsfragen** zu einer inhaltlichen Schwerpunktsetzung bei, die bis heute dominierend geblieben ist, auch wenn in den 1980er Jahren Fragen des Guten Lebens wieder verstärkt in den Mittelpunkt treten.
2. **Zweitens** schlägt er mit dem Konzept des sogenannten Überlegungsgleichgewichts (*reflective equilibrium*) ein **kohärentistisches Modell ethischen Begründens** vor, das die Ethik als methodologisch mit anderen Wissenschaften vergleichbar erscheinen lässt und bis heute breite Akzeptanz genießt (s. u.). Dadurch lenkt er zugleich den Blick der angelsächsischen Moralphilosophie von *meta*ethischen Fragen wieder stärker auf Fragen der *normativen* Ethik (siehe Kap. 8).
3. **Drittens** trägt er mit seiner Utilitarismuskritik und seinem Plädoyer für ein im weiten Sinne kantisches Moralverständnisses zu einer **größeren Akzeptanz deontologischer Ethik** bei.

Zur Vertiefung

Rawls lesen

Rawls war in hohem Maße an einer nachvollziehbaren, gründlichen und umsichtigen Darstellung seiner Positionen gelegen. Sein Buch *A Theory of Justice* ist dadurch einerseits recht umfangreich geraten. Andererseits kommt Rawls durch gezielte Lesehinweise auch noch eiligen Lesern entgegen, die sich nicht in alle Details vertiefen wollen. Die deutsche Übersetzung von 1975 basiert auf einem revidierten Text, der bereits einigen Einwänden Rechnung trägt und auch den späteren englischsprachigen Ausgaben (Rawls 1999) zugrunde liegt. Als erster Zugang zu Rawls' Originaltexten noch besser geeignet ist das erst nach Rawls' Tod herausgegebene und dezidiert als Einleitung verfasste Buch *Justice as Fairness: A Restatement* (Rawls 2001; dt. 2003). Es hat nicht nur den Vorteil der komprimierteren Darstellung; Rawls reagiert darin auch ausführlicher auf die gegen seine Gerechtigkeitstheorie erhobenen Einwände und rekapituliert die Weiterentwicklungen seiner Position, die er in seinen Beiträgen zum Politischen Liberalismus (Rawls 1993a; dt. 1998) vorgenommen hat.

7.2.1 | Politische Gerechtigkeitsethik

Eingeschränkte Zielsetzung: Rawls verfolgt nicht das Ziel, eine umfassende Ethik zu entwickeln, die in allen Fragen des persönlichen Verhaltens Orientierung bieten würde. Vielmehr will er ausschließlich die Frage beantworten, gemäß welchen Prinzipien die Grundstruktur der Gesellschaft (*basic structure of society*) eingerichtet sein müsste, um als gerecht gelten zu können. Darin liegt eine doppelte Einschränkung: Erstens hinsichtlich des **Gegenstandes** der ethischen Beurteilung (Grundstruktur) und zweitens hinsichtlich des ethischen **Kriteriums** (Gerechtigkeit), an dem die Grundstruktur gemessen werden soll.

Grundstruktur als Gegenstand: Unter der **Grundstruktur der Gesellschaft** versteht Rawls die Konstellation wesentlicher gesellschaftlicher Institutionen, welche die politische Verfassung, die ökonomische und soziale Ordnung bestimmen (Rawls 1999, S. 6 f.). Dazu gehören etwa die Familienstruktur, die Rechtsordnung und die basalen Institutionen politischer Selbstbestimmung, der Regulierung ökonomischer Tätigkeit und der sozialen Vorsorge. Zusammengenommen legen diese wesentlichen Institutionen die Rechte und Pflichten der in ihrer Reichweite befindlichen Menschen fest. Sie bestimmen auch die Verteilung der Gewinne, die aus der sozialen Kooperation hervorgehen. Kurz: Die Grundstruktur bestimmt die Verteilung dessen, was Rawls **soziale Grundgüter** (*social primary goods*) nennt (vgl. ebd., S. 54 f.). Diese umfassen sowohl basale Freiheiten als auch soziale und ökonomische Güter, die so beschaffen sind, dass sie von nahezu jeder rationalen Person erstrebt werden. Hinsichtlich dieser sozialen Grundgüter verursacht die gesellschaftliche Grundstruktur häufig **tiefgreifende Ungleichheiten**. Sie prägen die Lebensaussichten der Betroffenen oft schon von Geburt an. Bereits aus diesem Grund können jene Ungleichheiten nicht – zumindest nicht allein – auf Grundlage individueller Verdienste gerechtfertigt werden. Rawls sucht nun zu klären, inwieweit solche Ungleichheiten überhaupt zu rechtfertigen sind. Dabei schränkt er den Gegenstand seiner Überlegungen auf die Frage innergesellschaftlicher Gerechtigkeit ein. Individualethische Fragen der Gerechtigkeit im zwischenmenschlichen Umgang klammert er weitgehend aus. Fragen der Gerechtigkeit im Austausch zwischen Staaten behandelt er erst in einem späteren Aufsatz ausführlicher (Rawls 1993b). Ferner legt er seiner Untersuchung die Annahme einer wohlgeordneten Gesellschaft zugrunde, deren Normen von ihren Mitgliedern weitgehend beachtet werden.

Rechtfertigbarkeit sozialer Ungleichheiten

Gerechtigkeit als Kriterium: Rawls' Überlegungen konzentrieren sich auf die Frage, wann die Art und Weise, in der die gesellschaftliche Grundstruktur Rechte, Pflichten und Kooperationsgewinne zuteilt, gerecht genannt werden kann. Fragen des guten Lebens stehen nicht im Mittelpunkt der Betrachtung. Dies drückt zwei für Rawls' Moralphilosophie wesentliche Überzeugungen aus. Erstens ist Rawls der Auffassung, dass **Gerechtigkeit die »erste Tugend sozialer Institutionen«** darstellt. Gerechtigkeit sei für die Legitimität von Institutionen genauso wesentlich wie Wahrheit für die Vertretbarkeit von Theorien:

»Justice is the first virtue of social institutions, as truth is of systems of thought. A theory however elegant and economical must be rejected or revised if it is untrue; likewise laws and institutions no matter how efficient and well-arranged must be reformed or abolished if they are unjust. Each person possesses an inviolability founded on justice that even the welfare of society as a whole cannot override. For this reason justice denies that the loss of freedom for some is made right by

Rawls 1999, S. 3

a greater good shared by others. It does not allow that the sacrifices imposed on a few are outweighed by the larger sum of advantages enjoyed by many.«

Deontologie Zweitens plädiert er für ein **deontologisches Verständnis moralischer Richtigkeit**, dem zufolge das Gerechte und Richtige *nicht* nur eine ›Funktion des Guten‹ darstellt; genauer gesagt: dass das Gerechte *nicht* mit demjenigen identifiziert werden kann, das ein vor-moralisches Gut maximiert (ebd., S. 26 f.). Nach der von Rawls vertretenen deontologischen Auffassung zielt Gerechtigkeit vielmehr auf den **Schutz basaler Rechte** aller Moralsubjekte sowie auf die **Gewährleistung fairer Chancen** auf die Verwirklichung der jeweiligen Lebenspläne. Rawls ist sich allerdings der Tatsache bewusst, dass auch eine solche Konzeption von Gerechtigkeit nicht vollständig auf Annahmen über die Ingredienzien eines guten Lebens verzichten kann. Auch sie muss gewisse Annahmen über die Rationalität von Lebensplänen enthalten und damit auch Urteile über Fragen des guten Lebens fällen. Allerdings soll Rawls' Theorie mit einer vergleichsweise gehaltsarmen bzw. »dünnen« (Rawls 1999, S. 347 ff.) Theorie des Guten auskommen. Als Vertreter des **Politischen Liberalismus** geht Rawls davon aus, dass das gute Leben von Bürgerinnen und Bürgern wesentlich von deren mehr oder weniger unterschiedlichen Projekten eines guten Lebens abhängt und die Aufgabe der Gesellschaft in diesem Zusammenhang vor allem darin besteht, Freiheiten und konkrete Chancen für die Realisierung verschiedener Lebenspläne zu sichern und gerecht zu verteilen.

Zur Vertiefung

Das in der politischen Philosophie gebräuchliche Konzept des Politischen Liberalismus, das zur Charakterisierung der rawlsschen Position verwandt wird, ist keineswegs gleichzusetzen mit bestimmten Programmen auf dem Feld der Rechts-, Kultur- oder Wirtschaftspolitik, die ebenfalls – und zwar nach in den USA und Deutschland recht unterschiedlichen Kriterien – als ›liberal‹ bezeichnet werden. Soweit sich aus Rawls' Gerechtigkeitstheorie Ansatzpunkte für politische Ziele gewinnen lassen, weisen sie in Richtung eines entwickelten Sozialstaats, der ungleichen Entwicklungen in den Lebensverhältnissen aktiv entgegenwirkt (Rawls 1999, S. xii, Anm. 1 und xiv ff.).

7.2.2 | Rawls' Überlegungen zur Methode ethischen Begründens

Kohärentismus und Kontraktualismus: Das Ziel normativ-ethischer Theorien liegt darin, *richtige* Antworten auf Fragen praktischer Orientierung und ethischer Beurteilung zu geben. Dafür sind sie auf **Methoden ethischen Begründens** angewiesen. Diese Methoden können wiederum als mehr oder weniger vernünftig – legitim, nachvollziehbar, operationalisierbar, angemessen etc. – beurteilt werden. Sie sind also ihrerseits ein Gegenstand möglicher Begründung oder Kritik. Auch zur Diskussion über

Begründungsmethoden hat Rawls einen wichtigen Beitrag geleistet. Kennzeichnend für seine *Theory of Justice* ist zunächst die ausführliche und explizite Auseinandersetzung mit der Methodenfrage. Charakteristisch ferner, dass zwei grundsätzlich voneinander unabhängige methodische Ansätze kombiniert werden, nämlich Kohärentismus und Vertragstheorie. Rawls verbindet die **kohärentistische Methode des Überlegungsgleichgewichts** (*reflective equilibrium*) mit dem **kontraktualistischen Modell des »Urzustands«** (*original position*). In der an die *Theory of Justice* anschließenden Diskussion sind beide Methodenbausteine sowie ihr Verhältnis zueinander genauer geklärt worden.

> **Kohärentismus** oder auch Kohärenztheorie der Rechtfertigung nennt man eine Position der Erkenntnistheorie, die besagt, dass die Rechtfertigung von Überzeugungen mit der Bemühung identisch ist, ein möglichst konsistentes und kohärentes Überzeugungssystem zu generieren. Der epistemologische Kohärentismus ist nicht identisch mit einer Kohärenztheorie der Wahrheit, die Wahrheit selbst als eine Form von Kohärenz begreift. Er setzt eine solche Theorie auch nicht zwingend voraus (vgl. genauer Olson 2017).

Definition

Eine Entscheidungsprozedur: Bereits 1951 hat Rawls eine *Entscheidungsprozedur für die Ethik* skizziert. Sie sieht zunächst Kriterien für die Anerkennung von Personen als **kompetente moralische Beurteiler/innen** (*competent moral jugdes*) vor. Kompetente moralische Beurteiler/innen benötigten »Tugenden moralischer Einsicht«, die mit »intellektuellen Tugenden« vergleichbar seien: Ebenso wie letztere für die Fähigkeit zur Gewinnung kognitiver Einsichten überhaupt wesentlich seien, brauchten wir erstere, um moralische Erkenntnisse gewinnen und faire Urteile bilden zu können (Rawls 1951, S. 181). Zu den Tugenden moralischer Einsicht zählen ein hinreichendes Maß an Intelligenz, hinreichende Kenntnisse über relevante Handlungsumstände, kognitive Offenheit, die Bereitschaft zur Anwendung der Prinzipien induktiven Schließens bei der Meinungsbildung, die Neigung, Gründe für alternative Handlungsoptionen zu prüfen, Selbsterkenntnis und die Bereitschaft zur Selbstkritik. Ferner gehört dazu ein »sympathisierendes Wissen« (*sympathetic knowledge*) um die jeweiligen Interessen aller möglichen Handlungsbetroffenen (ebd., S. 178 f.). In einem zweiten Schritt werden Kriterien aufgestellt, die festlegen, unter welchen Bedingungen Urteile als **wohlerwogene Urteile** (*considered judgments*) zählen können. Dazu gehören die Abwesenheit von Zwang und Befangenheitsgründen, Übersichtlichkeit der Entscheidungsmaterie, subjektive Gewissheit und Beständigkeit des Urteils. Schließlich gehört dazu der Umstand, dass die Urteile »intuitiv« und unmittelbar fallbezogen sind. Die wohlerwogenen Moralurteile sollten also *nicht* schon selbst das Ergebnis der Anwendung einer ethischen Theorie sein (ebd., S. 181 ff.). In einem dritten Schritt wird eine **Explikation der wohlerwogenen Urteile** kompetenter moralischer Beurteiler/innen vorgenommen. Auf induktive Weise, also durch den Schluss vom Besonde-

Frühe Überlegungen zur Methode

ren auf das Allgemeine, wird ein **Set allgemeinerer Prinzipien** entwickelt. Gemäß dem Prinzip der theoretischen Sparsamkeit sollten diese Prinzipien möglichst einfach gehalten sein. Zugleich sollten aus ihnen möglichst viele der wohlerwogenen Urteile kompetenter Beurteiler/innen begründet werden können (ebd., S. 184 ff.). Zusätzlich sollen diese Prinzipien ihrerseits von kompetenten moralischen Beurteiler/innen **als Ergebnis einer offenen und kritischen Diskussion zwanglos akzeptiert** werden können:

Rawls 1951, S. 188

»[T]he reasonableness of a principle is tested by seeing whether it shows a capacity to become accepted by competent moral judges after they have freely weighed its merits by criticism and open discussion, and after each has thought it over and compared it with his own considered judgments. It is hoped that some principles will exhibit a capacity to win free and willing allegiance and be able to implement a gradual convergence of uncoerced opinion.«

Die durch die Explikation wohlerwogener Urteile gewonnenen Prinzipien sollten dann imstande sein, bei der Auflösung moralischer Kontroversen zu helfen. Schließlich sollen sie in einzelne Bereichen auch **Korrekturen wohlerwogener Moralurteile** ermöglichen: Es soll der Fall sein, dass wir die Prinzipen auch dann noch für vernünftig halten, wenn sie in einzelnen Praxiskontexten wohlerwogenen Einzelurteilen widersprechen (ebd.).

Wechselseitiger Abgleich von Einzelurteilen und Prinzipien

Das Überlegungsgleichgewicht: Rawls' Methodenskizze lässt eine gewisse Zirkularität erkennen: Wohlerwogene Moralurteile stellen einerseits die Begründungsbasis dar, aus der durch Explikation allgemeinere Moralprinzipien gewonnen werden sollen. Deshalb sollen die wohlerwogenen Urteile selbst intuitiv und sollen sie nicht schon als solche ein Resultat der Anwendung allgemeinerer Prinzipien sein. Andererseits sollen sie aber auf Basis der aus ihnen induktiv gewonnen Prinzipien auch wieder kritisch geprüft und unter Umständen revidiert werden können. Rawls hält diese begrenzte Zirkularität nicht für problematisch. Die Möglichkeit eines **wechselseitigen Abgleichs** von Prinzipien an Einzelurteilen und Einzelurteilen an Prinzipien (die Ähnlichkeiten mit dem sog. hermeneutischen Zirkel aufweist; vgl. Gadamer 2010) ist vielmehr gerade ein wesentliches Charakteristikum der Methode, auf die er auch in der *Theory of Justice* baut (Rawls 1999, S. 40, Fn. 24). Worauf die Methode abzielt, ist ein sogenanntes **Überlegungsgleichgewicht** (*reflective equilibrium*): Einen Zustand größtmöglicher Konsistenz und Kohärenz zwischen unseren vortheoretisch-intuitiven Überzeugungen einerseits und unseren explikativ und induktiv gewonnenen Prinzipien und theoretischen Modellen andererseits (ebd., S. 18, 42 f.).

Ethik und Grammatik: Rawls stellt in der *Theory of Justice* einen Vergleich zwischen ethischen Theorien und solchen im Bereich der **Grammatik** an (ebd., S. 41 f., 430). Theorien der Grammatik schlagen Prinzipien vor, die es ermöglichen, die von kompetenten Sprecher/innen *intuitiv* beherrschte Fähigkeit zur Bildung korrekter Sätze in einer bestimmten Sprache *theoretisch* nachzukonstruieren. Tatsächlich werden auch Grammatiktheorien einerseits durch die Rekonstruktion intuitiver Sprachverwendungen generiert. Andererseits werden sie aber durchaus auch zur Korrektur einzelner abweichender Sprachverwendungen oder zur Entscheidung in kontroversen Fällen herangezogen. Auch im Bereich der Grammatik gibt es im Fall hartnäckiger Abweichungen zwischen intuitiven Sprachverwendungen und grammatischen Prinzipien keine Entscheidungsbasis, die von der Sprachpraxis kompetenter Sprecher/innen ganz unabhängig wäre. Vielmehr gilt es, im Hinblick auf intuitive Plausibilität, Konsistenz, Kohärenz und theoretische Sparsamkeit möglichst überzeugende Regeln festzulegen. Falls doch wieder Spannungen auftreten, werden wir in manchen Fällen unsere vor-theoretischen Überzeugungen oder Praktiken, im anderen Fällen hingegen unsere Regeln und unsere theoretischen Annahmen revidieren (zur Diskussion des Grammatikvergleichs und seiner Grenzen vgl. auch Daniels 1996, S. 66 ff.; Gert 1998, S. 4 ff.; Williams 2006, S. 93 ff.).

Moralpraxis und Sprachpraxis

Einbeziehung nicht-ethischer Theorien: Das von Rawls in der *Theorie of Justice* angestrebte Überlegungsgleichgewicht soll außer wohlerwogenen Moralurteilen und allgemeinen ethischen Prinzipien auch noch **nicht-ethische Überzeugungen einbeziehen**. Soweit solche Überzeugungen Implikationen für die jeweilige Plausibilität alternativer moralphilosophischer Positionen haben, spielen auch sie eine Rolle im Rahmen ethischer Rechtfertigungsbemühungen. Beispielsweise ist die identitätstheoretische Vorstellung, dass die Grenzen zwischen verschiedenen Personen von wesentlicher Bedeutung sind, besser mit Moraltheorien kantischen Typs vereinbar, die individuelle Grundrechte vorsehen, als mit dem utilitaristischen Modell einer interindividuellen Nutzenaggregation. Denn da im Rahmen dieses Modells jeder individuelle Nutzen oder Schaden unterschiedlicher Personen so behandelt wird, als ob er einem einzigen Kollektivsubjekt zukäme, trägt es den Identitätsgrenzen zwischen verschiedenen Personen gar nicht unmittelbar Rechnung. Rawls' kohärentistische Begründungsmethode des Überlegungsgleichgewichts geht insofern über die in Rawls' Aufsatz von 1951 skizzierte Entscheidungsmethode hinaus. Denn die Methode des Überlegungsgleichgewichts zielt nicht nur auf Kohärenz zwischen intuitiven Moralurteilen und moralischen Prinzipien, sondern auch noch zwischen diesen beiden und nicht-moralischen Annahmen, beispielsweise Annahmen in Bezug auf das Verständnis personaler Identität (Daniels 1996, S. 21 ff.).

Der Urzustand: Rawls sucht nun zu zeigen, dass es unseren intuitiven Fairnessvorstellungen entspricht, wenn wir die grundlegenden Prinzipien politischer Gerechtigkeit, denen die Grundstruktur der Gesellschaft gerecht werden soll, vom Ergebnis eines bestimmten vertragstheoretischen Gedankenexperiments abhängig machen. Rawls nennt dieses Gedankenexperiment den **Urzustand** (*original position*) nennt (Rawls 1999, S. 15 ff., 102 ff.; zur Diskussion Freeman 2016). Die Situation ist erstens dadurch gekennzeichnet, dass die vertragsschließenden Parteien zwar wissen, welche sozialen Rollen und Positionen die Gesellschaft vorsieht, für die sie Entscheidungen treffen, und dass sie einschätzen können, wie sich Entscheidungen über die Grundstruktur auf die Situation verschiedener sozialer Gruppen und auf Individuen mit unterschiedlichen Konzepten des guten Lebens auswirken werden. Sie wissen jedoch nicht, wen sie

Vertragstheoretisches Gedankenexperiment

Schleier des Nichtwissens eigentlich repräsentieren: Welche natürlichen Talente sie besitzen, welche soziale Rolle sie in der Gesellschaft innehaben, welcher Generation sie angehören und welche spezifische Vorstellung des guten Lebens ihnen eigen ist. Die Vertragsparteien befinden sich in dieser Hinsicht, wie Rawls formuliert, hinter einem Schleier des Nichtwissens (*veil of ignorance*). Ferner sollen die fiktiven Vertragsparteien die alternativen Vorschläge für die Gestaltung der Grundstruktur ausschließlich nach Kriterien klugen Eigeninteresses beurteilen. Insbesondere sollen sie sich weder von Neid noch von Altruismus leiten lassen (Rawls 1999, S. 12). Strikte Orientierung am Eigeninteresse und Schleier des Nichtwissens *gemeinsam* sorgen für die Unparteilichkeit der Entscheidungsprozedur. Die wesentliche Pointe dieses Modells ist dieselbe wie in der Prozedur des fairen Kuchenteilens nach dem Motto »die eine teilt, die andere wählt!«. Da die teilende Person nicht weiß, welches Stück die andere Person wählen wird, wird sie sich, wenn sie lediglich am eigenen Vorteil orientiert ist, bemühen, die Kuchenstücke möglichst gleich attraktiv zu machen:

Rawls 1999, S. 11 »Among the essential features of this situation is that no one knows his place in society, his class position or social status, nor does any one know his fortune in the distribution of natural assets and abilities, his intelligence, strength, and the like. I shall even assume that the parties do not know their conceptions of the good or their special psychological propensities. The principles of justice are chosen behind a veil of ignorance. This ensures that no one is advantaged or disadvantaged in the choice of principles by the outcome of natural chance or the contingency of social circumstances. Since all are similarly situated and no one is able to design principles to favor his particular condition, the principles of justice are the result of a fair agreement or bargain. For given the circumstances of the original position, the symmetry of everyone's relations to each other, this initial situation is fair between individuals as moral persons, that is, as rational beings with their own ends and capable, I shall assume, of a sense of justice. The original position is, one might say, the appropriate initial status quo, and thus the fundamental agreements reached in it are fair.«

Im Urzustand sind gewissermaßen alle Parteien in der Rolle der Kuchenteilerin, da keine Partei weiß, in welcher Rolle sie jeweils von den Institutionen der Grundstruktur betroffen ist. Der Schleier des Nichtwissens lässt den Parteien daher gar keine andere Wahl als die, die verfügbaren Optionen völlig unparteilich zu beurteilen. Er erzwingt eine Art gedankenexperimentellen Rollentausch. Rawls nennt seine Gerechtigkeitskonzeption **Gerechtigkeit als Fairness**, weil sie eine **faire Prozedur** für die Festlegung der Gerechtigkeitsprinzipien vorschlägt, an denen sich die soziale Grundstruktur messen lassen muss. Die Legitimität des Urzustands als Entscheidungsprozedur soll – ganz im Sinne des kohärentistischen Überlegungsgleichgewichts – noch zusätzlich erhöht werden, wenn aus dem Modell Prinzipien resultieren, die ihrerseits von den Bürger/innen als angemessene Explikation ihrer wohlerwogenen vor-theoretischen Gerechtigkeitsvorstellungen anerkannt werden.

Das Maximin-Prinzip: Rawls' Urzustand ist lediglich ein **Gedankenexperiment**. Genauer gesagt beschreibt er die Bedingungen eines Gedankenexperiments, in dem wir die Prinzipien für eine gerechte Grundstruktur festlegen. Diese Bedingungen sollen erstens fair sein; zweitens sollen sie erlauben, in einer nachvollziehbaren, transparenten und möglichst unkontroversen Weise zwischen alternativen Gerechtigkeitsprinzipien zu entscheiden. Entsprechend macht das Modell des Urzustands Gebrauch von rationalitätstheoretischen Annahmen und entscheidungstheoretischen Verfahren, die auch im Rahmen des Utilitarismus, in ökonomischen Theorien oder im Rahmen konkurrierender Vertragstheorien gebraucht werden. Entsprechend lässt sich der Schleier des Nichtwissens auch in Begriffen der Entscheidungstheorie beschreiben, indem man feststellt, dass die Parteien im Urzustand **unter Ungewissheit entscheiden** müssen – sie wissen nicht, welche Gruppe sie repräsentieren. Rawls nimmt nun an, dass es für klug ihr Eigeninteresse verfolgende Parteien bei der Entscheidung über die Grundstruktur rational ist, das **Maximin-Prinzip** zugrunde legen. Das bedeutet, so zu entscheiden, dass die Konsequenzen, die im *ungünstigsten* Fall eintreten werden, mindestens ebenso gut sind wie die Konsequenzen, die sich bei anderen Entscheidung im dann jeweils ungünstigsten Fall ergeben würden. Warum aber sollte es für die Parteien rational sein, sich am Maximin-Prinzip zu orientieren? Erstens müssen sie damit rechnen, selbst zur am schlechtesten gestellten Gruppe zu gehören, ohne etwas über die Wahrscheinlichkeit, mit der dies der Fall ist, zu wissen. Zweitens wird die Entscheidung über die Grundstruktur der Gesellschaft ihre eigenen Lebenschancen sehr tiefgreifend beeinflussen. Klug am eigenen Interesse orientierte Parteien werden daher dafür Sorge tragen, dass die sozialen Grundgüter so verteilt werden, dass die am schlechtesten gestellten Mitglieder der Gesellschaft in einer mindestens ebenso günstigen Position sind wie es die Mitglieder der am schlechtesten gestellten Gruppe in jeder alternativen Gesellschaftsordnung wären. Sie werden sich also genauso verhalten wie rationale Kuchenteiler/innen, die damit rechnen müssen, jeweils das kleinste Kuchenstück zu erhalten.

Prinzip der Schadensminimierung

7.2.3 | Prinzipien politischer Gerechtigkeit

Zwei Grundsätze der Gerechtigkeit: Rationale Kuchenteiler/innen werden sich bemühen, alle Stücke gleich groß zu schneiden. Rawls nimmt jedoch an, dass das Ergebnis seines Gedankenexperiments nicht einfach die Gleichverteilung aller sozialen Grundgüter wäre. Er hält es vielmehr für plausibel, dass die Parteien sich auf zwei Gerechtigkeitsprinzipien einigen würden, deren erstes die Verteilung von **Grundfreiheiten** festlegt, während das zweite Prinzip den **Zugang zu Ämtern** und gesellschaftlichen Optionen sowie die **Verteilung sozialer und ökonomischer Ressourcen** reguliert. Die Formulierung der in der Theorie der Gerechtigkeit ursprünglich vorgeschlagenen Grundsätze hat Rawls später in einigen Punkten revidiert. In ihrer letzten Fassung lauten die Grundsätze so:

> Rawls 2001, S. 42 f.
>
> »(a) Each person has the same indefeasible claim to a fully adequate scheme of equal basic liberties, which scheme is compatible with the same scheme of liberties for all; and
> (b) Social and economic inequalities are to satisfy two conditions: first, they are to be attached to offices and options open to all under conditions of fair equality of opportunity; and second, they are to be to the greatest benefit of the least-advantaged members of society (the difference principle).«

Zwischen diesen beiden Prinzipien, deren zweites noch einmal in zwei Teilprinzipien gegliedert ist, gilt eine strikte Hierarchie: Das erste Prinzip (das **Prinzip gleicher Grundfreiheiten**) soll vor dem zweiten Vorrang haben. Ebenso soll der erste Bestandteil des zweiten Prinzips (der **Grundsatz fairer Chancengleichheit**) Vorrang vor dessen zweitem Bestandteil haben (dem sog. **Differenzprinzip**; Rawls 2001, S. 43). Das Differenzprinzip als Gerechtigkeitsgrundsatz ist nicht mit dem entscheidungstheoretischen Maximin-Prinzip zu verwechseln: Am Maximin-Prinzip orientieren sich die Parteien im Urzustand. Das Differenzprinzip ist dagegen eines der von ihnen für die Grundstruktur vorgesehenen Prinzipien gerechter Verteilung. Dass sich die Parteien im Urzustand auf das Differenzprinzip einigen würden, ist freilich eine Folge ihrer Orientierung am Maximin-Prinzip.

Soziale Grundgüter

Freiheiten, Ämter, Ressourcen: Die einzelnen Gerechtigkeitsgrundsätze betreffen unterschiedliche Arten sozialer Grundgüter: Erstens Grundfreiheiten, zweitens den Zugang zu Ämtern und schließlich drittens ökonomische Ressourcen. **Grundfreiheiten** müssen gemäß dem ersten Prinzip **egalitär** zugeteilt werden, also allen gleichermaßen zukommen. Zu diesen Grundfreiheiten zählt Rawls das aktive und passive Wahlrecht, die Rede-, Versammlungs-, Gewissens- und Gedankenfreiheit, die Freiheit der Person und der physischen und psychischen Unversehrtheit, das Recht auf persönliches Eigentum und den Schutz vor willkürlicher Festnahme und Beschlagnahmung gemäß den Prinzipien eines Rechtsstaats (Rawls 1999, S. 53). Das Prinzip der **fairen Chancengleichheit** (der erste Bestandteil des zweiten Prinzips) ist zwar ebenfalls insofern egalitär, als es allen dasselbe Recht auf faire Konkurrenz einräumt. Es bedeutet freilich nicht, dass alle ein gleiches Anspruchsrecht auf gesellschaftliche Positionen und Ämter haben, sondern nur, dass diejenigen, die dasselbe Maß an Talent, Befähigung und Leistungsbereitschaft haben, in ihrer Konkurrenz um diese Positionen und Ämter dieselben Erfolgschancen haben sollen (ebd., S. 63). Schließlich muss die Verteilung ökonomischer Ressourcen, die aus dem Funktionieren gerechter sozialer Institutionen resultiert, gemäß dem **Differenzprinzip** die am schlechtesten gestellte Gruppe in eine soziale Lage versetzen, die mindestens genauso gut ist, wie die Lage der jeweils am schlechtesten gestellten Gruppe in jeder anderen denkbaren Gesellschaftsordnung – genauer gesagt: in jeder anderen Gesellschaftsordnung, die zugleich den beiden vorangehenden Gerechtigkeitsprinzipien genügt. Der einschränkende Zusatz erklärt sich aus der Hierarchie der Gerechtigkeitsgrundsätze. Sie schließt aus, dass Grundfreiheiten oder das Recht auf fairen Wettbewerb gegen ökonomische Vorteile eingetauscht werden.

Gleichheit und Differenz: Warum aber soll nur ein Teil der Grundgüter egalitär verteilt werden, ein anderer Teil aber nach dem Differenzprinzip? Ein Grund liegt darin, dass die Menge der gesellschaftlich erwirtschafteten Ressourcen keine feststehende Größe ist. Anders als die Menge eines zur Verteilung stehenden Kuchens ist der **Umfang der gesellschaftlichen Wertschöpfung variabel**. Zudem ist es möglich, dass die von den ökonomischen Akteur/innen erwartete Verteilung der Erträge ihrerseits einen Einfluss auf die ökonomische Wertschöpfung hat. Beispielseise könnten marktwirtschaftliche **Gewinnanreize**, die unvermeidlich eine gewisse Ungleichverteilung ökonomischer Güter bedingen, die Produktion wertvoller Ressourcen soweit befördern, dass – ggf. dank steuerlicher Umverteilung – auch die am schlechtesten gestellten Mitglieder der Gesellschaft immer noch in einer sozialen Lage sind, die besser ist als die Lage der am schlechtesten gestellten Mitglieder jeder möglichen Alternativgesellschaft, deren Grundstruktur eine gleichmäßigere Verteilung ökonomischer Ressourcen zur Folge hat. Wie Wirtschaftsordnung und Sozialstaat konkret organisiert werden müssen und wie groß etwa das optimale Ausmaß steuerlicher Umverteilung sein muss, damit das Differenzprinzip erfüllt ist, lässt sich nicht allein aus Rawls' Theorie politischer Gerechtigkeit ableiten. Hierzu bedarf es zusätzlicher empirisch-sozialwissenschaftlicher Annahmen. Das Differenzprinzip gibt nur ein allgemeines Kriterium vor, an dem sich die empiriegestützte Verteidigung oder Kritik konkreter Regelungsvorschläge orientieren soll. Die vorangehenden Überlegungen bezüglich ökonomischer Ressourcen gelten nicht auch für grundlegende Freiheitsrechte oder gesellschaftliche Positionen. Sie lassen sich beispielsweise nicht in gleicher Weise vermehren wie ökonomische Ressourcen. Daher gibt es auch keinen Grund, bezüglich dieser Freiheitsrechte und Chancen von der Gleichverteilung abzuweichen. Vor allem sind sie für die Integrität, die fairen Lebenschancen und den moralischen Status der Person so grundlegend, dass kein/e Teilnehmer/in des Urzustandes in Kauf nehmen kann, diesbezüglich schlechter gestellt zu sein. Die Parteien des Urzustands werden deshalb auf einer Gleichverteilung beharren.

Differenzprinzip für ökonomische Ressourcen

Gleichheit für Rechte und Chancen

Gerechtigkeit versus Utilitarismus: Rawls verfolgt mit seiner *Theorie der Gerechtigkeit* erklärtermaßen das Ziel, eine klar formulierte und systematisch ausgearbeitete ›kantische‹ **Alternative zum Utilitarismus** zu verteidigen, der das angelsächsische Denken lange dominiert habe (ebd., u. a. S. xvii ff., 19 ff.). Denn Rawls, der zunächst selbst zur Weiterentwicklung des Regelutilitarismus beigetragen hatte (Rawls 1955), ist überzeugt, dass der Utilitarismus der wesentlichen Bedeutung individueller Grundrechte nicht gerecht wird (Rawls 1999, S. xii). Sein zentraler Einwand richtet sich gegen den Grundsatz der interindividuellen Nutzenaggregation (siehe Kap. 5.1). Dem Nutzenprinzip des Gesamtnutzenutilitarismus zufolge sind zwei Weltzustände moralisch gleichwertig, wenn die in ihnen jeweils realisierte *Nutzensumme*, z. B. die Gesamtsumme des Glücksempfindens aller empfindungsfähigen Wesen, gleich groß ist. (Im Fall des Durchschnittsnutzen-Utilitarismus gelten die Weltzustände als gleichwertig, wenn der *Quotient* aus der Gesamtsumme dividiert durch die Zahl der empfindungsfähigen Wesen gleich groß ist.) Der Utilitaris-

Kritik des Utilitarismus

mus (in beiden Varianten) behandelt also die Verteilung von Nutzen und Schaden zwischen den Individuen als völlig irrelevant. Aus utilitaristischer Sicht müssen gesellschaftliche Entscheidungen genauso getroffen werden, als ob die individuellen Glücks- oder Leiderfahrungen aller handlungsbetroffenen Wesen diejenigen einer einzigen Person wären, die ihren individuellen Nutzen zu maximieren sucht. Dieses radikal kollektivistische Bild des Verhältnisses zwischen Individuum und Gemeinschaft verstößt Rawls zufolge gegen tief verwurzelte und weithin geteilte Auffassungen. Der Utilitarismus nimmt die **Grenzen zwischen Individuen** nicht hinreichend ernst (ebd., S. 24).

Integrität der Person

Die natürliche Lotterie: Demgegenüber verteidigt Rawls vehement die **Unverletzlichkeit** (*inviolability*, ebd., S. 3, 24, 513) **moralischer Personen**: die Unveräußerlichkeit ihrer Grundfreiheiten, die Unverrechenbarkeit ihrer subjektiven Erlebnisse, ihre Unvertretbarkeit als Individuen, die über ein eigenes Konzept des guten Lebens verfügen und Anerkennung als eigenständige, mit einem Gerechtigkeitssinn ausgestattete politisch-moralische Akteure verdienen. Diese Integritätsansprüche moralischer Personen beinhalten jedoch kein Anspruchsrecht auf soziale Vorteile, die durch die **kontingenten Eigenschaften konkreter Individuen**, ihre individuellen Fähigkeiten und Begabungen, ermöglicht werden. Denn zum einen sind auch solche Vorteile in vielfältiger Weise von den Strukturen gesellschaftlicher Kooperation abhängig. Zum anderen stellt die Verteilung individueller Fähigkeiten und Talente in wesentlichem Ausmaß das **Ergebnis einer natürlichen Lotterie** dar. Es muss daher vom moralischen Standpunkt aus als **willkürlich** gelten. Selbst das Kriterium der Leistungsgerechtigkeit muss insoweit relativiert werden, da auch die individuelle Leistungsbereitschaft noch von zufälligen Bedingungen wie einem glücklichen Elternhaus und günstigen sozialen Umständen beeinflusst wird (ebd., S. 64). Rawls hält es daher für angemessen, auch die Verteilung der aus natürlichen Talenten und Fähigkeiten resultierenden Vorteile als Frage der politischen Gerechtigkeit zu behandeln und dem Differenzprinzip zu unterwerfen. Auch in Hinsicht auf diese Vorteile zielt das Prinzip nicht darauf, soziale Differenzen, die sich aus natürlichen Unterschieden ergeben, zu eliminieren, sondern ihnen institutionell so Rechnung zu tragen, dass dies für die am meisten Benachteiligten den (verglichen mit anderen Gesellschaftsordnungen) größten Nutzen bringt. Eben darin besteht der moralisch rationale Umgang mit der Willkür der natürlichen Lotterie, nämlich derjenige Umgang, der von den Parteien hinter dem Schleier des Nichtwissens klugerweise gewählt würde:

Rawls 1999, S. 87

»The difference principle represents, in effect, an agreement to regard the distribution of natural talents as in some respects a common asset and to share in the greater social and economic benefits made possible by the complementarities of this distribution. Those who have been favored by nature, whoever they are, may gain from their good fortune only on terms that improve the situation of those who have lost out. The naturally advantaged are not to gain merely because they are more gifted, but only to cover the costs of training and education and for using their endowments in ways that help the less fortunate as well. No one deserves his greater natural capacity nor merits a more favorable starting place in society. But, of course, this is no reason to ignore, much less to eliminate these distinctions. Instead, the basic structure can be arranged so that these contingencies work for the good of the least fortunate. Thus we are led to the difference principle if we wish to set up the social system so that no one gains or loses from his arbitrary place in the distribution of natural assets or his initial position in society without giving or receiving compensating advantages in return.«

Plausibilität der Gerechtigkeitsprinzipien: Wie oben ausgeführt, hält Rawls das vertragstheoretische Entscheidungsmodell des Urzustands zunächst deshalb für angemessen, weil es (wie die Prozedur des fairen Kuchenteilens) vor-theoretischen Fairnessvorstellungen entspricht. Damit ist jedoch nur der erste Schritt des Begründungswegs zurückgelegt. Insgesamt stellt sich der Rechtfertigungszusammenhang der rawlsschen Ethik wie folgt dar: Wohlerwogene vor-theoretische Annahmen (1) rechtfertigen die Angemessenheit des Entscheidungsmodells »Urzustand« (2); aus der Durchführung des Gedankenexperiments resultieren (nachdem alternative Prinzipienkandidaten erwogen wurden) die beiden Grundsätze der Gerechtigkeit (3). Entsprechend der kohärentistischen Methode des Überlegungsgleichgewichts kann die Rechtfertigung ethischer Prinzipien jedoch nicht nur in eine Richtung verlaufen. Vielmehr sind auch die Prinzipien bzw. ihre paradigmatischen Anwendungen noch einmal daraufhin zu prüfen, inwieweit sie mit unseren wohlerwogenen vor-theoretischen Gerechtigkeitsannahmen vereinbar sind (4). Sollten die aus dem Entscheidungsmodell hervorgehenden Moralprinzipen Konsequenzen zeitigen, die eindeutig gegen fest verwurzelte moralische Intuitionen verstoßen, könnte dies ein Grund für Revisionen der Methode sein. Bezüglich der Methode des Urzustands sei das jedoch nicht der Fall (ebd., S. 17 f.). Ihr Ergebnis sei nicht nur konsistent mit unseren wohlerwogenen Gerechtigkeitsannahmen, sie trage auch zu deren Klärung und Systematisierung bei. Der Zusammenhang der verschiedenen Elemente der rawlsschen Gerechtigkeitstheorie lässt sich also in etwa so verstehen, wie in der folgenden Abbildung dargestellt (siehe Abb. 7.1).

Aufbau der Gesamttheorie

Weiterentwicklungen: In späteren Publikationen hat Rawls seine in der Theorie der Gerechtigkeit entwickelte Position in einigen Details revidiert und weiterentwickelt, ohne jedoch ihren Grundgedanken aufzugeben. In seinem Buch *Political Liberalism* (1993a) versucht er insbesondere, der Tatsache des in demokratischen Gesellschaften zu erwartenden Wertepluralismus deutlicher Rechnung zu tragen. Entsprechend rückt hier das bereits in der *Theory of Justice* (Rawls 1999, S. 340) herangezogene Konzept des *overlapping consensus* in den Mittelpunkt. Rawls ist überzeugt, dass sich in den unterschiedlichen weltanschaulichen und religiösen Weltdeutungen und Wertsystemen, die Rawls *comprehensive doctrines* nennt, ein **Grundkonsens** auffinden lässt, und dass dieser Grundkonsens insbesondere auch grundlegende Fairnessüberzeugungen umfasst. Darauf soll die Konzeption politischer Gerechtigkeit aufbauen können. Rawls spricht von einem *überlappenden* Konsens, weil sich übereinstimmende Positionen aus durchaus unterschiedlichen weltanschaulichen Quellen speisen können sollen: **Übereinstimmung besteht hinsichtlich moralischer Auffassungen**, nicht notwendigerweise auch hin-

Overlapping consensus

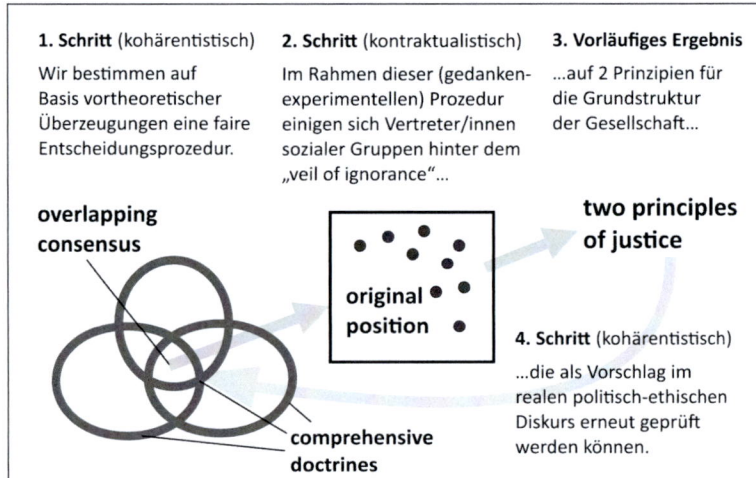

Abb. 7.1:
Schema der rawlsschen Gerechtigkeitstheorie

sichtlich ihrer Begründungen. Entsprechend soll die Konzeption politischer Gerechtigkeit nicht von einzelnen Weltanschauungen abhängen, sondern ihnen gegenüber *freistehend* (*freestanding*) sein. Dies soll es möglich machen, einer Gesellschaft, die im Wesentlichen gemäß den in der Theorie der Gerechtigkeit vorgeschlagenen Prinzipien organisiert ist, ein hinreichendes Maß an Stabilität zu sichern. Die dem *overlapping consensus* im Rahmen der weiterentwickelten Theorie zuerkannte Rolle ist in obiger Grafik bereits angezeigt.

7.2.4 | Reaktionen und Ausblick

Die herausragende Bedeutung der rawlsschen Gerechtigkeitstheorie für die Entwicklung der Moralphilosophie im Allgemeinen und die politische Ethik im Besonderen manifestiert sich auch in der **Fülle der Reaktionen** – konstruktiven Anknüpfungen und Weiterentwicklungen, Kritiken und Gegenentwürfen. Sie beziehen sich sowohl auf die beiden Elemente der von Rawls vorgeschlagenen Begründungsmethode (Überlegungsgleichgewicht und Urzustand) als auch auf die moralische Substanz seiner Gerechtigkeitsethik.

Überlegungsgleichgewicht: Die Methode des Überlegungsgleichgewichts ist in der allgemeinen normativen Ethik und nicht zuletzt auch in den Kontexten der angewandten Ethik vielfach aufgegriffen worden (u. a. Arras 2007; Daniels 1996; van den Burg/van Willigenburg 1998). Sie stellt gegenwärtig die **prominenteste Methode ethischer Rechtfertigung** dar (Tersman 2018, S. 1). Nicht wenigen gilt sie überhaupt als einziger ernst zu nehmender Kandidat einer möglichen ethischen Begründungsmethode (Scanlon 2002; vgl. Kelly/McGrath 2010). Sie ist aber auch Gegenstand mehr oder weniger radikaler Kritik (de Maagt 2017).

Genügt Kohärenz?

Zunächst sieht sie sich Einwänden ausgesetzt, die gegen den Kohärentismus generell vorgebracht werden. Eine Kritik setzt an der Tatsache an, dass den wohlerwogenen Gerechtigkeitsurteilen oder Intuitionen, die den Ausgangspunkt der auf ein Überlegungsgleichgewicht zielenden Rechtfertigungsbemühung bilden, eine gewisse **Anfangsplausibilität** zugeschrieben werden muss, wenn das Verfahren zu irgendeiner wertvollen Erkenntnis führen soll. Ist diese Zuschreibung berechtigt? Die Methode sieht sich an dieser Stelle ähnlichen Zweifeln ausgesetzt wie der Intuitionismus (siehe Kap. 8.2). Dagegen wird angeführt, dass schlechthin voraussetzungslose Begründungen unmöglich und ein ethischer Skeptizismus, der die Haltbarkeit *aller* moralischen Überzeugungen bezweifelt, äußerst unplausibel sei.

Häufig vorgebracht wird der **Vorwurf der Vagheit** (zumindest der klassischen Formulierungen) der Methode des Überlegungsgleichgewichts (Hahn 2000). Einen Ansatzpunkt dafür liefert der für die Methode charakteristische Umstand, dass im Fall einer Inkonsistenz oder Spannung zwischen mehreren theoretischen oder vor-theoretischen Überzeugungselementen Konsistenz grundsätzlich auf mehrere Arten hergestellt werden kann. Inwieweit diese Eigenschaft einen problematischen Relativismus zur Folge hat, wird kontrovers diskutiert (Agostino 1988; Nielsen 1993). Unbestimmt ist die Methode jedenfalls auch insofern, als sie mit unterschiedlichen metaethischen Positionen vereinbar scheint (Darwall/ Gibbard/Railton 1992, S. 123). Dies kann man freilich auch als Vorteil sehen; die Popularität der Methode hat es zweifellos begünstigt (vgl. exemplarisch Brink 1989, Audi 1998, Scanlon 2014). Diskutiert wird auch, inwieweit die Methode selbsttragend ist oder vielmehr **normative Prinzipien bereits voraussetzt** (insbes. logische Normen oder eine allgemeine Kohärenzverpflichtung) und inwieweit ein Begründungsverfahren, das auf die Herstellung von Kohärenz im Rahmen eines faktisch bereits existierenden Überzeugungssystems zielt, überhaupt der Aufgabe der Begründung *normativer* Gehalte gerecht werden kann. Läuft dieser Versuch nicht auf einen **Sein-Sollens-Fehlschluss** (siehe Kap. 4.1) hinaus? Darauf lässt sich erwidern, dass die Ausgangsüberzeugungen selbst bereits normativer Natur sind, also nicht von einem neutralen Sein auf ein Sollen geschlossen wird (Hahn 2016).

Urzustand: Im Hinblick auf das Entscheidungsmodell des Urzustands ist behauptet worden, dass die **Parteien nicht zwangsläufig zu dem behaupteten Ergebnis kommen**, sich also nicht unbedingt auf die von Rawls vorgeschlagenen Gerechtigkeitsprinzipien einigen würden (Sen 2009, S. 11 f., 56 ff., 90). Aus Sicht des Kommunitarismus (s. u.) ist zudem eingewandt worden, dass den Parteien hinter dem Schleier des Nichtwissens überhaupt **zu wenig Informationen** zur Verfügung stünden, als dass diese überhaupt noch rationale Entscheidungen treffen könnten. Die Konstruktion des Urzustands bringe einen **extremen Individualismus** zum Ausdruck: Sie setze die unplausible Annahme voraus, dass wir auch dann noch rationale Entscheidungsgründe hätten, wenn wir von unseren durch unseren konkreten sozialen Lebenskontext geprägten Vorstellungen des guten Lebens radikal abstrahieren. Zwar sei die wechselseitige Gleichgültigkeit der Parteien im Urzustand nicht als Merkmal einer Idealgesellschaft gedacht, sondern nur als Element des Gedankenexperiments, das die Idee Unparteilichkeit modellieren soll. Die Annahme der wechsel-

Kommunitaristische Kritik

seitigen Gleichgültigkeit der hypothetischen Vertragsparteien sei gleichwohl problematisch, weil er den Parteien den Zugang zu den Quellen vernünftiger Wertentscheidungen abschneide (Sandel 1982; für eine klare Rekonstruktion vgl. Kelly 1994). Dem wird entgegengehalten, dass für Entscheidungen über die Verteilung der relativ abstrakten Freiheiten und Güter, die im Urzustand zur Debatte stehen, spezifische Informationen über die Wertsysteme der Betroffenen nicht nötig seien (Freeman 2016). In jedem Fall liegt im Modell des Urzustands eine gewisse Ambivalenz: Einerseits soll Rawls' Kontraktualismus die Idee der Unparteilichkeit auf eine Weise ausdrücken, die der moralischen Bedeutung der **Grenzen zwischen Personen** Rechnung trägt. Andererseits gehen die Abstraktionen des Urzustands so weit, dass den hypothetischen Vertragsparteien ihre wechselseitigen Unterschiede verborgen bleiben. Einerseits adressiert Rawls' politische Ethik erklärtermaßen Personen, die bereits über einen Gerechtigkeitssinn verfügen. Andererseits sollen diese Personen sich hypothetisch in die Rolle rational-egoistischer Vorteilsmaximierer versetzen, wobei sie aber gleichwohl noch Zugang zu den wesentlichen Gründen für eine Entscheidung zwischen alternativen Gerechtigkeitsprinzipien haben sollen (Habermas 1995).

Begründungsanspruch: Unklar schien zunächst auch, ob der Urzustand Teil einer *philosophischen* Gerechtigkeitskonzeption ist, die sich gegenüber allen Personen unabhängig von deren faktischen Überzeugungen als verbindlich ausweisen lässt, oder vielmehr Element einer **politischen Konzeption der Gerechtigkeit**, die als **Vorschlag zur gesellschaftlichen Selbstverständigung** zu verstehen ist. Rawls legt sich in den 1980er Jahren auf die zweite Lesart fest. Der Urzustand diene nur der anschaulichen »Repräsentation« des Kernbereichs eines überlappenden Konsenses (*kernel of an overlapping consensus*, Rawls 1985, S. 246) über Fragen der politischen Gerechtigkeit. Diese Interpretation bedeutet zum einen eine Abschwächung des durch Rawls' Theorie erhobenen Begründungsanspruchs. Zum anderen beinhaltet sie das Zugeständnis, dass alternative Modelle den Kernbereich unserer wohlerwogenen Fairnessüberzeugungen grundsätzlich ebenso angemessen repräsentieren könnten. Als denkbare Konkurrenzmodelle kämen etwa das Konzept des unparteilichen Beobachters (Kymlicka 1993; siehe Kap. 4) oder das idealisierende Modell des argumentativen Diskurses (Habermas 1995) in Frage.

Kritik an Maximin- und Differenzprinzip

Maximin-Prinzip: Kritik richtet sich auch gegen Rawls' Annahme, es sei für die Parteien im Urzustand rational, sich am Maximin-Prinzip zu orientieren. Könnten sie eine risikofreudigere Strategie wählen und entsprechend für eine Einrichtung der Grundstruktur optieren, die zwar nicht die Lebensaussichten der am schlechtesten gestellten Mitglieder der Gesellschaft optimiert, aber ihnen für den Fall, dass sie sich in doch in einer günstigeren sozialen Situation wiederfinden, bessere Aussichten verspricht? Rawls versucht von der Wahl solcher Strategien dadurch abzuschrecken, dass er vollkommene Ungewissheit auch über die *Wahrscheinlichkeiten* postuliert, mit der Parteien eine bestimmte soziale Position innehaben. Das Maximin-Prinzip sei insofern rational, als es die Parteien davon abhalte, einer Grundstruktur zuzustimmen, die für die am schlechtesten gestellten Personen unerträgliche Lebensbedingungen bedeuten würde (Rawls 2001, S. 98 ff.). Der Streit um die Frage, ob im Urzustand das Maximin-Prinzip akzeptiert würde, verliert allerdings durch die Deutung der rawlsschen Gerechtigkeitskonzeption als *politische* Konzeption an Brisanz. Denn wie der Urzustand überhaupt wird durch dieses Zugeständnis auch das **Maximin-Prinzip** auf **ein bloß heuristisches Prinzip** (*simply a useful heuristic device*, ebd., S. 99) herabgestuft: Es muss als Teil von Rawls' Deutungsangebot für den Kernbereich unserer Fairnessüberzeugungen verstanden werden, nicht als Teil einer unabhängigen Begründungsbasis für dieses Deutungsangebot.

Differenzprinzip: Von unveränderter Bedeutung bleibt damit jedoch die gleichfalls schon früh diskutierte Frage, ob das eng mit dem Maximin-Prinzip verbundene Differenzprinzip für die Verteilung sozialer Ressourcen insgesamt plausibel ist. Gehört dieses Prinzip tatsächlich von dem von Rawls postulierten Kernbereich geteilter Fairnessüberzeugungen oder folgt es jedenfalls aus ihnen? Kritiker/innen halten den Fokus auf die Optimierung der Situation der am meisten Benachteiligten für überzogen, für zu starr (Koller 1983) oder überhaupt für unplausibel (Nozick 1974, S. 189 ff.). Befürworter/innen des Differenzprinzips rechtfertigen es unter anderem mit dem Hinweis auf Vorstellungen demokratischer Gleichheit (Cohen 1989). Die von beiden Seiten angeführten Argumente machen in vielfältiger Weise von politisch-ethischen Intuitionen und Konzepten und teils auch empirischen Annahmen Gebrauch. Sie entziehen sich insofern Versuchen einer knappen Systematisierung.

Capabilities Approach: Aus der Fülle der durch Rawls angeregten Diskussionen und Alternativentwürfe müssen drei besonders sichtbare Strömungen zumindest erwähnt werden: Der Fähigkeiten-Ansatz, der Libertarismus und der Kommunitarismus. Der Fähigkeiten-Ansatz (*capabilities approach*) teilt viele der Grundannahmen und politisch-ethischen Überzeugungen, die in Rawls' Gerechtigkeitstheorie repräsentiert sind (Sen 1979; Nussbaum/Sen 1993; Nussbaum 2011). Als primärer Gegenstand von Gerechtigkeitsansprüchen müssen ihm zufolge jedoch nicht soziale **Güter**, sondern **grundlegende Fähigkeiten** (*capabilities*) der Anspruchssubjekte gelten. Diese These verdankt sich zum einen der (u. a. in entwicklungspolitischen Kontexten gewonnenen) Einsicht, dass der konkrete Nutzen von Gütern für die Aufrechterhaltung und Entwicklung menschlicher Fähigkeiten in hohem Maße von den Lebensbedingungen der über die Güter verfügenden Individuen abhängt (Sen 1993). Zum anderen speist sie sich aus einem Konzept menschlicher Selbstentfaltung, das von einem Spektrum allgemein menschlicher Grundfunktionen ausgeht. Vor allem in Nussbaums früheren Schriften war dieses Konzept stark von Aristoteles' naturalistischer Tugendethik (siehe Kap. 2.2) inspiriert, in ihren späteren Arbeiten wird es verstärkt auch auf Vorstellungen von **Menschenwürde** bezogen (Nussbaum 2011, S. 123 ff.). Daraus erhellt, dass der Fähigkeiten-Ansatz als solcher nicht notwendigerweise an einen bestimmten moralphilosophischen Grundansatz gebunden ist. So bemühen sich Claassen und Düwell um eine an Alan Gewirth statt Aristoteles orientierte Grundlegung des Fähigkeiten-Ansatzes (Claassen/Düwell 2013).

Libertarismus und Kommunitarismus: In den an Rawls anschließen-

Fähigkeiten-Ansatz

Rawls' normativer Individualismus

den politisch-ethischen Diskussionen sind schon früh zwei Strömungen namhaft gemacht worden, die als Libertarismus und Kommunitarismus bekannt sind (vgl. knapp Bell 2016; Van der Vossen 2019; ausführlich Reese-Schäfer 1997; als Anthologie Honneth 1992). Es handelt sich dabei nicht nur um akademisch-wissenschaftliche, sondern auch um ideologisch-politische Bewegungen: Libertaristen haben in den USA eigene politische Partei gegründet und sind auch in der Republikanischen Partei stark repräsentiert. Kommunitaristische Ideen sind wiederum sowohl von gemäßigt sozialdemokratischer Seite, etwa von Tony Blairs »New Labour«, als auch von gesellschaftspolitisch konservativen Strömungen aufgegriffen worden. Als philosophische Schulen setzen sich Libertarismus und Kommunitarismus in gegenläufige Richtungen von Rawls' politischer Ethik ab. Die Absetzungsbewegungen lassen sich grob charakterisieren, wenn man sie als **Reaktion auf die von Rawls vertretene spezifische Form des normativen Individualismus** interpretiert: Begreift man Individualismus als eine Position, welche die Ansprüche von Individuen als grundlegend und/oder vorrangig betrachtet und Kollektivismus als eine, die den Ansprüchen von Gruppen oder Gemeinschaften diese Rolle zuweist, so vertritt Rawls nachdrücklich einen normativen Individualismus. Denn die Quelle normativer Ansprüche sieht er im moralischen Status und den Ansprüchen individueller Personen. Diese Ansprüche müssen allerdings unparteiisch geprüft werden, wobei faktische Ungleichheiten (im Hinblick auf Macht, Eigentum, Fähigkeiten etc.) grundsätzlich auf ihre Legitimität hin zu überprüfen sind. Vertreter/innen des **Kommunitarismus** wenden sich nun gegen den normativen Individualismus der rawlsschen Gerechtigkeitstheorie sowie die damit verbundene Behauptung eines Vorrangs des Gerechten vor dem Guten. Vertreter/innen des **Libertarismus** geht der rawlssche Individualismus hingegen gerade nicht weit genug. Sie vertreten eine starke, an John Locke anknüpfende Eigentumstheorie. Diese Theorie assimiliert die Rechte an der eigenen Person an Eigentumsrechte und Eigentumsrechte wiederum an vor-politische Rechte auf Schutz der personalen Integrität. Entsprechend dieser Auffassung betrachten sie jede Besteuerung oder sonstige Umverteilung rechtmäßig erworbenen Eigentums als eine Verletzung von Persönlichkeitsrechten und setzen sie gar mit Zwangsarbeit gleich (Nozick 1974, S. 169). Die vom Liberatismus in Anspruch genommene Eigentumstheorie ist allerdings grundlegenden Einwänden ausgesetzt (vgl. knapp Werner 2012).

Ausblick: John Rawls' deontologische Ethik politischer Gerechtigkeit misst die Gerechtigkeit gesellschaftlicher Basisinstitutionen an zwei Grundsätzen. Der erste Grundsatz spricht allen Bürger/innen dieselben Grundfreiheiten zu. Der zweite Grundsatz legt fest, dass Ungleichheiten in der Verteilung sozialer Ressourcen nur unter zwei Bedingungen legitim sind. Erstens müssen die Ungleichheiten aus einer fairen und inklusiven sozialen Kooperation und Konkurrenz hervorgehen. Zweitens muss die resultierende Verteilung für die am schlechtesten gestellten Mitglieder der Gesellschaft günstiger sein als es die Verteilung, die sich aus der Kooperation in jeder alternativen Gesellschaftsordnung ergeben würde, für die dort jeweils am meisten benachteiligte Gruppe wäre. Rawls möchte zeigen, dass die beiden Gerechtigkeitsgrundsätze aus Fairnessüberzeugungen herzuleiten sind, die einen Teil unseres weltanschauungsübergreifenden Grundkonsenses (*overlapping consensus*) ausmachen. Dies sucht er durch das vertragstheoretische Gedankenexperiment des Urzustands plausibel zu machen, das unsere Fairnessüberzeugungen auf transparente Weise nachmodellieren soll.

Wer sich mit sozialer Gerechtigkeit oder mit der Ethik politischer Institutionen beschäftigt, kommt an der Auseinandersetzung mit Rawls nicht vorbei. Seine Kritik des Utilitarismus und sein sorgfältig ausgearbeitetes Modell einer von Kant beeinflussten politischen Gerechtigkeitsethik haben die Diskussion stark geprägt. Rawls' Einfluss auf die Diskussion über ethische Begründungsmethoden ist nicht minder bedeutsam. Sein Konzept des Überlegungsgleichgewichts hat wesentlich dazu beigetragen, die Moralphilosophie nach einer Zeit metaethisch begründeter Skepsis (siehe Kap. 8) als seriöse und aussichtsreiche Disziplin zu rehabilitieren. Es wird weit über den Bereich der politischen Ethik hinaus in Anspruch genommen und weiterentwickelt – in der allgemeinen Moralphilosophie ebenso wie in den verschiedenen Feldern bereichsspezifischer Ethik (siehe Kap. 11).

Siglenverzeichnis
AA – Akademieausgabe (Kant 1902 ff.)
KSA – Kritische Studienausgabe (Nietzsche 1988)
SEP – Stanford Encyclopedia of Philosophy (Zalta)

Einführende Literatur
Freeman, Samuel: The Cambridge Companion to Rawls. Cambridge/New York 2003.
Pogge, Thomas W.: John Rawls: His Life and Theory of Justice. Oxford/New York 2007.
Rawls, John: Justice as Fairness: A Restatement. Cambridge/London 2001.

Zitierte und weiterführende Literatur
Agostino, F. D.: »Relativism and Reflective Equilibrium in Justification«. In: The Monist 71/3 (1988), S. 420–436.
Apel, Karl-Otto: Transformation der Philosophie. Frankfurt a. M. 1973, Bd. 2, S. 358–435.
Apel, Karl-Otto: Diskurs und Verantwortung. Frankfurt a. M. 1988.
Audi, Robert: »Moderate Intuitionism and The Epistemology of Moral Judgment«. In: Ethical Theory and Moral Practice 1 (1998), S. 15–44.
Bell, Daniel: »Communitarianism«. In: SEP 2016.
Boucher, David/Kelly, Paul J. (Hrsg.): The Social Contract from Hobbes to Rawls. London/New York 1994.
Buber, Martin: Ich und Du [1923]. Stuttgart 1995.
Brink, David O.: Moral Realism and the Foundation of Ethics. Cambridge/New York 1989.
Brune, Jens P.: Moral und Recht: Zur Diskurstheorie des Rechts und Demokratie von Jürgen Habermas. Freiburg i. Br. 2010.
Claassen, Rutger/Düwell, Marcus: »The Foundations of Capability Theory: Comparing Nussbaum and Gewirth«. In: Ethical Theory and Moral Practice 16/3 (2013), S. 493–510.
Cohen, Joshua: »Democratic Equality«. In: Ethics 99/4 (1989), S. 727–751.
Daniels, Norman: Justice and Justifcation: Reflective Equilibrium in Theory and Practice. Cambridge/New York 1996.

Darwall, Stephen L.: The Second-Person Standpoint: Morality, Respect, and Accountability. Cambridge/London 2006.
Darwall, Stephen L./Gibbard, Allan/Railton, Peter: »Toward Fin de siècle Ethics: Some Trends«. In: The Philosophical Review 101/1 (1992), S. 115–189.
de Maagt, Sem: »Reflective Equilibrium and Moral Objectivity«. In: Inquiry 60/5 (2017), S. 443–465.
Fichte, Johann G.: Gesamtausgabe der Bayerischen Akademie der Wissenschaften. Stuttgart-Bad Cannstatt 1962 ff.
Forst, Rainer: Das Recht auf Rechtfertigung: Elemente einer konstruktivistischen Theorie der Gerechtigkeit. Frankfurt a. M. 2005.
Freeman, Samuel: »Original position«. In: SEP 2016.
Gadamer, Hans-Georg: Wahrheit und Methode: Grundzüge einer philosophischen Hermeneutik. In: Gesammelte Werke, Bd. 1. Tübingen [7]2010.
Gert, Bernard: Morality: Its Nature and Justification. New York/Oxford 1998.
Gilligan, Carol: In a Different Voice. Cambridge 1982.
Habbel, Torsten: Der Dritte stört: Emmanuel Levinas, Herausforderung für politische Theologie und Befreiungsphilosophie. Mainz 1994.
Habermas, Jürgen: Theorie des kommunikativen Handelns. 2 Bände. Frankfurt a. M. 1981.
Habermas, Jürgen: Nachmetaphysisches Denken: Philosophische Aufsätze. Frankfurt a. M. 1988.
Habermas, Jürgen: »Reconciliation through the Public Use of Reason: Remarks on John Rawls's Political Liberalism«. In: The Journal of Philosophy 92/3 (1995), S. 109–131.
Hahn, Susanne: Überlegungsgleichgewicht(e): Prüfung einer Rechtfertigungsmetapher. Freiburg i. Br. 2000.
Hahn, Susanne: »From Worked-out Practice to Justified Norms by Producing a Reflective Equilibrium«. In: Analyse & Kritik 38/2 (2016), S. 333–369.
Hegel, Georg W.: Werke in zwanzig Bänden. Frankfurt a. M. 1970.
Held, Virginia: The Ethics of Care: Personal, Political, and Global. Oxford/New York 2006.
Honneth, Axel (Hrsg.): Kommunitarismus: Eine Debatte über die moralischen Grundlagen moderner Gesellschaften. Frankfurt a. M./New York 1992.
Honneth, Axel: Anerkennung: Eine europäische Ideengeschichte. Berlin 2018.
Kant, Immanuel: Gesammelte Schriften, herausgegeben von der Königlich Preußischen Akademie der Wissenschaften. Berlin 1902 ff.
Kelly, Paul J.: »Justifying ›Justice‹: Contractarianism, Communitarianism and the Foundations of Contemporary Liberalism«. In: Boucher, David/Kelly, Paul J. (Hrsg.): The Social Contract from Hobbes to Rawls. London/New York 1994, S. 227–245.
Kierkegaard, Søren: Entweder – Oder [1843]. München 2000.
Koller, Peter: »Rawls' Differenzprinzip und seine Deutungen«. In: Erkenntnis 20/1 (1983), S. 1–25.
Kymlicka, Will: »The Social Contract Tradition«. In: Singer, Peter (Hrsg.): A Companion to Ethics. Oxford 1993, S. 186–196.
Levinas, Emmanuel: Totalität und Unendlichkeit: Versuch über die Exteriorität. Freiburg i. Br./München Alber 1987.
Levinas, Emmanuel: Humanismus des anderen Menschen. Hamburg 1989.
Lukács, Georg: Geschichte und Klassenbewußtsein. Neuwied/Berlin 1970.
Lukács, Georg: Die Zerstörung der Vernunft. Berlin 1955.
Nielsen, Kai: »Relativism and Wide Reflective Equilibrium«. In: The Monist 76/3 (1993), 316–332.
Nietzsche, Friedrich: Sämtliche Werke: Kritische Studienausgabe in 15 Einzelbänden. München/Berlin/New York [2]1988.
Nozick, Robert: Anarchy, State, and Utopia. New York 1974.
Nussbaum, Martha C./Sen, Amartya (Hrsg.): The Quality of Life. Oxford 1993.

Nussbaum, Martha C.: Creating Capabilities. The Human Development Approach. Cambridge/London 2011.
Olsson, Erik: »Coherentist Theories of Epistemic Justification«. In: SEP 2017.
Popper, Karl R.: Gesammelte Werke in deutscher Sprache. Tübingen ^{7}2003.
Rawls, John: »Outline of a Decision Procedure for Ethics«. In: The Philosophical Review 60/2 (1951), S. 177–197.
Rawls, John: »Two Concepts of Rules«. In: The Philosophical Review 64/1 (1955), S. 3–32.
Rawls, John: Eine Theorie der Gerechtigkeit. Frankfurt a. M. 1975.
Rawls, John: »Justice as Fairness: Political not Metaphysical«. In: Philosophy and Public Affairs 14/3 (1985), S. 223–251.
Rawls, John: A Theory of Justice. Revised Edition. Cambridge 1999.
Rawls, John: Political Liberalism. New York 1993a.
Rawls, John: »The Law of Peoples«. In: Critical Inquiry 20/1 (1993b), S. 36–68.
Rawls, John: Politischer Liberalismus. Frankfurt a. M. 1998.
Rawls, John: Justice as Fairness: A Restatement. Cambridge/London 2001.
Rawls, John: Gerechtigkeit als Fairneß: Ein Neuentwurf. Frankfurt a. M. 2003.
Reese-Schäfer, Walter: Grenzgötter der Moral: Der neuere europäisch-amerikanische Diskurs zur politischen Ethik. Frankfurt a. M. 1997.
Riedel, Manfred (Hrsg.): Rehabilitierung der praktischen Philosophie. Freiburg i. Br. 1972.
Rorty, Richard (Hrsg.): The Linguistic Turn: Essays in Philosophical Method. Chicago 1967.
Sandbothe, Mike: Die Renaissance des Pragmatismus. Weilerswist 2000.
Sandkühler, Hans J./De la Vega, Rafael: Marxismus und Ethik: Texte zum neukantianischen Sozialismus. Frankfurt a. M. 1970.
Sandel, Michael: Liberalism and the Limits of Justice. Cambridge 1982.
Scanlon, Thomas M.: »Rawls on Justification«. In: Freeman, Samuel R. (Hrsg.): The Cambridge Companion to Rawls. Cambridge/New York 2002, S. 139–167.
Scanlon, Thomas M.: Being Realistic About Reasons. Oxford/New York 2014.
Scholtz, G.: »Historismus/Historizismus«. In: Ritter, Joachim/Gründer, Karlfried/Gabriel, Gottfried: Historisches Wörterbuch der Philosophie. Basel/Stuttgart 1971 ff., Bd. 3, Sp. 1141–1147.
Schopenhauer, Arthur: Sämtliche Werke, herausgegeben von Arthur Hübscher. Mannheim ^{4}1988.
Schweitzer, Albert: Kultur und Ethik. München 1996.
Sen, Amartya: »Equality of What?«. The Tanner Lecture on Human Values (1979). In: http://www.ophi.org.uk/wp-content/uploads/Sen-1979_Equality-of-What.pdf (20.7.2020).
Sen, Amartya: »Capability and Well-Being«. In: Nussbaum, Martha/Sen, Amartya (Hrsg.): The Quality of Life. Oxford 1993, S. 30–53.
Sen, Amartya: The Idea of Justice. Cambridge 2009.
Siep, Ludwig/Ikaheimo, Heikki/Quante Michael (Hrsg.): Handbuch Anerkennung. Wiesbaden 2018.
Slote, Michael A.: The Ethics of Care and Empathy. New York/London 2007.
Tersman, Folke: »Recent Work on Reflective Equilibrium and Method in Ethics«. In: Philosophy Compass 13/6 (2018), S. e12493.
Theunissen, Michael: Der Andere: Studien zur Sozialontologie der Gegenwart. Berlin 1965.
Van der Burg, Wibren/Van Willigenburg, Theo (Hrsg.): Reflective Equilibrium. Dordrecht 1998.
Van der Vossen, Bas: »Libertarianism«. In: SEP 2019.
Welzel, Hans: Naturrecht und materiale Gerechtigkeit. Göttingen ^{5}1990.
Williams, Bernard: Ethics and the Limits of Philosophy [1985]. London/New York 2006.

Werner, Micha H.: »Property Rights«. In: Chadwick, Ruth F. (Ed.): Encyclopedia of Applied Ethics. San Diego ²2012, S. 624–631.

Werner, Micha H.: »Die Unmittelbarkeit der Begegnung und die Gefahr der Dichotomie: Buber, Levinas und Jonas über Verantwortung«. In: Henkel, Anna et al. (Hrsg.): Dimensionen der Sorge. Baden-Baden 2016, S. 99–133.

Zalta, Edward N. (Hrsg.): The Stanford Encyclopedia of Philosophy (SEP). In: https://plato.stanford.edu/.

Open Access Dieses Kapitel wird unter der Creative Commons Namensnennung 4.0 International Lizenz (http://creativecommons.org/licenses/by/4.0/deed.de) veröffentlicht, welche die Nutzung, Vervielfältigung, Bearbeitung, Verbreitung und Wiedergabe in jeglichem Medium und Format erlaubt, sofern Sie den/die ursprünglichen Autor(en) und die Quelle ordnungsgemäß nennen, einen Link zur Creative Commons Lizenz beifügen und angeben, ob Änderungen vorgenommen wurden.

Die in diesem Kapitel enthaltenen Bilder und sonstiges Drittmaterial unterliegen ebenfalls der genannten Creative Commons Lizenz, sofern sich aus der Abbildungslegende nichts anderes ergibt. Sofern das betreffende Material nicht unter der genannten Creative Commons Lizenz steht und die betreffende Handlung nicht nach gesetzlichen Vorschriften erlaubt ist, ist für die oben aufgeführten Weiterverwendungen des Materials die Einwilligung des jeweiligen Rechteinhabers einzuholen.

8 Was bedeuten moralische Äußerungen und (wie) lassen sie sich begründen? Metaethische Landkarte

8.1 Ebenen metaethischer Diskussion
8.2 Das Argument der offenen Frage und der Intuitionismus
8.3 Nonkognitivismus
8.4 Kognitivismus

Ausgelöst vor allem durch George Edward Moores 1903 erschienenes Buch *Principia Ethica* verdichten sich Diskussionen über die Interpretation der moralischen Sprache und die Grundlagen ethischen Denkens zu einer eigenen Subdisziplin der Moralphilosophie, die als Metaethik bezeichnet wird. Die im Rahmen der Metaethik diskutierten Fragen und Probleme sind nicht grundsätzlich neu, sondern wurden zuvor vielfach im Kontext der allgemeinen Moralphilosophie mitdiskutiert. Durch die Anwendung von **Methoden der sprachanalytischen Philosophie** erhalten sie jedoch neue Prägnanz. Auch sind manche Metaethiker/innen nicht wesentlich an Fragen der normativen Ethik interessiert. Wie trennscharf die Grenze zwischen Metaethik und normativer Ethik gezogen werden kann, wird kontrovers diskutiert. Strittig ist insbesondere die **Neutralitätsthese**, der zufolge metaethische Fragen unabhängig von Vorannahmen über die Gültigkeit von normativ-ethischen Positionen bzw. moralischen Urteilen geklärt werden können. Die These lässt sich beispielsweise deshalb bestreiten, weil auch die Metaethik auf ein Vorverständnis moralischer Begriffe angewiesen ist, das möglicherweise schon die Gültigkeit oder Ungültigkeit bestimmter normativer Urteile präjudiziert (ähnlich wie ein Vorverständnis der Mathematik schon ein gewisses Verständnis von *gültigen* mathematischen Operationen voraussetzt). Der Unterschied zwischen normativer Ethik und Metaethik lässt sich allerdings auch unabhängig von der Neutralitätsthese als **Differenz im primären Erkenntnisinteresse** verstehen. Vereinfacht gesagt: Normative Ethik zielt primär darauf, moralische Urteile tatsächlich zu **begründen**. Metaethik zielt hingegen primär darauf, zu klären, wie die **Bedeutung** moralischer Urteile eigentlich zu verstehen ist, und inwieweit und ggf. auf welcher Grundlage es überhaupt möglich ist, sie zu begründen. Metaethik lässt sich insofern nicht nur als Teil der Praktischen Philosophie, sondern mit demselben Recht auch als **Teil der Theoretischen Philosophie** verstehen, nämlich als Teilgebiet der Bedeutungs-, Erkenntnis- und Wissenschaftstheorie und teils auch der Ontologie und Philosophie des Geistes.

Metaethik und normative Ethik

8.1 | Ebenen metaethischer Diskussion

Bedeutung moralischer Begriffe und Urteile

Semantik: Die metaethische Diskussion findet auf mehreren Ebenen statt. Von grundlegender Bedeutung ist die semantische Frage, wie die Bedeutung moralischer Begriffe und moralischer Urteile zu interpretieren ist. Ausgangspunkt der metaethischen Diskussion war vor allem eine These Moores zur Bedeutung moralischer Ausdrücke. Sie besagt, dass die Bedeutung moralischer Begriffe wie ›gut‹ unanalysierbar sei. Mit dieser **Unanalysierbarkeitsthese** wollte Moore nicht etwa sagen, dass solche Begriffe gar keine Bedeutung haben. Vielmehr hält er diese Bedeutung für unmittelbar zugänglich. Versuche, moralische Begriffe wie ›gut‹ mit Hilfe von Wörtern zu definieren, die andere, natürliche oder metaphysische Eigenschaften bezeichnen, können nicht gelingen. Vielmehr sind sie als Ausdruck eines **naturalistischen Fehlschlusses** (*naturalistic fallacy*) zu interpretieren (siehe auch Kap. 8.2).

Definition

> **Naturalistischer Fehlschluss** ist Moore (1959, S. 10) zufolge der unberechtigte Schluss zu nennen, der aus der Annahme, dass eine bestimmte moralische Eigenschaft regelmäßig im Verbund mit einer bestimmten nicht-moralischen Eigenschaft auftritt, auf die Annahme schließt, dass die moralische Eigenschaft *identisch* mit der nicht-moralischen sei. Auch wenn beispielsweise wahr wäre, dass Handlungen, die das allgemeine Glück maximieren, regelmäßig moralisch ›gut‹ sind, wäre es ein Fehlschluss, zu folgern, dass der Begriff ›gut‹ dasselbe *bedeutet* wie der Begriff ›glücksmaximierend‹. Moore illustriert diesen Punkt durch den **Vergleich mit der Bedeutung von Farbnamen** wie ›gelb‹ oder ›blau‹ (ebd., S. 9 f.). Obwohl es stimmt, dass Licht einer bestimmten Wellenlänge regelmäßig gelb erscheint, erschöpft sich die Bedeutung des Begriffs ›gelb‹ nicht darin, elektromagnetische Strahlung einer bestimmten Wellenlänge zu kennzeichnen. Es wäre fehlerhaft, Gelb als »Licht der Wellenlänge 560–590 nm« zu *definieren*. Diese Definition würde ein von Geburt an blinder Physiker problemlos verstehen. Gleichwohl könnte er beklagen, die Bedeutung des Begriffs ›gelb‹ nicht voll erschließen zu können. Moore zufolge ist *jeder* Versuch, die Bedeutung moralischer Begriffe wie ›gut‹ in nicht-moralischen Begriffen zu analysieren, Ausdruck eines naturalistischen Fehlschlusses. Anders als Moores Rede von einem ›naturalistischen‹ Fehlschluss nahelegt, gilt dies übrigens nicht nur für versuchte Analysen moralischer Begriffe in natürlichen Begriffen (wie ›glücksmaximierend‹), sondern auch für solche, die auf nicht-natürliche Begriffe (wie ›dem Willen Gottes entsprechend‹) rekurrieren. Moores Lehre vom naturalistischen Fehlschlusses ist übrigens *nicht* mit Humes Lehre vom **Sein-Sollens-Fehlschluss** gleichzusetzen: Erstere besagt, dass moralische *Begriffe* nicht durch nicht-moralische *definiert* werden könnten. Letztere besagt in etwa (siehe Kap. 4.1), dass moralische *Urteile* nicht ohne Weiteres aus nicht-moralischen Urteilen *logisch folgen* können.

Ebenen metaethischer Diskussion 8.1

Eine zentrale Auseinandersetzung auf dem Gebiet der Semantik der moralischen Sprache stellt die Kontroverse zwischen Kognitivismus und Nonkognitivismus dar. Sie betrifft die Interpretation der Bedeutung moralischer Urteile. Als **Kognitivismus** bezeichnet man traditionell die Auffassung, dass mit moralischen Urteilen wie der Behauptung »Lügen ist (moralisch) schlecht« ein Wahrheitsanspruch erhoben wird. Entsprechend sind auf solche Urteile dieselben logischen Regeln anwendbar wie auf andere wahrheitsfähige Aussagen (siehe Kap. 8.4). Der **Nonkognitivismus** bestreitet, dass mit moralischen Urteilen ein Wahrheitsanspruch erhoben werden kann (siehe Kap. 8.3). Wollen Nonkognitivisten zeigen, dass für diese Urteile trotzdem logische Regeln gelten, müssen sie dafür zusätzliche Erklärungen anführen.

Kognitivismus und Nonkognitivismus

Kognitivismus – Nonkognitivismus *Zur Vertiefung*

Die Unterscheidung zwischen Kognitivismus und Nonkognitivismus wird hier wie folgt verstanden: Der kognitivistischen Deutung zufolge wird mit dem Bekräftigen eines moralischen Urteils ein Wahrheitsanspruch erhoben. Der nonkognitivistischen Deutung zufolge ist dies nicht der Fall. In der metaethischen Literatur wird die Terminologie nicht ganz einheitlich verwandt. Unterschiedliche Interpretationen der Konzepte »Wahrheit« und »Urteil« bieten Raum für abweichende Lesarten (vgl. Van Roojen 2018). Richard Joyce schlägt folgende Differenzierung vor:
- »If moral judgments are considered to be mental states, then noncognitivism is the denial that moral judgments are beliefs.
- If moral judgments are considered to be sentence types, then noncognitivism is the denial that moral judgments have an underlying grammar that expresses a proposition.
- If moral judgments are considered to be speech acts, then noncognitivism is the denial that moral judgments are assertions.« (Joyce 2016a)

Epistemologie: Wer eine nonkognitivistische Position vertritt, kann moralische Diskussionen nicht auf das Ziel der Wahrheitserkenntnis beziehen. Für Nonkognitivist/innen gibt es daher eigentlich keine moralepistemologischen Fragen. Kognitivist/innen können demgegenüber weiterfragen, ob, inwieweit und auf welcher Grundlage die mit moralischen Urteilen erhobenen Wahrheitsansprüche einlösbar sind: (Wie) können wir moralische Urteile begründen oder die Wahrheit solcher Urteile erkennen? Eine radikale Antwortmöglichkeit besteht darin, entweder die *Existenz* moralischer Wahrheiten schlechthin zu bestreiten oder wenigstens – skeptizistisch – die *Erkennbarkeit* solcher Wahrheiten zu verneinen. Dies entspricht der Position der sogenannten **Irrtumstheorie** (*error theory*). Sie geht einerseits davon aus, dass mit moralischen Urteilen ein Wahrheits*anspruch* erhoben wird, behauptet aber andererseits, dass dieser Anspruch *niemals einlösbar* ist. John L. Mackie zufolge könnten moralische Urteile nämlich nur wahr sein, wenn objektive Werte existieren würden, was jedoch nicht der Fall sei (siehe Kap. 8.4.1; vgl. Mackie 1977; zur Übersicht Olson 2014). Die vielfältigen Positionen, die man dem **moralischen Realismus** (im engeren Sinne) zuordnen kann, stimmen dem-

Relativismus und Konstruktivismus

gegenüber in der Auffassung überein, dass es irgendeine von unseren moralischen Urteilen oder Wahrnehmungen unabhängige Realität gibt, die unserer Erfahrung zugänglich ist und auf die moralische Urteile gestützt werden können. Eine kaum weniger heterogene Gruppe von Ansätzen geht ebenfalls von der prinzipiellen Einlösbarkeit moralischer Wahrheitsansprüche aus. Sie sucht die Grundlage moralischer Wahrheiten aber nicht in einer von der menschlichen Praxis oder Vernunft unabhängigen ›objektiven‹ Wirklichkeit, sondern typischerweise gerade in den internen Strukturen des praktischen Handelns oder Urteilens, des menschlichen Handelns oder Argumentierens selbst. Letztere Ansätze werden hier unter dem Begriff des **ethischen Konstruktivismus** zusammengefasst, der in der Literatur allerdings unterschiedlich verwandt wird. Auch der Realismusbegriff wird verschieden interpretiert. Teils wird er in einem weiten Sinn verstanden, der auch den Konstruktivismus als realistische Position erscheinen lässt (vgl. Copp 2013).

Ontologie: Vor allem für die Vertreter/innen des moralischen Realismus im engeren Sinne stellt sich folgende Frage: Welcher Art ist die urteilsunabhängige Wirklichkeit, auf der moralische Wahrheiten basieren? Handelt es sich um eine Wirklichkeit ganz eigener Art? Oder sind, wie der **metaethische Naturalismus** annimmt, moralische Eigenschaften wie etwa die Schlechtigkeit des Lügens auf natürliche Eigenschaften zurückzuführen? Wenn Letzteres zutrifft: Sind moralische Eigenschaften – entgegen der Behauptung Moores – auch in nicht-moralischen Begriffen auszudrücken (reduktionistischer Naturalismus)? Oder handelt es sich um eine eigene Klasse natürlicher Eigenschaften, die nur in moralischer Sprache zu erfassen sind (nicht-reduktionistischer Naturalismus)? In anderer Weise sind ontologische Fragen auch für Anti-Realist/innen relevant. Denn auch wer die Existenz einer objektiven moralischen Wirklichkeit leugnet, stellt eine ontologische These auf. Gerade der Irrtumstheoretiker Mackie betont daher die Notwendigkeit, über die bloße Sprachanalyse hinauszugehen und moralontologische Fragen zu untersuchen (Mackie 1977, S. 35).

Zur Vertiefung

Weitere Fragen

Über die zentralen Fragenkomplexe der **Semantik**, **Ontologie** und **Epistemologie** hinaus werden in der Metaethik auch Fragen der deontischen Logik, der Philosophie des Geistes, der Moral- und Emotionspsychologie, der Motivations- und Handlungstheorie diskutiert. Je nach vertretener Position können solche Fragen mit den zuvor genannten Grundproblemen mehr oder weniger eng verbunden sein. Beispielsweise beziehen Metaethiker/innen, die in der Tradition Humes stehen, die Unterscheidung zwischen Kognitivismus und Nonkognitivismus oft unmittelbar auf die humesche Unterscheidung zwischen *beliefs* (Überzeugungen) und *desires* (Wünschen), indem sie annehmen, dass Kognitivist/innen moralische Urteile als Ausdruck von Überzeugungen und Nonkognitivist/innen sie als Ausdruck von Wünschen interpretieren müssten (Smith 2005). Zwingend ist diese Auffassung offenbar nur, wenn man erstens die semantische These vertritt, dass die Bedeutung von Urteilen durch die mentalen Zustände festgelegt wird, die sie ausdrücken, und wenn man

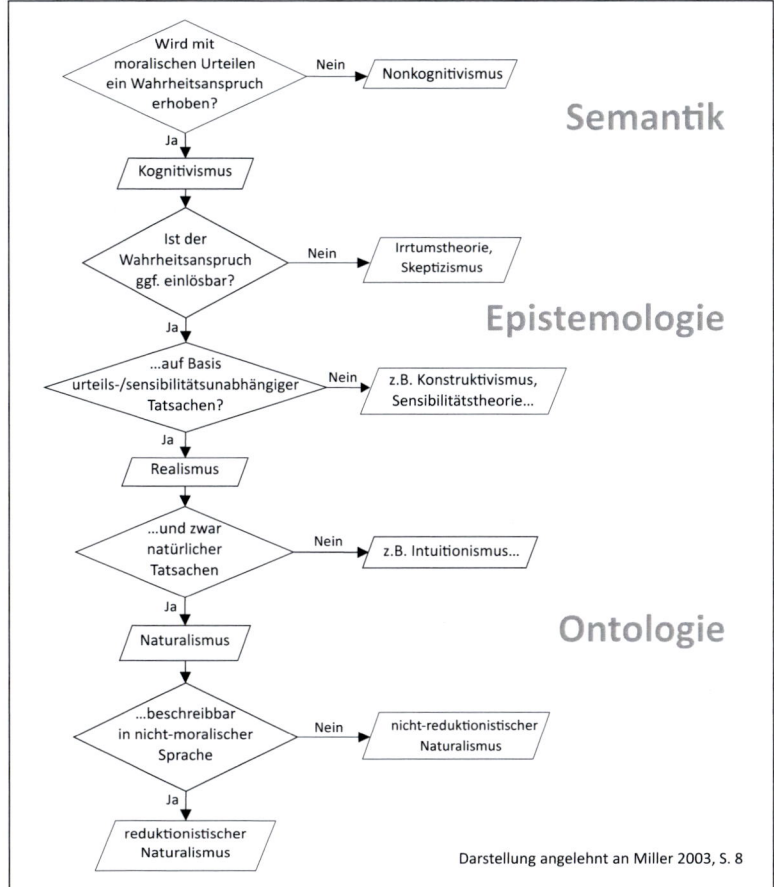

Abb. 8.1: Metaethische Diskussionsebenen und Positionen

zweitens die bewusstseinstheoretische These vertritt, dass es nur diese beiden Klassen mentaler Zustände gibt. Das Beispiel demonstriert, dass bereits Definitionen metaethischer Konzepte und Annahmen über die Verknüpfungen metaethischer Fragen von theoretischen Vorannahmen abhängig sein können.

8.2 | Das Argument der offenen Frage und der Intuitionismus

Argument der offenen Frage: Moores Unanalysierbarkeitsthese besagt, dass sich die Bedeutung moralischer Begriffe wie ›gut‹ nicht mittels anderer, nicht-moralischer Begriffe analysieren lässt. Moore sucht diese These mit dem sogenannten Argument der offenen Frage (*open question argument*) zu stützen. Dieses Argument basiert auf zwei Annahmen:

Metaethische Landkarte

1. Die erste Annahme besagt, dass es im Fall einer gelungenen Analyse **sinnlos** ist, zu fragen, ob das Analysandum dem Analysans tatsächlich entspricht. Demnach wäre zum Beispiel die Analyse der Bedeutung des Begriffs ›Junggeselle‹ als ›unverheirateter Mann‹ genau dann gelungen, wenn die Frage, ob ein Junggeselle tatsächlich ein unverheirateter Mann ist, aus der Perspektive kompetenter Sprecher/innen sinnlos erscheint. Wer diese Frage stellt, würde dann nur Anlass zu der Vermutung geben, dass er der deutschen Sprache nicht hinreichend mächtig ist.
2. Die zweite Annahme besagt, dass *keine* Analyse moralischer Begriffe wie ›gut‹ es als sinnlos erscheinen lässt, zu fragen, ob das vorgeschlagene Analysans tatsächlich gut ist. Beispielsweise wäre es kein Grund, einer Person die Sprachkompetenz abzusprechen, wenn sie fragen würde: »ist tatsächlich immer gut, was erstrebt wird?«, »ist tatsächlich immer gut, was angenehm ist?« oder »ist tatsächlich immer gut, was dem Willen Gottes entspricht?«

Aus diesen beiden Annahmen folgt Moore, dass es sich bei Aussagen wie »›gut‹ bedeutet ›dem Willen Gottes entsprechend‹« nicht um gelungene Definitionen handeln kann und dass eine Analyse moralischer Begriffe wie ›gut‹ generell unmöglich ist (vgl. zusammenfassend Miller 2003, S. 12–25). Daraus folgert Moore nicht, dass moralische Begriffe leer und bedeutungslos sind. Vielmehr geht er davon aus, dass ihre Bedeutung uns unmittelbar zugänglich sei, wiederum ähnlich wie die Bedeutung von Farbnamen wie ›gelb‹ oder ›blau‹.

Intuitionen als selbst-evidente rationale Einsichten

Intuitionismus: Moores These, die Bedeutung ethischer Termini sei unanalysierbar und unmittelbar zugänglich, schien gut verträglich mit der schon vor Moore (etwa bei Richard Price) anzutreffenden moralepistemologischen Position des **rationalen Intuitionismus**. Kennzeichnend für diese Position ist die Auffassung, dass nicht nur die Bedeutung moralischer Termini unmittelbar einsichtig und einer weiteren Begründung weder bedürftig noch fähig sei, sondern dasselbe auch auf die Gültigkeit (zumindest einiger) moralischer Urteile zutreffe. Was der rationale Intuitionismus unter moralischen Intuitionen versteht, entspricht keineswegs demjenigen, was im Alltag manchmal als ›Intuition‹ bezeichnet wird, nämlich eine Art vages und subjektives ›Bauchgefühl‹. Intuitionen werden vielmehr als selbst-evidente rationale Einsichten verstanden, die mit mathematischen Einsichten vergleichbar sind (Prichard 1912, S. 28). Als wesentliches Kriterium für Selbst-Evidenz gilt die Tatsache, dass das bloße *Verständnis* einer selbst-evidenten Behauptung dazu berechtigt, die Behauptung für *wahr* zu halten (Audi 1998, S. 20). Entsprechend erklärt Prichard die traditionelle Frage der Moralphilosophie, warum wir unsere Pflicht tun sollten, für gleichbedeutend mit der sinnlosen Frage, ob unsere Pflicht unsere Pflicht ist. Versuche, eine nicht-tautologische Antwort auf diese Frage zu geben, führten nur in Scheindiskussionen (Prichard 1912). William David Ross argumentiert in seinem erstmals 1930 erschienenen Buch *The Right and the Good*, dass wir uns einer Reihe basaler Verpflichtungen unmittelbar gewiss sein können (Ross 2009). So sei es sinnlos, zu fragen, ob wir Versprechen halten müssen, oder ob wir verpflichtet sind, anderen nicht zu schaden. Diese und einige andere Pflichten seien selbst-evident. Allerdings handele es sich nur um **Prima-facie-Pflichten** (im Sinne normativer Prima-Facie-Regeln; siehe Kap. 5.2.3). Weil jede einzelne von ihnen im konkreten Fall mit anderen Prima-facie-Pflichten kollidieren kann, muss sie gegebenenfalls zurückgestellt werden, wenn eine kollidierende Prima-facie-Pflicht schwerer wiegt. Die Selbst-Evidenz der Prima-facie-Pflichten impliziert daher nicht, dass auch die im konkreten Einzelfall gebotene Handlungsweise unmittelbar evident ist.

Moderater Intuitionismus: Der rationale Intuitionismus sieht sich einigen Herausforderungen gegenüber. Kritiker/innen führen häufig die **Existenz moralischer Dissense** als Grund für den Zweifel an der vom Intuitionismus behaupteten Selbst-Evidenz ethischer Prinzipien an. Wenn moralische Pflichten selbst-evident wären, seien moralische Meinungsverschiedenheiten schlecht zu erklären. Vertreter/innen des Intuitionismus reagieren auf dieses Argument mit dem Hinweis, dass das Vermögen zur Erkenntnis selbst-evidenter moralischer Wahrheiten eine gewisse Reife erfordere (vgl. Prichard 1912, S. 29 f., Anm. 1; Ross 2009, S. 12). Kritiker/innen weisen wiederum darauf hin, dass der Rückgriff auf intuitive Gewissheiten letztlich dogmatisch sei. Da es jenseits der vermeintlichen Intuitionen selbst keine externe Basis für die Berechtigung der intuitiven Einsichten gebe, seien moralische Wahrheiten unverifizierbar. Die Unmittelbarkeit und Unüberprüfbarkeit moralischer Wahrheiten lasse auch den Sinn ethischer Diskussionen unverständlich erscheinen. Aktuelle Versionen des Intuitionismus suchen solchen Einwänden häufig durch eine schwächere Interpretation von Selbst-Evidenz (Audi 1998) oder der epistemologischen Rolle von Intuitionen (Huemer 2008) zu begegnen. Sie soll auch Raum für die Verbindung intuitionistischer und kohärentistischer Begründungselemente (siehe Kap. 7.2.2) schaffen.

> Unverifizierbarkeit moralischer Intuitionen

Grenzen des Arguments der offenen Frage: Die genaue Interpretation von Moores Argument der offenen Frage ist noch immer Gegenstand von Kontroversen. Einigkeit besteht allerdings darüber, dass seine **Aussagekraft begrenzt** ist. Moores These, eine befriedigende Analyse moralischer Begriffen wie ›gut‹ sei unmöglich, müsste offenbar von Fall zu Fall, für alle möglichen Analysekandidaten, belegt werden. Dieser Einschätzung stimmen auch Verteidiger/innen des Arguments zu (vgl. Feldman 2005, S. 38). Das Argument als solches ist nicht geeignet, die Unanalysierbarkeitsthese für alle möglichen Fälle zu beweisen. Weitgehend Einigkeit besteht auch in einem weiteren Punkt: Moores Interpretation der Kriterien gelungener Analyse sind problematisch. Michael Smith weist darauf hin, dass ihnen letztlich nicht einmal die hier als Beispiel angeführte Junggesellen-Definition standhalten würde (vgl. Smith 2004, S. 361 f.). Warum hat Moores Argument gleichwohl eine so große Wirkung auf die nachfolgende Diskussion ausgeübt? Stephen Darwall, Allan Gibbard und Peter Railton argumentieren, dass sich die Bedeutung moralischer Begriffe tatsächlich besonders schwer fassen lässt. Dies liege an dem deskriptiv-normativen Doppelcharakter moralischer Begriffe. Die mit diesen Begriffen formulierten Urteile weisen sowohl Merkmale von Beschreibungen als auch Merkmale von Empfehlungen oder Vorschriften auf. Daher sei

> Moralische Urteile vereinen Merkmale von Beschreibungen und von Empfehlungen oder Vorschriften

tatsächlich nicht leicht zu sehen, wie eine Analyse der Bedeutung von ›gut‹ auf der Basis natürlicher oder sonstiger nicht-normativer Eigenschaften jemals den normativen, handlungsleitenden Charakter erklären könne, der für die Bedeutung des moralischen Gebrauchs des Begriffs ›gut‹ wesentlich sei (Darwall/Gibbard/Railton 1992, S. 117). Der Versuch einer Analyse moralischer Begriffe wie ›gut‹ sehe sich insofern zusätzlichen anderen Herausforderungen gegenüber als die Analyse nicht-normativer Begriffe. Diese Interpretation des Arguments der offenen Frage soll zugleich deutlich machen, warum das Argument sich (anders als die Rede vom *naturalistischen* Fehlschluss nahelegt) nicht nur gegen den Naturalismus, sondern auch gegen den Intuitionismus kehren lässt: Auf welche Weise die Gegenstände naturwissenschaftlicher Erkenntnis unmittelbar Handlungen vorschreiben könnten, sei schwer zu verstehen. Ebenso schwer zu verstehen sei aber, wie die Gegenstände rationaler Intuitionen dazu in der Lage sein sollten.

8.3 | Nonkognitivismus

Internalismus: Wie der normative Charakter moralischer Urteile für sich genommen zu verstehen ist, ist gleichfalls nicht offenkundig. In der Tradition Humes wird Normativität oft als motivierende Kraft verstanden. Die von Darwall, Gibbard und Railton angesprochene Herausforderung wird dann darin gesehen, mit einer *deskriptivistischen* Deutung moralischer Prädikate, der zufolge mit Begriffen wie ›gut‹ objektive Eigenschaften zugeschrieben werden, eine *internalistische* Deutung moralischer Urteile zu verbinden, also eine Deutung, der zufolge das Akzeptieren eines moralischen Urteils durch eine Person notwendigerweise Auswirkungen auf deren Handlungsdispositionen hat, mögen diese Auswirkungen auch noch so schwach sein (vgl. dazu Humes Überlegungen; siehe Kap. 4). Diese Herausforderung gilt – zumindest auf der Basis einer humeschen Theorie praktischer Gründe – als schwer zu bewältigen (vgl. Smith 1994). Wer den Versuch für gänzlich aussichtslos hält, muss entweder den Internalismus oder den Deskriptivismus aufgeben. Nonkognitivist/innen entscheiden sich für die zweite Option. Sie behaupten, dass mit moralischen Ausdrücken wie ›gut‹ keine objektiv feststellbaren Eigenschaften zugeschrieben werden. Daraus folgern sie, dass mit moralischen Urteilen kein Wahrheitsanspruch verbunden sein kann. Einige Nonkognitivist/innen verstehen moralische Urteile als Ausdruck von Gefühlen (Emotivismus), andere als implizite Empfehlungen, Befehle oder Vorschriften (Präskriptivismus), wieder andere als normative Selbstbindungen oder Bekenntnisse zu bestimmten Haltungen (Norm-Expressivismus, Quasi-Realismus).

Moralische Urteile als Ausdruck von Gefühlen

Emotivismus: Die einfachste Variante des Nonkognitivismus ist der sogenannte Emotivismus. Er wurde zunächst vorübergehend von Bertrand Russel (1935) und kurz darauf von Alfred J. Ayer (1936) sowie in modifizierter Form von Charles L. Stevenson (1944) vertreten. Der Emotivismus interpretiert moralische Urteile als Ausdruck von Gefühlen. Äußerungen wie »Notleidenden zu helfen ist gut« oder »Stehlen ist schlecht« lassen sich demnach verlustfrei in Äußerungen wie »Notleidenden helfen – hurra!« oder »Stehlen – buh!« übersetzen. Manchmal ist deshalb von einer »Buh-Hurra-Theorie« die Rede. Die saloppe Bezeichnung hilft, ein wesentliches Merkmal des Emotivismus im Blick zu behalten, das leicht zu übersehen ist: Für den Emotivismus ist nicht nur charakteristisch, dass er moralische Urteile als Ausdruck von *Gefühlen* versteht, sondern auch, dass er sie als *Ausdruck* von Gefühlen (und nicht etwa als *Bericht* über Gefühle) versteht. Diese Pointe lässt sich anhand der klassischen Unterscheidung Karl Bühlers erläutern. Bühler zufolge kann symbolischen Äußerungen neben einer Darstellungsfunktion (»Im Zuckerstreuer ist Salz.«) auch eine Appellfunktion (»Streue Dir das nicht in den Tee!«) oder eine Ausdrucksfunktion (»Igitt!«) zukommen (Bühler 1999). Für die emotivistische Interpretation der moralischen Sprache ist wesentlich, dass sie die Bedeutung moralischer Urteile der Ausdrucksfunktion und nicht der Darstellungsfunktion zuordnet. Moralische Urteile sind lediglich **Kundgaben von Gefühlen** der sie äußernden Person. Sie sind aber **keine Behauptungen** über die Tatsache, dass diese Person ein bestimmtes Gefühl hat oder wie dieses Gefühl beschaffen ist. Die Auffassung, dass moralische Urteile Behauptungen über Gefühle der Sprecherin bzw. des Sprechers sind, liefe vielmehr auf eine Position hinaus, die Ayer **Subjektivismus** nennt. Diese Auffassung weist Ayer unter Berufung auf Moores Argument der offenen Frage explizit zurück (Ayer 1936, S. 105 ff.). Behauptungen über das Vorliegen oder die Beschaffenheit von Gefühlen wären ja durchaus wahrheitsfähige – wenngleich vielleicht manchmal schwer zu verifizierende – Tatsachenaussagen: Es kann wahr oder unwahr sein, dass eine Person Kopfschmerzen hat oder empört ist. Wer urteilt, »Stehlen ist schlecht« formuliert nach emotivistischer Deutung aber keine Tatsachenaussage (wie etwa »Der Akt des Stehlens erzeugt in mir ein negatives Gefühl«), sondern verleiht seinem Gefühl lediglich Ausdruck, wie dies auch durch »Stehlen – buh!« oder schlicht durch den Ausruf »Stehlen!« möglich wäre, sofern er mit einer empörungsschwangeren Stimme hervorgebracht würde (ebd., S. 110). Die Äußerung »Stehlen – buh!« oder der empörte Ausruf »Stehlen!« formulieren ebenso wie »Igitt!« oder »Aua!« kein wahrheitsfähiges Urteil, auf das man sinnvollerweise mit Stellungnahmen wie: »Das ist wahr« oder »das bezweifle ich« reagieren könnte. Genau dies soll – entgegen dem Augenschein – nach emotivistischer Auffassung auch für die Aussage »Stehlen ist schlecht« gelten.

Emotivismus versus Subjektivismus

Das Frege-Geach-Problem: Akzeptiert man, dass Gefühle einen Einfluss auf unsere Handlungsmotivation haben, so legt der Emotivismus einen engen Zusammenhang zwischen dem Vertreten moralischer Urteile und den Handlungsdispositionen der Person nahe, die diese Urteile vertritt. Dass P ein negatives Gefühl gegenüber Handlungsweise H hat, spricht dann dafür, dass P eine Disposition hat, H zu unterlassen. Hält man also den Internalismus für plausibel (wonach es für moralische Auffassungen wesentlich ist, dass das ernsthafte Akzeptieren moralischer Auffassungen durch P notwendigerweise einen gewissen Einfluss auf die Handlungsdispositionen von P ausübt), so lässt dies auch den Emotivis-

Grenzen der emotivistischen Semantik

mus insofern plausibel erscheinen. Andererseits steht der Emotivismus jedoch im Widerspruch zu wesentlichen Merkmalen des Alltagsverständnisses moralischer Äußerungen und Diskussionen. Wie insbesondere die Diskussion über das sogenannte Frege-Geach-Problem gezeigt hat, kann der Emotivismus vielen Sprechakten, in denen moralische Urteile auftreten, keine klare Bedeutung zuordnen. Das trifft beispielsweise auf **Subjunktionen** wie »Wenn Stehlen schlecht ist, dann ist auch Bücherstehlen schlecht« zu. Denn wer diese Subjunktion vertritt oder akzeptiert, braucht offenbar gar kein bestimmtes Gefühl bezüglich des Stehlens oder des Bücherstehlens zu haben (Geach 1960, S. 224). Die Bedeutung der Subjunktion kann deshalb nicht als Gefühlsausdruck interpretiert werden. Eine wahrheitsfähige Behauptung kann die Subjunktion jedoch ebenso wenig ausdrücken, da die beiden durch den Junktor »wenn – dann« verbundenen ›Teilaussagen‹ ja keinen Wahrheitswert haben – die Aussage »Wenn ›Stehlen buh!‹ dann ›Bücherstehlen buh!‹« ist sinnlos. Tatsächlich kann der Emotivismus schon einfachen **Fragen** wie »Ist Stehlen schlecht?« oder **Negationen** wie »Stehlen ist nicht schlecht« keine verständliche Bedeutung zuordnen. Das Problem wird manchmal **Einbettungsproblem** genannt, weil es sich an moralischen Urteilen zeigen lässt, die nicht unmittelbar geäußert oder bekräftigt werden, sondern in komplexere Sprechakte eingebettet sind. Häufiger wird es als Frege-Geach-Problem oder auch Frege-Geach-Searle-Problem bezeichnet, weil Geach und Searle darauf hingewiesen und es mit Hilfe der von Frege vorgenommenen Unterscheidung zwischen Benennung und Prädikation erläutert haben: Geach zufolge besteht das Missverständnis der Nonkognitivisten darin zu übersehen, dass prädikativ verstandene Aussagen wie »dies ist Salz« oder »Stehlen ist schlecht« schon unabhängig von den Sprechakten, in denen sie auftreten können (z. B. Behauptungen, Fragen, Verneinungen, Behauptungen von Disjunktionen etc.), eine Bedeutung haben, und dass diese Bedeutung für die Bedeutung jener Sprechakte grundlegend ist. Nur wenn wir bereits wüssten, was das »Salzsein einer Substanz« oder das »Schlechtsein des Stehlens« bedeute, könnten wir auch verstehen, was es bedeute, das »Salzsein einer Substanz« oder »Schlechtsein des Stehlens« zu behaupten, zu verneinen, zu bezweifeln oder in logischen Schlussfolgerungen zu gebrauchen. (Für eine genauere Überblicksdarstellung des Frege-Geach-Problems und wichtiger Lösungsversuche siehe Schroeder 2008.)

Spätere Formen des Nonkognitivismus: Das Frege-Geach-Problem macht eine grundlegende Herausforderung für alle nonkognitivistischen Interpretationen der moralischen Sprache deutlich: In Alltagsdiskussionen werden moralische Urteile beständig so verwandt, als ob es sich um wahrheitsfähige Aussagen handeln würde. Sie werden nicht nur behauptet, sondern bezweifelt, in Frage gestellt oder bestritten. Sie treten als Prämisse oder als Konklusion in logischen Schlussfolgerungen auf, die manchmal mehrere moralische Urteile miteinander in Beziehung setzen, manchmal auch moralische Urteile mit nichtmoralischen Aussagen. Alles in allem wird mit solchen Urteilen so verfahren, als ob sie einen Wahrheitswert hätten (Brink 1989, S. 24 ff.). Vertreter/innen des Nonkognitivismus stehen damit vor der Alternative, entweder einen Großteil der

Verwendungsweisen moralischer Urteile (sowohl in moralischen Alltagsdiskussionen wie in normativ-ethischen Fachdiskursen) als sinnlos zu erklären, oder eine Interpretation dieser Urteile vorzuschlagen, die erklären kann, warum es rational ist, sie mehr oder weniger so zu verwenden, als ob sie einen Wahrheitswert hätten, obwohl dies tatsächlich nicht der Fall ist. Jüngere Varianten des Nonkognitivismus wie der **Universelle Präskriptivismus** Hares (1981), der **Quasi-Realismus** Blackburns (1998) oder der **Norm-Expressivismus** Gibbards (1990) und Hallichs (2008) gehen den zweiten Weg. Diese Ansätze unterscheiden sich in vielen Hinsichten; gemeinsam ist ihnen jedoch der Versuch, die mit moralischen Urteilen ausgedrückten Haltungen oder Stellungnahmen so zu interpretieren, dass damit **Konsistenzforderungen** an die Sprecherin bzw. den Sprecher verbunden sind. Gibbard (1990) etwa schlägt vor, moralische Äußerungen als Bekenntnisse zur Akzeptanz von Normensystemen zu verstehen, die regulieren, unter welchen Umständen es für Akteur/innen rational ist, Schuld für ihre Handlungen zu empfinden, und für andere, den Akteur/innen zu grollen. Das Akzeptieren eines Normsystems soll dabei zugleich die Nichtakzeptanz aller konkurrierenden Normsysteme ausdrücken, die zu Konsequenzen für die Rationalität des fallbezogenen Schuld- und Grollempfindens führen würden, die von den aus dem akzeptierten Normsystem resultierenden Konsequenzen abweichen. Die von Autor/innen wie Gibbard und Blackburn postulierten Konsistenzforderungen sind allerdings pragmatischer Natur und, wie u. a. van Roojen (1996; 2006) gezeigt hat, mit logischen Konsistenzforderungen nicht deckungsgleich, so dass die mit dem Frege-Geach-Problem aufgezeigte Spannung zwischen dem üblichen Gebrauch der moralischen Sprache und den Implikationen ihrer nonkognitivistischen Interpretation nicht gänzlich zum Verschwinden gebracht wird. Entsprechend entwickelt etwa Gibbard den Expressivismus in seinen späteren Arbeiten (Gibbard 2003, 2012) in Richtung einer allgemeinen **normativistischen Bedeutungstheorie** weiter, die sich deutlich von der für den frühen Nonkognitivismus maßgeblichen Annahme einer grundlegenden Diskontinuität zwischen moralischen und nichtmoralischen Redezusammenhängen entfernt und kaum mehr eindeutig als nonkognitivistisch (im traditionellen Sinn) zu verstehen ist. Ähnliches gilt mehr oder weniger auch für andere aktuelle Versionen des Expressivismus (Baker und Woods 2015, S. 422, Anm. 92).

Gibbards Norm-Expressivismus

8.4 | Kognitivismus

Der metaethische **Intuitionismus** ist im Zusammenhang mit Moores Argument der offenen Frage bereits vorgestellt worden (siehe Kap. 8.2). Er wird daher an dieser Stelle nicht nochmals behandelt, obwohl es sich beim Intuitionismus um eine wichtige kognitivistische Strömung handelt, deren Einfluss beispielsweise auch in jüngeren metaethischen Theorien wie David Enochs ›robustem Realismus‹ (Enoch 2011) oder Thomas M. Scanlons ›Gründe-Realismus‹ (Scanlon 2014) unverkennbar ist.

8.4.1 | Irrtumstheorie

Wahrheitsansprüche ohne Grundlage

Irrtumstheorie: Die von Mackie (1977; Übers. 2000) entwickelte und jüngst von Olson (2016) verteidigte Irrtumstheorie ist zwar kognitivistisch, steht aber in vieler Hinsicht den vom frühen Nonkognitivismus vertretenen Auffassungen (beispielsweise zum Unterschied zwischen moralischen und nicht-moralischen Überzeugungen) nahe. Irrtumstheoretiker/innen konzedieren zwar, dass mit moralischen Urteilen ein Wahrheitsanspruch erhoben wird und entgehen dadurch dem Frege-Geach-Problem. Sie halten diesen Anspruch aber für grundsätzlich unberechtigt. Mackie zufolge wird mit moralischen Urteilen die Existenz **objektiver Werte** unterstellt, die uns kategorisch zum Handeln verpflichten; nur die Existenz solcher Werte könne die Wahrheit moralischer Urteile begründen. Zwei Argumente sprächen jedoch gegen die Existenz solcher Werte (als Kurzübersicht Joyce 2016b): Erstens lasse die historische Veränderlichkeit moralischer Codes und die faktische Existenz moralischer Meinungsverschiedenheiten die Existenz objektiver moralischer Werte als unplausibel erscheinen (*argument from relativity*, **Relativitätsargument**). Zweitens wären Werte, die einerseits objektiv existieren und von denen andererseits unmittelbar ein kategorisch verbindlicher Anspruch auf unser Verhalten ausgeht, derart absonderliche Entitäten, dass wir ihre Existenz nicht unterstellen sollten (*argument from queerness*, **Absonderlichkeitsargument**; vgl. Mackie 1977/2000, Kap. I.8 f.). Wie aber ist zu erklären, dass wir in moralischen Diskussionen fortwährend uneinlösbare Ansprüche erheben und dabei einem beständigen Irrtum unterworfen sind? Mackie antwortet mit einer **Objektivierungstheorie**, die an Humes Annahme erinnert, die Zuschreibung moralischer Eigenschaften verdanke sich einer Projektion subjektiver Haltungen auf die Gegenstände moralischer Beurteilung. Unsere Neigung, irrtümlich die Existenz objektiver kategorischer Werte zu unterstellen, erklärt er mit deren sozial nützlichen Konsequenzen: Für ein friedliches und gedeihliches Zusammenleben von Gemeinschaften ist die Durchsetzung genereller Verhaltensnormen notwendig. Die Akzeptanz solcher Sozialnormen, die sich zunächst nur sozialem Druck und der psychischen Internalisierung dieses Drucks verdankt, kann durch die Vorstellung erhöht und stabilisiert werden, dass diese Normen objektiv und kategorisch gelten – indem wir gleichsam vergessen, dass diese Normen eigentlich der Realisierung sozial nützlicher Zwecke dienen. Die objektivierende Fehlinterpretation moralischer Normen (die eigentlich, in Kants Terminologie, nur hypothetischen Charakters sind, aber als kategorisch verstanden werden) setzt sich durch, weil sie sozialevolutionär vorteilhaft ist:

Mackie 1977, S. 43

»We need morality to regulate interpersonal relations, to control some of the ways in which people behave towards one another, often in opposition to contrary inclinations. We therefore want our moral judgements to be authoritative for other agents as well as for ourselves: objective validity would give them the authority required.«

Als Vertreter der metaethischen **Neutralitätsthese** geht Mackie davon aus, dass die irrtumstheoretische Deutung der Moral (auf der Ebene der

Metaethik) keine direkten Konsequenzen für die möglichen Argumentationen auf der Ebene der normativen Ethik hat (Mackie 1977, S. 16).

Herausforderung Bivalenzprinzip: Die irrtumstheoretische These, dass mit moralischen Urteilen ein Wahrheitsanspruch erhoben wird, der jedoch immer unbegründet ist, ist nicht einfach zu verstehen. Akzeptiert man das **Bivalenzprinzip** der klassischen Logik, wonach wahrheitsfähige Aussagen nur entweder wahr oder falsch sein können, müsste sich aus der Falschheit eines moralischen Urteils (»Stehlen ist verboten«) die Wahrheit seiner Negation (»Stehlen ist nicht verboten«) ergeben. Handelt es sich bei »Stehlen ist nicht verboten« aber nicht ebenfalls um ein moralisches Urteil? Irrtumstheoretiker/innen können dem Einwand auf verschiedene Weise begegnen. Sie können etwa versuchen zu zeigen, dass alle moralischen Aussagen irgendwie ›unwahr‹ sein können, ohne ›falsch‹ oder (wie der Nonkognitivismus behauptet) ›wahrheitswertlos‹ oder schlechthin sinnlos zu sein (Joyce 2016a); oder sie können bestreiten, dass Aussagen wie »Stehlen ist nicht verboten« mit »Stehlen ist erlaubt« gleichbedeutend sind, weil das üblicherweise unterstellte Verhältnis zwischen Geboten, Verboten und Erlaubnissen von der Irrtumstheorie ebenfalls abgelehnt wird (Olson 2014, S. 11–15). Nicht leicht zu verstehen ist auch Mackies **Neutralitätsthese**: Akzeptiert man Mackies Objektivierungstheorie, wonach die soziale Akzeptanz moralischer Normen durch die Überzeugung der Normadressaten, die Normen basierten auf objektiven Werten, gesteigert werden kann, dann kann die irrtumstheoretische Erkenntnis, dass jene Überzeugung grundsätzlich unberechtigt ist, weil es gar keine objektiven Werte gibt, kaum ohne Einfluss auf normativ-ethische Diskurse und die moralische Alltagspraxis bleiben.

Probleme der Irrtumstheorie

Diskussion von Mackies Argumenten: Die beiden von Mackie ins Feld geführten Argumente zielen nicht auf einen zwingenden Beweis der Irrtumstheorie, sondern sollen zeigen, dass konkurrierende Positionen unplausibel sind. Das **Absonderlichkeitsargument** hängt allerdings von Voraussetzungen ab, die sich bestreiten lassen. Zum einen unterstellt es, dass moralische Wahrheiten nur (›korrespondenztheoretisch‹) durch ihr Verhältnis zu urteilsunabhängigen objektiven Werttatsachen begründet werden könnten, was beispielsweise die Vertreter/innen der vielfältigen Versionen des **Konstruktivismus** bestreiten. Zum anderen setzt es anscheinend eine bestimmte (stark von Hume beeinflusste) Deutung objektiver Tatsachen voraus, die die Möglichkeit objektiver Werteigenschaften auszuschließen scheint. Gegen diese Deutung machen etwa McDowell (1985), Wiggins (1998) und andere Vertreter/innen der **Sensibilitätstheorie** geltend, dass es möglich sei, Werteigenschaften zugleich als (in gewisser Weise) objektiv und normativ bzw. handlungsmotivierend zu verstehen, wenn man sie in Anlehnung an sekundäre Qualitäten interpretiere. Mackies **Relativitätsargument** hat die Form eines Schlusses auf die beste Erklärung. Es sieht sich empirischen und theoretischen Einwänden ausgesetzt. In empirischer Hinsicht lässt sich fragen: Gibt es nicht auch **wesentliche Übereinstimmungen** zwischen verschiedenen Moralsystemen, etwa (wie beispielsweise Rawls annimmt) Übereinstimmungen bezüglich grundlegender Prinzipien der Unparteilichkeit? Lassen sich in der Evolution moralischer Codes Tendenzen ausmachen, die sich

Einwände gegen das Absonderlichkeitsargument

Einwände gegen das Relativitätsargument

als Resultat von **Lernprozessen** interpretieren lassen? Tatsächlich betonen manche Philosoph/innen gerade die kontextübergreifenden Übereinstimmungen in moralischen Codes und sehen in der Annahme des metaethischen Realismus die plausibelste Erklärung dafür (z. B. Audi 1998, S. 29; 2007, S. 20; zur traditionellen Berufung auf den *consensus gentium* siehe Kap. 2.2, zur Position allgemein siehe Kap. 9.5.2). In theoretischer Hinsicht lässt sich fragen, inwieweit die Existenz moralischer Dissense auch auf der Grundlage einer realistischen Interpretation der Moral zu erklären ist (vgl. z. B. Brink 1989, S. 197 ff.; Nagel 1986, S. 148 ff.). So lässt sich darauf verweisen, dass die Annahme, es gebe wahre moralische Urteile, nicht die **Möglichkeit von Irrtümern** ausschließt und dass moralischer Dissens nicht selten durch abweichende **Interpretationen nichtmoralischer Tatsachen** zu erklären ist. Ferner wird auch eine korrekte Anwendung gültiger moralischer Prinzipien auf unterschiedlich beschaffene Situationen häufig zu unterschiedlichen Resultaten führen. Nichtübereinstimmung in Bezug auf die moralische Beurteilung konkreter Handlungsweisen oder situationsspezifischer Normen in unterschiedlichen historischen oder sozialen Kontexten muss daher nicht notwendig auf Dissens bezüglich der maßgeblichen moralischen Gründe oder Prinzipien zurückzuführen sein, sondern kann ebenso aus einer angemessenen **kontextsensitiven Anwendung** universeller Prinzipien auf Situationen resultieren, die in moralisch relevanten Hinsichten verschieden sind. (Zur Diskussion der mackieschen Irrtumstheorie allgemein Honderich 1985).

8.4.2 | Ethischer Relativismus

Scheinpopularität des ethischen Relativismus?

Mögliche Motive: Gleichwohl mag man fragen: Müssen moralische Wahrheiten notwendig als ›universelle‹ Wahrheiten verstanden werden? Oder lässt sich nicht auch behaupten, dass moralische Urteile zwar wahr sein können, aber jeweils nur ›relativ wahr‹, nämlich aus einer spezifischen Beurteilungsperspektive oder innerhalb eines bestimmten moralischen Normen- oder Überzeugungssystems? Die Auffassung, dass moralische Wahrheiten nur in einem bestimmten Urteilskontext gültig sind, lässt sich als **ethischer Relativismus** bezeichnen. In moralischen Alltagsdiskussionen scheint diese Auffassung häufig vertreten zu werden. Ein Motiv dafür mag in dem Bemühen liegen, die sozialen Kosten zu vermeiden, die mit dem Eröffnen einer moralischen Kontroverse verbunden sind. Aber ist der ethische Relativismus als Position überhaupt eine verständliche, sinnvoll vertretbare Position? Oder verdankt er seine scheinbare Popularität, wie etwa Darwall annimmt, vor allem dem Umstand, dass es so leicht fällt, ihn mit anderen Positionen zu verwechseln? Eine Abgrenzung erscheint insbesondere in Bezug auf die folgenden Positionen nötig (die folgenden Überlegungen sind stark angelehnt an Darwall 1998, S. 64 ff.):

Kulturrelativismus: Zu unterscheiden ist der ethische Relativismus zunächst vom bloßen Kulturrelativismus, also von der Auffassung, dass sich ethische Überzeugungen oder Normensysteme *faktisch* (zu verschiedenen Zeitpunkten oder innerhalb verschiedener Gruppen) unterscheiden.

Der Kulturrelativismus vertritt lediglich eine *empirische* These; er bezeichnet eine Position der **deskriptiven Ethik**, nicht der normativen oder der Metaethik. Der ethische Relativismus hingegen vertritt eine **wahrheitstheoretische** These, nämlich die These, dass moralische Wahrheiten immer nur relativ bezogen auf die/den Beurteiler/in gelten. Diese These könnte zwar potentiell einen *Beitrag zur Erklärung* des vom Kulturrelativismus behaupteten Phänomens liefern. Begrifflich und logisch ist der ethische Relativismus aber vom Kulturrelativismus unabhängig: Aus der Tatsache kulturspezifischer Unterschiede in moralischen Überzeugungen folgt nicht, dass die Wahrheit dieser Überzeugungen betrachterrelativ ist; ebenso wenig folgt das Umgekehrte.

Toleranz: Zu unterscheiden ist der ethische Relativismus auch von einer Position oder Haltung der Toleranz. Als Toleranz lässt sich die Haltung einer begrenzten Akzeptanz oder Duldung von Verhaltensweisen, Äußerungen oder Haltungen anderer verstehen, welche die Toleranz übende Person ablehnt oder für objektiv falsch hält (vgl. zur genaueren Bestimmung des Konzepts Forst 2003, S. 30–52). Toleranz impliziert nicht ethischen Relativismus und ethischer Relativismus impliziert nicht Toleranz. Es ist unklar, inwieweit die beiden Positionen überhaupt vereinbar sind: Vertreter/innen des ethischen Relativismus können Toleranz kaum als ein universell gültiges ethisches Prinzip postulieren, sofern dies bedeuten soll, dass das Toleranzprinzip von allen Subjekten anerkannt werden soll.

Gefahr der Verwechslung des ethischen Relativismus

Nonkognitivismus und Irrtumstheorie: Der ethische Relativismus darf ferner nicht mit dem Nonkognitivismus verwechselt werden. Während Letzterer bestreitet, dass mit moralischen Urteilen überhaupt ein Wahrheitsanspruch verbunden ist, bejaht dies der ethische Relativismus. Anders als die Irrtumstheorie behauptet der ethische Relativismus auch nicht, dass alle moralischen Urteile falsch oder unwahr sind, sondern hält moralische Wahrheiten für möglich. Allerdings ergibt sich eine im Vergleich zur Irrtumstheorie gewissermaßen spiegelbildliche Schwierigkeit: Während die Schwierigkeit im Fall der Irrtumstheorie darin besteht, zu verstehen, wie kontradiktorische Moralurteile **gleichermaßen falsch** (oder zumindest ›unwahr‹) sein könnten, besteht die Schwierigkeit im Fall des ethischen Relativismus darin, zu verstehen, wie kontradiktorische moralische Urteile **gleichermaßen wahr** sein könnten (wenn sie von verschiedenen Personen oder in verschiedenen Urteilskontexten für wahr gehalten werden).

Epistemisches Patt: Die These des ethischen Relativismus, dass genau dies möglich ist, darf auch nicht mit der Behauptung verwechselt werden, es sei möglich, dass (einige) kontradiktorische moralische Urteile gleich gut begründet sind – dass also **epistemische Ungewissheit** oder gar ein argumentatives Patt auftreten kann. Diese These ist im Bereich ethischer Urteile nicht weniger plausibel als im Fall empirischer Behauptungen: Es könnte zweifellos sein, dass Geophysikerin *A* aus guten Gründen überzeugt ist, dass der äußere Erdkern substantielle Mengen an Silizium enthält und Geophysikerin *B* aus ebenso guten Gründen überzeugt ist, dass dem nicht so ist. Dieses Eingeständnis verpflichtet aber nicht zu der Annahme, dass die Überzeugungen von *A* und *B* aus deren jeweiliger Perspektive ›gleichermaßen wahr‹ sein könnten. Dass *p* und *non-p* **gleich gut begründet** sein können, impliziert nicht, dass *p* und *non-p* auch **zugleich wahr** sein könnten. Es besagt nur, dass ihr epistemischer Status gegenwärtig gleichermaßen ungewiss ist.

Urteilskontexte versus Normanwendungskontexte

Universalismus, Kontextualismus und Situationismus: Weiterhin ist der ethische Relativismus auch vom Kontextualismus oder Situationismus zu unterscheiden. Diese bezeichnen Positionen in der Diskussion über die Frage, ob die moralische Beurteilung von konkreten Fällen überhaupt auf universelle Prinzipien gestützt werden kann (die unter Umständen aber kontextsensitiv anzuwenden sind), oder ob es gar keine universellen ethischen Prinzipien gibt, wohl aber **Prinzipien begrenzter Reichweite**, die nur innerhalb bestimmter Handlungskontexte gültig sind (Kontextualismus), oder möglicherweise gar keine gültigen Prinzipien, wohl aber gültige moralische **Urteile über Einzelfälle** (Situationismus). Kontextualismus und Situationismus behaupten die Nichtübertragbarkeit moralischer Urteile von einem **Handlungskontext** auf einen anderen Handlungskontext oder gar die grundsätzliche Nichtübertragbarkeit moralischer Urteile von einem konkreten Einzelfall auf irgendeinen anderen. Der ethische Relativismus hingegen behauptet die Perspektivenabhängigkeit der Wahrheit moralischer Urteile auch dort, wo diese auf dieselbe Handlungssituation bezogen sind, also die Nichtübertragbarkeit solcher Urteile von einem **Urteilskontext** auf einen anderen (im Extremfall: von der einen urteilenden Person auf eine andere urteilende Person). Zu bedenken ist allerdings, dass sozial anerkannte moralische Normen- und Überzeugungssysteme nicht nur Kontexte moralischen Urteilens prägen, sondern zugleich auch den sozialen Sinn von Gefühlen, Haltungen, Intentionen, Handlungen und Institutionen. Deshalb ist es möglich, dass ein und derselbe Umstand (z. B. die Tatsache, dass eine Gruppe von Personen eine spezifische kulturelle Norm akzeptiert, deren Nichtbeachtung als eine spezifische Form von Beleidigung interpretiert wird) zugleich eine Rolle bei der Konstitution eines moralisch zu beurteilenden Sachverhalts (z. B. der absichtlichen Verletzung der Norm durch ein Mitglied der Gruppe) und eine Rolle bei der Beurteilung dieses Sachverhaltes (aus der Perspektive eines Gruppenmitglieds) spielt, also zugleich als Element des Handlungs- wie des Urteilskontexts auftreten kann. Damit wird der Unterschied zwischen beiden Kontexten allerdings nicht aufgehoben, denn der betreffende Umstand (die faktische Anerkennung einer bestimmten Norm innerhalb einer bestimmten Gruppe) wird im ersten Fall lediglich (aus der Beobachterperspektive) als soziale Tatsache behandelt, im zweiten Fall (in der Teilnehmerperspektive) von der urteilenden Person selbst normativ bekräftigt. Beides kann, muss jedoch offenbar nicht Hand in Hand gehen. Die Rolle, die die Anerkennung der Norm bei der Konstitution des zu beurteilenden moralischen Sachverhalts spielt, ist deshalb nicht identisch mit der Rolle, die sie im Rahmen der ethischen Beurteilung des Sachverhalts im Urteilskontext spielt.

Subjektivismus: Man könnte schließlich versucht sein, die These des ethischen Relativismus, die Wahrheit moralischer Urteile hänge von (der Perspektive) der urteilenden Person ab, so zu interpretieren, dass moralische Urteile verschiedener Personen über ein und denselben Sachverhalt *S* nicht unmittelbar als wahrheitsfähige Behauptungen über *S* zu verstehen sind, sondern als wahrheitsfähige Behauptungen über die auf *S* bezogenen Haltungen oder Gefühle der jeweils urteilenden Person. Dies ist die im Zusammenhang mit dem Emotivismus bereits kurz erwähnte Position des Subjektivismus. Sie unterscheidet sich vom Emotivismus dadurch, dass der Subjektivismus moralische Urteile als deskriptive *Aussagen über* Gefühle oder Haltungen und nicht als bloßen *Ausdruck von* Gefühlen oder Haltungen versteht. Nach subjektivistischer Auffassung sind widerstreitende moralische Urteile über *S* eigentlich nicht Urteile über denselben Sachverhalt, denn ihr Gegenstand ist nicht *S*; es sind die auf *S* bezogenen Gefühle oder Haltungen der jeweiligen Sprecher/innen. Der Subjektivismus sieht sich unter anderem mit dem Einwand konfrontiert, dass wir unsere eigenen Gefühle und Haltungen manchmal als unberechtigt beurteilen. Tatsächlich scheinen moralische Urteile eher anzuzeigen, welche Gefühle oder Haltungen im Hinblick auf die Urteilsgegenstände angemessen sind, welche wir haben **sollten**, nicht einfach, welche wir zu einem bestimmten Zeitpunkt faktisch **haben**.

Relativismus und Wahrheitssprachspiel: Nimmt man die vom ethischen Relativismus behauptete These ernst, die Wahrheit moralischer Urteile über denselben Sachverhalt sei abhängig vom Urteilskontext, innerhalb dessen sie formuliert werden, ist nicht leicht zu sehen, inwieweit sich diese Position überhaupt sinnvoll vertreten lässt. Denn unserem üblichen Verständnis nach ist das Erheben von Wahrheitsansprüchen an die Fähigkeit (und grundsätzliche Bereitschaft) gebunden, für die behaupteten Wahrheiten einzustehen, dafür Gründe anzuführen und die eigenen Behauptungen gegebenenfalls auch zu revidieren, wenn hinreichend starke Gegengründe angeführt werden – ganz gleich, von wem diese Gegengründe ins Spiel gebracht werden. Das Wahrheitssprachspiel erhält seinen Sinn als ein kooperatives Unternehmen gerade aus der Unterstellung, dass der Pluralismus der Perspektiven, aus denen wir auf die Welt blicken, grundsätzlich überwindbar ist. Wie – zumindest auf dem Gebiet der Moral – gewissermaßen schlechthin unübersetzbare Wahrheiten oder schlechthin ›unteilbare‹ Gründe möglich sind, die aber gleichwohl als mögliche Wahrheiten oder Gründe *anerkannt* werden sollen (der Relativismus versteht sich ja als *kognitivistische* Position), ist deshalb schwer zu verstehen. Zusätzliche Komplikationen ergeben sich im Zusammenhang mit der Frage, inwieweit der ethische Relativismus gewissermaßen auf sich selbst anwendbar ist oder sein soll: Gilt die behauptete Perspektivenabhängigkeit ethischer Wahrheit auch für die behauptete Wahrheit des ethischen Relativismus selbst?

> Lässt sich der ethische Relativismus konsistent formulieren?

8.4.3 | Sensibilitätstheorien

Werteigenschaften und sekundäre Qualitäten: Sensibilitätstheorien wenden sich gegen die von Nonkognitivist/innen und Irrtumstheoretiker/innen vertretene Auffassung, wonach moralische Eigenschaften gar keine objektive Grundlage haben und lediglich von uns auf eine ›an sich‹ wertfreie Welt projiziert werden. Sie setzen dieser Auffassung den Vorschlag entgegen, **Werteigenschaften nach dem Muster sekundärer Qualitäten zu verstehen**, wobei sie zugleich eine Deutung sekundärer Qualitäten vorschlagen, die sich von derjenigen etwa Humes und Mackies unterscheidet.

> **Definition**
>
> Die Unterscheidung zwischen **primären und sekundären Qualitäten** lässt sich bis zu den Atomisten der griechischen Antike zurückverfolgen, gewinnt aber vor allem im Anschluss an Locke an Bedeutung (Kemmerling 2007). Traditionell gelten beispielsweise Form und Größe als primäre Qualitäten, Farbe, Klang, Geschmack oder Geruch hingegen als sekundäre Qualitäten. Welcher Status der Unterscheidung zukommt und wie er genau zu fassen ist, wird kontrovers diskutiert. Grundsätzlich gelten sekundäre Qualitäten (wie Farbe oder Geruch) als in einer Weise abhängig vom Wahrnehmungssensorium der sie erkennenden Subjekte (vom Seh- oder Geruchssinn) in der dies primäre Qualitäten (wie Form oder Größe) nicht sind (zur Übersicht vgl. Nolan 2011).

Objektive und subjektive Aspekte sekundärer Qualitäten

Während diese Autoren den subjektiven Charakter sekundärer Qualitäten betonen, interpretieren Sensibilitätstheoretiker/innen sekundäre Qualitäten (wie Farbe) als Qualitäten, die einerseits nur in der phänomenalen Wahrnehmung eines Subjekts mit der einschlägigen Sensibilität (wie einem bestimmten Sehsinn) als eben diese Qualitäten identifizierbar sind, andererseits aber durchaus eine objektive Grundlage in dem wahrgenommenen Gegenstand haben (wie eine auf bestimmte Art beschaffene Oberfläche, die bestimmte Lichtfrequenzen reflektiert und andere absorbiert – auch wenn diese Oberfläche nicht unabhängig von der Sensibilität eines Betrachters und geeigneten Wahrnehmungsbedingungen als ›rot‹ erscheint und auch nichts daran ›an sich‹ der wahrgenommenen Farbqualität ›ähnlich‹ ist). Dabei soll letztere Eigenschaft die ›objektive‹, intersubjektive Gültigkeit von auf sekundäre Qualitäten bezogenen Wahrnehmungsurteilen erklären, erstere Eigenschaft (d. h. die Abhängigkeit der Wahrnehmung sekundärer Qualitäten von einer bestimmten subjektiven Sensibilität des Erkenntnissubjekts) ihre direkte Verbindung mit den Haltungen und Dispositionen des Erkenntnissubjekts. Sekundäre Qualitäten weisen nach Auffassung der Sensibilitätstheorie damit genau diejenige Kombination von Merkmalen auf, die Mackie aufgrund ihrer ›Absonderlichkeit‹ für unwahrscheinlich erklärt, nämlich **Objektivität** und unmittelbare **Verknüpfung mit subjektiven Dispositionen**. So könnten beispielsweise ›Furchteinflößendheit‹ oder ›Witzigkeit‹ nach dem Muster sekundärer Qualitäten als in *objektiven* Eigenschaften (z. B. eines Alligators oder eines Witzes) begründet und zugleich als unmittelbar handlungsmotivierend (z. B. eine *subjektive* Disposition zur Flucht oder zum Lachen verursachend) verstanden werden. Moralische Eigenschaften (wie »Gutheit«) müssten ungefähr nach diesem Muster verstanden werden können.

Angemessenheit moralischer Wahrnehmungen: Allerdings halten auch McDowell (1985, S. 119) und Wiggins (1998, S. 187) die Analogie zwischen der Wahrnehmung sekundärer Qualitäten wie Farbe und der Wahrnehmung moralischer Eigenschaften nur für beschränkt tragfähig. Denn anders als im Fall ›echter‹ sekundärer Qualitäten sollen Werteigenschaften die Wertwahrnehmung nicht einfach nur verursachen; sie sollen sie vielmehr als **sachlich gerechtfertigt** (*merited*) oder **angemessen** (*appropriate*) erscheinen lassen. Mit den Konzepten der Angemessenheit oder Gerechtfertigtheit tritt anscheinend ein Bewertungsschritt zwischen die im Objekt vorliegenden Werteigenschaften und deren Anerkennung durch das Moralsubjekt. Dies bringt Probleme für den Objektivitätsanspruch der Theorie mit sich (Wright 2003, S. 155 ff.): An welchen Standards ist die Angemessenheit einer subjektiven Wertwahrnehmung zu bemessen? Nach sensibilitätstheoretischer Auffassung sollen die moralische Sensibilität des Moralsubjekts und die objektiven Werteigenschaften der Objekte gleichsam wie Schlüssel und Schloss ineinander greifen, ohne dass die Beschaffenheit des Schlosses oder des Schlüssels unabhängig von diesem Ineinandergreifen bestimmt werden könnte (vgl. Darwall/ Gibbard/Railton 1992, S. 158). Damit könnte sich Kritik an der Angemessenheit von Wertwahrnehmungen anderer Personen wiederum nur auf die eigene moralische Sensibilität stützen. Diese legt uns als Betrachter/ innen eines moralischen Beurteilungsgegenstands allerdings zwar eine bestimmte Wertwahrnehmung nahe, führt aber keine darüber hinausgehenden Hinweise auf die Angemessenheit oder Unangemessenheit dieser Wahrnehmung mit sich. Sensibilitätstheorien sehen sich daher einem ähnlichen Dogmatismusverdacht ausgesetzt wie der klassische Intuitionismus. Statt auf unabhängige Kriterien der Angemessenheit von Wertwahrnehmungen können sie höchstens auf die Sensibilität ›weiser‹ oder jedenfalls moralisch besonders erfahrener Beurteiler/innen verweisen, mit den bekannten Problemen dieser bereits von Aristoteles gewählten Lösung (siehe Kap. 2.2; zur Übersicht Jacobson 2011). Fraglich ist überdies, ob Sensibilitätstheorien auch dann zur Fundierung von moralischen Normen dienen könnten, wenn man annimmt, dass diese Normen als **kategorisch und vorrangig** gegenüber allen anderen praktischen Überlegungen verstanden werden müssen, wie dies im Anschluss an Kant etwa auch Mackie tut.

Probleme der Sensibilitätstheorie

8.4.4 | Naturalismus

Formenvielfalt des ethischen Naturalismus: Moores Argument der offenen Frage sollte zeigen, dass die Bedeutung moralischer Eigenschaftswörter wie (moralisch) »gut« nicht durch nicht-moralische Ausdrücke wie »glücksmaximierend«, »von Gott geboten« etc. analysiert werden kann. Auch wenn sich dies für alle entsprechenden Analysen nachweisen ließe, wären damit allein solche Versionen des ethischen Naturalismus als unhaltbar erwiesen, die es für eine analytische bzw. ›definitorische‹ (Smith 1994), schon aus der *Bedeutung* moralischer Begriffe folgende Wahrheit halten, dass moralische Eigenschaften *vollständig* auf natürliche Eigenschaften reduzierbar sind. Nicht ausgeschlossen wären damit **nicht-analytische oder nicht-reduktionistische Formen des Naturalismus**. Mög-

Naturalismus nach Moore

lich blieben also Ansätze, welche die Auffassung, wonach moralische Eigenschaften natürliche Eigenschaften sind, als eine *empirische* Wahrheit ansehen. Möglich blieben ferner Ansätze, die moralische Eigenschaften zwar als natürliche Eigenschaften verstehen, aber als natürliche Eigenschaften *sui generis*, das heißt als natürliche Eigenschaften, die nicht auf andere, nicht-moralische natürliche Eigenschaften reduzierbar bzw. in einer nicht-moralischen Terminologie ausdrückbar sind (Smith 1994, S. 28 ff.). Wie bereits dargelegt, liefert Moores Argument überdies keinen strikten Beweis für die Unmöglichkeit reduktionistischer Analysen moralischer Begriffe durch nicht-moralische Begriffe. Entsprechend lassen sich grundsätzlich auch nach Moore noch analytisch-reduktionistische Formen des ethischen Naturalismus vertreten. Häufiger tendieren Vertreter/innen des Naturalismus allerdings dazu, in Anknüpfung an Quine (1951) die Analytisch/synthetisch-Unterscheidung überhaupt zu relativieren (z. B. Casebeer 2003).

Was bedeutet ›naturalistisch‹?

Definition natürlicher Eigenschaften: Das im vorigen Absatz Gesagte macht deutlich, dass das Spektrum naturalistischer Ansätze sehr umfangreich ist. Noch schwieriger einzugrenzen wird es durch die Schwierigkeiten einer klaren und unstrittigen Definition des Naturalismusbegriffs. Relativ unstrittig ist die Festlegung, dass der ethische Naturalismus dadurch gekennzeichnet ist, dass er moralische Eigenschaften als natürliche Eigenschaften versteht. Kontroversen bestehen jedoch bezüglich der weitergehenden Frage, was als natürliche Eigenschaft zählt (sieht man einmal von der zumindest ebenso kontroversen, aber auch andere Ansätze belastenden Frage ab, was *moralische* Eigenschaften auszeichnet). In aller Regel interpretieren Metaethiker/innen natürliche Eigenschaften als Eigenschaften, die **Gegenstand der Naturwissenschaften** oder jedenfalls Gegenstand empirischer Untersuchung sein können (vgl. Moore 1957, S. 40). Diese Antwort erscheint zunächst vorsichtig, weil sie die Definitionskompetenz den Wissenschaften selbst überlässt. Sie bleibt aber insofern auch unklar, da die Frage, welche Disziplinen, Subdisziplinen und Methoden als ›naturwissenschaftlich‹ oder ›empirisch‹ gelten können und was dies genau bedeuten soll, auch innerwissenschaftlich kontrovers diskutiert wird. Zudem werden die heftigsten **Kontroversen über das Selbstverständnis als Naturwissenschaft** genau in jenen Fächern ausgetragen, die für die metaethischen Theorien die größte Bedeutung haben, nämlich in der etwa von Moore explizit den Naturwissenschaften zur Seite gestellten Disziplin der Psychologie (ebd.) und den etwa vom reduktionistischen Naturalisten Railton in Anspruch genommenen Sozialwissenschaften (vgl. Railton 2003, S. 34 f.). Kritiker/innen wie Vertreter/innen des metaethischen Naturalismus sind vor diesem Hintergrund gut beraten, *explizit* anzugeben, aufgrund welcher Merkmale Eigenschaften als ›natürliche‹ Eigenschaften zählen sollen (für eine exemplarische Problematisierung vgl. Smith 2004, S. 209 ff.). Das breite Spektrum naturalistischer Positionen soll hier nur exemplarisch anhand zweier recht unterschiedlicher Ansätze in den Blick genommen werden, von denen der erste einen reduktionistischen, der zweite einen nicht-reduktionistischen Naturalismus verkörpert.

8.4 Kognitivismus

Railtons reduktionistischer Naturalismus: Peter Railton entwickelt in seinem erstmals 1986 publizierten Aufsatz *Moral Realism* (Railton 2003, S. 3 ff.) eine reduktionistische Version des ethischen Naturalismus. Der Grundgedanke seines Ansatzes ist recht einfach. Railton skizziert ein naturalistisches Modell individueller praktischer Rationalität, das diese auf Interessenbefriedigung bezieht und Interessen in natürlichen Tatsachen begründet sieht. Im Anschluss sucht er dieses Modell auf moralische Rationalität zu übertragen. Individuelle praktische Rationalität zielt auf Befriedigung realer Interessen. Die Handlungsorientierung einer Person ist desto rationaler, je mehr die von ihr wahrgenommenen und ihr Handeln prägenden **subjektiven Neigungen** (*wants*) ihre **objektiven Interessen** (*interests*) widerspiegeln. Objektive Interessen haben wiederum eine reale Grundlage bzw. »reduction basis« (ebd., S. 11) in natürlichen Tatsachen (z. B. Tatsachen bezüglich der biologischen Ausstattung oder des Gesundheitszustands der handelnden Person und der chemischen Eigenschaften alternativer Getränke, die sie zu sich nehmen kann). Die befriedigenden oder frustrierenden Erfahrungen, die Personen im Gefolge ihrer verschiedenen Handlungsentscheidungen machen, bedingen Lernprozesse, in deren Verlauf die subjektiven *wants* die objektiven *interests* tendenziell stets genauer reflektieren (*wants/interests mechanism*, ebd., S. 14 ff.). Was nun **moralische Normen** betrifft, so geben sie an, was nicht nur für das jeweils handelnde Individuum, sondern »from [...] a social point of view« (ebd., S. 21) rational ist. Mit der Annahme, dass Gesellschaften, in denen die objektiven Interessen eines Teils der Bevölkerung systematisch frustriert werden, ein erhöhtes Potential für gesellschaftliche Unruhen haben und dass sie weniger produktiv sind als solche, in denen die Bedürfnisse aller Mitglieder der (ihrerseits stets inklusiver werdenden) Gesellschaft in höherem Maße befriedigt werden (ebd., S. 22 f.), will Railton sodann begründen, dass vergleichbare **Lernprozesse auch auf der Ebene der soziokulturellen Evolution** zu erwarten sind, dank derer gesellschaftliche Normen den objektiven sozialen Interessen immer besser Rechnung tragen. Railton zufolge sind moralische Aussagen über richtige Handlungen oder legitime Normen wahrheitsfähig, weil sie letztlich auf Aussagen über natürliche Tatsachen reduzierbar sind, die determinieren, welche Handlungen oder gesellschaftlichen Handlungsmuster die objektiven Interessen der von der fraglichen Handlung oder Norm Betroffenen am besten befriedigen.

Grenzen und Probleme: Railton räumt ein, dass seine Thesen zur Evolution moralischer Normen auf der Ebene spekulativer »Lehnstuhlsoziologie« anzusiedeln sind (ebd., S. 29). Auch macht er deutlich, dass die Wahrscheinlichkeit, mit der die Vernachlässigung der Bedürfnisse von Gesellschaftsmitgliedern soziale Unruhen erzeugt, die potentiell soziokulturelle Lernprozesse antreiben, von spezifischen Randbedingungen abhängt (ebd., S. 23). Zu bedenken wäre zudem, dass zu diesen Bedingungen wiederum moralische Standards gehören: Wer eigene Entbehrungen als gerechtfertigt ansieht (etwa weil er sich mit seiner niedrigen Rolle in einem sozialen Kastensystem identifiziert oder einer Wirtschaftsideologie anhängt, der zufolge ökonomische Notlagen grundsätzlich der »Eigenverantwortung« der Betroffenen zuzurechnen sind) oder wer zu stolz ist, im

Natürliche Bedürfnisse als Basis der Moral

eigenen Interesse gesellschaftliche Forderungen zu stellen, wird möglicherweise trotz schlechter Lebensbedingungen nicht gegen soziale Verhältnisse aufbegehren: Normative Standards können anscheinend auch auf andere Weise zur Stabilisierung von Gesellschaften beitragen als durch die Ermöglichung einer möglichst weitgehenden Bedürfnisbefriedigung. Zudem ist das Ziel einer möglichst weitgehenden Interessenbefriedigung Aller recht unklar. Denn gesellschaftliches Zusammenleben erlegt den Mitgliedern unvermeidlich auch **Triebverzichte** auf (klassisch Freud 1999, Bd. XIV, S. 421 ff.); zweitens sind Interessen zu erheblichen Teilen kulturell überformt und durch selbstbestimmte Wertentscheidungen mitbestimmt, weswegen zumindest nicht evident ist, dass sie auf eine objektive Naturbasis reduziert werden können; drittens sind ganz verschiedene Möglichkeiten der intersubjektiven **Aggregation** qualitativ verschiedener Interessenbefriedigungen möglich. Diese Überlegungen wecken einerseits **Zweifel an der Existenz eines zuverlässigen Lernmechanismus**, der nach dem Modell des *wants/interests mechanism* gesellschaftliche Institutionen und Normen zuverlässig in die Richtung einer immer vollständigeren Befriedigung der objektiven Interessen Aller verschieben würde. Andererseits legen sie nahe, dass das von Railton hypostasierte Ziel der soziokulturellen Entwicklung möglicherweise nicht hinreichend klar umrissen ist.

Normativitätsdefizit des reduktionistischen Naturalismus?

Metaethischer Externalismus: Zudem werfen Railtons Überlegungen folgende grundlegendere Frage auf: Sind Normen moralisch richtig bzw. »rational aus sozialer Perspektive« (s. o.) weil sie sich langfristig durchsetzen (etwa weil sie nachhaltig gesellschaftsstabilisierend wirken), oder sind sie richtig, weil sie eine möglichst weitgehende Befriedigung der objektiven Interessen von Individuen ermöglichen? Railton vertritt anscheinend letztere Auffassung. Eine naturalistische Begründung gibt er dafür jedoch nicht. Wenn seine interessentheoretischen wie seine lehnstuhlsoziologischen Überlegungen zuträfen, würden sie daher lediglich zeigen, dass entsprechende Normen einen klaren, in natürlichen Begriffen formulierbaren Gehalt haben und dass sich im Zuge der soziokulturellen Entwicklungen entsprechende Normen **durchsetzen werden**. Sie würden aber nicht zeigen, dass diese Normen sich **durchsetzen sollen**, oder dass wir **moralisch verpflichtet** wären, ihnen (auch gegen unsere individuellen Interessen) zu folgen oder an ihrer Etablierung mitzuwirken. Tatsächlich geht Railton nicht davon aus, dass ein begrifflicher Zusammenhang zwischen den moralischen Überzeugungen einer Akteurin bzw. eines Akteurs und ihren bzw. seinen Handlungsdispositionen besteht. Railtons reduktionistischer Realismus ist **externalistisch**. Wie viele andere Vertreter/innen des metaethischen Realismus (z. b. Brink 1989, S. 49; zur Übersicht Rosati 2016) verteidigt er die **deskriptive** Bedeutung moralischer Urteile, bestreitet aber, dass ihnen unmittelbar motivationale Kraft oder kategorische Handlungsverbindlichkeit zukommt (Railton 2003, S. 31 f.).

Michael Smiths Lösung des »Moral Problem«: In den Worten von Michael Smith rekonstruiert Railton nur die *objectivity* aber nicht die *practicality* der Moral. Smith selbst hingegen sieht beide Eigenschaften als wesentliche Merkmale der Moral. Das »moralische Problem«, das Smith sich dem Titel seines Buchs von 1994 zufolge zu lösen anschickt (aber eher als *metaethisches* Problem zu bezeichnen wäre) schließt an eine von Hume aufgezeigte Problematik an. Das Problem besteht darin, zu erklären, wie moralische Urteile zugleich objektiv und (nicht nur zufällig) handlungsleitend sein können, wenn man zusätzlich davon ausgeht, dass Handlungsmotivation von nicht-kognitiven Zuständen (*desires*) abhängig ist:

Objektivität und Normativität

»1 Moral judgements of the form ›It is right that I φ‹ express a subject's beliefs about an objective matter of fact, a fact about what it is right for her to do.
2 If someone judges that it is right that she φ's then, *ceteris paribus*, she is motivated to φ.
3 An agent is motivated to act in a certain way just in case she has an appropriate desire and a means-end belief, where belief and desire are, in Hume's terms, distinct existences.
The apparent inconsistency can be brought out as follows: from (1), the state expressed by a moral judgement is a belief, which, from (2), is necessarily connected in some way with motivation; that is, from (3), with having a desire. So (1), (2) and (3) together entail that there is some sort of necessary connection between distinct existences: moral belief and desire. But (3) tells us that there is no such connection. Believing some state of the world obtains is one thing, what I desire to do given that belief is quite another.«

Smith 1994, S. 12, vgl. 126 ff.

Smith sucht das Problem zu lösen, indem er der humeschen Belief-desire-Theorie (die nur Gründe für die Handlungs*erklärung* liefere) eine dezidiert anti-humesche Theorie *normativer* Gründe (ebd., S. 14) beigesellt; d. h. eine Theorie solcher Gründe, welche die Handlungsorientierung einer Akteurin oder eines Akteurs anleiten oder die Entscheidung für Handlungsoptionen *rechtfertigen* können. Auf welche Weise kann nun diese Theorie ›das moralische Problem‹ lösen und was zeichnet sie als naturalistische Theorie aus?

Psychologischer Naturalismus: Smith versucht zunächst zu zeigen, dass normative Gründe nicht auf Neigungen oder Strebungen reduziert werden können. Denn nicht alles, wozu wir neigen oder wonach wir streben, sehen wir als wertvoll an. Ein potentielles Ziel für erstrebenswert zu halten, bedeutet vielmehr, dass wir es erstreben *sollten* – und dass wir es tatsächlich erstreben *würden, wenn* wir vollkommen rational wären. Entsprechend haben wir einen normativen Grund zum Vollziehen einer Handlung φ in Handlungskontext C genau dann, wenn wir im Zustand vollständiger Rationalität φ vollziehen wollen würden:

»To say that we have a normative reason to φ in certain circumstances C is to say that we would want ourselves to φ in C if we were fully rational.«

Smith 1994, S. 182

Von hier aus ist es nur noch ein kleiner Schritt zu einer naturalistischen Theorie normativer Gründe. Smith vollzieht ihn, indem er den Zustand vollkommener praktischer Rationalität als einen **idealen psychologischen Zustand** interpretiert – einen Zustand, in dem die Neigungen einer Person sich in vollkommener Einheit und Kohärenz befinden (ebd.,

S. 186). Es handelt sich also zwar um einen *idealisierten* Zustand, gleichwohl aber um einen idealisierten *natürlichen* Zustand, der als solcher Gegenstand wahrheitsfähiger Behauptungen sein kann. Ein normativer Grund, φ zu vollziehen, lässt sich demnach verstehen als die Behauptung, dass ich in einer bestimmten psychischen Verfassung disponiert wäre, φ zu vollziehen.

Michael Smiths Moralbegriff

Moralische Richtigkeit: Diesem Verständnis normativer Handlungsgründe folgt auch Smiths Interpretation moralischer Richtigkeit. Sie ist eine Eigenschaft, die wir von Handlungen erwarten würden, wenn wir vollkommen rational wären. Weil aber Smith zufolge nicht alle normativen Handlungsgründe *moralische* Gründe sind, bedarf es einer zusätzlichen Eingrenzung (ebd., S. 183). Smith gewinnt sie durch den Rückgriff auf triviale und unstrittige Annahmen (Plattitüden) bezüglich des Inhalts der Moral. Zu diesen **moralbegrifflichen Plattitüden** rechnet er die Annahme, dass moralisch richtige Handlungen häufig dazu dienen, die menschliche Selbstentfaltung zu ermöglichen oder zu fördern oder dass sie gleichen Respekt und gleiche Fürsorge ausdrücken. Wie die Formulierung dieser Plattitüden belegt, ist Smiths Naturalismus, anders als derjenige Railtons, **nicht reduktionistisch**. Wie bei der Analyse von Farbausdrücken muss man sich Smith zufolge bei der Analyse moralischer Ausdrücke mit einer nicht-reduktionistischen Analyse begnügen, d. h. einer solchen, die moralische Ausdrücke nicht gänzlich auf nicht-moralische Ausdrücke zu reduzieren versucht. Auch eine summarische, nicht-reduktionistische Analyse erlaube uns jedoch, die moralischen Eigenschaften von Handlungen und Zuständen auf natürliche Eigenschaften zu beziehen (ebd., S. 127). Gestützt auf die plattitüdengestützte Bestimmung des spezifischen Gehalts moralischer Erwägungen bestimmt Smith moralische Richtigkeit wie folgt:

Smith 1994, S. 185
»Rightness in circumstances C is the feature we would want acts to have in C if we were fully rational, where these wants have the appropriate content.«

Fragen und Ausblick: Betrachtet man das gesamte Spektrum tugendethischer und moralphilosophischer Ansätze, mag man bezweifeln, dass es sich bei den von Smith in Anspruch genommenen ›Plattitüden‹ des moralischen Gehalts tatsächlich um unstrittige Plattitüden handelt. In jedem Fall bleibt die **Bestimmung der Moral relativ vage**, so lange die aus verschiedenen moralphilosophischen Traditionen stammenden Begriffe Selbstentfaltung, gleicher Respekt und Fürsorge schlicht nebeneinander gestellt werden. Smiths Vorschlag, normative Gründe als wahrheitsfähige (kontrafaktische) Aussagen über die Neigungen zu verstehen, die wir im Zustand vollkommener Rationalität hätten, beantwortet auf elegante und schlüssige Weise die Frage, wie moralische Urteile zugleich deskriptivistisch und internalistisch interpretiert werden können. Im Hinblick auf die **Phänomenologie des Moralischen** erscheint die Antwort jedoch irritierend. Haben moralische Gründe (oder andere normative Handlungsgründe) ihre Basis tatsächlich in deskriptiven Aussagen über die idealisierte Psychologie der Akteurin bzw. des Akteurs? Folgt aus Smiths Theorie, dass moralisch motivierte Handlungen (etwa eine, die sich Erwägungen der Fürsorge oder dem Respekt gegenüber einer anderen Person verdankt) in Wahrheit durch das Streben nach eigener psychischer Einheit und Harmonie motiviert sind – und erscheint diese Annahme adäquat? Insgesamt steht Smiths psychologischer Naturalismus den im folgenden Absatz diskutierten ›monologischen‹ urteilsbezogenen Ansätzen nahe (die entsprechend ähnliche Fragen aufwerfen, s. u.). Der Unterschied liegt wesentlich darin, dass Smith Elemente des praktischen Deliberationsprozesses als psychologische Tatsachen versteht und (im Sinne einer naturalistischen Moralontologie) mit moralischen Tatsachen identifiziert.

8.4.5 | Urteilsbezogene und konstruktivistische Ansätze

Gegenstandsbezug und Objektivität: Vielen der bislang behandelten metaethischen Überlegungen liegen Auffassungen zugrunde, die Wahrheit und Objektivität an die Existenz von Sachverhalten knüpfen, die unabhängig von moralischen Beobachtungen und moralischen Urteils- und Praxiszusammenhängen existieren. Entsprechend prägen dann die Annahmen bezüglich der Frage, inwieweit es solche Sachverhalte gibt und welcher Natur sie gegebenenfalls sind, die Auffassungen darüber, ob es moralische Wahrheiten gibt und ob und wie wir sie gegebenenfalls erkennen können. Konstruktivist/innen und Vertreter/innen urteilsbezogener Ansätze – Miller (2003) spricht von **judgment-dependent accounts** oder **best opinion theories** – gehen von einem anderen Verständnis von Objektivität oder objektiver Gültigkeit aus. Sie betonen, dass Wertungen, moralische Wahrnehmungen und moralische Überzeugungen ihrerseits zur (moralischen) Welt gehören und damit den Gegenstandsbereich prägen, den (moral)philosophische Theorien erhellen sollen. Ethische Theoriebildung zielt dabei nicht auf die kausale Erklärung von schlechthin beobachterunabhängigen Sachverhalten oder Ereignissen. Vielmehr verfolgt sie das Ziel, Wertwahrnehmungen, Werturteile und normative Überzeugungen zu erklären, indem sie **kritische Rekonstruktionen normativer Gründe** und plausible **Deutungen der Natur von Wertphänomenen** vorschlägt.

»If the possibility of real values is admitted, specific values become susceptible to a kind of observational testing, but it operates through the kind of explanation appropriate to the subject: normative explanation. In physics, one infers from factual appearances to their most plausible explanation in a theory of how the world is. In ethics, one infers from appearances of value to their most plausible explanation in a theory of what there is reason to do or want. All the inferences will rely on general ideas of reality that do not derive from appearance – the most important being the general idea of objective reality itself. And in both science and ethics some of the appearances will turn out to be mistaken and to have psychological explanations of a kind that do not confirm their truth.«

Nagel 1986, S. 146

Dem Anspruch der **Objektivität** entsprechen diese Rekonstruktionen und Deutungsvorschläge in dem Maße, in dem sie aus einer überpersönlichen

Perspektive die Wertphänomene intersubjektiv transparent und nachvollziehbar machen:

> Nagel 1986, S. 148

»It is not a question of bringing the mind into correspondence with an external reality which acts causally on it, but of reordering the mind itself in accordance with the demands of its own external view of itself.«

Im Rahmen dieses Programms sucht Thomas Nagel unter anderem zu zeigen, dass wir gute Gründe haben, **akteursneutrale Werte** für möglich zu halten: Werte, deren Wertcharakter nicht allein an der Existenz subjektiver Bedürfnisse oder Interessen singulärer Akteure haftet. Die Annahme akteursneutraler Werte und Unwerte – Entitäten oder Zustände, die aus einer **strikt unparteilichen Perspektive** gut oder schlecht sind – sei beispielsweise mit der Phänomenologie der Wahrnehmung von Schmerz besser verträglich als die Annahme der Akteursrelativität all unserer Wertungen (Nagel 1986, S. 156 ff.).

> Schwierigkeit der metaethischen Einordnung

(Meta)ethischer Konstruktivismus: Bricht Nagel einerseits mit Versuchen, die Objektivität moralischer Urteile nach korrespondenztheoretischem Muster als Übereinstimmung mit einer externen Wirklichkeit zu verstehen, sieht er die Moralphilosophie andererseits doch einem Erkenntnismodell verpflichtet, das auf die beste Erklärung gegebener Phänomene zielt und das die deliberative Innenperspektive moralischer Akteur/innen vom theoretischen Standpunkt einer interpretierenden und rekonstruierenden Wertinterpretin aus zu objektivieren sucht. Einen noch radikaleren Bruch mit dem Korrespondenzmodell vollziehen Ansätze, die dem **(meta)ethischen Konstruktivismus** zuzurechnen sind (Lenman/Shemmer 2012; Bagnoli 2013, 2017). Diese Ansätze sind nicht leicht im Rahmen der üblichen metaethischen Kategorisierungen einzuordnen (Bagnoli 2013, S. 4 ff.; 2017). Zum einen bemühen sich manche Vertreter/innen des Konstruktivismus gerade darum, ihre Position von metaethischen Festlegungen frei zu halten und verstehen ihren Konstruktivismus eher als normativ-ethische Position. Zum anderen sind die eher von der humeschen Tradition geprägten metaethischen Kategorien nicht besonders gut geeignet, die Spezifika der zahlreichen an Kant orientierten Varianten des Konstruktivismus zu erfassen. Schließlich wird der Begriff ›Konstruktivismus‹ in recht unterschiedlicher Weise gebraucht. So wird der Begriff ›kantischer Konstruktivismus‹ (Rawls 1980) manchmal spezifisch für Rawls' eigenen Ansatz verwandt, manchmal aber auch zur Bezeichnung anderer Ansätze, die stärker dem transzendentalphilosophischen Projekt Kants verpflichtet sind. Diese Ansätze möchten bestimmte Moralprinzipien durch den Nachweis begründen, dass es sich um konstitutive Bedingungen von praktischer Rationalität, von Handlungsfähigkeit (*agency*), von rationalen Diskursen oder ähnlichen Rechtfertigungspraxen handelt. Vor allem die auf Handlungsfähigkeit bezogenen Ansätze werden neuerdings auch als **konstitutivistisch** bezeichnet. Allen konstruktivistischen Ansätzen gemeinsam ist der Versuch, grundlegende Prinzipien oder Normen durch eine Art **interne Selbstreflexion** oder Selbstvergewisserung zu rechtfertigen, die wir **in der Rolle von Akteur/innen oder Teilnehmer/innen einer bestimmten Praxis** vollziehen – etwa in unserer Rolle als

8.4 Kognitivismus

freie und gleiche Bürger/innen, in unserer Rolle als Teilnehmer/innen einer diskursiven Rechtfertigungspraxis oder in unserer Rolle als Moralsubjekte oder als rationale Vernunftwesen überhaupt. Diese Selbstvergewisserung zielt auf den Nachweis, dass die Anerkennung des begründenden Prinzips für die jeweilige Rolle oder Praxis faktisch prägend ist (**schwächere Formen** des Konstruktivismus) oder sogar zu den konstitutiven Bedingungen einer Rolle oder Praxis gehört, die ihrerseits als mehr oder weniger schwer vermeidbar oder gar als strikt ›unhintergehbar‹ erwiesen werden soll (**stärkere Formen** des Konstruktivismus und Konstitutivismus).

Schwächere und stärkere Formen des Konstruktivismus

Konstruktivismus als Form des Kohärentismus: Negativ gewendet besteht das Ziel konstruktivistischer Argumentationen für die Gültigkeit eines Moralprinzips in dem Nachweis, dass wir in Widerspruch zu von uns selbst akzeptierten Annahmen oder Haltungen geraten, wenn wir die Gültigkeit des fraglichen Prinzips bezweifeln oder bestreiten. Man kann den Konstruktivismus daher auch als eine spezifische Form des Kohärentismus verstehen, da er generell auf ein **konsistentes und kohärentes Selbst- oder Rollenverständnis** von Akteur/innen bzw. Praxisteilnehmer/innen zielt. Ein wesentliches Spezifikum des Konstruktivismus im Vergleich mit anderen Formen des Kohärentismus kann man darin sehen, dass die vorgeschlagenen Moralprinzipien insbesondere im Hinblick auf ihre Konsistenz und Kohärenz mit demjenigen überprüft werden sollen, was wir implizit – im Zuge unserer praktischen Orientierung als Akteur/innen oder als Teilnehmer/innen einer bestimmten Praxis – bereits anerkannt haben. So bemüht sich Rawls' im Rahmen seiner Version des Kantischen Konstruktivismus, Gerechtigkeitsprinzipien auf Basis von vortheoretischen Fairnessvorstellungen zu begründen, über die ›wir‹ als Bürger/innen pluralistischer Gesellschaften mit jeweils recht unterschiedlichen Vorstellungen vom richtigen und guten Leben uns im Grunde doch einig sind. Entsprechend hält er die Bedingungen für die Rechtfertigung einer Gerechtigkeitskonzeption nur dann für gegeben, »when a basis is established for political reasoning and understanding within a public culture« (Rawls 1980, S. 517; dt. Rawls 1992, S. 82). Rawls vergleicht die Arbeit der ethischen Theoriebildung daher auch mit der Aufgabe der **Grammatik**, die einerseits unser Sprachwissen rekonstruiert, über das wir in Gestalt eines **Know-how** bereits verfügen, aber dabei andererseits auch Normierungen vorschlägt, an denen gemessen einzelne Akte der Sprachverwendung als falsch beurteilt werden können (siehe Kap. 7.2.2). Schwache Versionen des Konstruktivismus wie die rawlssche zielen also nicht auf schlechthin voraussetzungslose Begründung, sondern auf die klärende Explikation normativer Überzeugungen und ggf. auf deren Weiterentwicklung anhand implizit bereits anerkannter Standards.

Reflexion auf praxisinhärente Normen

Konstruktivismus und retorsive Argumente: In seinen ambitioniertesten Varianten macht der Konstruktivismus dagegen Gebrauch von Argumenten ähnlich denjenigen, die seit der Antike im Rahmen von Versuchen entwickelt worden sind, radikale Skeptiker/innen zu widerlegen, welche etwa die Existenz der Außenwelt, die Möglichkeit wahrer Behauptungen oder die Gültigkeit des Prinzips vom zu vermeidenden Widerspruch bestreiten oder jedenfalls für zweifelhaft erklären wollen.

Anti-skeptische Argumente

Diese anti-skeptischen Argumente, die u. a. ›retorsive‹, oder ›reflexive‹ Argumente genannt und meist als spezifische Form transzendentaler Argumente verstanden werden, suchen nachzuweisen, dass wir in der Rolle derjenigen, die einen Zweifel an demjenigen ausdrücken, was das Argument begründen soll, uns selbst widersprechen, so dass unserer Rede kein verständlicher Sinn und damit auch keine weitere Gültigkeit zukommt (Gethmann 1995). So ist (etwa durch Thomas von Aquin; dazu Siegwart 2010) versucht worden, radikale Wahrheitsskepsis etwa durch den Nachweis zu widerlegen, dass die Behauptung »es gibt keine Wahrheit« sinnlos ist, weil die Sprecherin zumindest für diese Behauptung selbst **implizit** Wahrheit beanspruchen muss, wenn ihre Rede irgendeinen Sinn haben soll – und selbst mit der Behauptung »Ich zweifle, ob es wohl Wahrheit gibt« scheint sie zumindest dafür Wahrheit zu beanspruchen, dass sie an der Möglichkeit von Wahrheit zweifelt. In analoger Weise hat schon Aristoteles den Satz vom Widerspruch (wonach nicht zugleich A und Nicht-A behauptet werden kann) durch den Hinweis zu verteidigen gesucht, dass jede Behauptung – auch die Bestreitung des Prinzips – durch die Nicht-Anerkennung dieses Prinzips sinnlos würde (Aristoteles, *Metaphysik*, 1006a1; 1011b13; dazu Tugendhat/Wolf 1986, S. 50 ff.). Manche Vertreter/innen insbesondere kantischer Versionen des ethischen Konstruktivismus oder Konstitutivismus wollen durch ähnliche Argumente eine nicht rational zurückweisbare Begründung ethischer Grundannahmen oder -prinzipien leisten. Ein entsprechender Anspruch wird unter anderem von Vertreter/innen der Diskursethik (u. a. Apel 1988; 2011; Brune 2010, S. 299–366; Kuhlmann 1985), von Korsgaard (1996; 2009) und in der Tradition von Gewirth (1978; 1996; vgl. Beyleveld 1991; Steigleder 1999; Hübenthal 2006) erhoben (Brune et al. 2017). Die Unterscheidung zwischen ›stärkeren‹ und ›schwächeren‹ Varianten des Konstruktivismus lässt Abstufungen zu, je nachdem, inwieweit für die in den Blick genommene praktische Rolle (als Akteur/in oder Praxisteilnehmer/in) sowie für die vorgenommene Explikation der rollenkonstitutiven Prinzipien jeweils Alternativlosigkeit beansprucht wird (vgl. exemplarisch Ricken 2013, S. 204 ff.; Forst 2017, S. 74 ff.; Habermas 1991, S. 185 ff.).

Monologische und intersubjektivistische Ansätze: Unterscheiden lässt ferner zwischen monologischen und intersubjektivistischen Versionen des (meta-)ethischen Konstruktivismus. **Monologische** Ansätze wie die von Gewirth und Korsgaard setzen bei der Begründung moralischer Verpflichtungen bei den basalen Kompetenzen oder dem Selbstverständnis eines rationalen Individuums an und suchen nachzuweisen, dass dafür normative Selbstbindungen konstitutiv sind. Sie gehen meist von der Überlegung aus, dass Adressaten moralischer Normen notwendigerweise **handlungsfähige Wesen** (*agents*) sein müssten. Handeln sei an die intentionale Orientierung an Gegenständen subjektiver Wertschätzung gebunden (Gütern im Fall von Gewirth, praktischen Identitäten im Fall von Korsgaard). Diese Orientierung erfordere, dass rationale Akteur/innen auch die notwendigen Bedingungen für die Wertschätzung (Korsgaard) oder die praktische Realisierung (Gewirth) jener Gegenstände ihrerseits wertschätzen bzw. ein Recht darauf beanspruchen müssten, nämlich die eigene menschliche Natur als handlungsfähiges Vernunftwesen (Korsgaard) bzw. Freiheit und Wohlergehen (Gewirth). In einem nachfolgenden Schritt soll dann gezeigt werden, dass Akteur/innen nicht nur (›akteursrelativ‹) ihre eigene Vernunftnatur und Freiheit und ihr eigenes Wohlergehen als wertvolle Gegenstände von Anspruchsrechten betrachten müssen, sondern diejenigen *aller* handlungsfähigen Wesen. Einwände sind vor allem gegen die beiden letzten Schritte der Argumentation erhoben worden. Tatsächlich erscheint es nicht einleuchtend, dass wir verpflichtet sein sollten, die Bedingungen unseres Wertschätzens ihrerseits zu wertschätzen. Auch scheint es nicht zwingend, dass wir die Bedingungen der Realisierung des von uns Wertgeschätzten notwendigerweise wertschätzen müssen, zumindest dann nicht, wenn die Realisierungsbedingungen zugleich auch Bedingungen der Wertschätzung selbst sind. Problematisch ist auch der Übergang von den zunächst aus einer vor-sozialen Perspektive entwickelten individuellen Wertungen zu intersubjektiven Verpflichtungen (vgl. Enoch 2006; 2009; Fitzpatrick 2013; Kellerwessel 2003, S. 442 ff.).

Probleme des ›Konstitutivismus‹

Intersubjektivistische Ansätze wie die von Apel und Habermas vertretene Diskursethik, der Konstruktivismus Forsts oder Darwalls Ethik des **Second Person Standpoint** setzen bei intersubjektiven Beziehungen oder sozialen Praxen (etwa der Praxis rationaler Diskurse oder der öffentlichen Rechtfertigung) an und suchen zu zeigen, dass dafür wechselseitige Verpflichtungen konstitutiv sind. Das hat einerseits den Vorteil, dass *soziale* Verpflichtungen nicht aus vor-moralischen Wertungen einsamer Akteur/innen entwickelt zu werden brauchen, sondern unmittelbar aus einer *sozialen* Praxis gewonnen werden können. Andererseits provoziert es die Frage, ob wir uns den moralischen Verpflichtungen nicht einfach dadurch entziehen können, dass wir uns der Teilnahme an jenen Praxen entziehen (so Rentsch 1999, S. 59; zur Diskussion Werner 2003, S. 78 ff.). Schwächere Versionen des intersubjektivistischen Konstruktivismus verweisen diesbezüglich entweder auf die faktische Existenz und soziale Bedeutung jener Praxen oder auf die mit der individuellen Praxisverweigerung verbundenen ›Kosten‹ (so riskiert der radikale Diskursverweigerer Habermas zufolge seine psychische Gesundheit; Habermas 1983, S. 108 ff.). Stärkere Versionen suchen nachzuweisen, dass wir uns der Gültigkeit der konstitutiven Bedingungen etwa der argumentativen Rechtfertigungspraxis grundsätzlich nicht entziehen können, weil sich auch ein/e Praxisverweigerer/in an rationalen Standards orientiert, die nur im Rahmen jener Praxis eingelöst werden könnten (Øfsti 1994, S. 145). Eine vorsichtigere Strategie verzichtet auf den Versuch, der/dem Praxisverweigerer/in Irrationalität oder Selbstwidersprüche nachzuweisen. Sie versucht lediglich zu zeigen, dass die Teilnahme an einer durch bestimmte Normen strukturierten Praxis (etwa einer Diskurspraxis, in der bestimmte Argumentationsregeln gelten) die einzige Möglichkeit darstellt, die Zulässigkeit von Handlungen bzw. die Legitimität von Normen anzufechten oder zu rechtfertigen. Gelänge dieser Nachweis, hätte auch ein/e Nicht-Teilnehmer/in keine Möglichkeit, die Gültigkeit von Normen (oder auch die Legitimität von ihr/ihm auferlegten Sanktionen) anzufechten, die innerhalb solcher Verfahren zu rechtfertigen sind. Freilich ist auch diese

Ausgang von sozialen Praxen

Strategie noch anspruchsvoll in dem Versuch, die Alternativlosigkeit einer bestimmten (Rekonstruktion der) Rechtfertigungspraxis aufzuzeigen.

Ausblick: Die metaethische Reflexion kann zu einem vertieften Verständnis unser moralischen Alltagspraxis und der Positionen und Methoden normativer Ethik beitragen. Metaethik unterscheidet sich von der normativen Ethik im Hinblick auf ihr Erkenntnisinteresse. Es geht ihr nicht primär um die Begründung moralischer Urteile oder Prinzipien. Vielmehr beschäftigt sie sich vor allem mit der Semantik der moralischen Sprache, mit erkenntnis- und rechtfertigungstheoretischen Fragen der moralischen Wahrnehmung und der ethischen Argumentation, und mit der ontologischen Frage nach der Existenz und gegebenenfalls der Natur moralischer Tatsachen. Damit ist nicht unbedingt gesagt, dass sich Metaethik ganz ohne normativ-ethische Voraussetzungen betreiben ließe. Denn auch wer sich rein wissenschaftstheoretisch mit Mathematik befasst, benötigt ein Vorverständnis *zulässiger* mathematischer Problemformulierungen und *gültiger* Antworten auf mathematische Fragen. Als mehr oder weniger eigenständige Subdisziplin der Moralphilosophie hat sich die Metaethik erst spät, im Anschluss an Moores 1903 erschienenes Werk *Principia Ethica*, herausgebildet. Seitdem hat sie sich, ebenso wie andere Bereiche der Sprachphilosophie, Erkenntnis- und Wissenschaftstheorie, deutlich weiterentwickelt. Die Erkenntnis der begrenzten Aussagekraft von Moores Argument der offenen Frage, die vertiefte Einsicht in die internen Schwierigkeiten (einfacher Formen) des Nonkognitivismus (Frege-Geach-Problem), und die zunehmende Popularität kohärentistischer Modelle der Erkenntnistheorie auch außerhalb der Ethik haben dazu beigetragen, die Vorstellung einer tiefgreifenden Diskontinuität zwischen den Methoden ›harter‹ Wissenschaft und denen der Moralphilosophie zurückzudrängen. Dies drückt sich einerseits in der gegenwärtigen Prominenz kognitivistischer Ansätze der Metaethik aus. Es zeigt sich andererseits auch in den Modifikationen jüngerer nonkognitivistischer Theorien, die nun ebenfalls viel stärker als frühere Ansätze des Nonkognitivismus die Gemeinsamkeiten zwischen ethischen und nicht-ethischen Äußerungen und Argumentationen betonen.

Siglenverzeichnis
SEP – Stanford Encyclopedia of Philosophy (Zalta)

Einführende Literatur
Copp, David (Hrsg.): The Oxford Handbook of Ethical Theory. Oxford 2006.
Darwall, Stephen L./Gibbard, Allan/Railton, Peter (Hrsg.): Moral Discourse and Practice: Some Philosophical Approaches. Oxford/New York 1997.
Fisher, Andrew/Kirchin, Simon (Hrsg.): Arguing about Metaethics. New York 2006.
Horgan, Terry/Timmons, Mark (Hrsg.): Metaethics After Moore. Oxford 2006.
Miller, Alexander: An Introduction to Contemporary Metaethics. Oxford/Cambridge 2003.
Shafer-Landau, Russ/Cuneo, Terence: Foundations of Ethics: An Anthology. Malden 2007.
Stahl, Titus: Einführung in die Metaethik. Stuttgart 2013.

Zitierte und weiterführende Literatur

Apel, Karl-Otto: Diskurs und Verantwortung: Das Problem des Übergangs zur postkonventionellen Moral. Frankfurt a. M. 1988.
Apel, Karl-Otto: Paradigmen der Ersten Philosophie. Frankfurt a. M. 2011.
Aristoteles: Werke in deutscher Übersetzung. Berlin 1956 ff.
Audi, Robert: »Moderate Intuitionism and the Epistemology of Moral Judgment«. In: Ethical Theory and Moral Practice 1 (1998), S. 15–44.
Audi, Robert: Moral Value and Human Diversity. Oxford/New York 2007.
Ayer, Alfred J.: Language, Truth and Logic. London 1936.
Bagnoli, Carla: Introduction. In: Bagnoli, Carla (Hrsg.): Constructivism in Ethics. Cambridge 2013, S. 1–21.
Bagnoli, Carla: »Constructivism in Metaethics«. In: SEP 2017.
Baker, Derek/Woods, Jack: »How Expressivists Can and Should Explain Inconsistency«. In: Ethics 125/2 (2015), S. 391–424.
Beyleveld, Deryck: The Dialectical Necessity of Morality: An Analysis and Defense of Alan Gewirth's Argument to the Principle of Generic Consistency. Chicago 1991.
Blackburn, Simon: Ruling Passions a Theory of Practical Reasoning. Oxford 1998.
Brink, David O.: Moral Realism and the Foundation of Ethics. Cambridge 1989.
Brune, Jens P.: Moral und Recht: Zur Diskurstheorie des Rechts und der Demokratie von Jürgen Habermas. Freiburg i. Br. 2010.
Brune, Jens P./Stern, Robert/Werner, Micha H. (Hrsg.): Transcendental Arguments in Moral Theory. Berlin/Boston 2017.
Bühler, Karl: Sprachtheorie: Die Darstellungsfunktion der Sprache. Stuttgart ³1999.
Casebeer, William D.: Natural Ethical Facts: Evolution, Connectionism, and Moral Cognition. Cambridge 2003.
Copp, David: »Is Constructivism an Alternative to Moral Realism?« In: Bagnoli, Carla (Hrsg.): Constructivism in Ethics. Cambridge 2013, S. 108–132.
Darwall, Stephen L.: Philosophical Ethics. Boulder/Oxford 1998.
Darwall, Stephen L.: The Second-Person Standpoint: Morality, Respect, and Accountability. Cambridge MA/London 2006.
Darwall, Stephen L./Gibbard, Allan/Railton, Peter: »Toward Fin de siècle Ethics: Some Trends«. In: The Philosophical Review 101/1 (1992), S. 115–189.
Düwell, Marcus/Hübenthal, Christoph/Werner Micha H. (Hrsg.): Handbuch Ethik. Stuttgart/Weimar ³2011.
Enoch, David: »Agency, Shmagency: Why Normativity Won't Come from What Is Constitutive of Action«. In: The Philosophcal Review 115 (2006), S. 169–198.
Enoch, David: »Can there be a global, interesting, coherent constructivism about practical reason?« In: Philosophical Explorations 12/3 (2009), S. 319–339.
Enoch, David: Taking Morality Seriously: A Defense of Robust Realism. Oxford/New York 2011.
Feldman, Fred: »The Open Question Argument: What it Isn't; and What it Is«. In: Philosophical Issues 15/1 (2005), S. 22–43.
Fisher, Andrew/Kirchin, Simon (Hrsg.): Arguing about Metaethics. New York 2006.
FitzPatrick, William J.: »How Not to be an Ethical Constructivist: A Critique of Korsgaard's Neo-Kantian Constitutivism«. In: Bagnoli, Carla (Hrsg.): Constructivism in Ethics. Cambridge 2013, S. 41–62.
Forst, Rainer: Das Recht auf Rechtfertigung: Elemente einer konstruktivistischen Theorie der Gerechtigkeit. Frankfurt a. M. ³2017.
Freud, Sigmund: Gesammelte Werke in 18 Bänden. Frankfurt a. M. 1999.
Geach, Peter T.: »Ascriptivism«. In: Philosophical Review 69/2 (1960), S. 221–225.
Gethmann, Carl F.: »Retorsion«. In: Mittelstraß, Jürgen (Hrsg.): Enzyklopädie Philosophie und Wissenschaftstheorie. Stuttgart/Weimar 1995, Bd. 3, S. 597–601.
Gewirth, Alan: Reason and Morality. Chicago 1978.

Gewirth, Alan: The Community of Rights. Chicago 1996.
Gibbard, Allan: Wise Choices, Apt Feelings: A Theory of Normative Judgment. Harvard 1990.
Gibbard, Allan: Thinking How to Live. Cambridge 2003.
Gibbard, Allan: Meaning and Normativity. Oxford/New York 2012.
Habermas, Jürgen: Erläuterungen zur Diskursethik. Frankfurt a. M. 1991.
Hallich, Oliver: Die Rationalität der Moral: Eine sprachanalytische Grundlegung der Ethik. Paderborn 2008.
Hare, Richard M.: Moral Thinking: Its Levels, Method, and Point. Oxford/New York 1981.
Honderich, Ted (Hrsg.): Morality and Objectivity: A Tribute to J. L. Mackie. London 1985.
Hübenthal, Christoph: Grundlegung Der Christlichen Sozialethik: Versuch Eines Freiheitsanalytisch-Handlungsreflexiven Ansatzes. Münster 2006.
Huemer, Michael: Ethical Intuitionism. Basingstoke 2008.
Jacobson, Daniel: »Fitting Attitude Theories of Value«. In: SEP 2011.
Joyce, Richard: »Moral Anti-Realism«. In: SEP 2016a.
Joyce, Richard: »Mackie's Arguments for the Moral Error Theory«. In: SEP 2016b.
Kellerwessel, Wulf: Normenbegründung in der Analytischen Ethik. Würzburg 2003.
Kemmerling, Andreas: »Locke über die Wahrnehmung sekundärer Qualitäten«. In: Perler, Dominik/Wild, Markus (Hrsg.): Sehen und Begreifen: Wahrnehmungstheorien in der frühen Neuzeit. Berlin 2007, S. 203–233.
Korsgaard, Christine M.: The Sources of Normativity. Cambridge 1996.
Korsgaard, Christine M.: Self-Constitution: Agency, Identity, and Integrity. Oxford 2009.
Lenman, James/Shemmer, Yonatan (Hrsg.): Constructivism in Practical Philosophy. Oxford/New York 2012.
Mackie, John L.: Ethics: Inventing Right and Wrong. Harmondsworth 1977 (dt.: Die Erfindung des moralisch Richtigen und Falschen. Stuttgart 2000).
McDowell, John: »Values and Secondary Qualities«. In: Honderich, Ted (Hrsg.): Morality and Objectivity. London 1985, S. 110–129.
Moore, George E.: Principia Ethica [1902]. Cambridge ^{8}1959.
Nagel, Thomas: The View from Nowhere. Oxford/New York 1986.
Nolan, Lawrence: Primary and Secondary Qualities: The Historical and Ongoing Debate. Oxford/New York 2011.
Öfsti, Audun: »Ist diskursive Vernunft nur eine Sonderpraxis?«. In: Abwandlungen. Würzburg 1994, S. 139–157.
Olson, Jonas: Moral Error Theory: History, Critique, Defence. Oxford 2014.
Prichard, Harold A.: »Does Moral Philosophy Rest on a Mistake?« In: Mind 21/81 (1912), S. 21–37.
Quine, W. V.: »Two Dogmas of Empiricism«. In: The Philosophical Review 60/1 (1951), S. 20–43.
Railton, Peter: Facts, Values, and Norms: Essays Toward a Morality of Consequence. Cambridge/New York 2003.
Rawls, John: »Kantian Constructivism in Moral Theory«. In: The Journal of Philosophy 77 (1980), S. 515–572.
Rawls, John: Die Idee des politischen Liberalismus: Aufsätze 1978–1989. Frankfurt a. M. 1992.
Rentsch, Thomas: Die Konstitution der Moralität: Transzendentale Anthropologie und praktische Philosophie. Frankfurt a. M. 1999.
Rosati, Connie S.: »Moral Motivation«. In: SEP 2016.
Ross, David: The Right and the Good [1930]. Oxford 2009.
Russell, Bertrand: Religion and Science. London 1935.
Scanlon, Thomas M.: Being Realistic about Reasons. Oxford/New York 2014.

Schroeder, Mark: »What is the Frege-Geach Problem?« In: Philosophy Compass 3/4 (2008), S. 703–720.
Shafer-Landau (Hrsg.): Oxford Studies in Metaethics 2006 ff.
Siegwart, Geo: Exerciter: Einige Unterscheidungen zur Retorsion im Ausgang von Sthlq2a1o3. In: Löffler, Winfried (Hrsg.): Metaphysische Integration: Essays zur Philosophie von Otto Muck. Frankfurt a. M., S. 65–89.
Smith, Michael A.: The Moral Problem. Oxford/Cambridge 1994.
Smith, Michael A.: Ethics and the A Priori: Selected Essays on Moral Psychology and Meta-Ethics. New York 2004.
Smith, Michael A.: »Meta-ethics«. In: Jackson, Frank/Smith, Michael A. (Hrsg.): The Oxford Handbook of Contemporary Philosophy. Oxford/New York 2005, S. 3–30.
Stevenson, Charles L.: Ethics and Language. New Haven 1944.
Tugendhat, Ernst/Wolf, Ursula: Logisch-semantische Propädeutik. Stuttgart 1986.
Van Roojen, Mark: »Expressivism and Irrationality«. In: The Philosophical Review 105/3 (1996), S. 311–335.
Van Roojen, Mark: »Expressivism, Supervenience and Logic«. In: Ratio 18/2 (2005), S. 190–205.
Van Roojen, Mark: »Moral Cognitivism vs. Non-Cognitivism«. In: SEP 2018.
Wiggins, David: Needs, Values, Truth: Essays in the Philosophy of Value. Oxford/New York ³1998.
Wright, Crispin: Saving the Differences: Essays on Themes from Truth and Objectivity. Cambridge 2003.
Zalta, Edward N. (Hrsg.): The Stanford Encyclopedia of Philosophy (SEP). In: https://plato.stanford.edu/.

Open Access Dieses Kapitel wird unter der Creative Commons Namensnennung 4.0 International Lizenz (http://creativecommons.org/licenses/by/4.0/deed.de) veröffentlicht, welche die Nutzung, Vervielfältigung, Bearbeitung, Verbreitung und Wiedergabe in jeglichem Medium und Format erlaubt, sofern Sie den/die ursprünglichen Autor(en) und die Quelle ordnungsgemäß nennen, einen Link zur Creative Commons Lizenz beifügen und angeben, ob Änderungen vorgenommen wurden.

Die in diesem Kapitel enthaltenen Bilder und sonstiges Drittmaterial unterliegen ebenfalls der genannten Creative Commons Lizenz, sofern sich aus der Abbildungslegende nichts anderes ergibt. Sofern das betreffende Material nicht unter der genannten Creative Commons Lizenz steht und die betreffende Handlung nicht nach gesetzlichen Vorschriften erlaubt ist, ist für die oben aufgeführten Weiterverwendungen des Materials die Einwilligung des jeweiligen Rechteinhabers einzuholen.

III Ethik in der modernen Gesellschaft

9 Orientierung im pluralistischen Ethikdiskurs

9.1 Deutungen des Theoriepluralismus
9.2 Versuche der Problemvermeidung
9.3 Unumgänglichkeit des Pluralismusproblems
9.4 Differenzierung von Problemebenen
9.5 Ausgangspunkte ethischer Orientierung

9.1 | Deutungen des Theoriepluralismus

Ernüchternde Ethik? Zu Beginn des 20. Jahrhunderts macht Harold A. Prichard eine Beobachtung, die sich auch heute bestätigen lässt. Das Studium der Moralphilosophie hinterlässt oft ein vages Gefühl der Unzufriedenheit:

»Probably to most students of Moral Philosophy there comes a time when they feel a vague sense of dissatisfaction with the whole subject.«

Prichard 1912, S. 21

Dafür mag zum Teil die für Einführungen übliche Darstellungsweise verantwortlich sein, die auch im vorangehenden Teil des vorliegenden Buchs gewählt wurde:

»A so-called textbook approach to moral theory presents several competing theories and then proceeds to criticize them. Often the criticisms are so severe that each theory seems fatally wounded, and readers become skeptical about the value of ethical theory in general.«

Beauchamp/Childress 2013, S. 351

Keine Darstellung kann allerdings Folgendes kaschieren: In der Geschichte der Moralphilosophie sind teilweise *unterschiedliche* Antworten auf die Frage gegeben worden, an welchen Prinzipien wir uns in letzter Hinsicht orientieren sollen und warum. Manche dieser Diskussionen dauern noch an. Auch am gegenwärtigen Diskurs beteiligen sich beispielsweise neo-aristotelische oder sentimentalistisch orientierte Tugendethiker/innen, Utilitarist/innen, Kantianer/innen, Vertragstheoretiker/innen und Vertreter/innen ›gemischter‹ Theorien, die Elemente aus verschiedenen Traditionen auf unterschiedliche Weise kombinieren. Auch metaethische Grundlagendiskurse sind noch nicht abgeschlossen.

Aktueller Theoriepluralismus

Deutungsmöglichkeiten: Dieser Befund lässt sich allerdings selbst unterschiedlich interpretieren. Eine radikal **pessimistische Deutung** läge in der Auffassung, dass die Moralphilosophie die in sie gesetzte Hoffnung, angesichts moralischer Alltagskontroversen die *richtigen* Werte und Normen dingfest machen zu können, schlichtweg nicht erfüllt hat. Ihr Beitrag zu unserem praktischen Orientierungsvermögen sei bestenfalls wertlos. Schlimmstenfalls habe sie zusätzliche Verunsicherung ge-

Moralische Fortschritte schaffen, indem sie den moralischen Alltagsdisputen weitere Theoriekontroversen hinzugefügt hat. **Optimistischere Deutungen** können an verschiedenen Punkten ansetzen. Erstens sind nicht alle Unterschiede zwischen moralphilosophischen Theorien mit Dissensen bezüglich der Gültigkeit moralischer Urteile verbunden. Teils resultieren sie vielmehr aus unterschiedlichen Fragestellungen, Situationsdeutungen oder strittigen nicht-moralischen Annahmen. Nahezu alle normativen Ethiken sprechen ja der Befriedigung von Bedürfnissen oder Interessen oder der Realisierung individueller oder gemeinschaftlicher Werte moralische Bedeutung zu. Soweit sie sich nicht mit der Aufstellung abstrakter Prinzipien begnügen, sondern auch situationsspezifische Orientierung geben wollen, müssen sie deshalb stets auf Annahmen Bezug nehmen, die Gegenstand »vernünftiger Meinungsverschiedenheiten« (Rawls 1993, S. 54 ff.; McMahon 2009) und/oder der freien Selbstbestimmung der Betroffenen sind. Zweitens sind keineswegs alle moralischen Überzeugungen, ethiktheoretischen Annahmen, Argumente und Methoden gleichermaßen kontrovers. Neben moralischen Dissensen und Theoriekontroversen lassen sich auch **Konsensbereiche und Konvergenzen** feststellen (s. u.). Auch scheint es, dass die moralphilosophische Debatte durchaus Entwicklungen befördert hat, die weithin – vielfach auch theorieübergreifend – als moralische Fortschritte anerkannt sind. Das gilt vor allem für die Durchsetzung universeller Menschenrechte. Ehemals einflussreiche (Schein-)Argumente für die Aufrechterhaltung der Sklaverei oder gegen das Frauenwahlrecht gelten allgemein als widerlegt. Ihre theoretische Widerlegung war und ist für die praktische Zurückdrängung dieser Diskriminierungen durchaus von Bedeutung.

9.2 | Versuche der Problemvermeidung

Probleme des Moralskeptizismus **Skeptizismus oder provisorische Moral:** Wer die pessimistische Deutung akzeptiert, könnte zu der Annahme neigen, dass moralische Urteile entweder gar keinen Wahrheitswert haben (Nonkognitivismus), keiner rationalen Begründung zugänglich (Skeptizismus), sämtlich fehlerhaft (Irrtumstheorie) oder stets nur im Rahmen bestimmter Urteilskontexte wahr sind (Relativismus). Die Diskussion im vorangehenden Kapitel hat gezeigt, dass all diese Positionen selbst schwerwiegenden Einwänden ausgesetzt sind (siehe Kap. 8). Eventuell ließe sich eine schwächere Form des Moralskeptizismus denken, die lediglich behauptet, *bisher* sei noch gar kein moralisches Urteil und keine Norm hinreichend begründet worden. Um diese Position zu verteidigen, muss man allerdings einen Standard hinreichender Begründung definieren und überdies zeigen, dass wir uns ausschließlich an moralischen Urteilen und Normen orientieren sollten, die diesem Begründungsstandard genügen. Zumindest diese ›Metanorm‹ (»Orientiere Dich nur an Normen, die dem Begründungsstandard *xy* genügen!«) müsste dann den moralskeptischen Zweifeln standhalten. Es wäre dann zu zeigen, warum wir diese Metanorm eher akzeptieren sollten, als eine, die weniger strenge Begründungsanforderungen vorsieht:

Warum sollten wir sie beispielsweise den **Maximen einer provisorischen Moral** vorziehen, die bei Entscheidungen unter Handlungsdruck und normativer Ungewissheit eine Orientierung an den jeweils besten verfügbaren Gründen empfiehlt?

> **Descartes' provisorische Moral**
>
> Als rationalistischer Philosoph der frühen Neuzeit sucht René Descartes nach einer Basis sicherer Erkenntnis, die auch noch dem radikalsten Zweifel standhält. Da wir jedoch auch in Situationen handeln müssen, in denen eine solche Basis (noch) nicht gelegt ist, schlägt er im *Discours de la méthode* (1637) Maximen einer provisorischen Moral vor. Erstens solle man im Zweifelsfall den Sitten besonnener Personen im eigenen Lebensumfeld folgen und dabei, wenn man »unter mehreren Überzeugungen, die gleichermaßen anerkannt werden« (Descartes 1997, S. 39 [1637, S. 25]) wählen muss, die jeweils moderateren wählen, weil diese im Fall eines Fehlgriffs weniger weit vom richtigen Weg entfernt sind als die extremen. Zweitens sollten wir, »wenn es nicht in unserer Macht steht, die wahrsten Ansichten zu erkennen, den wahrscheinlichsten folgen« (ebd., S. 40 [26]). Dies sollten wir dann auch mit der nötigen Entschlossenheit und ohne Gewissensbisse tun, da wir sonst in keinem Fall etwas Vernünftiges zuwege bringen werden. Drittens sollten wir eher versuchen, unsere Bedürfnisse an die Umstände anzupassen als umgekehrt und viertens uns nach Kräften bemühen, Verstand und praktische Urteilskraft weiterzuentwickeln (zu Descartes' Ethik vgl. Perler 1998, insbes. S. 231 ff.; Marshall 2018; zum Konzept provisorischer Moral Hubig/Luckner 2013; Hubig 2007).

Zur Vertiefung

Anti-Theorie: Mitunter verbindet sich die pessimistische Deutung der Orientierungsleistungen ethischer Theorien auch mit der generellen Abwehr theoretischer Problematisierungen und der Beschwörung des (vermeintlich) vortheoretisch Unstrittigen: Sind wir überhaupt ernsthaft im Zweifel darüber, was ein gutes Leben ausmacht oder was wir einander schulden? Oder ›wissen‹ wir dies nicht ›im Grunde unseres Herzens‹ recht genau? Sind nicht vielleicht die Zweifel selbst – oder möglicherweise schon das Streben nach sicherem und explizitem Wissen – das Problem? In diesem Sinne hat sogar Jürgen Habermas einmal formuliert:

»Die moralischen Alltagsintuitionen bedürfen der Aufklärung des Philosophen nicht. [...] Die philosophische Ethik hat eine aufklärende Funktion allenfalls gegenüber den Verwirrungen, die sie selbst im Bewußtsein der Gebildeten angerichtet hat.«

Habermas 1983, S. 108

Während es sich bei diesem Zitat um eine vereinzelte Äußerung handelt, die mit Habermas' aufklärerischem Projekt einer »Rationalisierung der Lebenswelt« (Habermas 1981) und den Grundideen seiner Diskurstheorie von Recht und Moral (Habermas 1983, 1991, 1992, 1996) kaum vereinbar erscheint, basieren »anti-theoretische« Positionen auf genau solchen Annahmen (zur Übersicht vgl. Clarke/Simpson 1989). Sie haben durchaus einen Anschein von Plausibilität. »Wer erst ein Prinzip hervorkramen muss, um Gut und Böse zu unterscheiden, ist ein Schuft«, meint schon der niederländische Schriftsteller Multatuli (1877, Bd. IV, S. 127; Übersetzung MHW). Anti-Theoretiker/innen versuchen daher, lebensweltliche Auffassungen vom Guten, konkrete moralische Handlungsorientierungen und Intuitionen vor den Abstraktionen und (vermeintlichen) Verzerrungen zu bewahren, die sich beim Versuch ihrer theoretischen Rekonstruktion ergeben.

Probleme der ›Anti-Theorie‹

Anti-theoretische Theorie? Wachsamkeit gegenüber möglichen Verzerrungen bei der theoretischen Rekonstruktion moralischer Phänomene ist sicher wichtig. Als moralphilosophische Grundposition sieht sich die Anti-Theorie jedoch gravierenden Einwänden ausgesetzt: Erstens sind schon moralische Alltagsüberzeugungen und -praktiken von Traditionen ethischen ›Theoretisierens‹ geprägt und zum Teil selbst an ›abstrakten‹ Prinzipien orientiert (man denke an die Goldene Regel). Wie schon eingangs erwähnt gehen ethische Theoriebildung und moralische Alltagsüberlegungen ineinander über (vgl. auch Birnbacher 2013, S. 114 f.) und unterscheiden sich vor allem durch die Strenge der Explikationsansprüche:

Ricken 2013, S. 25

»**Vorphilosophisches moralisches Bewusstsein und Ethik sind in dem Sinn nicht zu trennen, dass das moralische Bewusstsein immer schon nach einer Begründung fragt.**«

Zweitens können Muster prinzipiengeleiteten Handelns durch wiederholtes Einüben so internalisiert werden, dass die explizite Bezugnahme auf ein moralisches Prinzip in Standardsituationen überflüssig ist. Multatulis Urteil muss also gar nicht als ›anti-theoretische‹ Stellungnahme verstanden werden. Sie lässt sich auch als Kritik an Personen lesen, deren moralische Bildung so oberflächlich geblieben ist, dass sie sich auch in moralisch eindeutigen Situationen noch durch den *expliziten* Rückgriff auf Prinzipien rückversichern müssen – ebenso wie jemand, der eine Sprache noch nicht sicher beherrscht, sich häufiger die Regeln der Grammatik bewusst machen muss. Drittens erscheint die Behauptung, es gebe auf vor-theoretischer Ebene keine wesentlichen praktischen Unsicherheiten oder Kontroversen, höchst unplausibel, wenn man den historischen Wandel moralischer Überzeugungen oder auch aktuelle politisch-ethische Debatten betrachtet. Viertens sieht sich der Versuch, die ›vortheoretische‹ moralische Wirklichkeit ganz generell gegen Theoriebildung auszuspielen, der Schwierigkeit ausgesetzt, jene moralische Wirklichkeit zunächst einmal so einzugrenzen, dass sich überhaupt auf sie verweisen lässt. Diese Eingrenzung ist wiederum nur durch ›abstrakte‹ begriffliche Kennzeichnung möglich. Deshalb ist fraglich, ob sich eine Anti-Theorie überhaupt widerspruchsfrei formulieren lässt (Fotion 2014). Denn sobald Anti-Theoretiker/innen in systematischer Weise dafür argumentieren wollen, dass es prinzipiell besser ist, ethische Theoriebildung zugunsten einer Orientierung der Art x (hier wäre irgendeine Beschreibung von x oder ein begrifflicher Verweis auf x nötig) zu unterlassen, vertreten sie *nolens volens* selbst eine bestimmte ethische Theorie.

Common morality: Ähnliche Überlegungen treffen auch auf **common morality** Ansätze zu. So ist Bernard Gert (1998) darin zuzustimmen, dass wir uns bemühen sollten, die Strukturen unserer vortheoretischen Moralpraxis in ihrer vollen Komplexität zu erfassen, statt ihr mit groben Prinzipien zu Leibe zu rücken, die wir durch die Abstraktion eines einseitigen Zerrbildes dieser Moralpraxis gewonnen haben. Es ist jedoch nicht möglich, sich sozusagen im direkten Zugriff des Wesenskerns der vortheoretischen Moralpraxis zu bemächtigen, ohne dabei selbst begrifflich-theoretische Annahmen zu investieren. Den *Anspruch*, das Wesentliche der vortheoretischen Moral adäquat nachzukonstruieren, haben Hume und Kant ebenso erhoben wie die Vertreter/innen der *common morality* Ansätze. Auch stehen diesen keine grundsätzlich anderen *Methoden* als jenen zur Verfügung, um (wie Kant dies nennt) den »Übergang von der populären sittlichen Weltweisheit zur Metaphysik der Sitten« (GMS, 2. Abschnitt) zu bewältigen. Wir können eine vortheoretische Moralpraxis und deren moralphilosophische Rekonstruktion nämlich nicht einfach wie Original und Abbild nebeneinanderstellen, um die Korrektheit des Abbildes zu beurteilen. Denn schon die Entscheidung darüber, was überhaupt zur ›geteilten Moralität‹ gehört, ist theoretisch voraussetzungsvoll. Wir brauchen zunächst ein *Vorverständnis* dessen, wonach wir suchen, damit wir mit der Suche überhaupt beginnen können. (Genau aus diesem Grund wirkt es komisch, wenn sich Pippi Langstrumpf auf die Suche nach einem »Spunk« macht, ohne ein Vorverständnis davon, was das von ihr frei erfundene Wort »Spunk« bedeutet). Das Vorverständnis sollte offenbar möglichst unkontrovers sein. Wie eingangs erwähnt, enthält Gerts Moraldefinition jedoch Festlegungen, die in der ethischen Diskussion durchaus strittig sind. Ferner wäre es mit dem Nachweis, dass die eigene Moraltheorie ein adäquates Bild der vortheoretischen Moralpraxis zeichnet, noch nicht getan. Es sollte auch gezeigt werden, dass diese Praxis vernünftig ist (so auch Gert 1998, S. 3 6, 17). Festzuhalten ist daher, dass es sich beim *common morality* Ansatz ebenso wie bei den Theorien Kants oder Humes, dem Utilitarismus etc. um **eine bestimmte normativ-ethische Theorie** handelt, die ein spezifisches Verständnis der Moral rational zu begründen versucht.

Principlism: Das zuletzt Gesagte trifft auch auf den dominierenden Ansatz der Medizinethik zu, der unter dem Namen *Principlism* bekannt ist (Beauchamp/Childress 2013). Im Deutschen wird häufig der Name »Prinzipienethik« für diesen Ansatz gebraucht. Dieser Begriff ist allerdings mehrdeutig, weil er ebenso für Theorien wie den Utilitarismus oder die Ethik Kants verwendet wird, die ein einziges ›höchstes‹ Moralprinzip vorschlagen (siehe Kap. 5.1). Die Pointe des von Tom L. Beauchamp und James F. Childress vertretenen *Principlism* besteht hingegen gerade darin, kein derartiges oberstes Prinzip vorzusehen, sondern nur vier ›**mittlere**‹ **Prinzipien** (*autonomy, nonmaleficence, beneficence, justice*). Diese Prinzipien sollen gegeneinander abgewogen werden, ohne dass wir uns bei der Abwägung an einem höherrangigen Prinzip orientieren könnten. Auch die Vertreter/innen des *Principlism* halten Ansätze wie den Utilitarismus, Kantianismus oder Kontraktualismus für unbefriedigend und auch sie argumentieren, dass in diesen Theorien jeweils einzelne Ele-

Principlism als Moraltheorie

mente der Moral überbetont und andere vernachlässigt werden. In jüngerer Zeit beziehen sie sich zudem auch explizit – wenngleich mit gewissen Vorbehalten – auf den *common morality* Ansatz. Nun mag man die Befürchtung hegen, dass der Verzicht des *Principlism* auf ein höchstes Moralprinzip oder Abwägungskriterium zu Desorientierung oder moralischer Beliebigkeit führt oder wohlfeile Pseudo-Rechtfertigungen für die jeweiligen Wunschlösungen ermöglicht. Oder man mag argumentieren, dass der *Principlism* gut geeignet ist, das Spektrum moralisch relevanter Aspekte unverkürzt wahrzunehmen, moralische Dissense zu lokalisieren und damit die Diskussion voranzubringen. Problematisch aber wäre die Annahme, dass der *Principlism* sich ganz grundsätzlich von anderen Ansätzen normativer Ethik unterscheidet. Beauchamps und Childress' eigene Ausführungen bleiben in dieser Hinsicht unklar (vgl. Beauchamp/Childress 2013, Kap. 9 und 10). So distanzieren sie sich von anti-theoretischen Ansätzen, wollen ihren Ansatz jedoch auch nicht als ›Theorie‹ bezeichnen. Dabei legen sie allerdings so strenge Kriterien an die Verwendung des Begriffs ›Theorie‹ an, dass er auch auf andere traditionelle Ansätze normativer Ethik nicht mehr passt. Sicherlich lässt der *Principlism* durch den Verzicht auf ein höchstes Moralprinzip der Abwägung mehr Raum als manch anderer Ansatz. Die Rolle moralischer **Urteilskraft** hat indes schon Aristoteles betont, und auch David Ross vertritt ausdrücklich eine Form von **Pflichtenpluralismus**, der es nötig macht, qualitativ unterschiedliche »Prima-facie-Pflichten« gegeneinander abzuwägen (Ross 2009; siehe Kap. 5.2.3). Auch die zentrale Rolle, die der *Principlism* der Methode des Überlegungsgleichgewichts beimisst, ist alles andere als ein Alleinstellungsmerkmal. Versteht man unter einer ethischen Theorie ganz allgemein eine mehr oder weniger umfangreiche und systematische Verbindung aus moralischen Urteilen oder Normen mit Argumenten für diese Urteile oder Normen, so ist auch der *Principlism* nichts anderes als eine *bestimmte* ethische Theorie und keineswegs eine Alternative zur ethischen Theoriebildung als solcher.

9.3 | Unumgänglichkeit des Pluralismusproblems

Bescheidenheit und Dogmatismus: Die Einsicht, dass *common morality* Ansätze, *Principlism* und andere Theorien, die sich auf die Methode des Überlegungsgleichgewichts stützen, nichts grundsätzlich anderes sind als andere normativ-ethische Theorien, macht auf einen wichtigen Umstand aufmerksam. In seiner Schrift *Über die vierfache Wurzel des Satzes vom zureichenden Grunde* (1813/1847) hält Schopenhauer fest, »[d]as Gesetz der Kausalität« sei »nicht so gefällig, sich brauchen zu lassen, wie ein Fiaker, den man, angekommen wo man hingewollt, nach Hause schickt. Vielmehr gleicht es dem, von Goethes Zauberlehrlinge belebten Besen, der, ein Mal in Aktivität gesetzt, gar nicht wieder aufhört zu laufen und zu schöpfen« (Schopenhauer 1988, Bd. 1, S. 38). Max Weber hat Schopenhauers Charakterisierung auf die Ethik der Bergpredigt umgemünzt (Weber 1988, S. 438). Tatsächlich liegt hier jedoch ein Merkmal *jedes* Begründungs- oder Rechtfertigungsbemühens, einschließlich jeder ethischen Argumentation: Beginnt man einmal, Gründe anzuführen (etwa, wenn man eine bestimmte Handlungsweise zu rechtfertigen versucht, indem man sie aus einem bestimmten Prinzip ableitet), lädt man zu Anschlussfragen ein (etwa der Frage nach der Rechtfertigung des in Anspruch genommenen Prinzips). Dabei gilt einerseits, dass sich das Begründungsspiel nicht beliebig lange treiben lässt. Andererseits gilt jedoch, dass sich auch der Abbruch eines Begründungsbemühens grundsätzlich immer kritisch hinterfragen lässt: Ob wir ein höchstes Moralkriterium brauchen, wie etwa John St. Mill annimmt (Mill 1963 ff., Bd. 10, S. 205–226), oder ob wir uns mit ›mittleren‹ Prinzipien begnügen sollten, wie Beauchamp und Childress meinen (s. o.), und wie die in Anspruch genommenen Prinzipien jeweils angewandt, gegeneinander abgewogen oder gerechtfertigt werden müssen, lässt sich wiederum nur mit ethischen Argumenten begründen – oder es bleibt eben nicht mehr als eine willkürliche Setzung. Hinter der Tugend der Bescheidenheit, die auf überzogenes Theoretisieren verzichten oder der Weisheit unserer vortheoretischen moralischen Intuitionen, Haltungen oder Institutionen vertrauen will, lauert stets die Gefahr des Dogmatismus, der blind auf ungeprüften Überzeugungen beharrt.

Grenzen der Begründbarkeit

Theorieoffenheit moralischer Alltagsdebatten: Diese Einsicht lässt sich noch radikalisieren durch den schon mehrfach erwähnten Umstand, dass der Übergang zwischen moralischen Alltagsdiskussionen und dem moralphilosophischen Fachdiskurs fließend ist. Wer immer im Alltag eine Frage der Richtigkeit oder Legitimität aufwirft, betritt einen **Raum normativer Gründe**, der gewissermaßen in viele Richtungen geöffnet ist und sich nicht ohne Willkürgefahr gegen allgemeinere Prinzipienfragen, normativ-ethische Theoriefragen oder sogar metaethische Einwürfe abriegeln lässt. Das bedeutet keineswegs, dass es in jeder Alltagsdiskussion angemessen wäre, solche abstrakten Fragen aufzuwerfen. Wohl aber bedeutet es, dass wir auch in moralischen Alltagsdiskussionen sozusagen **argumentativen Kredit** aufnehmen, der sich unter geeigneten Umständen einfordern lässt. Dies könnte folgende Anschlussfrage provozieren: Wenn es stimmt, dass Personen, die in einen moralischen Alltagsdiskurs eintreten, etwa indem sie die Fairness einer Handlung, Norm oder Institution kritisieren oder verteidigen, sich dadurch Einwänden oder kritischen Nachfragen aussetzen – können sie es dann nicht einfach vermeiden und sich auf entsprechende Diskussionen gar nicht erst einlassen? In gewisser Weise können sie dies zweifellos. Faktisch ist es offenbar möglich, Diskussionen über Fragen der Handlungsorientierung abzubrechen oder ihnen von vornherein auszuweichen. In manchen Situationen kann dies auch legitim oder sogar geboten sein – z. B. wenn es dringlicher ist, jemanden aus einem brennenden Haus zu retten als ein moralphilosophisches Seminar fortzusetzen. Wer moralische Diskussionen vermeidet, ist dadurch jedoch nicht davor geschützt, von denjenigen kritisiert zu werden, die entsprechende Diskussionen führen (vgl. Darwall 2006, S. 262 ff.; Fn. 26).

Moralische Sanktionen: Mehr noch: Die Person ist auch nicht davor geschützt, dass andere sie ihrerseits zur Rede stellen oder ihr gar Sanktionen für Verhaltensweisen auferlegen, die sie für moralisch inakzeptabel halten. Anfechten kann sie die Legitimität dieser Sanktionen wiederum nur, indem sie mit relevanten Argumenten zu dieser normativen Frage Stellung nimmt. Das Schweigen einer radikalen Moralskeptikerin oder eines radikalen Moralskeptikers liefert ja kein Argument gegen die Zulässigkeit von Sanktionen oder Zwangsmaßnahmen. Inwieweit Prinzipien des Zusammenlebens tatsächlich moralisch begründbar und die (wirklich oder vorgeblich) auf diese Prinzipien gestützten Sanktionen und Zwangsmaßnahmen moralisch legitim sind, lässt sich nicht anders als durch die Prüfung ethischer Argumente, Positionen und Theorien überprüfen.

9.4 | Differenzierung von Problemebenen

Theorie- und Methodenwahl: Damit sind wir gewissermaßen wieder beim Ausgangspunkt angelangt. Ethik soll auf vernünftige Weise klären, an welchen Prinzipien wir unser Leben, unser Handeln, unsere Handlungsbeurteilungen und unsere Institutionen orientieren sollen. Einige klassische Versuche, solche Prinzipien zu formulieren und zu begründen, wurden im zweiten Teil des Lehrbuchs vorgestellt. Dabei sind deutliche Unterschiede zwischen diesen Versuchen erkennbar geworden. Diese Erkenntnis hat zu der Frage geführt, inwieweit Ethik die in sie gesetzte Hoffnung, in praktischen Kontroversen Orientierung zu bieten, letztlich erfüllen kann. Denn soweit verschiedene ethische Theorien unterschiedliche Prinzipien vorschlagen, lässt sich praktische Orientierung nur gewinnen, wenn auch die Frage der Theorie- und Methodenwahl vernünftig zu klären ist. In den vorangehenden Abschnitten wurde erstens argumentiert, dass auch ›anti-theoretische‹ oder theorieskeptische Ansätze wie der *Principlism* oder der *common morality* Ansatz uns nicht von der Notwendigkeit der Theorie- und Methodenwahl entlasten können. Bestenfalls lassen sie sich selbst als eine bestimmte Art ethischer Theorien verstehen, für deren Plausibilität sich passende Argumente vorbringen lassen. Schlimmstenfalls handelt es sich um inkonsistente oder dogmatische Positionen (Düwell 2008, S. 89–95). Zweitens wurde argumentiert, dass ethiktheoretische Debatten sich natürlicherweise aus Versuchen ergeben, Lebensorientierungen, Handlungen oder Institutionen vernünftig zu begründen oder zu kritisieren.

Das Problem der Theorie- und Methodenwahl erscheint damit als unabweisbar, aber weiterhin ungelöst. Mit besonderer Dringlichkeit stellt es sich, wo konkrete Entscheidungen getroffen, vorbereitet oder reguliert werden sollen, zugleich aber höhere Erwartungen an die Explizität und Nachvollziehbarkeit von Begründungen gestellt werden, als dies in moralischen Alltagsdiskussionen der Fall ist. Das gilt vor allem für die **bereichsspezifische Ethik** und insbesondere für die **ethische Beratung**. Wie lässt sich mit diesem Problem angemessen umgehen? Zunächst ist zwischen drei Fragen zu unterscheiden:

Fragestellungen zur Methodenwahl

1. Wie kann man sich zwischen ethischen Überzeugungen, Theorien und Methoden überhaupt vernünftig entscheiden?

2. Wie kann man mit verbleibenden Ungewissheiten hinsichtlich der Haltbarkeit ethischer Prinzipien oder ethisch relevanter empirischer Annahmen vernünftig umgehen?
3. Wie kann man mit faktischem Dissens über ethische Normen vernünftig umgehen?

Diese Fragen sind nicht unabhängig voneinander zu beantworten, aber doch wesentlich verschieden. Fragen des ersten Typs stellen sich, solange wir im Hinblick auf die Haltbarkeit ethischer Annahmen oder Ansätze unsicher sind, uns aber weiter bemühen, diesbezüglich zu einer korrekten Position zu kommen. Fragen des zweiten Typs stellen sich in Kontexten, in denen wir es für nicht aussichtsreich oder nicht verantwortbar halten, ethische (oder ethisch relevante empirische) Ungewissheiten vollständig auszuräumen. In solchen Kontexten suchen wir vernünftige höherstufige Prinzipien für den Umgang mit Ungewissheiten. Beispiele für solche Prinzipien sind Descartes' bereits erwähnte Maximen einer provisorischen Moral, Pascals »Wette«, das Vorsorgeprinzip oder Kalküle der Nutzen-Risiko-Abwägung. Für die höherstufigen Prinzipien selbst stellen sich dann grundsätzlich wieder Fragen des ersten Typs. Fragen des dritten Typs können sich sowohl aus der Perspektive von Personen stellen, die in Bezug auf die Richtigkeit bestimmter ethischer Positionen unsicher sind, als auch aus der Perspektive von Personen, die keine Zweifel an der Richtigkeit dieser Positionen haben. Auch für Personen, die von der ethischen Rechtfertigbarkeit bestimmter Normen überzeugt sind, ergeben sich vielfach praktische Probleme, wenn andere Personen im Handlungsumfeld diese Normen nicht anerkennen. Das Spektrum möglicher Reaktionen ist weit: Sie reichen vom Versuch, andere von der eigenen Auffassung zu überzeugen (wobei sich Fragen von Typ 1 stellen) über den Versuch, bestimmte Dissense einzuklammern und sich auf einen basalen *modus vivendi* zu einigen (wobei sich Fragen von Typ 2 stellen) bis zu Formen der Kompromissfindung, Toleranz oder Duldung, zu Sanktionen oder strategischem Verhalten, die ihrerseits Gegenstand ethischer Diskussionen sind und Fragen der beiden vorangehenden Typen aufwerfen. Typischerweise finden diese Diskussionen in einem gesellschaftlichen Kontext statt, der durch Konventionen, rechtliche Normierung und gesellschaftliche Institutionen bereits in einer Weise normativ vorstrukturiert ist, die besondere bereichsethische Beachtung verdient (s. u.). Festzuhalten ist vor allem zweierlei: Alle drei Fragen sind von praktischer Bedeutung, und ohne Antworten auf Fragen des ersten Typs sind auch Fragen des zweiten und dritten Typs nicht zu beantworten.

Unterschiedliche Grundlagenprobleme

9.5 | Ausgangspunkte ethischer Orientierung

Begründete Entscheidungen: Wie also sind Fragen des ersten Typs zu beantworten? Auch Entscheidungen zwischen ethischen Theorien und Methoden sind vernünftig in dem Maße, in dem dafür gute Gründe angeführt werden können – etwas, das sich argumentativ für das jeweils Verteidigte ins Spiel bringen lässt. Soweit bestimmte Gründe ihrerseits nur innerhalb eines bestimmten Rahmens überzeugen können (aufgrund bestimmter Prämissen, auf Basis bestimmter Methoden oder innerhalb bestimmter theoretischer Vorannahmen), kann für diesen Rahmen erneut nach Gründen gefragt werden. Die Rede von der Theorie- und Methodenwahl muss in Bezug auf ethische Ansätze nicht im Sinne einer vernünftig nicht mehr einholbaren (›dezisionistischen‹) Letztentscheidung verstanden werden, solange nicht schon gezeigt ist, dass einerseits keine weiteren Gründe mehr angeführt werden können (z. B. weil wir bei letzten Axiomen angekommen sind) und dass andererseits überhaupt sinnvolle, ernsthaft vertretbare Alternativen zu der zu verteidigenden Theorie oder Methode zur Verfügung stehen. Einige Gründe für oder gegen einzelne der oben vorgestellten moralphilosophischen Positionen sind im zweiten Teil des Lehrbuchs bereits skizziert worden. Das mag einen Eindruck davon vermitteln, auf welche Art Entscheidungen zwischen alternativen ethischen Ansätzen begründet werden könnten, und dadurch zur eigenen Urteilsbildung anregen. Eine erschöpfende Diskussion alternativer ethischer Theorien ist im Rahmen dieser Einführung jedoch weder möglich noch sinnvoll. Auch im Folgenden soll nicht der Versuch unternommen werden, einen eigenen umfassenden ethischen Ansatz zu entfalten und zu verteidigen. Wohl aber sollen einige **Minimalannahmen über Möglichkeiten ethischer Rechtfertigung** formuliert werden, die zwar philosophisch nicht gänzlich unstrittig sind (solche gibt es nicht), aber doch weitgehend theorieübergreifend akzeptiert werden.

9.5.1 | Grundbedingungen der Rechtfertigbarkeit als Ausgangspunkt ethischer Orientierung

Allgemeinheit von Gründen: Als Bestandteil einer minimalen Konsensbasis scheint zunächst folgende Annahme geeignet: ›Gute‹ Gründe müssen nachvollziehbar sein. Ihre **Nachvollziehbarkeit** setzt eine bestimmte Art von **Verallgemeinerbarkeit** voraus. Beispielsweise lässt sich in der Kombination der beiden Umstände, (P1) dass Sokrates ein Bürger Athens und (P2) dass Athen ein Stadt ist, ein nachvollziehbarer Grund dafür sehen, dass Sokrates die Gesetze Athens befolgen muss, wenn gilt, (P3) dass alle Bürger einer Stadt die Gesetze dieser Stadt befolgen müssen.

Prämisse 1:   Sokrates ist ein Bürger Athens.
Prämisse 2:   Athen ist eine Stadt.
Prämisse 3:   Alle Bürger einer Stadt müssen deren Gesetze befolgen.
Konklusion: Sokrates muss die Gesetze Athens befolgen.

Brückenprinzipien

Die verallgemeinernde Annahme, wonach *alle* Bürger einer Stadt die Gesetze dieser Stadt befolgen müssen, dient gewissermaßen als Brücke, über die sich von den konkreten Feststellungen P1 und P2 zu der Folgerung gelangen lässt, dass Sokrates die Gesetze Athens befolgen muss. Nachvollziehbare Wege von Gründen zu Folgerungen führen stets über vergleichbare **Brücken der Verallgemeinerung**. Das gilt ungeachtet der

9.5 Ausgangspunkte ethischer Orientierung

Tatsache, dass die in Anspruch genommenen Brückenprinzipien in Alltagsdiskussionen oft als selbstverständlich vorausgesetzt und daher nicht explizit gemacht werden. Wenn Leo seinem Wunsch, von seinen Eltern ein Eis zu bekommen, mit dem Hinweis Nachdruck verleiht, dass Schwester Lena auch eines bekommen hat, braucht er normalerweise nicht auf das Brückenprinzip »*Alle* Kinder sollten von ihren Eltern gleich behandelt werden!« aufmerksam zu machen – obwohl es mutmaßlich für die moralische Relevanz seines Hinweises entscheidend ist.

> **Ethik des konkreten Anderen**
>
> Auch phänomenologische Ethiken, die ethische Verpflichtungen in der Erfahrung eines ›konkreten‹ Anderen grundgelegt sehen (Levinas 1987, 1989), müssen ihre Adressaten wohl über entsprechende Brücken der Verallgemeinerung führen, soweit sie denn bestimmte Adressaten von der Notwendigkeit bestimmter moralischer Reaktionen auf bestimmte Situationen überzeugen wollen. Denn die Position eines konkreten Anderen soll anscheinend von *allen* Menschen und gegenüber *allen* Menschen eingenommen werden können. Was es bedeutet, diese Position einzunehmen, kann sprachlich wiederum nicht anders denn in *allgemeinen* Begriffen umrissen werden. Soweit diese Deutung zutrifft, rekurriert offenbar auch die Ethik des ›konkreten‹ Anderen auf verallgemeinerbare Rollen und allgemeine Kriterien. Anderenfalls bliebe unklar, *was* überhaupt *von wem* und *wem gegenüber* normativ erwartet wird. Auch auf konkrete Personen, Erfahrungen, Haltungen oder Handlungsweisen zu ›zeigen‹ ist keine Alternative, wenn wir nicht schon irgendein allgemeines Vorwissen davon haben, worauf der zeigende Finger eigentlich deuten soll (z. B. auf eine Person und nicht auf ihren Kleiderstoff, auf das Muster dieses Stoffes oder auf das Pochen ihres Herzens; vgl. Wittgenstein, *PU*, § 33).

Zur Vertiefung

Gleichbehandlung und Supervenienzprinzip: Damit erscheinen *bestimmte* Formen von **Egoismus** unmittelbar **unvernünftig**. Willkürlich und daher unvernünftig wäre etwa die Behauptung, dass jemand deshalb bestimmte Rechte oder Pflichten hat, weil er nun einmal eine konkrete Person ist (z. B. *dieser eine* Sokrates aus Athen). Ebenso kann niemand vernünftigerweise gegenüber anderen Personen beanspruchen, dass ihre oder seine Interessen allein deshalb Vorrang vor denen anderer Personen haben sollen, weil sie nun einmal ihre oder seine eigenen sind. Potentiell vernünftige Ansprüche sind jedenfalls auf Gründe gestützt, die *qua* nachvollziehbare Gründe auf allgemeine Merkmale der betroffenen Personen, Handlungen oder Situationen bezogen werden können. Wenn Sokrates (oder einem Bürger Athens) vernünftigerweise Rechte oder Pflichten zuerkannt werden sollen, die anderen Personen (oder Bürgern anderer Städte) nicht zukommen, dann muss gezeigt werden, dass **qualitative Unterschiede** zwischen Sokrates und Anderen bzw. zwischen Bürgern Athens und Anderen vorliegen. Vernünftig können nur Ansprüche sein, die dem von Platon formulierten Prinzip folgen, Gleiches gleich und (nur) Ungleiches ungleich zu behandeln. Dieser Grundsatz folgt auch aus dem

Willkürlichkeit des Egoismus

in der (Meta-)Ethik allgemein akzeptierten **Supervenienzprinzip**. Es besagt, dass moralische Eigenschaften über nicht-moralische bzw. natürliche Eigenschaften »supervenieren« und sich nur zugleich mit diesen ändern können.

Zur Vertiefung

Verallgemeinerter Egoismus?
Das Prinzip der Gleichbehandlung gleicher Fälle schließt nicht *alle* Formen des ethischen Egoismus unmittelbar aus. Vereinbar scheint es mit einem verallgemeinerten ethischen Egoismus, der besagt, dass jede Person ihren je eigenen Interessen stets Vorrang vor denen aller Anderen geben oder dass sie überhaupt nur die Maximierung der je eigenen Interessen anstreben sollte. Dieses Prinzip liefe allerdings auf einen Relativismus hinaus, in dem die abweichenden Prioritäten der verschiedenen Akteure unvereinbar nebeneinander (und oft gegeneinander) stehen. Würden wir das Prinzip des verallgemeinerten Egoismus uneingeschränkt akzeptieren, stünde kein gemeinsamer Beurteilungsstandpunkt zur Verfügung, von dem aus wir uns auf Prinzipien legitimer Kooperation einigen könnten. Damit bleibt unklar, wie sich für das Prinzip des verallgemeinerten Egoismus widerspruchsfrei argumentieren lässt: Soll auch noch die Akzeptanz des Egoismusprinzips unter dem Vorbehalt stehen, dass die Zustimmung zu diesem oder einem anderem Prinzip die Befriedigung der Privatinteressen der Zustimmenden maximiert? Dann würden wohl, je nach Situation und individueller Interessenlage, von verschiedenen Personen ganz unterschiedliche Prinzipien akzeptiert. Oder soll das Prinzip des verallgemeinerten Egoismus durch andere, nicht-egoistische Gründe gerechtfertigt werden? Dann wäre implizit zugestanden, dass wir uns in bei der Wahl der letzten ethischen Prinzipien gerade *nicht* einfach an interessenrelativen Privatgründen orientieren sollen, sondern an einer Art normativer Gründe, die wir teilen können.

Diskriminierung und Differenzblindheit

Relevanz von Unterschieden: Das Supervenienzprinzip ist konstitutiv für die Rechtfertigungspraxis und damit *a priori* wahr bzw. eine »Plattitüde« (Smith 1994, S. 22, 182). Die gleiche Behandlung qualitativ gleicher Fälle sichert aber für sich genommen noch keine Gerechtigkeit (vgl. auch zum Folgenden Mackie 1977, Kap. 4; Wimmer 1980). Denn sie schließt nicht unmittelbar aus, dass **irrelevante Unterschiede** zur Begründung von Ungleichbehandlung angeführt werden, wie es beispielsweise der Fall ist, wenn das Wahlrecht von der Zugehörigkeit zu einem bestimmten Geschlecht abhängig gemacht wird. In solchen und ähnlichen Fällen willkürlicher Ungleichbehandlung sprechen wir im pejorativen Sinn von Diskriminierung. Das formale Gleichbehandlungsprinzip schließt auch umgekehrt nicht unmittelbar aus, dass relevante Unterschiede, die tatsächlich für eine ungleiche Behandlung sprechen, ignoriert werden; etwa, wenn den besonderen Bedürfnissen, Kompetenz- oder Belastungsgrenzen von Kindern oder Personen mit physischen oder psychischen Einschränkungen nicht angemessen Rechnung getragen wird. Hier könnte man von Differenzblindheit sprechen.

Konsistenz: Allerdings ist mit der Suche nach verallgemeinerbaren

Gründen ein Prozess in Gang gesetzt, der sich wiederum nicht wie Schopenhauers Fiaker einfach anhalten lässt. Denn der Anspruch, dass bestimmte Unterschiede relevant für die Zuerkennung von Rechten oder Pflichten sind, kann seinerseits nur in den Maße als vernünftig gelten, als sich dafür wiederum überzeugende allgemeine Gründe anführen lassen. Dieses Erfordernis zieht **Konsistenz- und Nachweispflichten** nach sich, die sich in den sozialen Kämpfen gegen willkürliche Diskriminierungen einklagen lassen. Ein einschlägiges historisches Beispiel ist die Argumentation von John Jay, einem der ›Gründerväter‹ der Vereinigten Staaten. In einem Brief aus dem Jahr 1786 führt er aus, dass die Sklaverei mit den Idealen der amerikanischen Unabhängigkeitsbewegung unvereinbar sei. Wer sich in seinem Streben nach politischer Autonomie selbst auf Freiheitsrechte berufe, könne nicht zugleich Sklaverei dulden: »To contend for our own liberty, and to deny that blessing to others, involves an inconsistency not to be excused« (Jay 1833, S. 231). Die Stärke wie die Schwäche von Konsistenzargumenten liegt darin, dass sie lediglich auf Voraussetzungen rekurrieren, die auch die Gegenseite in Anschlag bringen. Jay hatte insofern leichtes Spiel, als seine Adressaten bereits auf universelle Menschenrechte pochen. Gleichwohl lassen sich Konsistenz- und Nachweispflichten auch schon gegen Aristoteles' Versuch einer Rechtfertigung der Sklaverei wenden. Seine Behauptung, es gebe »Sklaven von Natur«, für die es besser sei, von anderen regiert zu werden, weil sie selbst zu unvernünftig seien, als dass sie für ihr eigenes Wohl sorgen könnten (siehe Kap. 2.2), zwingt ihn nicht nur selbst zur Einsicht, dass es sich jedenfalls nicht bei allen Sklaven um »Sklaven von Natur« handelt (Aristoteles, Politik, 1255a2–b15). Sie macht auch die Legitimität der Sklaverei von einigen mehr als fragwürdigen empirischen Annahmen abhängig. Gerade die schönfärberische Beschreibung des Versklavtseins als im besten Interesse der Sklaven liegend und daher sogar der Freundschaft verwandt, stellt die Legitimität der Sklaverei unter eine Bedingung, der sie unmöglich genügen konnte.

Kritik inkonsistenter Positionen

Kritik empirischer Behauptungen

Unparteilichkeit: Die vorangehenden Überlegungen sind bedeutsam für die Einordnung eines Leitmotivs, das in den verschiedenen in Teil II behandelten Theorien immer wieder angeklungen ist: das **Ideal der Unparteilichkeit**. Kriterien und Modelle wie die kulturübergreifend verbreitete Goldene Regel (siehe Kap. 6.2.1; vgl. Carson 2013), der unparteiische Beobachter der schottischen Sentimentalisten, das utilitaristische Nutzenprinzip, der Kategorische Imperativ oder der rawlssche Urzustand lassen sich als alternative Versuche verstehen, dieses Ideal in möglichst prägnanter Weise auszubuchstabieren. Die vorangehenden Überlegungen sprechen nun dafür, dass die für eine nachvollziehbare Rechtfertigung notwendigen Verallgemeinerungen bereits als solche eine Tendenz zur Unparteilichkeit bedingen; eine Tendenz, die sich, wie angedeutet, sogar gegen die Intentionen derjenigen durchsetzen kann, die willkürliche Praktiken zu rechtfertigen suchen. Es kann an dieser Stelle offen bleiben, inwieweit sich auf der Ebene individueller moralischer Lernprozesse ähnliche Tendenzen zur Verallgemeinerung und Erweiterung der Moralgemeinschaft feststellen lassen, wie die kognitivistische Moralpsychologie im Anschluss an Piaget und Kohlberg nachzuweisen sucht (Colby/

Kohlberg 2011; Zizek/Garz/Nowak 2015). Ebenso kann offen bleiben, ob es neben kognitiven Gründen für diese Tendenzen auch noch ›naturalistische‹ Erklärungen gibt, etwa auf evolutionstheoretischer Grundlage (zur Diskussion Kitcher 2011; Singer 2011).

Unbegrenzte Moralgemeinschaft

Universalismus: Garantiert allein schon das Erfordernis, Prinzipien des Zusammenlebens und ihre Begründungen in allgemeiner Form zu formulieren, moralische Unparteilichkeit? Oder ist es möglich, dass auch allgemein formulierte Prinzipien, die aufgrund allgemein formulierter Gründe als gültig anerkannt werden, noch Parteilichkeit ausdrücken – etwa weil diese Gründe ihrerseits nur aus der partikularen Perspektive bestimmter Personen oder Gruppen als stichhaltig oder relevant anerkannt werden? Hier lässt sich darauf hinweisen, dass sich auch noch für Antworten auf die Frage, ob die Legitimität von Handlungsprinzipien aus der Perspektive bestimmter Personen oder Gruppen oder vielmehr aus der universellen Perspektive *aller* Moralsubjekte beurteilt werden muss, nach Gründen fragen lässt. So könnten etwa – durchaus gute! – Gründe dafür sprechen, dass *bestimmte* praktische Festlegungen (z. B. bestimmte Vereinsregeln) nur innerhalb *bestimmter* Gemeinschaften (z. B. in dem jeweiligen Verein) erfolgen sollten – etwa soweit sich dort besondere normative Erwartungen, Rechte und Pflichten ergeben, die Außenstehende nicht betreffen. Die Beurteilung der Gründe für oder gegen eine solche (inhaltlich eingeschränkte) Entscheidungsautonomie kann aber nicht wiederum schon exklusiv derjenigen Gemeinschaft überlassen werden, deren Entscheidungsautonomie zuallererst gerechtfertigt werden soll. Denn dies liefe auf eine zirkuläre Selbstermächtigung hinaus. Sie würde sich strukturell nicht von der Willkür eines Solipsisten unterscheiden, der nur seine eigene normative Autorität anerkennt und damit jeden Anspruch auf Nachvollziehbarkeit aufgibt. Wenn wir Legitimität an die Möglichkeit einer vernünftigen Rechtfertigung koppeln, bleibt daher nur die Möglichkeit, die Gemeinschaft derjenigen, deren normatives Urteil zählt, als **grundsätzlich unbegrenzt** zu verstehen, also letztlich einen **Universalismus** hinsichtlich der moralischen Entscheidungsautorität zu akzeptieren.

Zur Vertiefung

Universalismus der Wissenschaftspraxis

Ein vergleichbarer Universalismus kennzeichnet die Rechtfertigungspraxis der Wissenschaften: Auch hier gibt es zwar Fachgesellschaften mit begrenzter Mitgliedschaft, formale Qualifikationsgrade, wissenschaftliche Hierarchien und Unterschiede im akademischen Status. Deren Rechtfertigbarkeit, genaue Ausgestaltung, Nutzen und Gefahren sind jedoch wiederum Gegenstand einer im Hinblick auf Teilnehmer/innen, Beiträge und Ergebnisse offenen Diskussion. Vor allem gilt: Die Gemeinschaft der Wissenschaftler/innen darf nicht willkürlich Argumente bestimmter Personen oder Gruppen von der Berücksichtigung im wissenschaftlichen Diskurs ausschließen und zielt auf Ergebnisse, die uneingeschränkt (für alle) zustimmungsfähig sind. Sie muss wissenschaftliche Behauptungen und Argumente grundsätzlich »ohne Ansehen der Person« beurteilen, allein anhand der Kriterien, die sich im bisherigen wissenschaftlichen Diskurs durchgesetzt haben und die ihrerseits für kritische Diskussionen und Weiterentwicklungen offen sind. Diese Formen von Universalismus und Unparteilichkeit sowie des Absehens vom unmittelbaren Eigeninteresse sind wesentlich für die Integrität der Wissenschaftspraxis (vgl. klassisch Merton 1973). Die Unterschiede zwischen wissenschaftlicher Erkenntnispraxis und praktischer Rechtfertigung wären genauer zu erläutern; jedenfalls ist die Praxis der Rechtfertigung und Kritik in beiden Bereichen an ähnliche Idealisierungen und Normen gebunden (siehe Kap. 11.3).

Idealisierungen und Fallibilismus: Die vorangehenden Überlegungen kommen mit Scanlons Annahme überein, dass nur Prinzipien legitim sind, die niemand vernünftigerweise zurückweisen könnte (Scanlon 1998). Diese Annahme buchstabiert die Bedeutung von Legitimität aus. Sie ist idealisierend, weil unter realen Handlungsbedingungen die Möglichkeiten, vernünftige Gründe und Gegengründe zu prüfen und die möglichst qualifizierte Zustimmung anderer einzuholen, stets begrenzt sind. Auch ist nicht auszuschließen, dass sich bestimmte Methoden und Standards dieser Prüfung weiterentwickeln, ebenso wie dies in Bezug auf wissenschaftliche Methoden und Standards der Fall ist. Daraus lässt sich folgern, dass konkrete Moralurteile grundsätzlich fallibel sind, sich also im Nachhinein als unberechtigt erweisen können – so, wie dies ja auch auf wissenschaftliche Erkenntnisse zutrifft. Gut begründete Positionen mögen sich im Licht späterer Einsichten als unhaltbar erweisen. Trotzdem müssen wir uns, solange wir uns um Rechtfertigung bemühen, zutrauen, richtige Antworten finden zu können. Denn es gibt schlicht keine vernünftige Alternative dazu, den besten jeweils verfügbaren Gründen zu folgen. Tatsächlich haben wir ja durchaus eine Vorstellung davon, was es konkret bedeutet, sich gemeinsam um Regelungen zu bemühen, die von allen nach gründlicher Prüfung der einschlägigen Argumente und in Anbetracht möglicher Alternativen zwanglos akzeptiert werden könnten. Vor allem haben wir ein recht klares Bild davon, was es bedeutet, sich *nicht* ernsthaft um eine vernünftige Einigung zu bemühen, sondern beispielsweise einen Teil der von praktischen Regelungen Betroffenen willkürlich auszugrenzen, Evidenzen zu ignorieren oder interessenabhängig zu verzerren oder überhaupt inkonsistent zu argumentieren. Auch **ethischer Fortschritt** verdankt sich vor allem der **Elimination des Nicht-Rechtfertigbaren**.

Fallibilität moralischer Urteile

Urteilssubjekte, Handlungssubjekte, Anspruchssubjekte: Der durch die vorigen Überlegungen gestützte Universalismus betrifft die moralische **Handlungsgemeinschaft** und die moralische **Urteilsgemeinschaft**. *Alle*, d.h. alle, die überhaupt imstande sind, sich an praktischen Prinzipien zu orientieren, sollen sich an solchen Prinzipien des Zusammenlebens orientieren, die von *niemandem*, d.h. von keinem moralisch urteilsfähigen Wesen, vernünftigerweise zurückgewiesen werden können. Zwei Fragen sind damit noch nicht beantwortet:
1. Wie weit erstreckt sich die moralische **Anspruchsgemeinschaft** – die Gemeinschaft derer, deren Wohl, Bedürfnisse, Präferenzen oder Interessen moralische Berücksichtigung verdienen?

2. Inwieweit lassen sich aus den bisherigen Überlegungen Folgerungen hinsichtlich der Frage gewinnen, welchen Bedingungen legitime Prinzipien des Zusammenlebens genügen müssen, und inwieweit tragen sie zur **Klärung substantieller moralischer Fragen** bei?

Auf die erste Frage wird im Zusammenhang mit der Tier- und Umweltethik eingegangen (siehe Kap. 11.2). Dort wird für die Position argumentiert, dass alle Entitäten, denen wir sinnvollerweise ein ›eigenes‹ Wohl oder ›eigene‹ Bedürfnisse, Präferenzen oder Interessen zuschreiben können, moralische Berücksichtigung verdienen – dass also die Grenzen der moralischen *Anspruchs*gemeinschaft weiter gezogen sind als die der moralischen *Urteils- und Handlungs*gemeinschaft. Die damit verteidigte Position ist in der Literatur allerdings strittig. Im Folgenden wird zunächst die zweite Frage diskutiert.

Caveat: Bereits gezeigt wurde, dass die Legitimität von Prinzipien des Zusammenlebens jedenfalls Folgendes voraussetzt:

Anforderungen an die Form legitimer Prinzipien

1. die Allgemeinheit der Form dieser Prinzipien sowie der sie stützenden Argumente,
2. die Relevanz der eingeführten Unterscheidungen,
3. die Konsistenz von Rechtfertigungen,
4. die Haltbarkeit in Anspruch genommener empirischer Annahmen.

Diese Anforderungen an die **Form** legitimer Prinzipien und ihrer Rechtfertigung sind vergleichsweise unkontrovers. Offenbar lassen sie sich nicht leicht zurückweisen. Auf die folgenden Überlegungen trifft das zumindest nicht in demselben Maße zu. Sie betreffen die Frage, inwieweit sich aus den obigen Überlegungen auch schon Anforderungen an den **Inhalt** legitimer Prinzipien des Zusammenlebens ergeben. Für sie wird an dieser Stelle nur Plausibilität behauptet. Sie bedürften in jedem Fall einer ausführlicheren Erörterung und Begründung als sie an dieser Stelle zu leisten ist.

Wahrung der Deliberations- und Handlungsfähigkeit: Folgendes scheint zumindest plausibel: Wenn alle, die dazu imstande sind, allgemein zustimmungsfähige (bzw. von niemandem vernünftigerweise zurückweisbare) Normen einhalten sollen, dann sollten sie sich auch um Bedingungen bemühen, in denen sie

Voraussetzungen moralischer Mitbestimmung

1. möglichst gut imstande sind, gemäß solcher Prinzipien zu handeln und
2. die allgemeine Zustimmungsfähigkeit von Prinzipien des Zusammenlebens auf möglichst vernünftige Weise prüfen können.

Das impliziert die Pflicht, alle verantwortungsfähigen Wesen als moralische Mit-Gesetzgeber/innen (Kant, GMS, S. 438) bzw. als »self-originating sources of valid claims« (Rawls 1980, S. 546) zu achten, denen ein »Recht auf Rechtfertigung« zukommt (Forst 2007; vgl. Darwall 2006) und deren Urteilsautonomie und Handlungsfähigkeit zu schützen und zu wahren sind. Plausibel ist es dann auch, eine generelle **Mitverantwortung für soziale Institutionen** zu postulieren, die individuelle Autonomie sichern und vernünftige gemeinsame Deliberation und Beschlussfassung sowie planmäßiges individuelles und kollektives Handeln ermöglichen. In der Plausibilität dieser Überlegungen liegt zumindest *eine* Basis für die **Etablierung von Grundrechten** hinsichtlich individueller Selbstbestimmung und Selbstentfaltung, basaler Kommunikationsfreiheiten und der Mitwirkung in den das kollektive Handeln regulierenden Institutionen. Zweifellos lässt sich die genaue Ausgestaltung solcher Grundrechte nicht schon aus den Bedingungen vernünftiger Rechtfertigung deduzieren. Richtig ist jedoch auch, dass vernünftige Diskussionen die Anerkennung der normativen Autorität potentieller Teilnehmer/innen immer schon zur Voraussetzung haben (Habermas 1992; für eine kritische Rekonstruktion vgl. Brune 2010).

9.5.2 | Faktischer Konsens oder Theoriekonvergenz als Ausgangspunkte ethischer Orientierung

Moralische Gewissheiten: Mit den vorangehenden Überlegungen ist eine erste Möglichkeit skizziert, innerhalb des pluralistischen Ethikdiskurses Orientierung zu finden: im Ausgang von den Grundbedingungen praktischer Rechtfertigung überhaupt. Eine zweite Möglichkeit, die sich auch als Ergänzung denken lässt, liegt im Rekurs auf Überzeugungen, die faktisch nicht – ernsthaft – bestritten werden. Zwar lässt sich im philosophischen Seminar fast alles bezweifeln. Nicht jeder grundsätzlich mögliche Zweifel ist aber lebenspraktisch bedeutsam: Wenn vor unseren Augen jemand zusammenbricht, dürfen wir keine Zeit mit der Spekulation verlieren, ob es tatsächlich eine Außenwelt gibt oder ob nicht alle menschenähnlichen Wesen nur avancierte Roboter sind. Wir müssen versuchen, Hilfe zu leisten. Das Maß hinreichender **Gewissheit ist kontextbezogen**; und in vielen Kontexten, in denen Orientierung durch ethische Beratung oder im ethischen Dialog gesucht wird, teilen die Beteiligten wesentliche moralische Überzeugungen. Auf diesen Umstand stützen sich Ansätze wie der oben diskutierte **Principlism**, der *common morality* Ansatz aber auch viele andere Ansätze (beispielsweise der **Pragmatismus** oder **Intuitionismus**) durchaus zu Recht. Wer wollte ernsthaft, nicht nur im Sinne eines rein spekulativen *paper doubt* (Peirce 1931, Bd. 6, S. 498), bestreiten, dass körperliches Leiden etwas intrinsisch Schlechtes ist (Nagel 1986) oder dass Lüge, sinnlose Leidzufügung oder Grausamkeit *prima facie* verwerflich sind (Margalit 1996)? Von Aristoteles bis heute setzen ethische Begründungsbemühungen immer wieder bei solchen vergleichsweise unstrittigen Überzeugungen an (beim *common sense*, oder dem *consensus gentium*, bei geteilten moralischen Intuitionen oder *considered judgments*), um von dort aus Antworten auch auf weniger eindeutige Fragen zu entwickeln.

> Ausgang vom hinreichend Unstrittigen

Theoriekonvergenz: In den gegenwärtigen Diskursen der bereichsspezifischen Ethik werden solche Versuche meist kohärentistisch interpretiert: Die genannten Überzeugungen werden dann als zentrale Ausgangs- und Bezugspunkte von Bemühungen zur Herstellung eines **Überlegungsgleichgewichts** verstanden (siehe Kap. 7.2.2). Weil im Rahmen des Überlegungsgleichgewichts vortheoretische Überzeugungen und Theorieelemente wechselseitig abgeglichen werden, können nicht nur konkrete, einzelfallbezogene moralische Überzeugungen, sondern auch ›mittlere Prinzipien‹ (siehe Abb. 5.1) als Ausgangspunkte dienen. Zur Bekräftigung einer moralischen Überzeugung mag auch der Nachweis dienen, dass sie durch ein breites Spektrum *prima facie* plausibler Ethiktheorien nahegelegt wird. Allerdings kann weder der Ausgang von substantiellen moralischen Überzeugungen noch der Rekurs auf Theoriekonvergenz zuverlässig die Gültigkeit des Ergebnisses von Begründungsbemühungen verbürgen. Beispielsweise mag sich Konsens auf der Ebene mittlerer Prinzipien auflösen, sobald man versucht, diese auf konkrete Fälle zu beziehen oder gegeneinander abzuwägen. Das spricht aber nicht gegen solche Versuche: Ein Klärungsfortschritt liegt auch in der Erkenntnis oder genaueren Rekonstruktion von Dissensen, die ja womöglich in späteren Versuchen ausgeräumt werden können.

9.5.3 | Konditionales Argumentieren als Beitrag zur ethischen Orientierung

Argumentation unter Vorbehalt

Einklammerung strittiger Voraussetzungen: In Hinsichten, in denen keine Konsensbasis in Anspruch genommen werden kann, kann sich philosophische Ethik oder ethische Beratung auf *konditionale* Argumentationen zurückziehen und strittige Voraussetzungen einklammern. Ethiker/innen beschränken sich dann darauf, auszubuchstabieren, welche moralischen Verpflichtungen, Verbote oder Ratschläge sich für bestimmte Situationen oder Situationstypen ergeben, *wenn* man von diesen bestimmten ethischen Theorien oder Prinzipien ausgeht, *wenn* man die fraglichen Situationen auf diese bestimmte Weise interpretiert und *wenn* man dabei bestimmte empirische Annahmen akzeptiert. Mit solchen Aussagen beantworten Ethiker/innen quasi nicht selbst, was (unbedingt oder klugerweise) getan werden sollte. Sie leisten jedoch immerhin Beiträge zur Transparenz und Nachvollziehbarkeit der Urteilsbildung. In jedem Fall ist es im Rahmen ethischer Erörterung und Beratung geboten, dass nichttriviale Voraussetzungen der eigenen Argumentation, ganz gleich ob empirischen, begrifflichen, methodischen oder normativen Charakters, soweit wie möglich offengelegt werden.

Interdisziplinarität: Dass sich unter den in Anspruch genommenen Voraussetzungen auch Interpretationen und empirische Annahmen befinden, trifft für ethische Argumentationen generell zu (vgl. Scanlons Unterscheidung zwischen »reinen« und »gemischten« normativen Gründen; Scanlon 2014, S. 37 ff.). Schon abstrakte Normen wie »Du sollst nicht töten!« haben nicht-moralische Implikationen (beispielsweise, dass es sterbliche Lebewesen gibt). Insbesondere für Diskussionen der bereichsspezifischen Ethik, die sich regelmäßig mit **neuartigen Handlungsfeldern** befasst, gilt überdies, dass auch beurteilungsrelevante empirische Annahmen oft mehr oder weniger kontrovers sind. Daraus folgt, dass eine wissenschaftlich vertretbare bereichsethische Beratung am ehesten in der **interdisziplinären Zusammenarbeit** zwischen Moralphilosophie und den jeweils relevanten empirischen Disziplinen erfolgen kann (vgl. Düwell 2008, S. 5 ff.).

9.5.4 | Situationshermeneutik als Beitrag zur ethischen Orientierung

Ethische Situationshermeneutik: Die Zusammenarbeit einzelner Disziplinen kann sich nicht darin erschöpfen, empirische und normative Elemente wie Bausteine zusammenzutragen, die nachträglich zusammengefügt werden. Das lässt sich wie folgt verdeutlichen: Ein wesentliches Element ethischen Urteilens über Situationen oder Situationstypen liegt in der interpretierenden Problemerschließung. Die moralisch relevanten Aspekte der Situation müssen – so scheint es – zunächst als solche wahrgenommen werden, ehe situationsethische Fragen gestellt, in empirische und normative Aspekte zerlegt und abgearbeitet werden können. In Wahrheit impliziert jedoch schon die vermeintlich nur vorbereitende Situationserschließung immer schon einen vorläufigen und eventuell nur impliziten Urteilsprozess, der normative und empirische Einschätzungen aufeinander bezieht. Nur im Licht normativer Vorannahmen heben sich bestimmte Beobachtungen vom belanglosen Hintergrund ab und werden bestimmte empirische Fragen bedeutsam; nur bestimmte Beobachtungen und empirische Vorannahmen berechtigen zu der Vermutung, dass ein bestimmter moralisch relevanter Fall vorliegen könnte. Mehr noch: Auch die Hoffnung, nach erfolgter Situationsinterpretation normative und empirische Fragen gesondert abarbeiten zu können, ist meist trügerisch. Denn in aller Regel bringen neue oder spezifischere Sacheinsichten wiederum weitere normative Fragen hervor und verlangen neue oder präzisierte normative Erkenntnisse für weiteren empirischen Klärungsbedarf. Die interdisziplinäre Zusammenarbeit, die für bereichsethische Diskurse kennzeichnend ist, vollzieht sich daher in der Regel als ein **iterativer Prozess**, in dem empirische und normativ-ethische Fragen und Erkenntnisse immer wieder aufeinander bezogen werden müssen. Dieser Dialog setzt auf beiden Seiten Übersetzungskompetenzen voraus.

Zusammenspiel von empirischen und normativen Annahmen

Ethische Sensibilität: Zu betonen ist schließlich, dass ethische Situationshermeneutik nicht als rein kognitives Vermögen verstanden werden kann. Sie setzt eine moralische Sensibilität voraus, die ohne leibliche Erfahrung und das Vermögen der einfühlenden Imagination nicht denkbar ist. Man muss nicht selbst ›am eigenen Leibe‹ erfahren haben, was Demütigung, Schmerz oder Todesangst bedeuten, um die moralische Bedeutung einer Situation erschließen zu können, in der eine Gruppe Jugendlicher einen der ihren missbraucht (vgl. Musil 1906) oder sich anschickt, eine Katze zu verbrennen (das Beispiel stammt von Harman 1977, S. 4 ff.; vgl. dazu Elias 1976, Bd. 1, S. 375). Man muss dazu jedoch imstande sein, sich diese Erfahrungen zumindest ansatzweise zu vergegenwärtigen. Aufgrund der Rolle sinnlicher Wahrnehmungsqualitäten kann ethische Sensibilität auch nicht allein durch rationale Bemühungen hergestellt werden. Vielmehr muss sie auch durch die authentische Verarbeitung wacher Erfahrungen ästhetisch geschult werden. Die zentrale Rolle der Literatur für die moralische Bildung wird von den Vertreterinnen und Vertretern der **narrativen Ethik** zu Recht hervorgehoben.

Siglenverzeichnis
AA – Akademieausgabe (Kant 1902 ff.)
GMS – Grundlegung zur Metaphysik der Sitten (Kant, AA, IV, S. 385–463)
PU – Philosophische Untersuchungen (Wittgenstein 1984, Bd. 1, S. 225–618)

Zitierte und weiterführende Literatur
Aristoteles: Werke in deutscher Übersetzung. Berlin 1956 ff.
Beauchamp, Tom L./Childress James F.: Principles of Biomedical Ethics. New York/Oxford ⁷2013.
Birnbacher, Dieter: Analytische Einführung in die Ethik. Berlin/New York ³2013.
Brune, Jens P.: Moral und Recht: Zur Diskurstheorie des Rechts und der Demokratie von Jürgen Habermas. Freiburg i. Br. 2010.
Carson, Thomas: »Golden Rule«. In: LaFollette, Hugh (Hrsg.): The International Encyclopedia of Ethics. Malden MA 2013.
Clarke, Stanley G./Simpson, Evan: Anti-Theory in Ethics and Moral Conservatism. New York 1989.
Colby, Anne/Kohlberg, Lawrence: The Measurement of Moral Judgment. Cambridge 2011.
Darwall, Stephen L.: The Second-Person Standpoint: Morality, Respect, and Accountability. Cambridge MA/London 2006.
Descartes, René: Discours de la méthode – Von der Methode des richtigen Vernunftgebrauchs und der wissenschaftlichen Forschung. Hamburg ²1997 [EA anonym, Leyden 1637].
Düwell, Marcus: Bioethik: Methoden, Theorien und Bereiche. Stuttgart 2008.
Elias, Norbert: Über den Prozeß der Zivilisation. Zwei Bände. Frankfurt a. M. 1976.
Forst, Rainer: Das Recht auf Rechtfertigung: Elemente einer konstruktivistischen Theorie der Gerechtigkeit. Frankfurt a. M. 2007.
Fotion, Nick: Theory versus Anti-Theory in Ethics: A Misconceived Conflict. Oxford/New York 2014.
Gert, Bernard: Morality: Its Nature and Justification. New York/Oxford 1998.
Habermas, Jürgen: Theorie des kommunikativen Handelns. 2 Bände. Frankfurt a. M. 1981.
Habermas, Jürgen: Moralbewusstsein und kommunikatives Handeln. Frankfurt a. M. 1983.
Habermas, Jürgen: Erläuterungen zur Diskursethik. Frankfurt a. M. 1991.
Habermas, Jürgen: Faktizität und Geltung: Beiträge zur Diskurstheorie des Rechts und des demokratischen Rechtsstaats. Frankfurt a. M. 1992.
Habermas, Jürgen: »Eine genealogische Betrachtung zum kognitiven Gehalt des Sollens«. In: Ders.: Die Einbeziehung des Anderen: Studien zur politischen Philosophie. Frankfurt a. M. 1996, S. 11–64.
Harman, Gilbert: The Nature of Morality: An Introduction to Ethics. Oxford 1977.
Hubig, Christoph: Die Kunst des Möglichen, Bd. 2: Ethik der Technik als provisorische Moral. Bielefeld 2007.
Hubig, Christoph/Luckner, Andreas: »Klugheitsethik/Provisorische Moral«. In: Grunwald, Armin (Hrsg.): Handbuch Technikethik. Stuttgart 2013, S. 148–153.
Jay, William: The Life of John Jay: With Selections from His Correspondence. New York 1833.
Kant, Immanuel: Gesammelte Schriften. Hrsg. von der Königlich Preußischen Akademie der Wissenschaften. Berlin 1902 ff.
Kitcher, Philip: The Ethical Project. Cambridge/London 2011.
Levinas, Emmanuel: Totalität und Unendlichkeit: Versuch über die Exteriorität. Freiburg i. Br./München 1987.
Levinas, Emmanuel: Humanismus des anderen Menschen. Hamburg 1989.
Mackie, John L.: Ethics: Inventing Right and Wrong. Harmondsworth 1977.
Margalit, Avishai: The Decent Society. Cambridge 1996.

Marshall, John: Descartes's Moral Theory. Ithaca/London 2018.
McMahon, Christopher: Reasonable Disagreement: A Theory of Political Morality. Cambridge/New York 2009.
Merton, Robert K.: The Sociology of Science: Theoretical and Empirical Investigations. Chicago 1973.
Mill, John St.: Collected Works. Toronto 1963 ff.
Multatuli: Ideën. Amsterdam 1877.
Musil, Robert: Die Verwirrungen des Zöglings Törleß. Wien/Leipzig 1906.
Nagel, Thomas: The View from Nowhere. Oxford/New York 1986.
Peirce, Charles S.: Collected Papers. Cambridge 1931 ff.
Perler, Dominik: René Descartes. München 1998.
Prichard, Harold A.: »Does Moral Philosophy Rest on a Mistake?« In: Mind 21/81 (1912), S. 21–37.
Rawls, John: Kantian Constructivism in Moral Theory. In: The Journal of Philosophy 77 (1980), S. 515–572.
Rawls, John: Political Liberalism. New York 1993.
Ricken, Friedo: Allgemeine Ethik. Stuttgart u. a. ^{5}2013.
Ross, David: The Right and the Good [1930]. Oxford 2009.
Scanlon, Thomas M.: What We Owe to Each Other. Cambridge/London 1998.
Scanlon, Thomas M.: Being Realistic About Reasons. Oxford/New York 2014.
Schopenhauer, Arthur: Sämtliche Werke. Hrsg. von Arthur Hübscher. Mannheim ^{4}1988.
Singer, Peter A.: The Expanding Circle: Ethics, Evolution, and Moral Progress. Princeton 2011.
Smith, Michael A.: The Moral Problem. Oxford/Cambridge 1994.
Weber, Max: Gesammelte Politische Schriften. Tübingen 1988.
Wimmer, Reiner: Universalisierung in der Ethik: Analyse, Kritik und Rekonstruktion ethischer Rationalitätsansprüche. Frankfurt a. M. 1980.
Wittgenstein, Ludwig: Werkausgabe in acht Bänden. Frankfurt a. M. 1984.
Zizek, Boris/Garz, Detlef/Nowak, Ewa (Hrsg.): Kohlberg Revisited. Rotterdam 2015.

Open Access Dieses Kapitel wird unter der Creative Commons Namensnennung 4.0 International Lizenz (http://creativecommons.org/licenses/by/4.0/deed.de) veröffentlicht, welche die Nutzung, Vervielfältigung, Bearbeitung, Verbreitung und Wiedergabe in jeglichem Medium und Format erlaubt, sofern Sie den/die ursprünglichen Autor(en) und die Quelle ordnungsgemäß nennen, einen Link zur Creative Commons Lizenz beifügen und angeben, ob Änderungen vorgenommen wurden.

Die in diesem Kapitel enthaltenen Bilder und sonstiges Drittmaterial unterliegen ebenfalls der genannten Creative Commons Lizenz, sofern sich aus der Abbildungslegende nichts anderes ergibt. Sofern das betreffende Material nicht unter der genannten Creative Commons Lizenz steht und die betreffende Handlung nicht nach gesetzlichen Vorschriften erlaubt ist, ist für die oben aufgeführten Weiterverwendungen des Materials die Einwilligung des jeweiligen Rechteinhabers einzuholen.

10 Ethik im Kontext normativer Subsysteme

Normativität sozialer Institutionen: Der Pluralismus normativ-ethischer Theorien ist nicht der einzig mögliche Grund für Unzufriedenheit mit der Moralphilosophie. Man mag auch befürchten, dass die Antworten auf moralische Gegenwartsfragen, die sich aus moralphilosophischen Theorien ableiten lassen, letztlich trivial oder unterkomplex sind. Die Befürchtung liegt nahe, wenn man (wie bislang in diesem Lehrbuch) nur Ansätze der **allgemeinen Ethik** und nicht auch der **bereichsspezifischen Ethik** in den Blick nimmt. Sie liegt jedoch auch deshalb nahe, weil die Praxisbereiche moderner Gesellschaften immer schon normativ vorstrukturiert sind. Wir alle agieren in einem komplexen Gefüge von sozialen Institutionen und Funktionssystemen, die durch Arbeitsteilung und die Ausdifferenzierung sozialer Rollen und Zuständigkeiten geprägt sind. Moralische Normen und Werte sind in diesen sozialen Gebilden bereits in vielfältiger Weise auskristallisiert. Daraus lässt sich zwar sicher nicht folgern, dass wir das Projekt vernünftiger Moralreflexion aufgeben und uns blind der Weisheit hergebrachter Institutionen oder der normativen Eigenlogik sozialer Systeme anvertrauen sollten. Wohl aber lässt sich folgern, dass Moralphilosophie der Komplexität moderner Gesellschaften und ihrer Subsysteme angemessen Rechnung tragen muss. Dabei muss sie auch ihre eigene Rolle im Gefüge bestehender gesellschaftlicher Strukturen kritisch reflektieren.

Auskristallisierte Sozialmoral

> **Bereichsethiken oder bereichsspezifische Ethiken** werden systematische Versuche genannt, begründete Antworten auf praktische Fragen zu gewinnen, die sich in **spezifischen Handlungsfeldern** wie beispielsweise der medizinischen Praxis, der Wissenschaftspraxis, der Technikentwicklung, dem politischen oder wirtschaftlichen Handeln, dem Umgang mit der natürlichen Umwelt oder der Gestaltung und Nutzung von Mediensystemen und Medieninhalten ergeben. In demselben Sinn wird häufig auch von *angewandter* Ethik gesprochen. Allerdings werden in der Ethik Prinzipien niemals einfach ›angewandt‹, sondern immer auch Begründungen gesucht (und sei es auch nur für Situationsinterpretationen oder für Abwägungen zwischen vorausgesetzten Prinzipien). Der Ausdruck *bereichsspezifische* Ethik erscheint daher treffender.

Definition

Sozialmoral und Privatmoral: Im zweiten Teil dieses Lehrbuchs wurden klassische Positionen der Moralphilosophie vorgestellt, die auch für die aktuellen ethischen Diskussionen von Bedeutung sind. Deutlich geworden ist dabei, dass sich mit der Entwicklung der Moralphilosophie von der Vorsokratik bis zu John Rawls auch der Gegenstand ethischer Reflexion gewandelt hat. Betrachtet man die Vielzahl bereichsspezifischer Ethiken, die im folgenden Kapitel vorgestellt werden (siehe Kap. 11), scheint sich der Gegenstand der Moralphilosophie zudem zu einer Mehrzahl von Gegenständen vervielfältigt zu haben. Im Rahmen der klassischen eudaimonistischen Tugendethiken, wie sie von Aristoteles oder den Philosophen der Stoa entwickelt worden sind, werden Fragen der moralischen Gerechtigkeit noch nicht klar von Fragen des guten Lebens unterschieden. Vielmehr werden sie als Teilproblem einer umfassenderen Frage nach dem guten, vollkommenen und glücklichen Leben betrachtet (siehe Kap. 2). Die mit der Weiterentwicklung des ethischen Diskurses deutlicher betonte Unterscheidung zwischen glücksethischen und gerechtigkeitsethischen Fragen hat eine Grundlage in dem normenlogischen Unterschied zwischen strebensethischen und sollensethischen Konzepten:

- Die **Strebensethik** bemüht sich um die Begründung von **Ratschlägen**, die uns helfen sollen, unsere Lebensziele besser zu begreifen und sie in einen vernünftigen Lebensplan einzubetten.
- Die **Sollensethik** bemüht sich hingegen um die Begründung von **Verhaltensnormen**, deren Einhaltung von Moralsubjekten verlangt werden kann.

Individualisierung Die zunehmende Aufmerksamkeit für die Differenz zwischen strebens- und sollensethischen Fragen spiegelt jedoch auch eine historische Entwicklung, in deren Verlauf die Sorge für das eigene Lebensglück, die eigene Vollkommenheit, das eigene Seelenheil zunehmend individualisiert oder jedenfalls in die Zuständigkeit nicht-staatlicher Akteure verwiesen wird; etwa in die Zuständigkeit von Konfessionsgemeinschaften und anderen ›weltanschaulichen‹ Gruppen. Entsprechend wird heute manchmal zwischen Fragen der Privatmoral und der Sozialmoral unterschieden – soweit nicht Fragen des eigenen guten Lebens gleich ganz aus dem Bereich der Moral ausgeklammert werden (vgl. die in Kap. 1 vorgestellte Moraldefinition Bernard Gerts).

Deutungsmöglichkeiten: In früheren Gesellschaftsformen sind Moral, Konvention und Recht nicht deutlich voneinander geschieden. Organismische Gesellschaftsmodelle, denen zufolge gesellschaftliche Institutionen ihre Basis in der menschlichen Natur haben, legen es nahe, soziale Normen als Resultate einer naturwüchsigen Entwicklung zu betrachten. In diesem Rahmen ist die Erfahrung, dass die Normensysteme verschiedener Gesellschaften nicht völlig identisch sind, irritierend und erklärungsbedürftig (siehe Kap. 2). Irritierend ist diese Erfahrung allerdings nur in dem Maß, in dem sie die Erwartung enttäuscht, dass soziale Normensysteme eine universelle sittliche Natur abbilden. Statt die Annahme der Existenz einer universell gültigen Moral auch angesichts eines faktischen Pluralismus auf ganzer Linie zu verteidigen, lässt sich jene Erwartung auch abschwächen, indem man gesellschaftliche Normensysteme gänzlich oder teilweise als kontextrelativ versteht. Akzeptiert man, dass die Gültigkeit sozialer Normen zumindest in einem gewissen Umfang von politischen Entscheidungen, von Umweltbedingungen und von kulturellen Traditionen abhängig ist, verliert die Pluralismuserfahrung ihren schockierenden Charakter. Für das westliche Denken bleibt diesbezüglich bis in die Neuzeit **Aristoteles' Kompromissvorschlag** bestimmend. Danach umfasst das Recht sowohl gemeinschaftsrelative als auch universelle, in der Natur begründete Normen (NE, 1134b18 ff.; siehe Kap. 2.2).

> **Positives Recht** ist das gesetzte, von einer mit legislativer Autorität ausgestatteten Institution verabschiedete Recht.
> **Naturrecht** kann in einem weiteren und in einem engeren Sinn verstanden werden. In der weiteren Bedeutung ist Naturrecht (in den Worten Max Webers) »der Inbegriff der unabhängig von allem positiven Recht und ihm gegenüber präeminent geltenden Normen, welche ihre Dignität nicht von willkürlicher Satzung zu Lehen tragen, sondern umgekehrt deren Verpflichtungsgewalt erst legitimieren« (Weber 1980, S. 497). Im engeren Sinne impliziert der Naturrechtsbegriff, dass die vorpositiven Normen aus einem Verständnis der (menschlichen) Natur gewonnen werden; etwa auf der Basis einer essentialistischen Ontologie und teleologischen Naturphilosophie.
> **Vernunftrechtstheorien** versuchen vorpositive (d. h. im *weiten* Sinne naturrechtliche) Rechtsnormen oder -prinzipien unter Verzicht auf metaphysisch-naturphilosophische Annahmen vernünftig zu rechtfertigen.

Definition

Positivierung des Rechts: Wie bereits dargestellt, führen in der Neuzeit wissenschaftliche, kulturelle und gesellschaftliche Entwicklungen dazu, dass im engeren Sinne **naturrechtliche** Begründungen universeller Normen zunehmend durch **vernunftrechtliche** Begründungen abgelöst werden (siehe Kap. 3.1). Einige derselben Entwicklungen – vor allem die durch die Reformation realpolitisch und ideologisch beschleunigte Entkopplung von Staat und Religion (vgl. Martin Luthers ›Zwei-Reiche-Lehre‹) – führen außerdem zu einer Verschiebung der Grenzen zwischen dem als natur- oder vernunftbegründet betrachteten ›ewigen Recht‹ und dem als positiv, lediglich satzungs- oder autoritätsbegründet verstandenen Recht. Der als natur- bzw. vernunftrechtlich betrachtete Gehalt des Rechts wird tendenziell enger gefasst. Thomas Hobbes' politische Ethik (siehe Kap. 3) illustriert diese Tendenz auf radikale Weise: Außer durch das minimale Recht auf individuellen Widerstand gegen solche staatliche Maßnahmen, die unmittelbar die eigene körperliche Unversehrtheit oder Bewegungsfreiheit bedrohen, ist die Autorität des staatlichen Souveräns durch keinerlei vorpositive Normen eingeschränkt. Vielmehr legt in Anbetracht der konfliktträchtigen Natur des Menschen gerade die Vernunft eine weitreichende Positivierung des Rechts nahe. Die Position des »Monsters von Malmsbury« (siehe den Beginn von Kap. 4) stellt freilich eine Extremform dar, die in späteren Ansätzen der Rechtstheorie und der politischen Philosophie zunächst vielfach wieder abgeschwächt wird, bevor moderne Formen des **Rechtspositivismus** natur- oder vernunftrechtliche Elemente teils ganz aus dem positiven Recht zu eliminieren versuchen. Ob das positive Recht tatsächlich gänzlich unabhängig von vorpositiven Normen konzipiert werden kann, wird weiterhin kontrovers diskutiert (vgl. für den Rechtspositivismus Kelsen 1960; Hart 1961; Hoerster 2013; Kramer 2003; kritisch Dworkin 1977; Alexy 2016; Habermas

1992; Brune 2010). Dabei steht auch die Frage im Raum, ob alle aktuellen Positionen eindeutig einer der beiden hergebrachten Kategorien zuzuordnen sind oder ob einige davon nicht eher einen ›dritten Weg‹ darstellen (im Fall der Diskurstheorie des Rechts beispielsweise deshalb, weil auch die hier angenommenen vorpositiven Bindungen des Rechts primär prozeduraler Art sind).

Überlappung von Moral- und Rechtsnormen

Moral, Recht und Ethik: Diese rechtsphilosophischen Diskussionen sind an dieser Stelle weniger von Interesse. Wichtig ist hingegen ein Umstand, der von allen rechtsphilosophischen Positionen (einschließlich des Rechtspositivismus) anerkannt wird: Hinsichtlich ihres Inhalts überlappen sich Rechtsnormen vielfach mit den in der betreffenden Gesellschaft anerkannten moralischen Normen. Zwei Gründe für diese Überlappung zwischen Moral- und Rechtsnormen sind offenkundig: Einerseits werden Rechtsnormen von Gesetzgeber/innen statuiert, die selbst bestimmte moralische Auffassungen teilen. Andererseits üben die in Rechtsnormen verkörperten Wert- bzw. Unwerturteile ihrerseits Einfluss auf die moralischen Einstellungen der Bürger/innen aus. Die inhaltliche Überlappung von Moral- und Rechtsnormen bedeutet keine Identität von Recht und Moral. Sie ist jedoch ein hinreichender Grund für den Versuch, das Verhältnis zwischen Moral und Recht genauer zu bestimmen. Anderenfalls bleibt auch die Rolle der Ethik im Rechtsstaat unklar. Denn diesbezüglich drängen sich zumindest zwei Überlegungen auf:

1. Soweit wir Ethik als philosophische Reflexion auf Moral verstehen und wenn Recht und Moral einander zumindest im Hinblick auf ihre Norminhalte überlappen, muss Ethik – in Form der Rechtsethik – insoweit auch das Recht als Teil ihres **Gegenstands** betrachten.
2. Soweit wir normative Ethik zudem als Versuch verstehen, Einstellungen, Handlungsmotive und tatsächliches Verhalten von Menschen durch Argumente und Begründungen zu beeinflussen, befindet sich Ethik überdies in **Konkurrenz** mit dem Recht. Ethik und Recht erscheinen insoweit als alternative Institutionen der Regulierung menschlichen Verhaltens.

Wie also lässt sich das Verhältnis zwischen Moral und Recht genauer bestimmen?

Geltungsbasis: Recht und Moral unterscheiden sich hinsichtlich ihrer Geltungsbasis, und zwar auch dort, wo ihr Inhalt identisch ist. Eine Formulierung wie »Du darfst nicht aus Habgier einen anderen Menschen töten!« kann ebenso eine rechtliche wie eine moralische Verbotsnorm ausdrücken. Die Sprecherin bzw. der Sprecher kann damit einerseits behaupten, dass die betreffende Norm Bestandteil des rechtlichen Normensystems ist, das im betreffenden Kontext gilt (z. B. weil sie aus § 211 StGB zu folgern ist). Andererseits kann sie damit ihre Überzeugung ausdrücken, dass es moralisch (z. B. in Kants Sinne *kategorisch*) verboten ist, aus Habgier zu töten. Eine solche Überzeugung mag auf unterschiedlichen Moralverständnissen und moralischen Theorien oder Argumenten basieren, die aus ethischer Sicht wiederum als plausibel oder unplausibel, berechtigt oder unberechtigt beurteilt werden können. Sie kann also entweder nur im empirisch-soziologischen Sinn als »moralische« Auffassung (im Unterschied zu einer nicht-moralischen Auffassung) oder (ggf. zusätzlich) als rational nachvollziehbares Bekenntnis zur tatsächlich gültigen Moral, als *moralisches Urteil*, begriffen werden.

Erzwingbarkeit: Die Ausdifferenzierung von Moral und Recht geht einher mit der Etablierung des staatlichen Gewaltmonopols, das ältere Mittel der Rechtsdurchsetzung (z. B. Fehde) ablöst. Die Einhaltung von Rechtsnormen kann durch **staatliche Zwangsmaßnahmen** (bzw. deren Androhung) gestützt werden. In modernen Rechtsstaaten wird die Einhaltung moralischer Normen dagegen, außer durch den »zwanglose[n] Zwang des besseren Arguments« (Habermas 1996, S. 53), ›nur‹ durch informelle Sanktionen wie Lob und Anerkennung oder soziale Missbilligung unterstützt. Die Tatsache, dass die Durchsetzung von Rechtsnormen wesentlich auf den durch das staatliche Gewaltmonopol ausgeübten Zwang gestützt ist, hat auch Konsequenzen für die möglichen Inhalte dieser Normen. Gilt für den Inhalt moralischer Normen, dass Sollen Können voraussetzt, so dass nichts als moralisch geboten gelten kann, was jenseits der Handlungsmöglichkeiten moralischer Akteure liegt, so gilt für Rechtsnormen zudem, dass ihre Befolgung grundsätzlich erzwingbar sein muss und dass der dafür notwendige Rechtszwang im angemessenen Verhältnis zu der zu verhindernden Rechtsverletzung stehen sollte.

Verhalten und Einstellung: Dies ist einer der Gründe dafür, dass sich im Recht nur ein Teilbereich der moralisch relevanten Inhalte wiederfindet. Für die moralische Beurteilung von Personen und deren Handlungen sind innere Einstellungen und Motive entscheidend. Einstellungen und Motive sind jedoch als solche nicht erzwingbar. Erzwingbar ist nur die **Normenkonformität des äußeren Verhaltens**. Entsprechend liegt hier der wesentliche Regelungsbereich des Rechts. Lediglich bei Verstößen gegen Normen des äußeren Verhaltens kommen im Recht auch Differenzierungen im Hinblick auf die Handlungsmotivation zum Tragen, etwa bei der Beurteilung der Zurechenbarkeit oder der Schwere der Schuld.

Grundrechte als Minimalmoral: Wesentlich für die Rechtsauffassung liberaler und demokratischer Rechtsstaaten ist überdies die Vorstellung, dass die Funktion des Rechts in erster Linie in der Sicherung von Freiheitsspielräumen liegt. Diese Spielräume sollen Bürgerinnen und Bürgern zweierlei ermöglichen: Zum einen sollen sie ihre jeweiligen Vorstellungen des guten Lebens im Rahmen ihrer individuellen Selbstbestimmung realisieren können. Zum anderen sollen sie ihre Vorstellungen eines guten Gemeinschaftslebens auch durch die Nutzung ihrer politischen Mitwirkungsrechte auf faire und vernünftige Weise zur Geltung zu bringen. Entsprechend lässt sich das deutsche **Grundgesetz als Werteordnung** verstehen, die eine am Prinzip der Menschenwürde orientierte, liberale, demokratische und sozialstaatliche minimale Sozialmoral ausdrückt. Weltanschaulich begründete Moralsysteme, aber auch manche Theorien normativer Ethik, regulieren überdies Inhalte oder geben Empfehlungen, die über diese grundgesetzlich ausformulierte Minimalmoral hinausgehen.

Sicherung von Freiheitsspielräumen

Rechtmäßigkeit und moralische Vorbildlichkeit: Das Recht gibt sich zudem nicht nur insofern mit normkonformem Verhalten zufrieden, dass es nicht weiter nach dem Grund der Normkonformität fragt. Es fragt auch nicht nach normkonformem und vorbildlichem Verhalten. Die meisten Moralsysteme und ethischen Theorien sehen demgegenüber Raum für sogenannte **supererogatorische Handlungen** vor. Dies sind Handlungen, die in einer moralisch wünschenswerten Weise über dasjenige hinausgehen, was wir von Akteurinnen oder Akteuren moralisch *einfordern* können. Wer rechtliche Normen einhält, handelt nicht notwendigerweise im Rahmen des moralisch Gebotenen. Selbst wenn sie/er das moralisch Gebotene tut, mag ihr/sein Handeln jedoch noch nicht moralisch vorbildlich sein.

Effiziente soziale Kooperation

Koordinationsfunktion des Rechts: Sind einerseits viele Inhalte Gegenstand moralischer Bewertung, die nicht rechtlich reguliert sind, so enthält das Recht andererseits auch zahlreiche Regelungen, die für sich genommen **moralisch indifferent** sind. So kann man sich unterschiedliche Bedingungen für das Zustandekommen eines gültigen Kaufvertrages vorstellen, die gleichermaßen moralisch akzeptabel sind. Gleichzeitig ist das reibungslose Funktionieren von Kauftransaktionen davon abhängig, dass überhaupt klare Kriterien für den Abschluss von Kaufverträgen vorliegen, dass sie allseits bekannt sind und möglichst allgemein berücksichtigt werden. Eine rechtliche Festlegung der Bedingungen für das Zustandekommen gültiger Kaufverträge liegt daher im allgemeinen Interesse. Die rechtliche Regulierung von an sich moralisch indifferenten Handlungen hat hier (wie in vielen vergleichbaren Fällen) die Funktion, eine effiziente soziale Kooperation zu ermöglichen. Soweit diese Kooperation wiederum auch moralisch wünschenswert ist, sind entsprechende Regulierungen indirekt auch moralisch relevant und ist ihre Einhaltung auch moralisch geboten. (Diese Überlegung ist analog der humeschen Begründung der von ihm so genannten künstlichen Tugenden, siehe Kap. 4.2).

Generalisierung im Recht: Das Recht kann seine Koordinationsfunktion nur in dem Maße ausüben, als die Rechtsnormen in hinreichend klarer und einfacher Form vorliegen. Dies erzwingt Generalisierungen, die wiederum zur Folge haben, dass – auch bei Ausschöpfung der Interpretationsspielräume durch Gerichte – die Anwendung von Rechtsnormen im Einzelfall unangemessen oder ungerecht erscheinen kann, ohne damit zwangsläufig schon als Rechtsanwendung illegitim zu sein. Weil der Koordinationsfunktion des positiven Rechts ein hoher moralischer Wert zukommt, erscheinen im Einzelfall auch moralische Härten als zumutbar, die sich aus der notwendigen Generalisierung von Rechtsnormen ergeben. Die moralische Beurteilung hingegen zielt prinzipiell auf **Einzelfallgerechtigkeit** ab, erfordert also grundsätzlich die umfassende Berücksichtigung aller moralisch relevanten Besonderheiten des spezifischen Falles.

Ziviler Ungehorsam

Vorrang der Moral: Dass Recht und Moral inhaltlich nicht deckungsgleich sind und dass aufgrund des generalisierenden Charakters von Rechtsnormen auch in Grenzfällen Konflikte zwischen dem rechtlich und moralisch Richtigen möglich sind, wurde bereits festgestellt. Sind Abweichungen zwischen Recht und Moral in solchen Fällen aus ethischer Sicht immer hinzunehmen – hat das Recht also grundsätzlichen Vorrang? Und wie steht es, wenn Ungerechtigkeiten nicht nur durch die Anwendung grundsätzlich akzeptabler aber generalisierender Normen entstehen, sondern Gesetze als solche im Widerspruch zu moralischen Normen – gemeint ist: zu ethisch gerechtfertigten Normen der Sozialmoral – stehen? Wie schon in der Einleitung angedeutet, gehen die meisten ethischen Theorien davon aus, dass moralischen Normen hier Priorität zukommt – mehr noch: Dass es zum *Begriff* moralischer Normen gehört, gegenüber nicht-moralischen Normen vorrangig zu sein. Das Handeln von Individuen ebenso wie das staatlicher Institutionen muss letztlich moralisch akzeptabel sein. Gegenüber unmoralischen Gesetzen oder angesichts unerträglicher Härten bei der Rechtsanwendung kann aus ethischer Sicht ein moralisches Recht auf oder gar eine Pflicht zum zivilen Ungehorsam, zur Befehlsverweigerung oder zum Widerstand gegeben sein. Dies ist aber keineswegs schon bei *jeder* Abweichung zwischen Recht und Moral der Fall. Vielmehr ist die Rechtseinhaltung auch unabhängig vom spezifischen Inhalt eines Gesetzes *prima facie* moralisch geboten, denn aus ethischer Sicht stellen Rechtssicherheit und gesellschaftlicher Frieden einen hohen Wert dar. Ethische Theorien des Widerstandsrechts beinhalten daher Kriterien für die Abwägung zwischen den moralischen (*Prima-facie-*)Gründen für und gegen verschiedene Optionen der Rechtseinhaltung, des Ungehorsams oder Widerstands. Darüber hinaus suchen sie nach Möglichkeiten, die negativen Nebenfolgen von zivilem Ungehorsam oder Widerstand gegenüber rechtmäßig zustande gekommenen Gesetzen zu minimieren – beispielsweise dadurch, dass diejenigen, die aus moralischen Gründen Ungehorsam oder Widerstand gegenüber dem positiven Recht ausüben, sich bewusst den rechtlichen Konsequenzen für die eigene Person aussetzen, indem sie sich selbst anzeigen und nicht etwa versuchen, sich ihnen durch Verschleierung oder Flucht zu entziehen. Auch dort, wo moralwidrige Aspekte des Rechtssystems nicht so schwerwiegend sind, dass Ungehorsam oder Widerstand gerechtfertigt scheinen, können sie aus ethischer Sicht häufig Grund für eine **moralische Pflicht zum bürgerlichen Engagement** sein, das auf eine Weiterentwicklung rechtlicher Normen zielt.

Arbeitsteilung und Grauzonen: Die vorangehenden Überlegungen bestätigen und präzisieren die beiden Ausgangsannahmen zum allgemeinen Verhältnis zwischen Ethik und Recht:

1. Das Recht ist, ebenso wie alle anderen gesellschaftlichen Institutionen, Gegenstand der ethischen Beurteilung. Die Legitimität positiver Gesetze kann moralisch hinterfragt werden.
2. Es können sich Spannungen ergeben, in denen rechtliche und moralische Pflichten miteinander kollidieren. Im Rahmen solcher Kollisionen beansprucht die Ethik (nach Auffassung der meisten Ethiker/innen) grundsätzlich Vorrang (siehe Kap. 1). Zugleich gilt jedoch, dass gesellschaftlichem Frieden und Rechtssicherheit ein sehr großes moralisches Gewicht zukommt, das gegebenenfalls gegen andere moralische Güter abgewogen werden muss.

Verhältnis zwischen Ethik und Recht

Sichtbar geworden sind darüber hinaus allgemeine Konturen einer Arbeitsteilung zwischen Ethik und Recht, wo beide nicht in Spannung zueinander stehen und die Legitimität des Rechts unstrittig ist:
1. Das Recht umfasst zahlreiche Festlegungen, die als solche **moralisch**

Arbeitsteilung zwischen Ethik und Recht

indifferent, im Interesse der sozialen Kooperation aber notwendig sind (Beispiel Kaufvertrag).
2. Im modernen Rechtsstaat leistet das Recht einen wesentlichen Beitrag zur gesellschaftlichen **Koordination** durch kodifizierte generelle Normen. Ethische Überlegungen, die nicht auf ein verbindliches System kodifizierter Normen festgelegt sind, messen der **Einzelfallgerechtigkeit** größeres Gewicht bei.
3. Zahlreiche Ansätze philosophischer Ethik beschäftigen sich auch mit solchen **Fragen des individuellen guten Lebens**, die nicht rechtlich geregelt werden können, ohne in den Bereich der freien individuellen Selbstbestimmung, der Weltanschauungs- oder Gewissensfreiheit einzugreifen.
4. Ethik begnügt sich üblicherweise nicht mit der Normkonformität des äußeren Verhaltens, sondern versucht **Haltungen, Einstellungen und Handlungsmotive** zu beeinflussen.
5. Anders als das Recht beschränkt sich Ethik nicht mit der Festlegung einer **Minimalmoral**, und erst recht nicht mit der Regulierung des durch Sanktionen **Erzwingbaren**; vielmehr sucht sie auch nach Standards **vorbildlichen** Handelns.
6. Ethik sucht nach Orientierung, **wo rechtliche Regelungen fehlen**, z. B. weil gesellschaftliche Kontroversen oder die mit einer gesetzlichen Regelung verbundenen ›Kosten‹ keine rechtlichen Regelungen ermöglicht haben oder weil soziokulturelle oder technische Entwicklungen in der Gesetzgebung noch nicht berücksichtigt werden konnten.
7. Gesellschaftliche Moral und ethische Prinzipien üben u. a. **Einfluss auf das Recht** aus
    a) durch die in den **Grundrechten** ausgedrückte Werteordnung,
    b) durch den von der gesellschaftlichen Moral mitgeprägten **Gesetzgebungsprozess**,
    c) durch moralisch gehaltvolle **Rechtskonzepte** (z. B. »gute Sitten«, »öffentliche Ordnung«, »Heimtücke« etc.),
    d) durch eine **Prozeduralisierung des Rechts**, die ethischen Expert/innengremien Entscheidungskompetenzen zuweist.

Bereichsethiken: Der letztgenannte Punkt verdient besondere Beachtung. Vor allem in Praxisfeldern, die einer raschen Transformation durch wissenschaftlich-technische Entwicklungen unterworfen waren, haben sich bereichsspezifische Ethiken herauskristallisiert. In manchen Fällen, am deutlichsten im Bereich der Medizin- und Bioethik, ansatzweise auch im Bereich der Wirtschafts- und Technikethik, haben sich auch ethische Beratungsgremien entwickelt, deren Entscheidungen teils unmittelbar rechtliche Bedeutung haben. Letzteres trifft etwa auf Entscheidungen von Ethikkommissionen zu, die medizinische Forschung im Rahmen des Arzneimittel- oder Medizinproduktegesetzes bewerten. In solchen Zusammenhängen, in denen **Ethik als konkrete Beratungsdienstleistung** betrieben wird, ergeben sich auch Grauzonen hinsichtlich der Arbeitsteilung zwischen Ethik und Recht. Statt materieller Rechtsnormen werden hier prozedurale rechtliche Anforderungen an die ethische Beratung und

Entscheidungsfindung festgelegt. Im Rahmen der Beratung fließen dann ethische und professionsethische Kriterien in Bewertungen ein, die ihrerseits rechtlich bedeutsam sind. Was aus der Perspektive des Rechts als **Prozeduralisierung**, als Aufweichung und Öffnung des Rechts für ethische Argumente erscheint, wird aus Sicht der philosophischen Ethik potentiell als **Verrechtlichung** ethischer Überlegungen gesehen. Denn Ethikexpert/innen können in solchen Fällen nicht nur Argumente abwägen. Vielmehr müssen sie unter Zeitdruck *Entscheidungen* treffen und sich dabei der rechtlichen Randbedingungen ihrer Entscheidungen ebenso bewusst sein wie der rechtlichen Bedeutung, die diesen Entscheidungen zukommt. Soweit in solchen Kontexten Moralphilosoph/innen tätig sind, müssen sie beispielsweise entscheiden, ob sie ihre eigene Rolle primär in einem Beitrag zur Erhöhung der Transparenz und Qualität von Argumentationen oder in der Durchsetzung der von ihnen für moralisch richtig gehaltenen Positionen sehen. Nicht nur aus rechtlicher Sicht, sondern auch aus moralphilosophischer Perspektive ist die Institutionalisierung bereichsethischer Beratungstätigkeiten ein ebenso bedeutsames und komplexes wie ambivalentes Phänomen (Birnbacher 2010; Huster 2001; Vöneky 2010; Vöneky et al. 2013).

Siglenverzeichnis
NE – Nikomachische Ethik (Aristoteles)

Zitierte und weiterführende Literatur
Aristoteles: Nikomachische Ethik. Reinbek bei Hamburg ^{5}2006.
Alexy, Robert: Begriff und Geltung des Rechts. Freiburg i. Br./München ^{5}2016.
Birnbacher, Dieter: »Pathologien an der Nahtstelle von Recht und Ethik in der Biomedizin«. In: Archiv für Rechts- und Sozialphilosophie 96/4 (2010), S. 435–448.
Brune, Jens P.: Moral und Recht: Zur Diskurstheorie des Rechts und der Demokratie von Jürgen Habermas. Freiburg i. Br. 2010.
Dworkin, Ronald M.: Taking Rights Seriously. Cambridge 1977.
Habermas, Jürgen: Faktizität und Geltung: Beiträge zur Diskurstheorie des Rechts und des demokratischen Rechtsstaats. Frankfurt a. M. 1992.
Habermas, Jürgen: »Eine genealogische Betrachtung zum kognitiven Gehalt des Sollens«. In: Ders.: Die Einbeziehung des Anderen: Studien zur politischen Philosophie. Frankfurt a. M. 1996, S. 11–64.
Hart, Herbert L.: The Concept of Law. Oxford 1961.
Hoerster, Norbert: Was ist Recht? Grundfragen der Rechtsphilosophie. München ^{2}2013.
Huster, Stefan: »Bioethik im säkularen Staat: Ein Beitrag zum Verhältnis von Rechts- und Moralphilosophie im pluralistischen Gemeinwesen«. In: Zeitschrift für philosophische Forschung 55/2 (2001), S. 258–276.
Kelsen, Hans: Reine Rechtslehre. Wien ^{2}1960.
Kramer, Matthew H.: In Defense of Legal Positivism: Law without Trimmings. Oxford 2003.
Vöneky, Silja: Recht, Moral und Ethik: Grundlagen und Grenzen demokratischer Legitimation von Ethikgremien. Tübingen 2010.
Vöneky, Silja et al. (Hrsg.): Ethik und Recht: Die Ethisierung des Rechts. Heidelberg u. a. 2013.
Weber, Max: Wirtschaft und Gesellschaft: Grundriß der verstehenden Soziologie. Tübingen ^{5}1980.

Open Access Dieses Kapitel wird unter der Creative Commons Namensnennung 4.0 International Lizenz (http://creativecommons.org/licenses/by/4.0/deed.de) veröffentlicht, welche die Nutzung, Vervielfältigung, Bearbeitung, Verbreitung und Wiedergabe in jeglichem Medium und Format erlaubt, sofern Sie den/die ursprünglichen Autor(en) und die Quelle ordnungsgemäß nennen, einen Link zur Creative Commons Lizenz beifügen und angeben, ob Änderungen vorgenommen wurden.

Die in diesem Kapitel enthaltenen Bilder und sonstiges Drittmaterial unterliegen ebenfalls der genannten Creative Commons Lizenz, sofern sich aus der Abbildungslegende nichts anderes ergibt. Sofern das betreffende Material nicht unter der genannten Creative Commons Lizenz steht und die betreffende Handlung nicht nach gesetzlichen Vorschriften erlaubt ist, ist für die oben aufgeführten Weiterverwendungen des Materials die Einwilligung des jeweiligen Rechteinhabers einzuholen.

11 Bereichsethiken im Überblick

11.1 Medizinethik und biomedizinische Ethik
11.2 Tierethik und Umweltethik
11.3 Wissenschafts- und Technikethik
11.4 Wirtschaftsethik
11.5 Kommunikationsethik und Medienethik

Der funktionalen Differenzierung der Gesellschaft in spezifische Praxisbereiche (z. B. Wirtschaft, Recht, Politik) korrespondiert die Ausdifferenzierung spezifischer Verhaltenswissenschaften, die auf die Untersuchung dieser Praxisbereiche spezialisiert sind (Ökonomie, Rechtswissenschaft, Politikwissenschaft). Wie schon erwähnt, haben sie sich teils erst spät von der allgemeinen Moralphilosophie abgegrenzt, wobei die Frage ihrer jeweiligen Abhängigkeit oder Unabhängigkeit von normativ-ethischen Prämissen kontrovers diskutiert wird (siehe Kap. 1). Die Bereichsethiken nehmen ebenfalls die Besonderheiten spezifischer Praxisbereiche in den Blick und setzen sich mit deren normativen Eigenlogiken und den sie tragenden Institutionen und Traditionen auseinander. Die kritische interdisziplinäre Auseinandersetzung mit jenen bereichsspezifischen Verhaltenswissenschaften ist daher für die Bereichsethiken unverzichtbar. Angesichts der Vielfalt bereichsethischer Fragestellungen und Ansätze kann im Folgenden nur ein **Überblick über typische Fragestellungen und zentrale Ansätze** der bekanntesten Bereichsethiken gegeben werden. Für eine detailliertere Übersicht sei auf die im Literaturverzeichnis aufgeführten Einführungswerke verwiesen.

Spezifische Praxisbereiche und ihre Reflexionsdisziplinen

11.1 | Medizinethik und biomedizinische Ethik

Historischer Hintergrund: Unter den Bereichsethiken spielen die Medizinethik und die biomedizinische Ethik eine besonders prominente Rolle (zur Übersicht Düwell 2008; Düwell/Steigleder 2003; Mappes/DeGrazia 2006; Marckmann 2015; Schöne-Seifert 2007; Schulz et al. 2006; Singer/Viens 2008; Steinbock 2007; Sturma/Heinrichs 2015; Wiesing 2019).

> **Bioethik** wird unterschiedlich definiert. Eng definiert, bezeichnet der Begriff nur die Ethik der biologischen inklusive der humanbiologischen Forschung und der Anwendung ihrer Ergebnisse. In einem weiteren Verständnis beschäftigt sich Bioethik generell mit Fragen des Umgangs mit dem Lebendigen. Sie umfasst dann auch die Tierethik und die zentralen Aspekte der Umweltethik (vgl. Düwell 2008, Kap. 1). Das vielleicht thematisch breiteste Lexikon der Bioethik (Korff et al. 1998) enthält gar Einträge zu Obdachlosigkeit, Migration, Schifffahrt und Pornographie.

Definition

Aufgrund des potentiell gesundheits- und lebensrettenden, aber eben auch potentiell -gefährdenden Charakters ärztlicher Eingriffe werden schon in der Antike explizite Normen für das ärztliche Handeln formuliert (Baker 2012a, 2012b). Zentrale Bedeutung kommt dem sogenannten **Hippokratischen Eid** zu. Baker hält gar die gesamte Geschichte der westlichen Medizinethik für nicht mehr als eine Reihe von Fußnoten zu diesem Eid (Baker 2012b, S. 62). Der Hippokratische Eid enthält eine Reihe recht unterschiedlicher Selbstverpflichtungen. Alles in allem zielen sie darauf ab, Schädigung, Ausbeutung und Missbrauch der ärztliche Behandlung oder Beratung suchenden Personen zu verhindern, ihre Selbstbestimmung zu wahren und das besondere Vertrauensverhältnis zwischen Arzt und Patient/in zu schützen. Dabei werden sowohl Gefahren absichtlichen Fehlverhaltens thematisiert als auch mögliche Verfehlungen, die durch Inkompetenz oder Mangel an Übung verursacht werden. Der Hippokratische Eid umfasst auch die Verpflichtung, selbst auf Verlangen kein tödliches Gift zu verabreichen. Zwar ist die genaue Entstehungszeit des Eides unbekannt; die ältesten Fragmente scheinen jedoch aus dem 3. Jahrhundert v. u. Z. zu stammen.

Kontinuität medizinethischer Normen

Die im Hippokratischen Eid formulierten Forderungen betreffen die **Ethik ärztlicher Behandlung und Beratung**. Da sie zentrale Elemente der Selbstregulation eines Berufsstandes sind, lassen sie sich der medizinischen **Professionsethik** zuordnen. Hinsichtlich der wesentlichen Inhalte ist in der Geschichte dieser Bereichsethik eine große Kontinuität festzustellen. Die Sorge um das Wohl der Patientin bzw. des Patienten, das Verbot vermeidbarer Schädigung, der Schutz ihrer Selbstbestimmung und die Wahrung der Vertraulichkeit sind nach wie vor Grundorientierungen der Ethik medizinischer Behandlung. Die Rolle der **Selbstbestimmung** von Patient/innen wird im Zuge der Entwicklung der wissenschaftlichen Medizin und der Einrichtung von Krankenhäusern zunächst stark zurückgedrängt, dann aber vor dem Hintergrund schwerer Menschenrechtsverletzungen und im Kontext einer generell stärkeren Betonung von Autonomie und Selbstverantwortung, die auch mit einer deutlichen Verrechtlichung der medizinischen Praxis Hand in Hand geht, seit den 1950er Jahren wieder deutlich aufgewertet (Noack/Fangerau 2006; als Beispiel einer autonomieorientierten Theorie medizinischer Ethik vgl. Veatch 1981). Seit Ende der 1980er Jahre werden demgegenüber die **Fürsorgerolle** von Ärztinnen und Ärzten und ärztliche Tugenden wieder stärker betont (Pellegrino/Thomasma 1988) und es gewinnen Konzepte der Sorgeethik (siehe Kap. 7.1) an Prominenz.

Behandlungsbegrenzung und Sterbehilfe: Die jüngeren Debatten der klinischen Medizinethik sind häufig durch die Ausdehnung medizinischer Handlungsmöglichkeiten bedingt. Das gilt beispielsweise für die Debatten über **Beihilfe zum Suizid, Sterbehilfe und Behandlungsbegrenzung** am Lebensende oder für Diskussionen im Bereich der **Neonatologie**. Angesichts heutiger Möglichkeiten, Menschen am Leben zu halten, die ein oder zwei Generationen zuvor keine Überlebensaussichten gehabt hätten – darunter auch Menschen mit starken funktionalen Beeinträchtigungen und Menschen im Zustand des Wachkomas – werden Fragen der (im

Hippokratischen Eid noch kategorisch ausgeschlossenen) Beihilfe zur Selbsttötung und der Sterbehilfe vielfach diskutiert.

Suizidbeihilfe: Beihilfe zur Selbsttötung oder assistierten Suizid nennt man Hilfeleistungen zu einer Suizidhandlung, die unter der ›Tatherrschaft‹ der die Selbsttötung planenden Person verbleibt; beispielsweise indem diese Person frei entscheidet, ein ihr zur Verfügung gestelltes Gift einzunehmen. Die Beihilfe zum Suizid ist in Deutschland grundsätzlich straffrei. Die Zulässigkeit der Beteiligung von Ärztinnen und Ärzten oder von staatlichen Behörden an der Suizidbeihilfe wurde und wird intensiv diskutiert, insbesondere, nachdem das Bundesverwaltungsgericht 2017 den Erwerb einer Substanz zur Selbsttötung unter bestimmten Bedingungen für zulässig erklärt hatte (Borasio 2017). Ein rechtliches Verbot der geschäftsmäßigen Suizidbeihilfe (§ 217 StGB) wurde im Februar 2020 durch das Bundesverfassungsgericht aufgehoben.

Sterbehilfe: Hinsichtlich der Sterbehilfe ist zunächst zwischen Hilfe im Sterben (z. B. durch Schmerzlinderung) und Hilfe zum Sterben zu unterscheiden. Die Sterbehilfe als Hilfe zum Sterben unterscheidet sich von der Suizidbeihilfe dadurch, dass den Sterbeprozess auslösende oder beschleunigende Handlungen nicht unter der Tatherrschaft der oder des Betroffenen stehen. Innerhalb der Hilfe zum Sterben wird üblicherweise zwischen aktiver, passiver und indirekter Sterbehilfe unterschieden (zur ethischen Relevanz der Differenzierung vgl. Quante 1998). **Aktive Sterbehilfe** nennt man medizinische Maßnahmen, die auf die Tötung der Patientin oder des Patienten zielen. Sie ist in Deutschland auch auf ausdrückliches Verlangen der/des Betroffenen verboten (StGB, § 216). In einigen Ländern, unter anderem in den Niederlanden, ist sie jedoch unter bestimmten Bedingungen zulässig. Als **indirekte Sterbehilfe** werden medizinische Maßnahmen bezeichnet, die eine Lebensverkürzung als nicht-intendierte Nebenfolge mit sich bringen. In der Regel handelt es sich um die Gabe sedierender Medikamente (**terminale Sedierung**). In der ethischen Diskussion der indirekten Sterbehilfe wird oft auf das **Prinzip der Doppelwirkung** Bezug genommen (Boyle 2004; differenzierend Den Hartogh 2004). **Passive Sterbehilfe** oder **Behandlungsbegrenzung** nennt man den bewussten Verzicht auf oder Abbruch von lebenserhaltenden medizinischen Maßnahmen, beispielsweise den Verzicht auf intensivmedizinische Interventionen oder die strikte Beschränkung auf palliativmedizinische Behandlungen.

Prinzip der Doppelwirkung   *Zur Vertiefung*

Das Prinzip der Doppelwirkung (auch *Doktrin* der Doppelwirkung oder des Doppeleffekts genannt) wird von Thomas von Aquin zur moralischen Rechtfertigung der Notwehr in Anspruch genommen (*Summa Theologica*, II-II, q. 64, a. 7). Thomas argumentiert, dass nicht allen erwartbaren Folgen einer Handlung dieselbe Bedeutung für die moralische Beurteilung dieser Handlung zukommt. Der moralische Charakter einer Handlung werde primär durch die von der Akteurin oder dem Akteur **intendierten Handlungsergebnisse** bestimmt (im Kontext der Notwehr: Selbsterhaltung). Nicht-intendierten **Nebenfolgen** der Handlung, die zwar voraussehbar sind, aber von der Akteurin oder dem Akteur nur in Kauf genommen und nicht als solche erstrebt werden – und zwar weder um ihrer selbst willen noch als beabsichtigte Mittel zur Erreichung eines intendierten Zwecks – komme vergleichsweise untergeordnete Bedeutung für die moralische Beurteilung der Handlung zu. Allerdings dürften Übel, die als nicht-intendierte Nebenfolgen voraussehbar sind, nur um entsprechend bedeutsamer Güter willen in Kauf genommen werden; in Bezug auf sie ist also ein Prinzip der **Proportionalität** einzuhalten (zur Übersicht Ricken 2013, S. 303 ff.; FitzPatrick 2012; McIntyre 2018; klassisch Foot 1978, insbes. S. 19 ff.; als Anthologie Woodward 2001). Wegen seiner grundsätzlichen Bedeutung für die Handlungsbeurteilung ist das Prinzip für unterschiedliche Kontexte der bereichsspezifischen Ethik bedeutsam, in der Medizinethik ebenso wie beispielsweise in der Diskussion über die Rechtfertigbarkeit von Kriegshandlungen. Da es eine ungleiche Behandlung gleichermaßen voraussehbarer Handlungsfolgen vorschlägt, wird es in der Tradition des Konsequentialismus generell zurückgewiesen, in deontologischen und tugendethischen Ansätzen dagegen häufiger verteidigt (in verschiedenen Versionen, so dass die Rede von ›dem‹ Prinzip der Doppelwirkung manchen als irreführend gilt; z. B. McIntyre 2001). In der Diskussion des Prinzips spielen Gedankenexperimente eine große Rolle; darunter in jüngerer Zeit vielfach **Trolley-Beispiele**, die ihrerseits in zahlreichen – gleichermaßen grausigen – Varianten diskutiert werden. Nehmen wir beispielsweise an, ein Waggon rase ein abschüssiges Gleis hinab, in dessen Verlängerung sich eine Gruppe Kinder aufhalte. Eine ansonsten unbeteiligte Person hätte jedoch die Möglichkeit, eine Weiche umzulegen, wodurch der Waggon auf ein Seitengleis umgeleitet würde, auf dem sich ein einzelner Schienenarbeiter befinde. Bei Nichteingreifen würden unvermeidlich mehrere Kinder getötet, bei Umlegen der Weiche unvermeidlich der Schienenarbeiter. Wäre es moralisch erlaubt – oder gar geboten – die Weiche umzulegen, so dass ›nur‹ eine Person statt mehrerer ums Leben käme? Nehmen wir nun einen zweiten Fall an: Wieder rast der Waggon die Schienen hinab, wieder steht eine Gruppe Kinder in der Verlängerung des Weges. Die einzige Möglichkeit, den Waggon noch abzulenken, läge für die ansonsten unbeteiligte Person diesmal darin, den Schienenarbeiter vor den Waggon zu stoßen. Wäre dies wiederum moralisch erlaubt oder sogar geboten? Bei konsequentialistischer Betrachtung wäre es *prima facie* sowohl geboten, die Weiche umzulegen, als auch, den Schienenarbeiter auf das Gleis zu stoßen. Aber ist das überzeugend? Oder besteht vielmehr eine Asymmetrie zwischen dem aktiven Herbeiführen negativer Folgen und dem passiven Geschehenlassen (zum Hintergrund Woollard/Howard-Snyder 2016; aus konsequentialistischer Sicht Birnbacher 1995), derentwegen es in beiden Fällen geboten ist, dem schrecklichen Geschehen seinen Lauf zu lassen? Oder ist es zwar erlaubt oder gar geboten, die Weiche umzulegen, aber nicht erlaubt, den Schienenarbeiter vor den Zug zu stoßen – und kann, wenn dies der Fall ist, die Asymmetrie durch das Prinzip der Doppelwirkung erklärt bzw. gerechtfertigt werden (vgl. Thomson 1976, 1985, 2008; FitzPatrick 2009)?

Ethischer Diskurs über Sterbe- und Suizidbeihilfe: In Deutschland werden die Diskussionen um Sterbe- und Suizidbeihilfe mit besonderer Intensität geführt. Denn in der Zeit des Nationalsozialismus wurde – unter dem euphemistischen Namen der **Euthanasie** und unter ärztlicher Beteiligung – ein Programm zur systematischen Ermordung all jener Menschen verfolgt, die vom nationalsozialistischen Leitbild ›lebenswerten‹ Lebens abwichen (Klee 2009). Dabei wurden bewusst humanitäre ›medizinethische‹ Argumente vorgeschoben (u. a. in dem berüchtigten Propagandafilm ICH KLAGE AN aus dem Jahr 1941). Im heutigen Diskurs fällt auf, dass sich Befürworter/innen und Gegner/innen einer ärztlich assistierten Beihilfe zum Suizid oder der aktiven Sterbehilfe meist auf die gleichen ethischen Grundprinzipien berufen. Sie berücksichtigen jedoch oft unterschiedliche Aspekte, nehmen verschiedene Gewichtungen vor oder gehen von unterschiedlichen empirischen Hypothesen aus. So berufen sich beide Seiten auf **Selbstbestimmung**, wobei eine Partei diese durch den Zugang zu Möglichkeiten einer medizinischen Lebensbeendigung erweitert sieht, die Gegenpartei aber befürchtet, dass dieser Zugang vulnerable Personen einem sozialen Druck aussetzen könnte, das eigene Leben zu beenden (um die Familie oder die Gesellschaft von Fürsorgepflichten zu entlasten). Ebenso berufen sich beide auf das **Prinzip des Wohlwollens** und das **Schädigungsverbot**, nehmen jedoch andere Nutz- und Schadensaspekte in den Blick. Im Hintergrund steht die Frage, ob der Tod immer ein Übel und Tötung daher immer eine Schädigung ist. Die Beantwortung dieser Frage ist offenbar besonderen erkenntnistheoretischen Schwierigkeiten ausgesetzt, da die Rede von Gütern oder Übeln vergleichenden Charakter hat, ein Vergleich zwischen den Zuständen Leben und Tod jedoch nicht möglich ist (Luper 2019; Olver 2013). Inhalt und Relevanz spezifisch rollenethischer Normen (was ist mit der Rolle einer Ärztin vereinbar, was nicht?) für die Frage des assistierten Suizids und der Sterbehilfe werden ebenfalls kontrovers diskutiert. Im Mittelpunkt der Diskussion steht allerdings mit gutem Grund die *rechts*ethische Frage nach der moralischen Legitimität oder Notwendigkeit allgemeiner strafrechtlicher oder standesrechtlicher Verbote von Formen der Sterbe- oder Suizidbeihilfe und weniger die Frage nach der moralischen Richtigkeit konkreter Handlungen im Einzelfall.

Ist der Tod stets ein Übel?

Transplantationsmedizin: Auch im Bereich der Transplantationsmedizin hat die Ausdehnung medizinischer Handlungsmöglichkeiten neue medizinethische Fragen aufgeworfen (zur Übersicht Marckmann 2015; Wiesing 2019, Kap. 11 und 12; Wittwer/Schäfer/Frewer 2020; Steigleder 2006). Diskussionen betreffen erstens die Frage des Todeskriteriums: Ist es zulässig bei Personen, die ihre Einwilligung für die postmortale Entnahme von Organen gegeben haben, die Explantation der betreffenden Organe nach Eintreten des Hirntodes vorzunehmen (Stoecker 2016), und wenn ja: Nach welchen Kriterien ist der Hirntod genau zu bestimmen? Wenn nein: Gibt es andere klare Kriterien für ›den‹ Todeszeitpunkt oder handelt es sich beim Tod selbst um einen kontinuierlichen Prozess? Lässt sich, falls Letzteres zutrifft, überhaupt ein klarer Punkt definieren, von dem an die Organentnahme erlaubt wäre? Ein zweiter Diskussionszusammenhang betrifft die Interpretation des Prinzips der **Einwilligung** in die

Todeskriterien

postmortale Organentnahme: Muss diese Einwilligung explizit erfolgen oder reicht es für die Wahrung der Autonomie der Betroffenen aus, dass Personen ihr zu Lebzeiten nicht widersprochen haben (Nichtwiderspruchsprinzip)? An welchen Kriterien könnte sich schließlich drittens unter Bedingungen der Knappheit an gespendeten Organen eine **gerechte Organverteilung** orientieren (Gutmann et al. 2003)? In diesem Zusammenhang wird oft zwischen ›medizinischen‹ und ›ethischen‹ Kriterien unterschieden, was allerdings eher irreführend scheint, da auch handlungsleitende ›medizinische‹ Kriterien ethisch relevant sind (siehe Vertiefungskasten).

Zur Vertiefung

›Medizinische‹ versus ›ethische‹ Kriterien?

Die Unterscheidung zwischen ›medizinischen‹ und ›ethischen‹ Kriterien, die unter anderem in der Diskussion über eine gerechte Organverteilung anzutreffen ist, darf nicht verdecken, dass auch ›medizinische‹ Kriterien ethisch relevant sind, soweit sie als handlungsleitend verstanden werden. Organempfänger/innen die für sie am besten gewebeverträgliche Niere zu transplantieren, ist *prima facie* nicht nur ›medizinisch‹, sondern ebenso auch moralisch geboten. Die Annahme, dass es sich bei medizinischen und moralischen Kriterien um inkompatible Kriterien handelt, die aber gleichwohl auf derselben Ebene gegen einander abgewogen werden müssen, würde Versuchen einer rationalen Entscheidung letztlich den Boden entziehen. Plausibler erscheint die (der Vorrangigkeitsthese entsprechende, siehe Kap. 1) Auffassung, dass die Medizin diagnostische, therapeutische und prognostische Kenntnisse vermittelt, die für die genaue Bestimmung von Zielen und alternativen Handlungsoptionen bedeutsam sind; dass die Festlegung von Zielen (auch Behandlungszielen) aber in letzter Hinsicht immer in den Bereich der Ethik fällt (Wiesing 1997). Demnach muss **Ethik als integrales Element der Medizin** verstanden werden. Es entspricht diesem Verständnis, dass das Studium der Geschichte, Theorie und Ethik der Medizin (GTE) einen obligatorischen Bestandteil des Medizinstudiums ausmacht. Die Abwägung verschiedener Kriterien oder Ziele findet demnach nicht *zwischen* Ethik und Medizin, sondern *innerhalb* der medizinisch informierten Ethik statt.

Kriterien der Organverteilung

Die Frage der Organverteilung gehört zu denjenigen Fragen der bereichsspezifischen Ethik, in denen die Auswirkungen moralphilosophischer Grundlagenkontroversen unmittelbar spürbar werden: Aus utilitaristischer Sicht müsste auch die Verteilung knapper Organe ausschließlich am Kriterium der Maximierung des Gesamtnutzens orientiert sein. Das könnte etwa bedeuten, die Organverteilung am Ziel der Maximierung der Zahl »qualitätsadjustierter Lebensjahre« (*quality adjusted life years*, kurz *QUALYs*) auszurichten. Zusätzlich zur **Erfolgswahrscheinlichkeit** der Transplantation wären dann die erwartbar verbleibenden Lebensqualitäten und Lebenszeiten möglicher Empfänger/innen zu berücksichtigen. Ältere und kränkere Personen hätten im Regelfall geringere Chancen, ein Organ zu erhalten als jüngere und gesündere. Wäre diese Verteilung jedoch mit dem Prinzip der Chancengleichheit vereinbar? Oder spricht dieses Prinzip nicht gerade für das Kriterium der **Dringlichkeit**, wonach wir die Ansprüche derjenigen priorisieren müssen, die ein Organ am dringlichsten benötigen? Oder sollten Organe nicht schlicht nach dem Zufallsprinzip verteilt werden (Iorio 2015)? In der Diskussion werden auch Kriterien vorgeschlagen, die zugleich das Organangebot erhöhen sollen, wie die sogenannte ›Club-Lösung‹, wonach unter Knappheitsbedingungen nur diejenigen als Empfänger/innen in Frage kommen, die selbst auch zur Organspende bereit sind. Bestehende Regelungen zur Organverteilung stellen eher Kompromisse zwischen verschiedenen Prinzipien dar und sind daher umstritten. Intensiv diskutiert werden schließlich auch die Bedingungen der Zulässigkeit der **Lebendspende** von Organen, die Problematik des kommerziellen **Organhandels** (Taupitz 2007) und die rechtsethische und politisch-ethische Frage, inwieweit bestehende Regelungen und Institutionen der Organverteilung hinreichend **demokratisch legitimiert** und im Einklang mit Prinzipien der Rechtsstaatlichkeit sind (Gutmann 2006; Lang 2005).

Taureks Nonaggregationismus *Zur Vertiefung*

In einem viel diskutierten Beitrag skizziert John M. Taurek folgendes Gedankenexperiment: Sechs Personen sind für ihr Weiterleben auf ein Medikament angewiesen, von dem jedoch nur eine begrenzte Menge verfügbar ist. Eine der sechs Personen benötigt zum Überleben die gesamte Menge. Die übrigen fünf könnten jeweils durch ein Fünftel der Menge gerettet werden. Taurek ist der Auffassung, dass es in diesem Fall geboten wäre, eine Münze zu werfen und abhängig vom Ergebnis entweder der besonders bedürftigen Person die gesamte Menge des Medikaments zu geben oder jedem der fünf übrigen ein Fünftel. Nur in diesem Fall hätte nämlich jede der sechs Personen dieselbe Überlebenswahrscheinlichkeit, so dass das Prinzip der Chancengleichheit gewahrt wäre. Die Annahme, der Tod von fünf Personen sei ein fünfmal größeres Übel als der Tod einer einzelnen Person, basiere hingegen auf einem Missverständnis. Denn aus der Perspektive jedes Einzelnen stelle der eigene Tod jeweils ein gleich großes Übel dar und der eigene Tod werde von jeder einzelnen Person nur als *ein* Tod erlebt. Aufgrund der Bindung der jeweiligen Nutzens- oder Schadenerfahrungen an die Perspektiven unvertretbarer Individuen sei eine interindividuelle Aufrechnung (Aggregation) von Nutzen und Schaden nicht angemessen. Diese Auffassung wird als Nonaggregationismus bezeichnet. Ob Taureks Argumente hinreichen, alle Überlegungen zur Ressourcenverteilung, die auf eine Erhöhung interindividuell aggregierten Nutzens zielen, als illegitim zu erweisen oder ob solche Überlegungen nicht doch beispielsweise durch expliziten Konsens oder sonstige prozedurale Kriterien legitimiert werden können, ist strittig (klassisch Taurek 1977; dazu kritisch Sanders 1988; zur Diskussion Kamm 2008, S. 48–77; Lübbe 2015; Voorhoeve 2014).

Schwangerschaftsabbruch: Auch am Beginn des Lebens stellen sich Fragen der Grenzziehung, die oft unter dem Schlagwort des Embryonenstatus diskutiert werden: Lässt sich ein genauer Punkt angeben, an dem

Embryonenstatus genuin menschliches Leben beginnt, und ist genau nach Überschreiten dieser *biologischen* Grenze ein vollständiges Set von moralischen und/oder juridischen Rechten zuzuschreiben, auf das alle Menschen gleichermaßen Anspruch haben? Wenn ja – wo liegt dann dieser Punkt in der Entwicklung menschlichen Lebens (z. B. bei der Zellkernverschmelzung, nach der Phase der ›Totipotenz‹ embryonaler Zellen, bei einem bestimmten Stand der Hirnentwicklung, beim Beginn der Überlebensfähigkeit außerhalb des Mutterleibs, nach der Geburt)? Wenn nein – kann im Interesse der Erwartungssicherheit trotzdem eine klare *normative* Grenze gezogen werden; etwa aufgrund von Kriterien für den Umgang mit normativer Ungewissheit? Oder ist es plausibler, auch in Bezug auf moralische Ansprüche (oder sogar rechtliche Ansprüche) ein Kontinuum anzunehmen (beispielsweise ein »wachsendes Lebensrecht«; Dreier 2002; kritisch Beckmann 2003)? Solche Fragen sind unter anderem für die Beurteilung des Schwangerschaftsabbruchs bedeutsam.

Selbstbestimmung über den eigenen Körper **Körpergrenzen:** Allerdings hängt die Beurteilung des Schwangerschaftsabbruchs keineswegs allein von der Frage des Embryonenstatus ab, denn aufgrund der biologischen Einheit zwischen der Schwangeren und ihrem ungeborenen Kind stellt jede Regelung des Schwangerschaftsabbruchs zugleich einen Eingriff in das Recht auf Selbstbestimmung über den eigenen Körper dar. Judith J. Thomson hat diesen Punkt durch ein drastisches Gedankenexperiment unterstrichen: Stellen Sie sich vor, Sie wachten eines Morgens auf und fänden an Ihrem Rücken einen bewusstlosen Geigenvirtuosen festoperiert, der wegen eines Nierenschadens nur überleben könne, wenn er für die kommenden neun Monate mit ihrem Körper verbunden sei. Thomson zufolge wäre es zwar überaus liebenswürdig, dies zu dulden; der Virtuose hätte aber keinen *Anspruch* darauf. Niemand könne nämlich für sein eigenes Überleben einen Anspruch auf den Körper einer anderen Person erheben (Thomson 1971). In den Diskussionen über die Zulässigkeit des Schwangerschaftsabbruchs und dessen genaue Grenzen spielen noch zahlreiche weitere Überlegungen (etwa zu erwartbaren sozialen Folgen rechtlicher Verbote) eine Rolle. Auch in Bezug auf den Schwangerschaftsabbruch muss zwischen der unmittelbaren moralischen Beurteilung einzelner Fälle und der rechtsethischen Beurteilung allgemeiner Regelungen und Sanktionen unterschieden werden. Es ist möglich, Schwangerschaftsabbruch unter bestimmten Bedingungen oder sogar generell moralisch abzulehnen, zugleich aber auch rechtliche Verbote oder Strafandrohungen für problematisch zu halten (zur Übersicht Mappes/DeGrazia 2006, Kap. 7; Wiesing 2019, Kap. 6).

Ethik medizinischer Forschung: Die wissenschaftliche Revolution der frühen Neuzeit hat die Medizin erst vergleichsweise spät erreicht. Eine systematisch verfahrende **experimentelle Medizin** beginnt sich erst seit Mitte des 19. Jahrhunderts durchzusetzen. Ärzte und später auch Ärztinnen – noch 1898 spricht sich der Deutsche Ärztetag gegen die Zulassung von Frauen zum Medizinstudium aus; sie wird erst im 20. Jahrhundert zur Normalität (Hibbeler/Korzilius 2008) – werden auch Naturforscher/innen. Neben das Verhältnis zwischen behandelnden Ärzt/innen und Patient/innen tritt das zwischen Ärzt/innen und Proband/innen. Die medizinische Ethik hält mit dieser Entwicklung nicht unmittelbar Schritt. So nimmt der Pionier der experimentellen Medizin, Claude Bernard, zunächst an, dass das traditionelle medizinische Ethos auch für die Rolle des medizinischen Forschers ausreiche (Bernard 1865). Dass die naturwissenschaftliche Objektivierung von Proband/innen mit der Gefahr ihrer Instrumentalisierung einhergeht, tritt unter anderem durch den »Fall Neisser« ins Bewusstsein: 1892 injiziert der Arzt Albert Neisser Mädchen und jungen Frauen ohne deren Einwilligung ein Serum von Syphilispatienten. Vier der acht Probandinnen entwickeln Syphilis. Die öffentliche Diskussion dieses Falls führt **1900** zu einer **Anweisung des Preußischen Kultusministeriums**, wonach medizinische Forschung nur aufgrund der informierten Einwilligung der Versuchspersonen erfolgen darf und an Nicht-Einwilligungsfähigen verboten ist. Dies wird 1931 in den »Richtlinien für neuartige Heilbehandlung und für die Vornahme wissenschaftlicher Versuche am Menschen« des Reichsministers des Innern noch einmal bestätigt, wobei betont wird, dass eine Einwilligung auch nicht durch die Ausnutzung von Notlagen erwirkt werden darf. Ungeachtet dieser Regulierungen unternehmen Ärzte in der Zeit des Nationalsozialismus **verbrecherische Humanexperimente** an Personen, die zu entrechteten Bevölkerungsgruppen gehören. Die Aufarbeitung dieser Verbrechen im Nürnberger Ärzteprozess (Mitscherlich/Mielke 1989) ist die Grundlage des vom amerikanischen Militärgerichtshof erlassenen **Nürnberger Codex**. Er knüpft die Zulässigkeit medizinischer Humanexperimente an zehn Bedingungen. Dazu gehört (als »absolutely essential«) die freie Einwilligung der Proband/innen, die auch nach Versuchsbeginn widerrufen werden kann. Erforderlich ist zudem unter anderem, dass die Experimente sozial nützlich und nicht durch andere Verfahren ersetzbar sind, dass zuvor Tierversuche durchgeführt worden sind und dass das Schadensrisiko absolut und im Verhältnis zum Forschungsnutzen akzeptabel ist. 1964 verpflichtet sich der Weltärztebund (*World Medical Association*, WMA), medizinische Humanexperimente an Bedingungen zu knüpfen, die in der seitdem mehrfach revidierten **Deklaration von Helsinki** zusammengefasst sind. Die siebte Revision aus dem Jahr 2013 benennt in 35 Paragraphen auch Festlegungen zu spezifischen Fragen etwa der Placeboforschung (bei der eine der Versuchsgruppen einer Medikamentenstudie ein unwirksames Scheinpräparat erhält) oder der besonders umstrittenen Forschung an Nicht-Einwilligungsfähigen. Im Grundsatz verpflichtet sie die an der Durchführung von Humanexperimenten Beteiligten

Historischer Hintergrund der medizinischen Forschungsethik

»to protect the life, health, dignity, integrity, right to self-determination, privacy, and confidentiality of personal information of research subjects.«

WMA 2013, § 11

Nicht alle ethisch problematischen oder gar verbrecherischen Medizinversuche enden nach Verabschiedung der Helsinki-Deklaration (erst 1972 endet beispielsweise die Tuskegee Syphilis Study, in der 399 afro-amerikanische Syphilis-Patienten vorsätzlich nicht behandelt wurden). Entsprechend werden auch weitere Versuche der Selbstkontrolle, der Präzisierung von Vorschriften und der rechtlichen Normierung medizinischer Forschung unternommen. Zu erwähnen sind der 1979 verfasste »Belmont Report«, auf dessen Prinzipien sich auch die spezifischeren Richtlinien des *Council for International Organizations of Medical Sciences* (1982) beziehen, sowie vor allem die internationalen *Harmonized Tripartite Guidelines for Good Clinical Practice* (1996, Revision 2016), die auf der Helsinki-Deklaration basieren und als Grundlage guter wissenschaftlicher Praxis auch von der Deutschen Forschungsgemeinschaft (DFG) und dem Bundesministerium für Bildung und Forschung (BmBF) bekräftigt werden. Humanexperimente sind durch europäische und nationale Regelungen auch rechtlich reguliert (zur Übersicht Lenk/Duttke/Fangerau 2014). Studien, die unter das Arzneimittelgesetz (AMG) oder Medizinproduktegesetz (MPG) fallen, bedürfen der Zustimmung einer medizinischen **Ethikkommission**. Aus ethischer Sicht bedeutsam ist die Unterscheidung zwischen **Heilversuchen** (experimentellen Behandlungen im Interesse der behandelten Person) und »fremdnützigen« **Humanexperimenten** an Proband/innen, die nicht deren Behandlung dienen, sondern zur Sicherung und Erweiterung medizinischen Wissens unternommen werden. Forschungsethische Diskussionen der letzten Jahre betreffen unter anderen die genauen Modalitäten der Einwilligung etwa bei sogenannten **Cluster-Studien**, die **Zweitnutzung** bereits erhobener Forschungsdaten, Verpflichtungen zur **Veröffentlichung** von Forschungsergebnissen sowie die **Forschung an Nicht-Einwilligungsfähigen** wie Kindern und dementen Personen. Letztere gilt bei geringem Risiko und erwartbarem **Gruppennutzen** der Forschungsergebnisse als zulässig. Zu Recht umstritten ist dabei unter anderem das Kriterium des Gruppennutzens. Übergreifende Bedeutung für die Entwicklung der Medizinethik wächst dem **Belmont-Report** durch die Benennung dreier Prinzipien zu, deren Bedeutung jeweils anhand exemplarischer Anwendungsbereiche illustriert wird (siehe Tab. 11.3).

Tab. 11.3: Forschungsethische Prinzipien laut »Belmont-Report«

Prinzipien	Exemplarische Anwendungsfelder
Respect for Persons	Informierte Einwilligung
Beneficience	Abwägung von Risiken und Nutzen
Justice	Auswahl von Versuchspersonen

Auf Grundlage dieser Prinzipien entwickeln Tom Beauchamp und James Childress den bereits erwähnten **Principlism** (siehe Kap. 9.2). Er versteht sich nicht nur als forschungsethischer Ansatz, sondern als allgemeiner Ansatz der medizinischen Ethik. Der *Principlism*, der die Orientierung an den vier Prinzipien *autonomy*, *nonmaleficience*, *beneficience* und *justice* vorsieht, stellt den einflussreichsten Ansatz der Medizinethik dar.

Biomedizinische Ethik: Auch über den engeren Bereich der medizinischen Forschungsethik hinaus werfen die Methoden und Ergebnisse moderner medizinisch-naturwissenschaftlicher Forschung neue Fragen auf. Unter den besonders intensiv diskutierten Verfahren und neuen Methoden befinden sich solche der Embryonenforschung, der Klonierung, der Chimärenbildung und insbesondere der Herstellung von Mensch-Tier-Chimären, der genetischen Diagnostik und Gentherapie, insbesondere der sogenannten Keimbahntherapie, bei der die Veränderungen den vererblichen Teil genetischer Informationen betreffen, der Reproduktionstechnologie und der gezielten Verbesserung menschlicher Eigenschaften (Enhancement), die über die Krankheitsbehandlung hinausgeht. Unter den in diesen Kontexten diskutierten ethischen Aspekten befinden sich

Ethische Aspekte biomedizinischer Forschung

1. die schon in Zusammenhang mit dem Schwangerschaftsabbruch umstrittene Frage des normativen **Status menschlicher Embryonen**;
2. die Frage, inwieweit die menschliche Natur überhaupt zum Gegenstand gezielter Veränderungen werden darf, insbesondere dann, wenn diese Veränderungen die Natur künftiger Personen oder Generationen betreffen, die selbst keine Möglichkeit der Mitsprache haben – in den einschlägigen Diskussionen wird in verschiedener Weise auf Konzepte der **Menschenwürde**, der **Autonomie**, der **Gattungsidentität** und der **Gerechtigkeit** Bezug genommen;
3. die in die Philosophie der Biologie hineinreichende Frage des **Krankheitsbegriffs**, d. h. die Frage, ob und gegebenenfalls wie sich zwischen Behandlung von Krankheiten und anderen Formen der medizinischen Veränderung unterscheiden lässt;
4. Fragen der **informationellen Selbstbestimmung**, die sich insbesondere aus der Tatsache ergeben, dass genetische Informationen über eine Person immer zugleich Rückschlüsse auf genetisch verwandte Personen zulassen;
5. Fragen des **Eigentumsrechts** und der **Patentierung** im Hinblick auf Körperteile, Gewebe oder genetische Informationen;
6. diverse Fragen hinsichtlich erwartbarer oder möglicher **sozialer Folgen** der Zulassung bestimmter biomedizinischer Verfahren oder Praktiken; von spezifischen Folgen etwa für den Arbeitsschutz oder das Versicherungssystem bis zu allgemeinen Folgen im Hinblick auf Möglichkeiten sozialer Teilhabe oder gesellschaftlicher Kontrolle. In diesem Kontext wird teils auch auf sogenannte Dammbruchargumente Bezug genommen.

Definition

> **Dammbruchargumente**, auch Argumente der schiefen Ebene (*slippery slope arguments*) genannt, sind folgenbezogene Argumente, die gegen bestimmte Handlungs- oder Regulierungsoptionen ins Feld geführt werden. Was gegen die jeweils kritisierte Handlung oder Regulierung angeführt wird, sind nicht ihre *unmittelbaren* Ergebnisse, sondern als möglich, wahrscheinlich oder gar unvermeidlich behauptete *indirekte* Folgen, die sich beispielsweise durch eine Ausdehnung der fraglichen Handlungsweise oder Regulierung auf (qualitativ) andere Fälle oder durch einen durch die Wahl der fraglichen Option verursachten oder begünstigten gesellschaftlichen Wertewandel ergeben (z. B.: »Wird die intendierte Zulassung des medizinisch assistierten Suizids im Fall *x* [die für sich genommen vielleicht noch akzeptabel wäre] nicht zwangsläufig die [inakzeptable] Zulassung des assistierten Suizids unter Bedingungen *y* nach sich ziehen?«).

11.2 | Tierethik und Umweltethik

Indirekte Pflichten gegenüber Tieren: Es ist oft bemerkt worden, dass der Umgang mit Tieren in der modernen Gesellschaft widersprüchlich erscheint (mit dem Begriff »Tiere« sind hier wie im Folgenden Tiere gemeint, die nicht zugleich Menschen sind). Während in Deutschland jährlich etwa 700 Millionen Tiere geschlachtet und etwa drei Millionen Versuchstiere ›verbraucht‹ werden (Bundesministerium für Ernährung und Landwirtschaft 2015; Heinrich-Böll-Stiftung/BUND 2019), sind Haustiere Gegenstand intensiver emotionaler Zuwendung und Fürsorge. Eine der Ursachen dürfte in der Unsicherheit über den moralischen Status von Tieren liegen. An dieser Unsicherheit ist die Moralphilosophie nicht unschuldig. Häufig zitiert wird eine Behauptung des Mitleidsethikers Albert Schweitzer:

> Schweitzer 1996, S. 317

»Wie die Hausfrau, die die Stube gescheuert hat, Sorge trägt, dass die Tür zu ist, damit ja der Hund nicht herein komme und das getane Werk durch die Spuren seiner Pfoten entstelle, also wachen die europäischen Denker darüber, dass ihnen keine Tiere in der Ethik herumlaufen.«

Tatsächlich beschäftigt sich die Philosophie zwar schon früh, aber meist nur am Rande mit tierethischen Fragen. Die ersten Aufforderungen zur Rücksichtnahme auf Tiere stehen (etwa bei Pythagoras) im Kontext der Seelenwanderungslehre, animistischer oder ähnlicher weltanschaulicher Vorstellungen. In der Tradition der **Tugendethik** wird Grausamkeit gegenüber Tieren zwar verurteilt, jedoch nicht um der Tiere willen, sondern wegen der Schäden, die Grausamkeit generell in der Seele des Handelnden und in der menschlichen Gesellschaft anrichtet. Christliche Scholastiker sehen dieselbe Position explizit in der Bibel begründet (z. B. 1. Korinther 9:9–10). Sie prägt auch noch den neuzeitlichen Diskurs von Locke bis Kant. Zwar haben wir Pflichten im Hinblick auf Tiere, aber nicht *ihnen gegenüber* (Locke 1793, S. 130 ff.; Kant, MdS, § 17, S. 443; dazu Gruen 2017; Waldau/Patton 2006). Die Moralgemeinschaft im eigentlichen Sinn ist auf Vernunftwesen beschränkt (zur Übersicht Ach/Borchers 2018; Beauchamp/Frey 2011; als Anthologien Wolf 2008; Schmitz 2014).

Moralische Beachtung von Tieren: Eine andere Perspektive zeichnet sich zunächst dort ab, wo Gefühle und Empfindungen ins Zentrum der Betrachtung rücken: bei Jean-Jacques Rousseau (u. a. 1782, S. 38 f./2008, S. 26) sowie in zwei Strömungen, die jeweils Elemente des Sentimentalismus (siehe Kap. 4) aufgreifen: im Utilitarismus (siehe Kap. 5) und in der Mitleids- und Sorgeethik (siehe Kap. 7.1). Die Symmetrie zwischen moralischen Rechten und Pflichten wird hier aufgegeben. Moralische Achtung können auch Wesen verdienen, die selbst nicht Adressaten moralischer Ansprüche sind. Dass ein Wesen **moralische Achtung** verdient, soll besagen, dass die Interessen, die Bedürfnisse, das Wohl oder die Integrität dieses Wesens im Rahmen praktischer Überlegungen **um ihrer selbst willen berücksichtigt** werden müssen – d. h. nicht etwa nur aus instrumentellen Gründen um der Interessen *anderer* Lebewesen willen.

11.2 Tierethik und Umweltethik

Tiere und nicht-handlungsfähige Menschen: Die Annahme, dass Tiere moralische Achtung verdienen, lässt sich durch folgende Überlegung zumindest plausibel machen: Jede/r von uns kann sich – beispielsweise durch einen schweren Schlaganfall – rasch in einer Situation wiederfinden, in der sie oder er zwar noch empfindungs- und leidensfähig ist, aber niemals mehr über diejenigen Kompetenzen vernünftiger Selbstbestimmung verfügen wird, die als spezifisch menschlich gelten. Ein Prinzip (*PM*), wonach wir auch in einem solchen Fall noch moralische Achtung verdienen – so dass es beispielsweise um unserer selbst willen verboten wäre, uns willkürlich Schmerz zuzufügen – würden wir vernünftigerweise kaum ablehnen. Unter Berufung auf das Prinzip der Gleichbehandlung ließe sich dann argumentieren, dass wir auch das weitergehende Prinzip (*PA*) zu akzeptieren haben, dem zufolge wir *alle* empfindungs- und leidensfähigen Bedürfniswesen moralisch achten müssen. *PM* zu verteidigen, *PA* aber zurückzuweisen, wäre nur möglich, wenn sich zeigen ließe, dass Unterschiede zwischen nicht-handlungsfähigen Menschen und anderen empfindungsfähigen Wesen vorliegen, die gravierend genug sind, letztere von der moralischen Berücksichtigung auszuschließen. Es ist allerdings nicht leicht zu sehen, welche Unterschiede dies sein könnten.

Tierethik und Gleichbehandlungsgebot

Grenzen der Vertragstheorie: Lassen sich solche Unterschiede vielleicht vertragstheoretisch begründen? Man könnte etwa argumentieren, dass es für ›uns‹ Moralsubjekte rational wäre, uns wechselseitig zuzusichern, dass wir jede/n von uns auch dann moralisch achten werden, wenn sie oder er nicht mehr zu vernünftiger Selbstbestimmung fähig ist, weil die potentiellen Vorteile für jede/n für uns die potentiellen Freiheitsverzichte überwiegen. Ein entsprechendes Argument lässt sich für *PA* hingegen nicht vorbringen. Bei genauerer Betrachtung zeigt sich allerdings, dass sich auf diese Weise nicht einmal *PM* begründen ließe. Denn wenn *M* keine handlungsfähige Person mehr ist, kann sich niemand mehr Kooperationsvorteile von ihr erhoffen. Im Rahmen eines interessenbasierten Kontraktualismus kann *M* daher keine moralische Berücksichtigung einfordern. Gegen diese Behauptung lässt sich scheinbar anführen, dass wir *M* zu einem *früheren* Zeitpunkt moralische Berücksichtigung versprochen hatten – aber dieses Argument verfängt nicht. Nach dem Verlust der Handlungsfähigkeit kann *M* nämlich auch kein moralisches Recht auf die Einhaltung eines früheren Versprechens mehr geltend machen, wenn wir nicht bereits *vorausgesetzt haben*, dass *M* weiterhin moralische Achtung verdient. Kurz gesagt: Die Grenzen der Berücksichtigung als mögliche/r Vertragspartner/in lassen sich nicht selbst durch einen Vertrag ausdehnen (Werner 2003, Kap. 3.2). Eine auf Eigeninteressen basierende (›hobbessche‹) Vertragstheorie kann daher nicht einmal moralische Achtung gegenüber Menschen begründen, die nicht mehr handlungsfähig sind (siehe Kap. 3.3). Sie eignet sich daher auch nicht zum Nachweis eines grundlegenden moralischen Unterschieds zwischen nicht-handlungsfähigen Menschen und empfindungsfähigen Tieren.

Ethik universellen Wohlwollens: Für die Einbeziehung aller empfindungsfähigen Bedürfniswesen in den Kreis derer, die moralische Achtung verdienen, spricht demgegenüber folgende Überlegung: Soweit wir überzeugt sind, dass unsere Bedürfnisse (etwa nach Schmerzlinderung) *um* *ihrer selbst willen* berücksichtigt werden sollten, sollten wir auch allen anderen Bedürfnissen, die in ihrer Qualität vergleichbar sind, dieselbe Beachtung schenken. Nun scheint die Annahme, dass es solche Bedürfnisse gibt (die wir für beachtenswert *um ihrer selbst willen* halten), tatsächlich der Phänomenologie unserer moralischen Gefühle zu entsprechen. Das zeigt sich beispielsweise darin, dass wir es für einen guten Grund halten, moralisch empört zu sein, wenn jemand die Tatsache, dass eine Handlung uns Schmerz zufügt, nicht schon *als solche* als Grund (wenigstens als normativen *Prima facie*-Grund, siehe Kap. 5.2.3) dafür anerkennt, diese Handlung zu unterlassen. Das scheint für ein **Prinzip des universellen Wohlwollens** zu sprechen, wie es William James andeutet:

James 1891, S. 339

»Take any demand, however slight, which any creature, however weak, may make. Ought it not, for its own sole sake, to be satisfied?«

Menschenrechte und Tierrechte: Ethiken, die Bedürfnisse, Glück, Sorge, Leid oder Mitleid in den Mittelpunkt rücken, können Tiere ohne weiteres als moralische Anspruchssubjekte anerkennen. Entsprechend spielen mitleids- und sorgeethische sowie utilitaristische (siehe Kap. 5) Ansätze in den Diskussionen der Tierethik eine zentrale Rolle. Da im Rahmen des Utilitarismus das Leiden des einen Wesens grundsätzlich durch das Glück eines anderen Wesens kompensierbar ist, bedeutet die Einbeziehung möglicher Nutzenbeiträge eines Wesens allerdings nicht – zumindest nicht unmittelbar – die Zuschreibung moralischer Individualrechte an dieses Wesen. Vertreter/innen der Tierrechtsposition schreiben Tieren hingegen just solche Individualrechte zu. Schon diese Skizze macht deutlich, dass die Antwort auf die Frage, ob Tiere überhaupt moralische Achtung verdienen (die Frage nach dem moralischen Status), keine erschöpfende Antwort auf die Frage beinhaltet, welcher Umgang mit Tieren moralisch gerechtfertigt ist. Offenbar ist zwischen folgenden Fragen zu unterscheiden:
1. Sind die Bedürfnisse und Interessen eines Wesens, ihr Wohl oder ihre Integrität um ihrer selbst willen zu berücksichtigen?
2. Wie sind welche Bedürfnisse genau zu berücksichtigen?

Abstufung moralischer Rechte?

Im Hinblick auf die zweite Frage gilt jedenfalls das Prinzip der Gleichbehandlung gleicher Interessen und Bedürfnisse; welche Berücksichtigung ein bestimmtes Bedürfnis überhaupt verdient und wann in den relevanten Hinsichten Gleichheit besteht, ist jedoch nicht immer offenkundig. Wenn Tiere moralische Achtung verdienen, impliziert dies nicht unmittelbar, dass bestehende Konzepte universeller **Menschenrechte** auf (alle) Tiere ausgedehnt werden müssten. Überlegungen zur Ausdehnung von Menschenrechten müssen vielmehr die wesentlichen Eigenschaften bestehender Menschenrechtskonzepte im Blick behalten: Generell sehen solche Konzepte vor, dass allen Rechteinhabern **genau dasselbe Set grundlegender Rechte** zuerkannt wird. Individuellen Unterschieden im Hinblick auf körperliche oder geistige Fähigkeiten wird im Rahmen solcher Konzepte häufig dadurch Rechnung getragen, dass bestimmte Rechte auch als **Anspruchsrechte** (z. B. auf soziale oder kulturelle Teilhabe) interpretiert werden. Auf diese Weise können, abhängig von den jeweiligen Voraussetzungen und Kompetenzen einzelner Rechtsträger, spezifischere Ansprüche auf ermöglichende Rahmenbedingungen (z. B. barrierefreie Einrichtungen) oder auch auf aktive Unterstützungsmaßnahmen (z. B. Rehabilitations- oder Integrationsleistungen) begründet werden. Dabei besteht der primäre Schutzgehalt der Menschenrechte zu einem erheblichen Teil in der **Ausübung spezifisch menschlicher Fähigkeiten**; man denke etwa an das Recht auf Selbstbestimmung und Selbstentfaltung, Religions- und Gewissensfreiheit, auf Meinungsfreiheit, Bildung, politische Mitwirkung etc. Andere Rechte, wie das Recht auf Leben und körperliche Unversehrtheit, sind grundsätzlich auch für nicht-menschliche Lebewesen relevant. Allerdings werden auch solche Rechte, die nicht unmittelbar die Ausübung spezifisch menschlicher Fähigkeiten schützen, zumindest gestützt durch Rechte, bei denen dies der Fall ist: Wird das Menschenrecht auf Leben nicht hinreichend geschützt – bleiben etwa Morde an Journalisten oder politischen Aktivisten systematisch ungeahndet –, sind auch die nur für Menschen relevanten Rechte auf Meinungsfreiheit oder auf politische Mitwirkung nicht viel wert. Zugleich spricht nichts gegen die Annahme, dass sich bestimmte moralische Rechte (z. B. auf äußere Freiheit und Freizügigkeit) gleichzeitig aus mehreren Quellen speisen, die zum Teil auf spezifisch menschliche Vermögen Bezug nehmen, zum Teil aber auch davon unabhängig sind (biologisches Grundbedürfnis nach Bewegung). Für das Gewicht der jeweiligen Rechte etwa im Kontext der Abwägung kollidierender Rechtsansprüche mag das relevant sein. Andererseits mag es außer unmittelbar normativen (Gerechtigkeits-)Gründen auch rechtsethische oder rechtspragmatische Gründe dafür geben, allen Anspruchsberechtigten genau dieselben Rechte zuzuschreiben (statt beispielsweise Konstrukte wie das eines ›wachsenden Lebensschutzes‹ einzuführen, siehe Kap. 11.1).

Diese Überlegungen zeigen: Mit der Einsicht, dass auch Tieren moralische Achtung zukommt, ist nur ein erster Schritt einer befriedigenden Klärung der Frage getan, welchen Wesen welche moralischen Ansprüche oder Rechte zukommen. Wie sich mit dem Hinweis auf den *einen* spezifischen Unterschied zwischen Menschen und Tieren (hinsichtlich der Selbstbestimmungs- und Moralfähigkeit gesunder Erwachsener) keine *vollständige* Ausgrenzung von Tieren aus dem Bereich der moralischen Berücksichtigung begründen lässt, lässt sich mit dem Hinweis auf die *eine* Übereinstimmung zwischen Menschen und (zumindest manchen) Tieren (hinsichtlich ihrer Empfindungs- und Leidensfähigkeit) keine *vollständige* Gleichbehandlung aller Tiere begründen.

Gemeinsamkeiten und Unterschiede

Diskussionsfelder der Tierethik: In der Geschichte der Tierethik steht **Verbot der grausamen Behandlung** von Tieren zunächst klar im Mittelpunkt. Kant wendet sich dabei nicht nur gegen willkürliche Tierquälerei, sondern auch gegen qualvolle Tierversuche im Interesse reiner Grundlagenwissenschaft und die übermäßige Ausbeutung tierischer Arbeitskraft, während er eine »behende«, d. h. »ohne Qual verrichtete« Tötung von Tieren für erlaubt hält (Kant, MdS, § 17, S. 443). Anders als Kant sieht der Mitleidsethiker Schopenhauer das Verbot der Grausamkeit gegenüber Tieren unmittelbar in der Leidensfähigkeit begründet, die sie mit den Menschen gemein haben. Entsprechend wendet er sich gegen das

Schopenhauer 1874, S. 404

»**schlechte Argument, daß Grausamkeit gegen Thiere zu Grausamkeit gegen Menschen führe; – als ob bloß der Mensch ein unmittelbarer Gegenstand der moralischen Pflicht wäre, das Thier bloß ein mittelbarer, an sich eine Sache!**«

Tierschutzgesetze

Auch die ersten gesetzlichen Tierschutzvorschriften, die im 19. Jahrhundert erlassen werden, konzentrieren sich ganz auf die Eindämmung grausamer Behandlung im Interesse der menschlichen Gemeinschaft. So wird im Strafgesetzbuch für das Deutsche Reich von 1871 »[m]it Geldstrafe bis zu fünfzig Thalern oder Haft« bedroht, »wer öffentlich oder in Aergerniß erregender Weise Thiere boshaft quält oder roh mißhandelt« (§ 360, Abs. 13). In nachfolgenden Gesetzesinitiativen werden rechtliche Regulierungen verschärft und auf Bereiche wie Tierhaltung, Schlachtung und wissenschaftliche Tierversuche ausgeweitet. (Diese Initiativen sind in der Zeit des Nationalsozialismus klar auch antisemitisch motiviert: Schlacht- und Tierschutzgesetz von 1933 stehen im Zeichen des Kampfs gegen das in Judentum und Islam vorgesehene rituelle Schächten einerseits und gegen die als kennzeichnend für die ›jüdisch materialistische‹ Medizin behauptete Vivisektion.) Seit 2002 ist der Tierschutz als Staatsziel auch im Grundgesetz verankert, was Abwägungen mit anderen grundrechtlich geschützten Rechtsgütern ermöglicht; Tiere sind damit jedoch nicht als Grundrechtsträger anerkannt. Im aktuellen ethischen Diskurs ist das Verbot der willkürlichen Schmerzzufügung oder Schädigung von Tieren weitestgehend unstrittig. Kontroverse Diskussionen bestehen hingegen überall dort, wo Tiere für menschliche Zwecke gebraucht oder getötet oder ihnen Leid oder Schaden zugefügt wird. **Tierversuche**, **Fleischkonsum**, **Massentierhaltung** und **Tierzucht** stehen dabei besonders im Fokus; diskutiert werden jedoch auch Fragen der Jagd, die Nutzung von Tieren für Sexualpraktiken oder die Zootierhaltung.

Tierethische Positionen: In allen diesen Diskussionen schlagen sich die Unterschiede der tierethischen Grundpositionen nieder. Deren Spektrum ist größer, als die Dichotomie zwischen »Tierschutzansatz« und »Tierrechtsansatz« suggeriert: Die restriktivsten **Tierrechtsansätze** halten nicht nur die Schmerzzufügung oder Tötung, sondern auch die ›Instrumentalisierung‹ von Tieren für verwerflich. Weil einige Tiere ebenso wie wir bestimmte Dinge erstreben, glauben, fühlen, erinnern oder erwarten und weil sie Lust und Schmerz, Befriedigung oder Frustration erleben könnten – kurz, weil sie Subjekte eines Lebens seien (Regan 1985, S. 24), müssten wir diesen Tieren auch einen moralischen Status zuschreiben, der dem unseren vergleichbar ist (Regan 2004; vgl. Francione/Charlton 2015; Franklin 2005). Entsprechend dem Verbot der Instrumentalisierung sind nicht nur Fleischkonsum und Tierversuche, sondern auch beispielsweise die Imkerei oder die Nutzung von Tieren im Sport grundsätzlich ausgeschlossen (Francione/Charlton 2015; Regan 2004). Ob das Instrumentalisierungsverbot tatsächlich in dieser Weise auf Tiere ausgedehnt werden kann, ist jedoch strittig. Bedeutung und Begründung des Instrumentalisierungsverbots werden traditionell aus einem kantischen Konzept von Selbstzwecklichkeit gewonnen, das wiederum Fähigkeiten autonomer Selbstbestimmung voraussetzt. Während Kant tierethische Pflichten auf indirektem Weg begründet (Baranzke 2002), wird in jüngerer Zeit teils auch in Anknüpfung an kantische Überlegungen versucht, ein erweitertes Konzept von Selbstzwecklichkeit zu entwickeln, das Tiere unmittelbar mit einschließt (Korsgaard 2018). Dietmar Hübner plädiert dagegen für eine differenziertere Zuschreibung von Tierrechten; nicht-vernünftige Tiere könnten

»sehr wohl Lebensrechte haben [...] aber [...] gewiss keine Würdeschutzrechte [...], weil das Instrumentalisierungsverbot sich auf den Autonomiestatus stützt, der Tieren fehlt [...].«

Hübner 2010, S. 49 f.

Auch aus der Perspektive mitleidsethischer Ansätze ist die Tötung von Tieren grundsätzlich abzulehnen (Schweitzer 1996; Wolf 2004; auch kritisch Wolf 2012). Utilitaristische Konzepte der Tierethik sehen weder Instrumentalisierungs- noch generelle Tötungsverbote vor, wobei die Tötung höher entwickelter Tiere, die eine Vorstellung von der Zukunft haben und ihren eigenen Tod fürchten können, kritischer als die Tötung anderer Lebewesen zu beurteilen ist (Birnbacher 2008).

Umweltethik: Die Umweltethik thematisiert den Umgang von Menschen mit ihrer natürlichen Umwelt (zur Übersicht vgl. Ott/Dierks/Voget-Kleschin 2016). Dabei werden auch nicht-intendierte oder durch Institutionen oder technische Systeme vermittelte menschliche Umwelteinflüsse berücksichtigt. Zu den im Bereich der Umweltethik diskutierten moralphilosophischen Grundlagenfragen gehören:

1. die Frage nach dem moralischen Status nicht-menschlicher Entitäten (außer Tieren auch Pflanzen, Ökosysteme oder Landschaften);
2. das Verhältnis zwischen sozialethischen und naturethischen Belangen, die im Konzept der Nachhaltigkeit zusammengeführt sind;
3. das Verhältnis zwischen qualitativ unterschiedlichen Zielen, beispielsweise solchen des Tierschutzes, des Artenschutzes und des Schutzes von Ökosystemen;
4. die Frage der angemessenen Einbeziehung der Belange künftiger Anspruchssubjekte;
5. die Frage eines angemessenen Umgangs mit ungewissen Folgeprognosen beispielsweise im Kontext der Klimaforschung.

Grundlagenfragen der Umweltethik

Hinsichtlich der Status- bzw. Inklusionsfrage werden folgende Positionen unterschieden: **Anthropozentrische** bzw. **ratiozentrische** Positionen erkennen nur Menschen bzw. Vernunftwesen als Moralsubjekte an. **Pathozentrische** Positionen schließen alle empfindungs- und leidensfähigen Wesen ein. **Biozentrische** Ansätze dehnen die moralische Gemeinschaft auf die Gesamtheit aller Lebewesen aus. **Holistischen** Ansätzen zufolge müssen wir alle natürlichen Entitäten – auch Steine oder Landschaften – moralisch achten. Für den Holismus wird angeführt, dass er keine Kriterien für den Ein- oder Ausschluss von Entitäten aus dem Schutzbereich der Moral benötige; dies sei ein Vorteil, da alle derartigen Kriterien umstritten seien (Gorke 2017). Allerdings würden dann entsprechend mehr

Bedingungen moralischer Berücksichtigung

(vermutlich nicht weniger strittige) Kriterien für die Abwägung zwischen den (behaupteten) Belangen von Steinen oder Landschaften mit denen von Tieren oder Menschen benötigt. Zudem ist nicht nur unklar, welche Bedürfnisse oder Interessen sich Sandkörnern, Sandhaufen oder Dünen zuschreiben ließen, sondern auch, mit welchen Gründen sich überhaupt moralisch relevante Entitäten identifizieren und von anderen abgrenzen lassen. Insgesamt scheint die moralische Inklusion von Entitäten in demselben Maße plausibel, in dem es plausibel ist, ihnen **eigene Bedürfnisse oder Interessen** oder eine **eigene Identität** zuzuschreiben, auf deren Erhaltung oder Entfaltung ihre eigenen Äußerungen oder ihre Entwicklung irgendwie ausgerichtet ist. Inwieweit dafür ein eigenes subjektives Bewusstsein notwendig ist und welchen Organismen sich ein solches Bewusstsein zuschreiben lässt, gehört zu den kontrovers diskutierten Fragen der Naturphilosophie. *Prima facie* spricht diese Überlegung jedenfalls auch gegen die moralische Inklusion von **Ökosystemen** und ebenso gegen die Inklusion von **Tierarten** (Korsgaard 2018, Kap. 11) als eigenständiger moralischer Anspruchssubjekte. Das schließt freilich nicht aus, dass die Erhaltung von Ökosystemen oder Tierarten im Interesse von Menschen oder Tieren moralisch geboten sein kann – etwa im Interesse des Schutzes der eigenen Lebensgrundlagen oder aus wissenschaftlichen, ästhetischen oder sonstigen kulturellen Gründen. Konflikte zwischen Pflanzen- oder Tierschutz, Artenschutz und der Erhaltung von Ökosystemen spielen in umweltethischen Diskussionen und der Naturschutzpraxis eine große Rolle (z. B.: »Sollen wir den Borkenkäferbefall im Nationalpark bekämpfen oder nicht?«).

Konzeptionen der Nachhaltigkeit

Nachhaltigkeit: Die Abwägung qualitativ unterschiedlicher Anliegen stellt auch eine Herausforderung bei der Anwendung des in Umweltethik und Umweltpolitik etablierten Prinzips der Nachhaltigkeit (*sustainability*) dar. Das ursprünglich aus der Forstwirtschaft stammende Nachhaltigkeitskonzept wird im Anschluss an den 1987 erschienenen Brundtland-Bericht der Weltkommission für Umwelt und Entwicklung der Vereinten Nationen so verstanden, dass es nicht nur die Erhaltung natürlicher Ressourcen, sondern auch die Durchsetzung von Standards globaler und intergenerationeller Gerechtigkeit umfasst. So werden in der Erdcharta von 2010 als normative Grundlagen einer nachhaltigen Gesellschaft »respect for nature, universal human rights, economic justice, and a culture of peace« genannt (Earth Charter Initiative 2010). Entsprechend dem weiten Umfang des Prinzips ist dessen genaue Interpretation umstritten. Das sogenannte Drei-Säulen-Modell, das Nachhaltigkeit auf die drei Pfeiler Umwelt, Gesellschaft und Wirtschaft bezieht, gibt nur wenig Orientierung. Klarer umrissene Konzepte »starker« Nachhaltigkeit grenzen sich von Konzepten »schwacher« Nachhaltigkeit dadurch ab, dass sie natürliche Ressourcen als nicht oder nur eingeschränkt ersetzbar betrachten (vgl. Ott/Döring 2008).

Die dem Nachhaltigkeitsprinzip inhärente Forderung nach intergenerationeller Gerechtigkeit verweist auf die Frage, inwieweit und wie genau die Bedürfnisse und **Interessen künftiger Lebewesen** zu berücksichtigen sind. Ebenso wie die moralische Inklusion von Tieren setzt die Inklusion künftiger Generationen jedenfalls voraus, dass die vor allem im Rahmen des Kontraktualismus verteidigte Symmetrie von Rechten und Pflichten aufgeben wird. Zusätzliche Probleme resultieren aus dem Umstand, dass uns zwar weder die Zahl noch die Identität und die spezifischen Bedürfnisse und Lebensumstände künftiger Lebewesen genau bekannt sind, diese aber von unseren heutigen Entscheidungen beeinflusst werden. Auch unabhängig davon sind umweltethische Diskussionen häufig auf langfristige Folgen unseres Handelns bezogen, deren Prognosen mit mehr oder weniger großen Unsicherheiten behaftet sind. Die Frage des angemessenen Umgangs mit Ungewissheiten gehört deshalb zu den für die Umweltethik besonders relevanten ethischen Querschnittsfragen.

Künftige Generationen

11.3 | Wissenschafts- und Technikethik

Integrität der Wissenschaftspraxis: Fragen des Umgangs mit Risiken und Ungewissheiten spielen auch in der Wissenschaftsethik und Technikethik eine zentrale Rolle (zur Einführung und Übersicht: Fuchs et al. 2010; Grunwald 2013; Hubig 1995; Lenk 2001; Maring 2011; Mitcham 2005; Ott 1996; 1997; Resnik 1998; Reydon 2013; Rohbeck 1993; Shrader-Frechette 1994). Das gilt sicherlich dort, wo den in Wissenschaft und Technik tätigen Personen oder den sie tragenden oder regulierenden Institutionen **Verantwortung für die Folgen** wissenschaftlicher oder technischer Innovationen und ihrer Anwendungen zugesprochen wird. Unabhängig von ihren möglichen Folgen ist jedoch auch die Wissenschaftspraxis selbst ethisch relevant (Reydon 2013, S. 37 ff.). Ein Kernbereich der Wissenschaftsethik umfasst moralisch gehaltvolle Normen und Tugenden, die für die **Integrität der Wissenschaftspraxis** konstitutiv sind. Einen klassischen Beitrag zur Klärung dieser Normen hat der Wissenschaftssoziologe Robert K. Merton geleistet. Ihm zufolge ist eine funktionierende Wissenschaftspraxis orientiert an den Normen

1. des **Universalismus** (individuelle Eigenschaften oder der soziale Status der Forscher/innen sollen im wissenschaftlichen Diskurs keine Rolle spielen),
2. des **Kommunalismus** (wissenschaftliche Ergebnisse sollen grundsätzlich als Allgemeingut behandelt werden; wegen der politischen Konnotationen wird meist auf den ursprünglich gebrauchten Begriff des **Kommunismus** verzichtet),
3. der **Uneigennützigkeit** (Forscher/innen sollen nicht durch Privatinteressen, sondern durch Neugier und uneigennütziges Erkenntnisinteresse motiviert sein) und
4. des **organisierten Skeptizismus** (wissenschaftliche Thesen sollten nur in dem Maße akzeptiert werden, in dem sie einer methodischen Überprüfung standhalten).

Normen für die Wissenschaftspraxis nach Merton

Zweifellos setzt das gute Funktionieren der Wissenschaftspraxis voraus, dass Wissenschaftler/innen ihre Forschung möglichst ergebnisoffen und selbstkritisch betreiben, dass sie Experimente, Methoden und Ergebnisse wahrheitsgemäß, umfassend und in transparenter Weise publizieren, dass sie ihre Erkenntnisinteressen und eventuelle ökonomische Abhängigkeiten offenlegen und dass sie die jeweiligen Beiträge anderer Wissenschaftler/innen klar als solche kenntlich machen.

Institutionelle Bedingungen: Auf **institutioneller** Ebene erfordert dies unter anderem den Schutz der Wissenschaftspraxis vor politischen oder ökonomischen Einflüssen, die die Freiheit der Themen- und Methodenwahl oder gar direkt die Ergebnisoffenheit oder Öffentlichkeit der Wissenschaft beschränken. (In Deutschland ist die **Freiheit von Kunst und Wissenschaft** durch Art. 5. Abs. 3 GG auch verfassungsrechtlich geschützt.) Damit allein ist die Integrität der Wissenschaftspraxis jedoch nicht gesichert. Denn neben politischen und wirtschaftlichen Einflüssen können auch die Konkurrenz zwischen Forschenden und die Aufmerksamkeitsökonomie der Wissenschaftspublizistik **Anreize zu wissenschaftlichem Fehlverhalten** setzen, etwa zur Aneignung fremder wissenschaftlicher Errungenschaften, zu selektiven Publikationen, zum Aufbauschen oder gar zur gezielten Fälschung von Forschungsergebnissen oder zur parteiischen Ausnutzung von Netzwerken oder institutionellen Machtpositionen.

Individualethische Bedingungen: Auf individueller Ebene ist daher die Vermittlung und Einübung wissenschaftsethischer Normen und Tugenden notwendig. Auf theoretischer Ebene ist die zentrale Bedeutung wissenschaftsethischer Normen und Tugenden jüngst durch die Entwicklung der *virtue epistemology* hervorgehoben worden, die sich bemüht, klassische Fragen der Erkenntnistheorie durch die Untersuchung erkenntnisförderlicher Tugenden zu klären (zur Übersicht vgl. Turri/Alfano/Greco 2017). Auf praktischer Ebene ist diese Bedeutung einerseits durch spektakuläre Einzelfälle forscherischen Fehlverhaltens unterstrichen worden, andererseits auch durch die sogenannte **Reproduzierbarkeitskrise** (*replicability crisis* oder auch *replication crisis*). Eine Reihe von Arbeiten (insbes. im Anschluss an Ioannidis 2005) legt nahe, dass ein substantieller Anteil der in wissenschaftlichen Fachzeitschriften veröffentlichten empirischen Studien nicht reproduzierbar ist – in manchen Disziplinen möglicherweise gar die Mehrzahl der veröffentlichten Studien. Die meisten Forschenden halten diesbezüglich die Rede von einer Wissenschaftskrise für angemessen (Baker 2016). Schuld an dieser Krise sind neben nachlässiger Methodenwahl und nicht-intendierten Problemen der statistischen Auswertung experimenteller Befunde (Cumming/Calin-Jageman 2016, S. 257 ff.; Haig 2016) auch ungenaue Beschreibungen von Experimentalbedingungen (Vasilevsky et al. 2013). Nicht zuletzt spielen jedoch auch verbreitete Praktiken einer bewusst selektiven oder ›geschönten‹ Darstellung von Forschungsergebnissen eine Rolle (Head et al. 2015). Individuelle ›epistemische Laster‹ werden in diesem Zusammenhang durch Fehlanreize des wissenschaftlichen Reputationssystems begünstigt.

Folgenverantwortung: Wissenschaftsethische Pflichten und Verantwortlichkeiten gehen über den Schutz der Wissenschaftspraxis hinaus (Reydon 2013, S. 80 ff.). Offenkundig ist dies dort, wo wissenschaftliche Forschung selbst mit Eingriffen in Rechte verbunden ist – beispielsweise mit Eingriffen in die Privatsphäre, in die körperliche und seelische Unversehrtheit oder die Selbstbestimmungsrechte von Versuchspersonen oder in das Wohlergehen von Versuchstieren. Hier können Einschränkungen der Wissenschaftsfreiheit oder Schutz- und Sorgfaltsmaßnahmen wissenschaftsethisch und gegebenenfalls auch rechtlich geboten sein (s. o.). In verfassungsrechtlicher Perspektive sind solche Fälle als Konflikte zwischen dem Grundrecht auf Wissenschaftsfreiheit und anderen Grundrechten zu interpretieren, die Güterabwägungen nötig machen. Fälle, in denen Forschung unmittelbar die Rechte von Versuchspersonen tangiert, sind eindeutige Fälle ethisch relevanten Wissenschaftshandelns. Forschung kann jedoch auch Folgen zeitigen – darunter auch negative oder gar katastrophale Folgen –, die weniger gut vorauszusehen sind. Dies kann der Fall sein, weil sie sich erst durch die weitere wissenschaftliche Entwicklung oder durch den Gebrauch oder **Missbrauch von Forschungsergebnissen** einstellen. Die Frage, wie weit sich die Verantwortung von Forschenden, von Forschungseinrichtungen und von die Forschung regulierenden Institutionen jeweils auch auf solche Folgen erstreckt oder erstrecken sollte und inwieweit diese Verantwortung auch rechtlich festgeschrieben werden muss, spielt im wissenschaftsethischen und wissenschaftspolitischen Diskurs eine zentrale Rolle. Zweifellos ist Verantwortung kaum zuschreibbar, wo mögliche Forschungsfolgen auch bei bestem Bemühen nicht abzusehen sind. Diese Bedingungen sind jedoch keineswegs immer erfüllt.

Selbstverständigung der Forschenden: Wichtige Beiträge zur Diskussion über Folgenverantwortung stammen von Personen, die selbst in Forschung und Entwicklung tätig sind (vgl. auch zum Folgenden Lenk 2017). Schon **Leonardo da Vinci**, der auch zur Entwicklung von Kriegsgerät beigetragen hat, verzichtet bewusst auf die Veröffentlichung von Plänen für ein Unterseeboot »on account of the evil nature of men, who would practise assassinations at the bottom of the seas by breaking the ships in their lowest parts and sinking them together with the crews who are in them« (zit. nach Simms 1988, S. 208). Gleichwohl haben zahllose Forscher/innen später an der Entwicklung der industriellen Kriegsführung mitgewirkt und die Entwicklung grausamer Waffen wie Giftgas oder Napalm vorangetrieben (Koch 2017). Im wissenschafts- und technikethischen Diskurs nach 1945 haben sich jedoch Forschende wiederholt zu ihrer Verantwortung für mögliche Forschungsfolgen und zu entsprechenden Sorgfalts- und Unterlassungspflichten bekannt. So haben sich in der **Göttinger Erklärung (1957)** 18 renommierte Kernphysiker öffentlich gegen die Entwicklung von Atomwaffen ausgesprochen und Wissenschaftler/innen in **Asilomar (1975)** sich vorsichtshalber ein freiwilliges Moratorium in Teilbereichen der Genforschung auferlegt. Im Bereich der Technikethik hat etwa der Verein Deutscher Ingenieure (VDI) Impulse zur Sensibilisierung der Profession für technikethische Fragen geleistet (zur Ingenieursethik vgl. Hubig/Reidel 2003). Generell hat sich in den ersten Jahrzehnten nach dem Zweiten Weltkrieg die Überzeugung durchgesetzt, dass in Forschung und Technikentwicklung beschäftigte Personen **Mitverantwortung für mögliche Forschungsfolgen** tragen und dass sie bei ihren Bemühungen um Folgenprognosen auch realistische Gebrauchs- und Missbrauchsszenarien berücksichtigen müssen.

Historischer Hintergrund

Folgenabschätzung und Vorsorgeprinzip: Im Hinblick auf die offenkundigen Schwierigkeiten einer Abschätzung möglicher Folgen technologischer Entwicklungen oder wissenschaftlicher Entdeckungen schlägt etwa **Hans Jonas** eine Doppelstrategie vor: Zum einen sollten wir die **Bemühungen der Folgenprognose** intensivieren. Zum anderen sollten wir den verbleibenden Wissensgrenzen durch besondere **Vorsichtsmaßregeln** Rechnung tragen, etwa indem wir, zumindest im Hinblick auf gravierende Schäden, den pessimistischeren Prognosen besonderes Gewicht geben (Jonas 1979, S. 63, 70 ff.). Tatsächlich werden beide Strategien verfolgt. In vielen Ländern sind in der Nachkriegszeit **Institutionen der Technikfolgenabschätzung** (*technology assessment*; zur Übersicht Simonis 2013) und der wissenschaftlichen Politikberatung etabliert worden, etwa 1972 das *Office of Technology Assessment* (OTA) in den USA oder in Deutschland 1990 das *Büro für Technikfolgenabschätzung beim Deutschen Bundestag* (TAB), 1991 die *Akademie für Technikfolgenabschätzung* in Stuttgart (als Nachfolgeinstitution verschiedener Vorgänger), 1995 das Karlsruher *Institut für Technikfolgen-Abschätzung und Systemanalyse* (ITAS) und 1996 die *Europäische Akademie zur Erforschung von Folgen wissenschaftlich-technischer Entwicklungen* (seit 2014: *European Academy of Technology and Innovation Assessment*, EA) in Bad Neuenahr-Ahrweiler. Ebenfalls seit den 1970er Jahren hat das sogenannte **Vorsorgeprinzip** Eingang in Richtlinien und Gesetzestexte insbesondere im Umwelt- und Gesundheitsbereich gefunden und sich, ausgehend von Deutschland und Schweden, in der Europäischen Union »als allgemeines Rechtsprinzip des gesamten Unionsrechts« (Calliess 2013) etabliert. Das Vorsorgeprinzip soll bei Entscheidungen unter Ungewissheit Orientierung bieten – bei Entscheidungen also, bei denen (anders als bei Entscheidungen unter Risiko) auch die *Wahrscheinlichkeiten* des Eintretens alternativer Zukunftsszenarien mehr oder weniger unbekannt sind. Allerdings sind in der Diskussion unterschiedliche Varianten des Vorsorgeprinzips anzutreffen (Sandin 2004). In der **Rio-Deklaration** über Umwelt und Entwicklung aus dem Jahr 1992 wird das Vorsorgeprinzip in folgender Weise formuliert:

»**Where there are threats of serious or irreversible damage, lack of full scientific certainty shall not be used as a reason for postponing cost-effective measures to prevent environmental degradation.**«

Für die meisten Versionen des Vorsorgeprinzips gilt, dass sie nicht unmittelbar als Entscheidungsregeln zu operationalisieren sind, sondern eher Leitlinien einer vorsorgeorientierten Abwägung bei Entscheidungen unter Ungewissheit darstellen (Steel 2015; Zander 2010). Manche Autorinnen oder Autoren ziehen der Rede von einem Vorsorge*prinzip* daher die Rede von einem vorsorgeorientierten Abwägen (*precautionary reasoning*) vor (Beyleveld/Brownsword 2009). Die Rationalität des Vorsorgeprinzips, bzw. spezifischer Formulierungen dieses Prinzips, ist in der internationalen Diskussion weiterhin umstritten. Strittig ist, inwieweit diese Formulierungen jeweils überhaupt eine eindeutige Orientierung bieten, inwieweit diese Orientierung sich substantiell von der Orientierung an Prinzipien der Kosten-Nutzen-Abwägung unterscheidet und inwieweit sie ethisch zu rechtfertigen ist (kritisch z. B. Sunstein 2005; affirmativ Steel 2015). Diese Diskussion spielt auch in den umwelt- und handelspolitischen Kontroversen zwischen der Europäischen Union und den USA eine Rolle. Auch die Institutionen der Technikfolgenabschätzung und Zukunftsforschung waren schon früh politisch umstritten. Unternehmen und industrienahe politische Gruppierungen sahen darin primär ein Innovationshindernis. In den USA wurde im Jahr 1995 das OTA aufgelöst, 2003 die Stuttgarter Akademie. Andere Institutionen wie TAB, ITAS und EA leisten jedoch weiterhin Politikberatung, auch im Rahmen des europäischen Netzwerks *European Technology Assessment Group*.

Wissenschaftliche Selbstkontrolle: Im Bereich der Wissenschaftsethik sind in mehreren Phasen Organe der Selbstkontrolle etabliert worden. In Reaktion auf einen Fall umfangreicher Datenfälschung in der Krebsforschung empfahl die Deutsche Forschungsgemeinschaft (DFG) 1998 allen Forschungseinrichtungen, spezifische Regelwerke für gute wissenschaftliche Praxis und den Umgang mit wissenschaftlichem Fehlverhalten zu entwickeln. Ferner sollten sie **Ombudspersonen** (unparteiische Schiedspersonen) benennen, die beim Verdacht eines Verstoßes beraten sollten. Die Arbeit der lokalen Ombudspersonen wird von einem bei der DFG angesiedelten Gremium, dem Ombudsman für die Wissenschaft, unterstützt. Ferner sollten die Forschungseinrichtungen **Kommissionen** etablieren, die in Verdachtsfällen ermitteln und gegebenenfalls über Maßregeln entscheiden sollten (revidierte Fassung: Deutsche Forschungsgemeinschaft 2013). Im Jahr 2019 wurden aktualisierte Empfehlungen in Form eines verbindlichen Kodex veröffentlicht. Dessen Umsetzung stellt eine Voraussetzung für den Erhalt von DFG-Mitteln dar. Wie bereits bemerkt ist die **Forschung an Versuchspersonen im humanmedizinischen Bereich** vergleichsweise stark reguliert, wobei den lokalen Ethikkommissionen eine zentrale Rolle zukommt. Dasselbe gilt für die **Forschung an Versuchstieren**, die ebenfalls rechtlich geregelt ist und für die in Gestalt von Tierschutzbeauftragten und Tierschutzkommissionen Entscheidungs- und Beratungskompetenzen festgelegt sind. Die Forschung an Versuchspersonen im Bereich der **Psychologie und Sozialwissenschaften** ist weniger institutionalisiert. Nicht an allen Forschungseinrichtungen existieren ethische Beratungsgremien, wohl aber bei den jeweiligen Fachgesellschaften. Zudem setzt die Publikation von Forschungsarbeiten in fachwissenschaftlichen Zeitschriften üblicherweise ein positives Votum eines ethischen Beratungsgremiums voraus. In jüngerer Zeit werden auch Bemühungen zur Regulierung von Forschungen unternommen, die mit einem erheblichen Missbrauchsrisiko verbunden sind (*Dual Use Research of Concern*, DURC). Anlass dafür war vor allem die Kontroverse über die Veröffentlichung einer Studie, die aufzeigte, wie sich das Vogelgrippevirus genetisch so verändern lässt, dass es auch auf dem Luftweg zwischen Säugetieren übertragen werden kann (Herfst et al. 2012). Wie mit DURC angemessen umzugehen ist, wird gegenwärtig kontrovers diskutiert. Leopoldina und DFG (2014) sehen die Forschungseinrichtungen in der Verantwortung und haben zur Gründung entsprechender *Kommissionen zur ethischen Beurteilung sicherheitsrelevanter Forschung* (KEF) aufgerufen. Der Deutsche Ethikrat hat in einer ebenfalls 2014 veröffentlichten Stellungnahme zwar auch an die Selbstverantwortung der Forschungseinrichtungen appelliert, hielt jedoch darüber hinaus

<small>Deutscher Ethikrat 2014, S. 190</small>

»ergänzende rechtliche Regelungen für erforderlich, mit denen zugleich ein transparenter Abwägungsprozess bei der Beurteilung von besorgniserregender Biosecurity-relevanter Forschung gewährleistet werden soll.«

KEF sind inzwischen an einigen Standorten etabliert; rechtliche Regelungen wurden bislang nicht verabschiedet.

<small>Verkehrung von Zwecken und Mitteln</small>

Zwecke und Mittel: Während die Praxisrelevanz wissenschaftlicher Grundlagenforschung und wissenschaftlicher Entdeckungen teils erst im Nachhinein zu erkennen ist, beschäftigt sich die Technikethik mit der Entwicklung oder Regulierung von Werkzeugen, Maschinen, technischen Systemen oder Methoden (Hubig 1995), die einen deutlicheren Anwendungsbezug aufweisen. Der Vielfalt technologischer Entwicklungen und Anwendungsfelder entspricht eine Vielfalt technikethischer Subdisziplinen (z. B. Roboterethik, Ethik der *Artificial Intelligence*, Ethik der Nanotechnologie, Verkehrsethik, etc.), für die unterschiedliche empirische und normative Fragen relevant sind. Allerdings sind einige Leitmotive zu erkennen, die von übergreifender Bedeutung sind. Dazu gehört ein Thema der Ethik, Kultur- und Sozialphilosophie, das zumindest seit Aristoteles (NE, 1096a) diskutiert wird: die Gefahr einer Verkehrung des Verhältnisses von Zwecken und Mitteln (ein zentrales Thema etwa bei Simmel 2015, Bd. 6). Wenn wir uns entscheiden, einen von uns erstrebten Zweck durch bestimmte Mittel zu realisieren, überträgt sich unsere Wertschätzung des Zwecks in gewissem Maße auch auf diese Mittel. Die Realisierung der notwendigen Mittel oder die Verfügung über sie wird ihrerseits zu einem Zweck, der unter Umständen wiederum weiterer Mittel zu seiner Realisierung bedarf. Je umfangreicher die Mittel-Zweck-Kaskaden, desto größer die Wahrscheinlichkeit, dass das Nachdenken über die Mittel die Reflexion auf die ›eigentlich‹ erstrebten Zwecke verdrängt und desto größer auch die Gefahr, dass der Wert der Zwecke vom Wert der Mittel überlagert wird. Die Wahrscheinlichkeit solcher Entwicklungen erhöht sich zweifellos, wo die Realisierung und Perfektionierung von Mitteln arbeitsteilig organisiert ist, so dass einzelne Personen nur kleine Beiträge zur Realisierung von Mitteln leisten, deren mögliche Einsatzzwecke gar nicht die eigenen sind oder gar nicht mehr im eigenen Blickfeld liegen.

Nicht-intendierte Nebenfolgen: Unabhängig von dieser Gefahr der psychologischen oder soziokulturellen **Fetischisierung von Mitteln** sind mit ihrer Realisierung, Aneignung, Nutzung, Bewahrung oder schieren Existenz vielfach unbeabsichtigte Effekte oder Folgen verbunden, die Anpassungen in Zielsystemen erfordern. So können technische Artefakte und insbesondere technische Systeme, die ursprünglich als Mittel zur Lösung bestimmter Probleme intendiert waren oder neue Handlungsspielräume zu eröffnen schienen, in vielfältiger Weise zur Ursache neuer Handlungszwänge und Abhängigkeiten werden. Die Technikgeschichte ist voll von prägnanten Beispielen. Die Entwicklung des motorisierten Individualverkehrs mag Veränderungen in Ökonomie und Siedlungsbau nach sich ziehen, durch die die Wege zu zentralen Einrichtungen länger werden, so dass die Mobilität (verstanden als Fähigkeit, diese Einrichtungen zu erreichen) sich letztlich nicht erhöht, zugleich aber eine neue Abhängigkeit entsteht. Die Möglichkeit, überall mobil telefonisch erreichbar zu sein, mag soziale Zwänge kreieren, tatsächlich stets erreichbar zu sein. Sobald technisches Verfügungswissen sich in Form technischer Artefakte oder Systeme vergegenständlicht hat, steht es uns offenbar nicht mehr vorbehaltlos zur Verfügung: Es tritt uns vielmehr als eine eigenständige Realität gegenüber, als eine ›zweite Natur‹, die uns vor neue, nicht-intendierte und möglicherweise unvorhergesehene und unerwünschte Herausforderungen stellen kann.

Technik als ›zweite Natur‹

Instrumentelle und ethische Rationalität: Auch ein weiteres Leitmotiv technikethischer Diskussionen hat mit der Vergegenständlichung technischen Wissens zu tun: Die Befürchtung einer **Asymmetrie zwischen wissenschaftlich-technischem und ethischem Fortschritt**. Schon Friedrich Schlegel formuliert:

»Das eigentliche Problem der Geschichte ist die Ungleichheit der Fortschritte in den verschiedenen Bestandteilen der gesamten menschlichen Bildung, besonders die große Divergenz in dem Grade der intellektuellen und der moralischen Bildung.«

Schlegel 1964, S. 236, zitiert nach Koselleck 1979, S. 363

Dieses Problem verschärft sich durch die Vergegenständlichung ›intellektuellen‹ Wissens in Gestalt technischer Artefakte. Naturwissenschaftliches Wissen lässt sich in Büchern und sonstigen Datenbeständen speichern, bedarf allerdings der stets neuen Aneignung im verstehenden Nachvollzug. Technische Artefakte und Systeme sind nicht nur akkumulierbar, sondern können aufeinander aufbauen. Dies erklärt die Beschleunigung wissenschaftlich-technischer Entwicklungen: Fortschritte in der Miniaturisierung von Computerchips ermöglichen die Entwicklung oder Produktion noch leistungsfähigerer Mikrochips; Entwicklungen in unterschiedlichen Technologiebereichen stützen sich gegenseitig. Dabei lässt sich das in technischen Artefakten vergegenständlichte instrumentelle Wissen auch von Personen nutzen, die nur über einen sehr geringen Teil dieses Wissens verfügen. Ein Computer, eine Bohrmaschine oder ein Maschinengewehr können auch von Personen gebraucht werden, die nicht wissen, wie ein Elektromotor, ein Mikroprozessor oder das Binärsystem funktionieren oder welche chemische Zusammensetzung Gewehrmunition besitzt. Ethisches ›Orientierungswissen‹ lässt sich zwar ebenfalls in gewissem Maße akkumulieren; zum Beispiel in Büchern, kulturellen Traditionen, Erziehungspraktiken oder sozialen Institutionen. Die Orientierung an ethischen Normen oder Werten ist jedoch mit der Einhaltung technischer Regeln oder gar der Verwendung technischer Artefakte nicht vergleichbar. Unmittelbar bietet ethisches Wissen nur denen Orientierung, die es verstanden und internalisiert haben. Und soweit auch noch das Recht letztlich von der Loyalität der Rechtsbürger/innen abhängig ist, muss jede Generation erneut moralische Lernprozesse durchlaufen, die sie zu einer qualifizierten Aneignung oder auch kritischen Revision derjenigen Moral befähigt, die sich in den sozialen Strukturen und kulturellen Traditionen manifestiert. Für die Befürchtung einer

Asymmetrie zwischen technologischer Handlungsmacht und moralischer Entwicklung

Asymmetrie zwischen der technologischen Ausdehnung menschlicher Handlungsmacht einerseits und moralischer Entwicklung andererseits – Günther Anders (1956, S. 16 u. a.) spricht prägnant von einem ›prometheischen Gefälle‹ – gibt es also durchaus Gründe. Die Frage, wie sich auf diese Asymmetrie reagieren lässt, verweist auf eine zentrale Herausforderung der Wissenschafts- und Technikethik.

11.4 | Wirtschaftsethik

Wirtschaftsethik als Bereichsethik? Üblicherweise wird auch der Wirtschaftsethik der Status einer spezifischen Bereichsethik zugesprochen. Allerdings hat sich die Wirtschaftsethik bislang nicht in demselben Maße als akademische Disziplin und als fester Bestandteil des fachlichen Curriculums etablieren können wie die Medizinethik oder die Rechtsphilosophie (Neuhäuser 2011b, S. 160 f.; Ulrich 2017, S. 10). Dafür gibt es sowohl historische und wissenschaftssoziologische als auch systematische Gründe (zur Übersicht über die wirtschaftsethische Diskussion vgl. Aaken/Schreck 2015; Aßländer 2011; Shaw 2003; White 2019; als systematische Darstellungen Ulrich 2016).

Historischer Hintergrund   **Ausdifferenzierung von Ökonomie und Ethik:** Bis in die späte Neuzeit werden ökonomische Fragen unmittelbar als ethische und politische Fragen behandelt. **Aristoteles** (*Politik*, 1253b ff.) unterscheidet zwischen dem Bereich der *Ökonomik*, die lediglich den wirtschaftlichen Umgang mit den Ressourcen des einzelnen Haushalts behandelt, der *Ktetik*, nämlich der Kunst der Beschaffung notwendiger Güter, wozu die Berufe zählen, und der sogenannten *Chrematistik*, der es um die Mehrung von Reichtum als solchem geht (Aßländer 2011, S. 27). Die Chrematistik wird dabei eindeutig negativ beurteilt. Aristoteles' bereits erwähnte Warnung vor der Verkehrung von Zwecken und Mitteln stammt ursprünglich aus diesem Kontext (sie wird unter anderem in Karl Marx' Kritik des Warenfetischismus wieder aufgegriffen; Marx 1983, S. 17 ff.). Die direkte und explizite **Rückbindung der Ökonomie an Politik und Ethik**, an Konzepte politisch-wirtschaftlicher Tugenden und Vorstellungen des gerechten Tauschs, wird im 18. Jahrhundert gelockert. Noch **Adam Smith**, der heute vor allem als Begründer der klassischen Theorie der Marktwirtschaft bekannt ist, hat mit seiner *Theory of Moral Sentiments* (1759) einen wesentlichen Beitrag zur Entwicklung der Moralphilosophie in der Tradition des schottischen Sentimentalismus geleistet und stellt auch seine ökonomischen Überlegungen in den Kontext einer ethisch-politischen Auseinandersetzung. Handel, gewinnorientierte Geschäftstätigkeit und individuelles wirtschaftliches Vorteilsstreben werden jedoch (teils schon vor Smith) im Vergleich zum aristotelisch-tugendethischen Wirtschaftsdenken deutlich aufgewertet. Denn unter geeigneten Rahmenbedingungen sollen die Mechanismen des ökonomischen Wettbewerbs dazu führen, dass das Zusammenspiel wirtschaftlicher Handlungen, die jeweils nur am individuellen Vorteil der Akteurin bzw. des Akteurs orientiert sind, gleichwohl zum wechselseitigen Nutzen ausschlägt:

»It is not from the benevolence of the butcher, the brewer, or the baker, that we expect our dinner, but from their regard to their own interest.«

Smith 1975, S. 26 f.

In dieser Idee einer (begrenzten) **moralischen Entlastung der Wirtschaftssubjekte** von der unmittelbaren Verantwortung für das Wohl und Wehe der Transaktionspartner/innen oder der Gemeinschaft liegt der Keim der erst später entwickelten Vorstellung, dass es sich beim Wirtschaftssystem um ein gänzlich autonomes, moralfrei funktionierendes Sozialsystem handele, dessen Gesetze von einer ihrerseits wertfrei verfahrenden Wissenschaft beschrieben werden könnten. Gemäß dieser Vorstellung haben moralische Überlegungen innerhalb des Wirtschaftsgeschehens keinen Ort, sondern höchstens im Kontext von Regulierungsbemühungen auf der Ebene der institutionellen Rahmenordnung. Schlimmstenfalls gefährden moralisch motivierte und insofern systemfremde Eingriffe das effiziente Funktionieren des Marktsystems. Peter Ulrich unterscheidet zwei Erscheinungsformen dieser Auffassung:

»Die empiristische Variante, dergemäss Ethik in der Wirtschaft mehr oder weniger ›unmöglich‹ ist, tritt als Sachzwangdenken auf [...]. Die normativistische Variante, dergemäss Ethik in der Wirtschaft ›gar nicht nötig‹ ist, beruht auf der [...] Überzeugung, der Markt sei selbst die beste Gewährsinstanz dafür, dass auch in ethischer Hinsicht alles mit rechten Dingen zugeht [...].«

Ulrich 2016, S. 17

Zwar ist die Interpretation der Wirtschaftswissenschaft als einer selbständigen, wertfrei verfahrenden, modellorientierten, aber gleichwohl mit Erklärungsanspruch auftretenden Disziplin in der Wissenschaftstheorie der Sozialwissenschaften bis heute heftig umstritten. Methodologische (Selbst-)Zweifel haben die Etablierung wirtschaftsethischer Lehrstühle in den Wirtschaftsfakultäten jedoch eher zusätzlich erschwert (Ulrich 2017).

Probleme der Bereichseingrenzung: Bereichsethiken wie die Medizin- oder die Wissenschaftsethik lassen sich als Ethiken für spezifische Praxisbereiche verstehen, die sich von anderen Formen menschlicher Praxis relativ klar unterscheiden lassen (Ott 1997, insbes. S. 98 ff.). Hier stellen sich keine allzu gravierenden Abgrenzungsfragen. Diese stellen sich jedoch bei dem Versuch, den Gegenstand der Wirtschaftsethik einzugrenzen. Lässt sich auch wirtschaftliches Handeln als spezifischer Bereich menschlicher Praxis verstehen? Wenn ja, worin besteht die Differenz zwischen wirtschaftlicher und nicht-wirtschaftlicher Praxis? Sind es bestimmte **Handlungstypen, soziale Rollen, Institutionen oder Strukturen**? Oder wird die Wirtschaftspraxis durch eine bestimmte **Funktion** dieser Praxis definiert? Hängt die Unterscheidung zwischen wirtschaftlichem und nicht-wirtschaftlichem Handeln von der **praktischen Orientierung** ab, aus der heraus eine Handlung jeweils vollzogen wird (beispielsweise dem individuellen Vorteilsstreben)? Oder ist es streng genommen unmöglich, überhaupt zwischen wirtschaftlicher und nicht-wirtschaftlicher Praxis zu unterscheiden, weil wir im Sinne des sogenannten **ökonomischen Imperialismus** (vgl. exemplarisch Lazear 2000) überhaupt jedes Handeln als ›ökonomisches‹ Handeln verstehen können – oder gar verstehen müssen? Müssen wir beispielsweise annehmen, dass die Inter-

Welchen Gegenstand hat die Wirtschaftsethik?

pretation eines Verhaltens als Beitrag zur Maximierung des eigenen Nutzens die einzige Interpretation ist, unter der wir dieses Verhalten (und sei es die Ausübung eines Ehrenamts oder eine Verlobung) überhaupt als rationales Handeln (oder zumindest als gescheiterten Versuch eines solchen Handelns) begreifen können? Mit der Entscheidung zwischen solchen Alternativen verbinden sich grundlegende anthropologische, handlungs-, rationalitäts-, sozial- und wirtschaftstheoretische Kontroversen, die einer weit ausführlicheren Diskussion bedürften als an dieser Stelle möglich. Dabei hat jede Entscheidung grundlegende Implikationen für die Frage, was ›Wirtschaft‹, ›Ethik‹ und ›Wirtschaftsethik‹ überhaupt bedeuten könnte. Das soll an zwei Beispielen kurz erläutert werden.

Neo-hobbesianische Reduktion der Ethik auf Eigeninteresse?

Moralökonomik statt Wirtschaftsethik? Geht man im Sinne der letztgenannten Option davon aus, dass alle Handlungen auf individuelles Vorteilsstreben zurückzuführen und insofern ›ökonomischer‹ Natur sind, geht Wirtschaftsethik in eine Moralökonomie über, die grundsätzlich auf das gesamte menschliche Handeln anwendbar sein müsste. Diese Perspektive ist mit dem konventionellen Verständnis der Wirtschaftsethik als einer Bereichsethik neben anderen Bereichsethiken nicht ohne Weiteres vereinbar. Die Moralökonomik versucht in der Tradition des hobbesschen Kontraktualismus (siehe Kap. 3) nachzuweisen, dass sich **Moral aus Eigeninteresse ableiten** lässt und dass »Ethik und Ökonomik« daher »eine identische Wurzel« (Homann 1994, S. 121) haben. Neben dem Konzept der wirtschaftlichen Praxis wird damit auch der Moral- und Ethikbegriff problematisch. Entsprechend stuft etwa der Moralökonom Karl Homann Ethik zu einer bloßen »Heuristik der Ökonomik« (Homann 2002, S. 260) herab, die auf »Vorteile im Sinne von Paretosuperiorität« (ebd., S. 259) ziele (Ein Zustand Z1 ist im Vergleich zu einem Zustand Z2 genau dann pareto-überlegen, wenn zumindest für eine Person Z1 und für niemanden Z2 individuell vorteilhaft wäre). Moralische Probleme sollen dieser Auffassung zufolge grundsätzlich die Struktur von **Gefangenendilemmata** haben (Homann 2002, S. 259; 2014, S. 217 f.; zum Konzept siehe Kap. 3.3). Wiederum ähnlich wie bei Hobbes sollen sie auf der Ebene der Rahmenordnung durch institutionalisierte Anreize und Sanktionen bewältigt werden. Im Vergleich zu vortheoretischen und den meisten philosophischen Moralverständnissen bedeutet das eine Verengung (Mukerij 2016). Vor allem ist die Orientierung am Prinzip der Paretoüberlegenheit als solche weder wertneutral (Ulrich 2016, S. 397 f.) noch moralisch unproblematisch. Vielmehr steht sie in Spannung mit verbreiteten moralischen Intuitionen der Gerechtigkeit und der Unverfügbarkeit grundlegender Freiheitsrechte (klassisch Rawls 1999; Sen 1970). Jedenfalls bedürfte sie einer ethischen Rechtfertigung und kann nicht (etwa durch den Versuch einer Beweislastumkehr; vgl. Homann 2002, S. 259) schlicht vorausgesetzt werden.

Integrative Wirtschaftsethik: Grundlegend anders geht die von Peter Ulrich entwickelte Integrative Wirtschaftsethik bei der Bestimmung ihres Gegenstands vor. Sie bezieht die Wirtschaftspraxis von Anfang an auf eine ethisch gehaltvolle Funktion:

Ulrich 2016, S. 11

»Arbeitsteiliges Wirtschaften ist eine gesellschaftliche Veranstaltung zur Befriedigung menschlicher Bedürfnisse der Lebenserhaltung und der Lebensqualität.«

11.4 Wirtschaftsethik

Diese Deutung der Wirtschaftspraxis als »›Wertschaffen für menschliche Zwecke‹« ist jedoch, wie Ulrich betont, in der gegenwärtigen Wirtschaftswissenschaft »alles andere als selbstverständlich« (Ulrich 2016, S. 218). Deshalb unternimmt die Integrative Wirtschaftsethik, nachdem sie im ersten Schritt eine (diskursethische) Konzeption moderner Vernunftethik entwickelt hat, eine Kritik von wirtschaftswissenschaftlichen Positionen, die sich auf ein Methodenideal wertfreier Wissenschaft berufen, faktisch aber doch unter ethisch gehaltvollen Prämissen operieren oder normative Ansprüche erheben. Gezeigt werden soll, dass die »Normativität« implizit »in der ökonomischen ›Sachlogik‹ immer schon drin« ist (ebd., S. 13). Aufgabe der Wirtschaftsethik ist es daher nicht, ethische Normen auf eine an sich wertneutrale ökonomische Praxis ›anzuwenden‹ (ebd., S. 103 ff.), einer für sich genommen wertneutralen rein ökonomischen Vernunft sozusagen von außen moralische Grenzen zu setzen oder als bloßes »›Korrektiv von Ökonomieversagen‹« zu fungieren (ebd., S. 104 unter Verweis auf Koslowski 1988, 31 ff.). Es geht vielmehr darum, die in Ansprüchen auf ökonomische Rationalität immer schon inbegriffenen normativen Implikationen zu rekonstruieren und im Hinblick auf Anforderungen eines guten Lebens und der sozialen Gerechtigkeit kritisch zu überprüfen. Entsprechend dieser Rückbindung ökonomischer Rationalität an eine umfassende und damit auch ethisch gehaltvolle Konzeption praktischer Rationalität kann kein Bereich der Wirtschaftspraxis als schlechthin ›moralfrei‹ gelten. Neben der auch im Rahmen der Moralökonomik vorgesehenen **Ordnungsethik** für den institutionellen Rahmen des Wirtschaftssystems sieht die von der Integrativen Wirtschaftsethik vorgeschlagene »Topologie der ›Orte‹ der Moral des Wirtschaftens« (ebd., S. 313 ff.) auch eine **Wirtschaftsbürgerethik** der politisch und ökonomisch sozialisierten Individuen und eine **Unternehmensethik** vor. Sie stellt auch die Orientierung von Unternehmen am Gewinnprinzip unter einen kategorischen Legitimitätsvorbehalt (ebd., S. 431 ff.; vgl. Thielemann/Ulrich 2009).

Ökonomie als integrativer Teil praktischer Vernunft?

Themen der Wirtschaftsethik: Die vorangehende Skizze zweier wirtschaftsethischer Theorieansätze kann eine repräsentative Übersicht über das Spektrum wirtschaftsethischer Theorieansätze keineswegs ersetzen (vgl. dafür die eingangs genannten Arbeiten). Sie verdeutlicht jedoch in exemplarischer Weise, dass schon die Bestimmung des Gegenstands der Wirtschaftsethik mit begrifflichen, theoretischen und methodischen Festlegungen verbunden ist, deren Berechtigung kontrovers sein kann (vgl. z. B. Kincaid/Ross 2017 als Einblick in wirtschaftsphilosophische Kontroversen). Zahlreiche Publikationen zur Wirtschafts- und Unternehmensethik behandeln allerdings klarer eingrenzbare, spezifischere und teils auch unmittelbar handlungsbezogene Fragestellungen, die neben der **Makroebene** der wirtschaftlichen Rahmenordnung und der **Mesoebene** der Unternehmensethik (z. B. Steinmann/Löhr 1994) auch die **Mikroebene** der Managementethik (z. B. Steinmann/Schreyögg/Koch 2013) oder Konsument/innenethik betreffen. Das Spektrum reicht von der Diskussion über Konzeptionen und Reichweite der gesellschaftlichen Verantwortung von Unternehmen (Herzog 2018; Neuhäuser 2011a) – einer Diskussion, in der das Konzept der *Corporate Social Responsibility* (CSR) eine zentrale Rolle spielt (Crane 2009; Schneider/Schmidpeter 2015) – über

Problemorientierte Ansätze

Fragen der Corporate Governance (Wright et al. 2014), der Führungs- und Managementethik, des Umgangs mit Korruption, Diskussionen über Nutzen und Gestaltung unternehmensethischer Kodizes, die Aufklärung über die Risiken von Finanzanlagen oder die Angemessenheit von Managergehältern bis zu Fragen der Produktkennzeichnung, der Konsumentenverantwortung oder der ethischen Akzeptabilität bestimmter Werbe- und Marketingmethoden (letzteres Thema lässt sich größtenteils auch der Kommunikations- und Medienethik zuordnen; siehe Kap. 11.5).

Implizite Moral in wirtschaftlichen Institutionen

Institutionen- und Kontextbezug: Solche Fragen – deren Vielfalt nur exemplarisch angedeutet werden kann – sind einfacher einzugrenzen als etwa der allgemeine Begriff des Wirtschaftens. Dafür sehen sich Versuche, Antworten zu finden, einer anderen Herausforderung gegenüber. Denn die Fragen stellen sich in spezifischen, von zahlreichen Interdependenzen gekennzeichneten Handlungskontexten, die durch Institutionen normativ vorstrukturiert sind (siehe Kap. 10). Dass bereits die basalen Institutionen des Wirtschaftsgeschehens normativ gehaltvoll und für vielfältige Modifikationen offen sind, lässt sich etwa an der Institution des Eigentumsrechts illustrieren (Becker 1977; Christman 1994; Munzer 2001; Murphy/Nagel 2002; Waldron 2012). Eine Fokussierung auf spezifische handlungsbezogene Fragen geht unvermeidlich mit der (vorläufigen) Einklammerung vielfältiger normativer Vorentscheidungen einher, die in den institutionellen Kontext der jeweiligen Problematik eingelassen sind. Damit bringt sie die normative Vorannahme zum Ausdruck, dass für die Lösung bestimmter Probleme zumindest auch oder sogar primär an dieser Stelle angesetzt werden sollte (beispielsweise bei der Aufklärung von Konsument/innen, bei der Selbstregulierung von Werbetreibenden oder von Unternehmen o. Ä.) und nicht (oder nur sekundär) an anderen Stellen (etwa bei der rechtlichen Normierung von Konsument/inneninformationen, der Zulässigkeit bestimmter Produkte, Inhaltsstoffen oder Herstellungsverfahren oder wirtschaftspolitischen Anreizen zur Marktsteuerung).

Herausforderung Interdisziplinarität: Theorien der Wirtschaftsethik sind von grundlegenden Kontroversen über die Legitimität und Angemessenheit der das Wirtschaftsleben prägenden Bedingungen rechtlicher, wirtschaftspolitischer und kulturell-weltanschaulicher Art betroffen. Solche Kontroversen werden, da sie wirtschaftliche Interessen betreffen, oft besonders vehement geführt. Die in ihnen erhobenen Geltungsansprüche verweisen auf vielfältige wissenschaftliche Disziplinen, insbesondere die politische Philosophie, die Sozial-, Wirtschafts-, Rechts- und Organisationstheorie und die allgemeine philosophische Ethik (etwa die Gerechtigkeits- und Grundrechtstheorie, Nutzentheorien oder Theorien des guten Lebens). Daher ist die **Wirtschaftsethik als Interdisziplin** (Ulrich 2016, S. 12) zu verstehen. Sie kann nur in dem Maße seriös betrieben werden (und dem von verschiedenen Seiten gegen verschiedene wirtschaftsethische Positionen vorgebrachten Ideologieverdacht entgehen), in dem es ihr gelingt, ihre jeweiligen Anleihen aus den angrenzenden Disziplinen zu explizieren und auf dem jeweiligen Stand dieser Disziplinen zu verantworten (vgl. Lippke 1995).

11.5 | Kommunikationsethik und Medienethik

Gegenstandsbereich: Die in jüngerer Zeit verstärkt diskutierte Kommunikations- und Medienethik behandelt ethische Fragen der (mediengestützten) Kommunikation (zur Übersicht Christians et al. 2017; Debatin/Funiok 2003; Heesen 2016; Holderegger 2004; Patterson/Wilkins/Painter 2019; Schicha 2019; Schicha/Brosda 2010). Darunter fallen

1. Fragen der Themenauswahl, Produktionsweise und der Darstellungs- und Vermittlungsform von Kommunikationsinhalten;
2. Fragen der Mediennutzung, des Umgangs mit Medieninhalten oder mit Kommunikationstechnologie;
3. Fragen der technischen Gestaltung und gesellschaftlichen Regulierung von Kommunikationsstrukturen.

> Ethische Fragen der mediengestützten Kommunikation

Journalistische Ethik: Zu den Fragen der ersten Kategorie gehören insbesondere Fragen der journalistischen Ethik (Meyers 2010; McBride/Rosenstiel 2013; Sanders 2003). Sie betreffen beispielsweise **Konflikte zwischen berechtigten Informationsinteressen und anderen Gütern**, Ansprüchen oder Rechten. Zu Letzten gehören etwa die Anonymität von Informant/innen, die Privatsphäre von Personen, über die berichtet wird, die Unversehrtheit einzelner Personen, Interessen nationaler Sicherheit, der Strafverfolgung oder der Einhaltung von Gesetzen: Unter welchen Bedingungen etwa dürfen Informationen publiziert werden, die durch Rechtsbruch erlangt worden sind? Dürfen Medien gar für illegal beschaffte Informationen bezahlen? Auch bezüglich der Berichterstattung über grausame, schockierende oder gesellschaftlich kontroverse Ereignisse können sich entsprechende Konflikte ergeben. In welchem Umfang müssen Medienrezipient/innen (zu denen ggf. auch Kinder und andere vulnerable Gruppen gehören) vor verstörenden (Bild-)Informationen geschützt werden? Sollen die Namen von Amoktätern oder politischen Verbrechern verschwiegen werden, um ihnen die (von ihnen erwünschte) Aufmerksamkeit vorzuenthalten? Spezifische Fragen der journalistischen Ethik stellen sich auch in Kontexten, in denen Zensur besteht oder der Zugang zu Information planmäßig beschränkt wird (etwa in Diktaturen oder in Kontexten der Kriegsberichterstattung, bei denen Kriegsjournalist/innen nur in *pools* unter militärischer Begleitung in festgelegten Gebieten arbeiten können): Unter welchen Umständen ist es besser, gar nicht zu berichten, weil die Gefahr besteht, dass durch den selektiven Zugang etwa zu Interviewpartner/innen oder zu Bilddaten (z. B. staatlich freigegebenen Bildern ›chirurgischer‹ Militärschläge) nur ein unvollständiges und möglicherweise grob verzerrtes Bild gezeichnet werden könnte? Inwieweit und in welcher Weise darf oder soll über offenkundig unwahre Äußerungen einflussreicher Personen berichtet und wie sollen diese gegebenenfalls charakterisiert werden? Fragen der journalistischen Ethik stellen sich jedoch nicht nur in außergewöhnlichen Konfliktsituationen, sondern vielfach auch im **journalistischen Alltagshandeln**. Gute journalistische Praxis setzt die Kompetenz zur Beurteilung medienethischer Fragen voraus, die sich im Alltagshandeln beständig aufdrängen. Wie weit reichen beispielsweise die Sorgfaltspflichten von Journalist/innen

> Moralische Konflikte im Journalismus

Gute journalistische Praxis

im Zusammenhang mit der Trennung von Bericht und Kommentar, der Prüfung der Glaubwürdigkeit von Informationen, der Offenlegung möglicher eigener Interessenkonflikte oder von Interessenkonflikten der Informant/innen? Wie zu den Normen guter wissenschaftlicher Praxis Normen gehören, die für diese Praxis als solche konstitutiv sind, beinhaltet offenbar auch die journalistische Ethik **konstitutive Normen**, deren Einhaltung von wesentlicher Bedeutung für die Integrität der journalistischen Praxis und für das öffentliche Vertrauen in einzelne Medien und in das Mediensystem insgesamt ist.

Epistemische Tugenden und bürgerliche Pflichten

Verantwortung von Medienrezipient/innen: Die klassischen Massenmedien (Presse, Radio, Fernsehen) sind durch eine weitgehend starre Zuordnung von Sender- und Empfängerrollen gekennzeichnet, die nur innerhalb enger Grenzen (etwa durch Leserbriefe oder Sendungen mit Beiträgen von Medienrezipient/innen) aufgelockert wird. Entsprechend eingeschränkt sind die medienethischen Verantwortlichkeiten der Rezipient/innen. Soweit sie als zahlende Konsument/innen spezifischer Medieninhalte auftreten, schaffen sie freilich auch Anreize für deren Produktion und Distribution und tragen insofern eine Mitverantwortung für die Qualität und Quantität der angebotenen Medieninhalte. Im Übrigen bewegen sich die medienethischen Verantwortlichkeiten der Rezipient/innen weitgehend im Bereich der epistemischen Tugenden. Soweit die individuelle Verfügung über zuverlässige und relevante medienvermittelte Informationen von zentraler Bedeutung für das gute Funktionieren gesellschaftlicher Kooperation überhaupt und insbesondere der politischen Selbstbestimmung ist (Filipović/Jäckel/Schicha 2012; Fox/Saunders 2019), geht die Bedeutung dieser epistemischen Tugenden allerdings über ihren Beitrag zum je individuellen guten Leben hinaus und gehört ein kritischer, differenzierter und sorgfältiger Umgang mit Informationen und Informationsquellen potentiell auch zum Bereich der bürgerlichen Pflichten. Dasselbe gilt für eine generelle bürgerliche Mitverantwortung für die Aufrechterhaltung von Medienstrukturen, die hochwertige journalistische Arbeit ermöglichen und durch entsprechende Anreizsysteme begünstigen.

Interaktive Medien: Ein freier Wechsel von Sender- und Empfängerrollen, wie er im mündlichen Dialog möglich ist, lässt sich im Rahmen der traditionellen Massenmedien nur in bescheidenem Maß realisieren, etwa als Austausch zwischen einer beschränkten Zahl von Personen vor einem größeren Publikum. Mit der Entwicklung digitaler Medientechnologien sind in den vergangenen Jahrzehnten jedoch neue Formen der Massenkommunikation entstanden, die einer sehr großen Zahl von Nutzer/innen eine interaktive Teilnahme am Kommunikationsgeschehen ermöglichen. Mit diesem Medienwandel waren von Anbeginn Hoffnungen und Befürchtungen verbunden (Buchstein 1996; Donges/Jarren 2017, S. 91 ff.; Friedrichsen/Kohn 2015). So stand der Hoffnung, dass partizipative und nicht-hierarchische Elemente neuer digitaler Medien die Informationsautonomie und das gesellschaftliche Engagement der Mediennutzer/innen erhöhen und neue Formen deliberativer oder direkter Demokratie ermöglichen könnten, die Befürchtung einer Fragmentierung der Öffentlichkeit gegenüber, in der die in ihren jeweiligen ›Filterblasen‹

(Pariser 2011) gefangenen Bürger/innen den Zugang zu einer geteilten Welt als Grundlage der gemeinsamen politischen Deliberation verlieren. Unstrittig ist jedoch, dass die neuen Kommunikationsformen neue Herausforderungen mit sich bringen (Beck 2010; Debatin 2010; Ess 2020; Heesen 2008; Hoven/Weckert 2008). Dazu gehören unter anderem Chancen und Risiken der Anonymität im Netz (Matzner 2016), neue Herausforderungen für den Schutz der Privatsphäre (Allen 2003; Beverley-Smith 2002; differenzierend Rössler 2001), Phänomene des *Cybermobbings* aber auch die Herausbildung neuer kommunikationsethischer Standards in der Netzkommunikation (z. B. Marx 2017; Orsini-Jones/Lee 2018).

Medienstrukturen: Der im Zuge der Digitalisierung beobachtbare Medienwandel wirft neben individualethischen Fragen auch wirtschafts- und organisationsethische, politisch-ethische und rechtsethische Fragen auf. Die potentiell globale Reichweite digitaler Kommunikation steht dabei in Spannung zu national unterschiedlichen Regulierungen (etwa im Bereich des Datenschutzes oder der Grenzen der Meinungsfreiheit) und erzwingt die interkulturelle Öffnung medienethischer Reflexion. Die extrem geringen Kosten der Vervielfältigung von Informationen im digitalen Raum und die zentrale Bedeutung der Funktionsweise von Suchmaschinen und sozialen Medien führen zu neuen Fragen im Hinblick auf die rechtfertigbare **Verteilung von Kommunikationschancen** und die Grenzen der Kommerzialisierung öffentlicher Rede. Die erweiterten Möglichkeiten einer hochgradig personalisierten strategischen Adressierung von Mediennutzer/innen durch politische oder wirtschaftliche Akteure (*microtargeting*) speisen die Befürchtung einer zunehmenden Machtasymmetrie zwischen professionellen und nicht-professionellen Medienteilnehmer/innen (Susser/Roessler/Nissenbaum 2019). Das Bewusstsein für die gesellschaftliche Bedeutung solcher Entwicklungen hat in jüngerer Zeit deutlich zugenommen. Sie bieten zahlreiche Anlässe für die ethische Reflexion.

Herausforderungen des Medienwandels

Siglenverzeichnis
AA – Akademieausgabe (Kant 1902 ff.)
EAE – Encyclopedia of Applied Ethics (Chadwick 2012)
MdS – Metaphysik der Sitten (Kant, AA, VI, S. 203–493)
NE – Nikomachische Ethik (Aristoteles)
SEP – Stanford Encyclopedia of Philosophy (Zalta)

Einführende Literatur
Chadwick, Ruth F.: Encyclopedia of Applied Ethics. San Diego ²2012.
Frey, Raymond G./Wellman, Christopher H.: A Companion to Applied Ethics. Malden/Oxford 2003.
LaFollette, Hugh (Hrsg.): The Oxford Handbook of Practical Ethics. Oxford/New York 2003.
Maring, Matthias (Hrsg.): Bereichsethiken im interdisziplinären Dialog. Karlsruhe 2014.
Nida-Rümelin: Angewandte Ethik: Die Bereichsethiken und ihre theoretische Fundierung. Stuttgart ²2005.
Stoecker, Ralf/Neuhäuser, Christian/Raters, Marie-Luise (Hrsg.): Handbuch Angewandte Ethik. Stuttgart 2011.

Zitierte und weiterführende Literatur

Aaken, Dominik van/Schreck, Philipp (Hrsg.): Theorien der Wirtschafts- und Unternehmensethik. Berlin 2015.

Ach, Johann S./Borchers, Dagmar (Hrsg.): Handbuch Tierethik: Grundlagen, Kontexte, Perspektiven. Stuttgart 2018.

Allen, Anita L.: »Privacy«. In: LaFollette, Hugh (Hrsg.): Oxford Handbook of Practical Ethics. Oxford/New York 2003, S. 485–513.

Anders, Günther: Die Antiquiertheit des Menschen. Erster Band. München 1956.

Aristoteles: Werke in deutscher Übersetzung. Berlin 1956 ff.

Aßländer, Michael S. (Hrsg.): Handbuch Wirtschaftsethik. Stuttgart 2011.

Aßländer, Michael S.: »Theoriegeschichtliche Hintergründe der Wirtschafts- und Unternehmensethik«. In: Ders. (Hrsg.): Handbuch Wirtschaftsethik. Stuttgart 2011, S. 27–34.

Baker, Monya: »1,500 Scientists Lift the Lid on Reproducibility«. In: Nature News 533/7604 (2016), S. 452.

Baker, Robert: »Medical Codes and Oaths«. In: EAE, 2012a, S. 52–60.

Baker, Robert: »Medical Ethics, History of«. In: EAE, 2012b, S. 61–69.

Baranzke, Heike: Würde der Kreatur? Die Idee der Würde im Horizont der Bioethik. Würzburg 2002.

Beauchamp, Tom L./Childress James F.: Principles of Biomedical Ethics. New York/Oxford ^{7}2013.

Beauchamp, Tom L./Frey, R. G. (Hrsg.): The Oxford Handbook of Animal Ethics. Oxford/New York 2011.

Beck, Klaus: »Ethik der Online-Kommunikation«. In: Schweiger, Wolfgang/Beck, Klaus (Hrsg.): Handbuch Online-Kommunikation. Wiesbaden 2010, S. 130–155.

Becker, Lawrence C.: Property Rights: Philosophic Foundations. London 1977.

Beckmann, Rainer: »Wachsendes Lebensrecht? Erwiderung zu Dreier, ZRP 2002, 377«. In: Zeitschrift für Rechtspolitik 36/3 (2003), S. 97–101.

Bernard, Claude: Introduction a l'étude de la médecine expérimentale. Paris 1865.

Beverley-Smith, Huw: The Commercial Appropriation of Personality. Cambridge/New York 2002.

Beyleveld, Deryck/Brownsword, Roger: »Complex Technology, Complex Calculations: Uses and Abuses of Precautionary Reasoning in Law«. In: Sollie, Paul/Düwell, Marcus (Hrsg.): Evaluating New Technologies: Methodological Problems for the Ethical Assessment of Technology Developments. Dordrecht 2009, S. 175–190.

Birnbacher, Dieter: Tun und Unterlassen. Stuttgart 1995.

Birnbacher, Dieter: »Lässt sich die Tötung von Tieren rechtfertigen?« In: Wolf, Ursula (Hrsg.): Texte zur Tierethik. Stuttgart 2008, S. 212–231.

Borasio, Gian D. (Hrsg.): Assistierter Suizid: Der Stand der Wissenschaft: Mit einem Kommentar zum neuen Sterbehilfe-Gesetz. Berlin 2017.

Boyle, Joseph: »Medical Ethics and Double effect: The Case of Terminal Sedation«. In: Theoretical Medicine and Bioethics 25/1 (2004), S. 51–60.

Buchstein, Hubertus: »Bittere Bytes: Cyberbürger und Demokratietheorie«. In: Deutsche Zeitschrift für Philosophie 44/4 (1996), S. 583–608.

Bundesministerium für Ernährung und Landwirtschaft: Tierschutzbericht der Bundesregierung. Berlin 2015.

Calliess, Christian: »Vorsorgeprinzip«. In: Grunwald, Armin (Hrsg.): Handbuch Technikethik. Stuttgart/Weimar 2013, S. 390–394.

Christians, Clifford G. et al.: Media Ethics: Cases and Moral Reasoning. New York ^{10}2017.

Christman, John P: The Myth of Property: Toward an Egalitarian Theory of Ownership. Oxford/New York 1994.

Crane, Andrew (Hrsg.): The Oxford Handbook of Corporate Social Responsibility. Oxford 2009.

Cumming, Geoff/Calin-Jageman, Robert: Introduction to the New Statistics: Estimation, Open Science, and Beyond. New York 2016.
Debatin, Bernhard/Funiok, Rüdiger (Hrsg.): Kommunikations- und Medienethik. Konstanz 2003.
Debatin, Bernhard: »New Media Ethics«. In: Schicha, Christian/Brosda, Carsten (Hrsg.): Handbuch Medienethik. Wiesbaden 2010, S. 318–327.
Den Hartogh, Govert A.: »Zur Unterscheidung von terminaler Sedierung und Sterbehilfe«. In: Ethik in der Medizin 16/4 (2004), S. 378–391.
Deutsche Forschungsgemeinschaft (DFG): Sicherung guter wissenschaftlicher Praxis. Bonn 2013.
Deutsche Forschungsgemeinschaft (DFG): Leitlinien zur Sicherung guter wissenschaftlicher Praxis: Kodex. Bonn 2019.
Deutsche Forschungsgemeinschaft (DFG)/Leopoldina: Wissenschaftsfreiheit und Wissenschaftsverantwortung: Empfehlungen zum Umgang mit sicherheitsrelevanter Forschung. Bonn/Halle 2014.
Deutscher Ethikrat: Biosicherheit – Freiheit und Verantwortung in der Wissenschaft. Berlin 2014.
Donges, Patrick/Jarren, Otfried: Politische Kommunikation in der Mediengesellschaft: eine Einführung. Wiesbaden ⁴2017.
Dreier, Horst: »Stufungen des vorgeburtlichen Lebensschutzes«. In: Zeitschrift für Rechtspolitik 35/9 (2002), S. 377–383.
Düwell, Marcus: Bioethik: Methoden, Theorien und Bereiche. Stuttgart 2008.
Düwell, Marcus/Steigleder, Klaus (Hrsg.): Bioethik: Eine Einführung. Frankfurt a. M. 2003.
Earth Charter Initiative: The Earth Charter. 2010. In: https://earthcharter.org/discover/the-earth-charter/.
Ess, Charles: Digital Media Ethics. Cambridge/Medford ³2020.
Filipović, Alexander/Jäckel, Michael/Schicha, Christian (Hrsg.): Medien- und Zivilgesellschaft. Weinheim 2012.
FitzPatrick, William J.: »Thomson's Turnabout on the Trolley«. In: Analysis 69/4 (2009), S. 636–643.
FitzPatrick, William J.: »The Doctrine of Double Effect: Intention and Permissibility«. In: Philosophy Compass 7/3 (2012), S. 183–196.
Foot, Philippa: Virtues and Vices and Other Essays in Moral Philosophy. Oxford 1978.
Fox, Carl/Saunders, Joe (Hrsg.): Media Ethics, Free Speech, and the Requirements of Democracy. New York 2019.
Francione, Gary L./Charlton, Anna: Animal Rights: The Abolitionist Approach. o. O. 2015.
Franklin, Julian H.: Animal Rights and Moral Philosophy. New York 2005.
Frey, Raymond G./Wellman, Christopher H.: A Companion to Applied Ethics. Malden/Oxford 2003.
Friedrichsen, Mike/Kohn, Roland A. (Hrsg.): Digitale Politikvermittlung: Chancen und Risiken interaktiver Medien. Wiesbaden ²2015.
Fuchs, Michael et al.: Forschungsethik: Eine Einführung. Stuttgart/Weimar 2010.
Gorke, Martin: Eigenwert der Natur: Ethische Begründung und Konsequenzen. Stuttgart ²2017.
Gruen, Lori: »The Moral Status of Animals«. In: SEP 2017.
Grunwald, Armin (Hrsg.): Handbuch Technikethik. Stuttgart 2013.
Gutmann, Thomas et al. (Hrsg.): Grundlagen einer gerechten Organverteilung. Berlin/Heidelberg/New York 2003.
Gutmann, Thomas: Für ein neues Transplantationsgesetz: Eine Bestandsaufnahme des Novellierungsbedarfs im Recht der Transplantationsmedizin. Berlin/Heidelberg 2006.
Haig, Brian D.: »Tests of Statistical Significance Made Sound«. In: Educational and Psychological Measurement 77/3 (2016), S. 489–506.

Head, Megan L. et al.: »The Extent and Consequences of P-Hacking in Science«. In: PLOS Biology 13/3 (2015), S. e1002106.

Heesen, Jessica: Medienethik und Netzkommunikation: Öffentlichkeit in der individualisierten Mediengesellschaft. Frankfurt a. M. 2008.

Heesen, Jessica (Hrsg.): Handbuch Medien- und Informationsethik. Stuttgart 2016.

Heinrich-Böll-Stiftung/BUND: Fleischatlas 2018. Berlin ^{4}2019.

Herfst, Sander et al.: »Airborne Transmission of Influenza A/H5N1 Virus Between Ferrets«. In: Science 336/6088 (2012), S. 1534–1541.

Herzog, Lisa: Reclaiming the System: Moral Responsibility, Divided Labour, and the Role of Organizations in Society. Oxford/New York 2018.

Hibbeler, Birgit/Korzilius, Heike: »Arztberuf: Die Medizin wird weiblich«. In: Deutsches Ärzteblatt 105/12 (2008), S. A-609.

Holderegger, Adrian (Hrsg.): Kommunikations- und Medienethik: Interdisziplinäre Perspektiven. Fribourg ^{3}2004.

Homann, Karl: »Marktwirtschaft und Unternehmensethik«. In: Forum für Philosophie Bad Homburg (Hrsg.): Markt und Moral: die Diskussion um die Unternehmensethik. Bern/Stuttgart/Wien 1994, S. 109–130.

Homann, Karl: Vorteile und Anreize: Zur Grundlegung einer Ethik der Zukunft. Tübingen 2002.

Homann, Karl: Sollen und Können: Grenzen und Bedingungen der Individualmoral. Wien 2014.

Hoven, M. J. van den/Weckert, John: Information Technology and Moral Philosophy. Cambridge/New York 2008.

Hubig, Christoph: Technik und Wissenschaftsethik: Ein Leitfaden. Berlin/New York 1995.

Hubig, Christoph/Reidel, Johannes: Ethische Ingenieurverantwortung: Handlungsspielräume und Perspektiven der Kodifizierung. Berlin 2003.

Hübner, Dietmar: »Würdeschutz und Lebensschutz: Zu ihrem Verhältnis bei Menschen, Tieren und Embryonen«. In: Jahrbuch für Wissenschaft und Ethik 15/1 (2010), S. 35–68.

Ioannidis, John P.: »Why Most Published Research Findings are False«. In: PLoS Medicine 2/8 (2005), S. 6.

Iorio, Marco: »Organallokation, öffentliche Vernunft und Demokratie«. In: Ethik in der Medizin 27/4 (2015), S. 287–300.

James, William: The Moral Philosopher and the Moral Life. In: International Journal of Ethics 1/3 (1891), S. 330–354.

Jonas, Hans: Das Prinzip Verantwortung: Versuch einer Ethik für die technologische Zivilisation. Frankfurt a. M. 1979.

Kamm, Frances M.: Intricate Ethics: Rights, Responsibilities, and Permissible Harm. Oxford 2008.

Kant, Immanuel: Gesammelte Schriften. Hrsg. von der Königlich Preußischen Akademie der Wissenschaften. Berlin 1902 ff.

Kincaid, Harold/Ross, Don (Hrsg.): The Oxford Handbook of Philosophy of Economics. Oxford/New York 2017.

Klee, Ernst: »Euthanasie« im NS-Staat: Die »Vernichtung lebensunwerten Lebens«. Frankfurt a. M. ^{12}2009.

Koch, Wolfram: »Ethische Grundsätze als Leitlinien der Gesellschaft Deutscher Chemiker«. In: Weitze, Marc-Denis/Schummer, Joachim/Geelhaar, Thomas (Hrsg.): Zwischen Faszination und Verteufelung: Chemie in der Gesellschaft. Berlin/Heidelberg 2017, S. 121–129.

Korff, Wilhelm/Beck, Lutwin/Mikat, Paul (Hrsg.): Lexikon der Bioethik. Gütersloh 1998.

Korsgaard, Christine M.: Felow Creatures: Our Obligations to the Other Animals. Oxford/New York 2018.

Koselleck, Reinhart: Vergangene Zukunft: Zur Semantik geschichtlicher Zeiten. Frankfurt a. M. 1979.
Koslowski, Peter: Prinzipien der Ethischen Ökonomie. Tübingen 1988.
LaFollette, Hugh (Hrsg.): The Oxford Handbook of Practical Ethics. Oxford/New York 2003.
Lang, Heinrich: »Deregulierte Verantwortungslosigkeit? Das Transplantationsrecht im Spannungsfeld von Kostendruck, regulierter Selbstregulierung und staatlicher Funktionsverantwortung«. In: Medizinrecht 23/5 (2005), S. 269–279.
Lazear, Edward P.: »Economic Imperialism«. In: The Quarterly Journal of Economics 115/1 (2000), S. 99–146.
Lenk, Christian/Duttge, Gunnar/Fangerau, Heiner (Hrsg.): Handbuch Ethik und Recht der Forschung am Menschen. Heidelberg u. a. 2014.
Lenk, Hans (Hrsg.): Wissenschaft und Ethik. Stuttgart 2001.
Lenk, Hans: »Zur Verantwortungsfrage in den Naturwissenschaften«. In: Maring, Matthias (Hrsg.): Fallstudien zur Ethik in Wissenschaft, Wirtschaft, Technik und Gesellschaft. Karlsruhe 2017, S. 62–70.
Lippke, Richard L.: Radical Business Ethics. Lanham 1995.
Locke, John: Some Thoughts Concerning Education. Paternoster-row 1693.
Lübbe, Weyma: Nonaggregationismus: Grundlagen der Allokationsethik. Paderborn 2015.
Luper, Steven: »Death«. In: SEP 2019.
Mappes, Thomas A./DeGrazia, David (Hrsg.): Biomedical Ethics. Boston [6]2006.
Marckmann, Georg (Hrsg.): Praxisbuch Ethik in der Medizin. Berlin 2015.
Maring, Matthias (Hrsg.): Fallstudien zur Ethik in Wissenschaft, Wirtschaft, Technik und Gesellschaft. Karlsruhe 2011.
Marx, Karl: Das Kapital. Kritik der Politischen Ökonomie. Erster Band. In: Marx-Engels-Gesamtausgabe (MEGA), Bd. II/5. Berlin 1983.
Marx, Konstanze: Diskursphänomen Cybermobbing: Ein internetlinguistischer Zugang zu [digitaler] Gewalt. Boston 2017.
Matzner, Tobias: Anonymität. In: Heessen, Jessica (Hrsg.): Handbuch Medienethik. Stuttgart 2016, S. 248–254.
McBride, Kelly B./Rosenstiel, Thomas B. (Hrsg.): The New Ethics of Journalism: Principles for the 21st Century. Los Angeles u. a. 2013.
McIntyre, Alison: »Doing Away with Double Effect«. In: Ethics 111/2 (2001), S. 219–255.
McIntyre, Alison: »Doctrine of Double Effect«. In: SEP 2018.
Merton, Robert K.: The Sociology of Science: Theoretical and Empirical Investigations. Chicago 1973.
Meyers, Christopher: Journalism Ethics: A Philosophical Approach. Oxford/New York 2010.
Mitcham, Carl (Hrsg.): Encyclopedia of Science, Technology, and Ethics. Detroit 2005.
Mitscherlich, Alexander/Mielke, Fred: Medizin ohne Menschlichkeit: Dokumente des Nürnberger Ärzteprozesses. Frankfurt a. M. [19]1989.
Mukerij, Nikil: Rezension von Karl Homann: Sollen und Können: Grenzen und Bedingungen der Individualmoral. In: Philosophisches Jahrbuch 123/1 (2016), S. 262–264.
Munzer, Stephen R. (Hrsg.): New Essays in the Legal and Political Theory of Property. Cambridge 2001.
Murphy, Liam/Nagel, Thomas: The Myth of Ownership: Taxes and Justice. Oxford/New York 2002.
Neuhäuser, Christian: Unternehmen als moralische Akteure. Berlin 2011a.
Neuhäuser, Christian: Wirtschaftsethik. In: Stoecker, Ralf/Neuhäuser, Christian/Raters, Marie-Luise (Hrsg.): Handbuch Angewandte Ethik. Stuttgart 2011b, S. 160–165.

Noack, Thorsten/Fangerau, Heiner: »Zur Geschichte des Verhältnisses von Arzt und Patient in Deutschland«. In: Schulz, Stefan et al. (Hrsg.): Geschichte, Theorie und Ethik der Medizin: Eine Einführung. Frankfurt a. M. 2006, S. 77–93.

Olver, Ian: Is Death Ever Preferable to Life? Dordrecht 2013.

Orsini-Jones, Marina/Lee, Fiona: »Emerging Online Politeness Patterns«. In: Orsini-Jones, Marina/Lee, Fiona (Hrsg.): Intercultural Communicative Competence for Global Citizenship. London 2018, S. 63–91.

Ott, Konrad: »Technik und Ethik«. In: Nida-Rümelin, Julian (Hrsg.): Angewandte Ethik: Die Bereichsethiken und ihre theoretische Fundierung. Stuttgart 1996, S. 650–717.

Ott, Konrad: Ipso facto: Zur ethischen Begründung normativer Implikate wissenschaftlicher Praxis. Frankfurt a. M. 1997.

Ott, Konrad/Dierks, Jan/Voget-Kleschin, Lieske: Handbuch Umweltethik. Stuttgart 2016.

Ott, Konrad/Döring, Ralf: Theorie und Praxis starker Nachhaltigkeit. Marburg ²2008.

Pariser, Eli: The Filter Bubble: How the New Personalized Web Is Changing What We Read and How We Think. London/New York 2011.

Patterson, Philip/Wilkins, Lee C./Painter, Chad (Hrsg.): Media Ethics: Issues and Cases. Lanham/Maryland 2019.

Pellegrino, Edmund D./Thomasma, David C.: For the Patient's Good: The Restoration of Beneficence in Health Care. New York 1988.

Quante, Michael: »Passive, indirekt und direkt aktive Sterbehilfe – deskriptiv und ethisch tragfähige Unterscheidungen?« In: Ethik in der Medizin 10/4 (1998), S. 206–226.

Rawls, John: A Theory of Justice. Revised Edition. Cambridge 1999.

Regan, Tom: »In Defence of Animal Rights«. In: Singer, Peter (Hrsg.): The Case for Animal Rights. Oxford 1985, S. 13–26.

Regan, Tom: The Case for Animal Rights. Berkeley ²2004.

Resnik, David B.: The Ethics of Science: An Introduction. London/New York 1998.

Reydon, Thomas: Wissenschaftsethik: Eine Einführung. Stuttgart 2013.

Ricken, Friedo: Allgemeine Ethik. Stuttgart u. a. ⁵2013.

Rohbeck, Johannes: Technologische Urteilskraft: Zu einer Ethik technischen Handelns. Frankfurt a. M. 1993.

Rousseau, Jean-Jacques: Discours sur l'originhe et les fondemens de l'inégalité parmi les hommes. In: Collection complète des oevres. Genf 1782, Bd. 1 (dt. Diskurs über die Ungleichheit. Stuttgart 2008).

Rössler, Beate: Der Wert des Privaten. Frankfurt a. M. 2001.

Sanders, John T.: »Why the Numbers Should Sometimes Count«. In: Philosophy & Public Affairs 17/1 (1988), S. 3–14.

Sanders, Karen: Ethics and Journalism. London/Thousand Oaks/Delhi 2003.

Sandin, Per: »The precautionary principle and the concept of precaution«. In: Environmental Values 13/4 (2004), S. 461–475.

Schicha, Christian: Medienethik: Grundlagen – Anwendungen – Ressourcen. München 2019.

Schicha, Christian/Brosda, Carsten (Hrsg.): Handbuch Medienethik. Wiesbaden 2010.

Schlegel, Friedrich: Kritische Schriften. München ²1964.

Schmitz, Friederieke: Tierethik: Grundlagentexte. Berlin 2014.

Schneider, Andreas/Schmidpeter, René (Hrsg.): Corporate Social Responsibility: Verantwortungsvolle Unternehmensführung in Theorie und Praxis. Berlin/Heidelberg ²2015.

Schöne-Seifert, Bettina: Grundlagen der Medizinethik. Stuttgart 2007.

Schopenhauer, Arthur: Parerga und Paralipomena: Kleine philosophische Schriften II. In: Ders.: Sämtliche Werke. Hrsg. von Julius Frauenstädt, Bd. 6. Leipzig 1874.

Schulz, Stefan et al. (Hrsg.): Geschichte, Theorie und Ethik der Medizin. Eine Einführung. Frankfurt a. M. 2006.
Schweitzer, Albert: Kultur und Ethik. München 1996.
Sen, Amartya: »The Impossibility of a Paretian Liberal«. In: Journal of Political Economy 78/1 (1970), S. 152–157.
Shaw, William H.: Ethics at Work: Basic Readings in Business Ethics. New York/Oxford 2003.
Shrader-Frechette, Kristin S.: Ethics of Scientific Research. Lanham/London 1994.
Simmel, Georg: Gesamtausgabe in 24 Bänden. Berlin 2015.
Simms, D. L.: »Archimedes' Weapons of War and Leonardo«. In: The British Journal for the History of Science 21/2 (1988), S. 195–210.
Simonis, Georg: Konzepte und Verfahren der Technikfolgenabschätzung. Wiesbaden 2013.
Singer, Peter A./Viens, A. M.: The Cambridge Textbook of Bioethics. Cambridge/New York 2008.
Smith, Adam: An Inquiry into the Nature and Causes of the Wealth of Nations, Bd. I. Oxford/New York 1975.
Steel, Daniel: Philosophy and the Precautionary Principle. Cambridge 2015.
Steigleder, Klaus: »Organtransplantation / Hirntod«. In: Schulz, Stefan et al. (Hrsg.): Geschichte, Theorie und Ethik der Medizin. Frankfurt a. M. 2006, S. 410–445.
Steinbock, Bonnie (Hrsg.): The Oxford Handbook of Bioethics. Oxford/New York 2007.
Steinmann, Horst/Löhr, Albert: Grundlagen der Unternehmensethik. Stuttgart ²1994.
Steinmann, Horst/Schreyögg, Georg/Koch, Jochen: Management: Grundlagen der Unternehmensführung. Konzepte – Funktionen – Fallstudien. Wiesbaden ⁷2013.
Stoecker, Ralf: Der Hirntod: Ein medizinethisches Problem und seine moralphilosophische Transformation. Freiburg/München ²2016.
Sturma, Dieter/Heinrichs, Bert (Hrsg.): Handbuch Bioethik. Stuttgart 2015.
Sunstein, Cass R.: Laws of Fear: Beyond the Precautionary Principle. Cambridge/New York 2005.
Susser, Daniel/Roessler, Beate/Nissenbaum, Helen F.: »Online Manipulation: Hidden Influences in a Digital World«. In: Georgetown Law Technology Review 4/1 (2019), S. 1–45.
Taupitz, Jochen (Hrsg.): Kommerzialisierung des menschlichen Körpers. Berlin 2007.
Taurek, John M.: »Should the Numbers Count?« In: Philosophy & Public Affairs 6/4 (1977), S. 293–316.
Thielemann, Ulrich/Ulrich, Peter: Standards guter Unternehmensführung: Zwölf internationale Initiativen und ihr normativer Orientierungsgehalt. Bern/Stuttgart/Wien 2009.
Thomas von Aquin: Die deutsche Thomas-Ausgabe. Graz/Wien/Köln 1933 ff.
Thomson, Judith J.: »A Defense of Abortion«. In: Philosophy & Public Affairs 1/1 (1971), S. 47–66.
Thomson, Judith J.: »Killing, Letting Die, and The Trolley Problem«. In: The Monist 59/2 (1976), S. 204–217.
Thomson, Judith J.: »The Trolley Problem«. In: The Yale Law Journal 94/6 (1985), S. 1395–1415.
Thomson, Judith J.: »Turning the Trolley«. In: Philosophy & Public Affairs 36/4 (2008), S. 359–374.
Turri, John/Alfano, Mark/Greco, John: »Virtue Epistemology«. In: SEP 2016.
Ulrich, Peter: Integrative Wirtschaftsethik: Grundlagen einer lebensdienlichen Ökonomie. Bern/Stuttgart/Wien ⁵2016.

Ulrich, Peter: »Nur zwei wirtschaftsethische ›Theorieoptionen‹? Anmerkungen zu einem blinden Fleck in der deutschen Fachdebatte«. In: Zeitschrift für Wirtschafts- und Unternehmensethik 18/1 (2017), S. 5–16.

United Nations: Report of the United Nations Conference on Environment and Development (Rio de Janeiro, 3–14 June 1992), Annex I: Rio Declaration on Environment and Development. Rio Declaration on Environment and Development. A/CONF.151/26 (Bd. I), 1992.

Vasilevsky, Nicole A. et al.: »On the reproducibility of science: unique identification of research resources in the biomedical literature«. In: PeerJ 1 (2013), S. e148.

Veatch, Robert M.: A Theory of Medical Ethics. New York 1981.

Voorhoeve, Alex: »How Should We Aggregate Competing Claims?« In: Ethics 125/1 (2014), S. 64–87.

Waldau, Paul/Patton, Kimberley (Hrsg.): A Communion of Subjects: Animals in Religion, Science, and Ethics. New York 2006.

Waldron, Jeremy: The Rule of Law and the Measure of Property. Cambridge 2012.

Werner, Micha H.: Diskursethik als Maximenethik: Von der Prinzipienbegründung zur Handlungsorientierung. Würzburg 2003.

White, Mark D. (Hrsg.): The Oxford Handbook of Ethics and Economics. Oxford 2019.

Wiesing, Urban: »Werden Spenderorgane nach medizinischen oder ethischen Kriterien verteilt?« In: Ach, Johann S./Quante, Michael (Hrsg.): Hirntod und Organverpflanzung: Ethische, medizinische, psychologische und rechtliche Aspekte der Transplantationsmedizin. Stuttgart Bad-Cannstatt 1997, S. 227–245.

Wiesing, Urban: Ethik in der Medizin: Ein Studienbuch. Stuttgart ^{5}2019.

Wittwer, Héctor/Schäfer, Daniel/Frewer, Andreas (Hrsg.): Sterben und Tod. Ein interdisziplinäres Handbuch. Stuttgart ^{2}2020.

Wolf, Ursula: Das Tier in der Moral. Frankfurt a. M. ^{2}2004.

Wolf, Ursula (Hrsg.): Texte zur Tierethik. Stuttgart 2008.

Wolf, Ursula: Ethik der Mensch-Tier-Beziehung. Frankfurt a. M. 2012.

Woodward, Paul A. (Hrsg.): The Doctrine of Double Effect: Philosophers Debate a Controversial Moral Principle. Notre Dame 2001.

Woollard, Fiona/Howard-Snyder, Frances: »Doing vs. Allowing Harm«. In: SEP 2016.

Wright, Mike et al. (Hrsg.): The Oxford Handbook of Corporate Governance. Oxford/New York 2014.

Zalta, Edward N. (Hrsg.): The Stanford Encyclopedia of Philosophy. In: https://plato.stanford.edu/.

Zander, Joakim: The Application of the Precautionary Principle in Practice: Comparative Dimensions. Cambridge/New York 2010.

Open Access Dieses Kapitel wird unter der Creative Commons Namensnennung 4.0 International Lizenz (http://creativecommons.org/licenses/by/4.0/deed.de) veröffentlicht, welche die Nutzung, Vervielfältigung, Bearbeitung, Verbreitung und Wiedergabe in jeglichem Medium und Format erlaubt, sofern Sie den/die ursprünglichen Autor(en) und die Quelle ordnungsgemäß nennen, einen Link zur Creative Commons Lizenz beifügen und angeben, ob Änderungen vorgenommen wurden.

Die in diesem Kapitel enthaltenen Bilder und sonstiges Drittmaterial unterliegen ebenfalls der genannten Creative Commons Lizenz, sofern sich aus der Abbildungslegende nichts anderes ergibt. Sofern das betreffende Material nicht unter der genannten Creative Commons Lizenz steht und die betreffende Handlung nicht nach gesetzlichen Vorschriften erlaubt ist, ist für die oben aufgeführten Weiterverwendungen des Materials die Einwilligung des jeweiligen Rechteinhabers einzuholen.

Anhang

12 Abbildungsverzeichnis

Abb. 2.1: Platons Ideenlehre (M. H. Werner)
Abb. 2.2: Berichtete Lebensqualität bei Schlaganfallpatienten (aus: Creutzfeldt, Claire J.: »Schlaganfall«. In: Erbguth, Frank/Jox Ralf J. (Hrsg.): Angewandte Ethik in der Neuromedizin. Berlin/Heidelberg 2017, S. 213–220, hier S. 216)
Abb. 5.1: Ebenen ethischer Reflexion (M. H. Werner)
Abb. 6.1: Gesetzesformel des Kategorischen Imperativs als ›Maximenfilter‹ (M. H. Werner)
Abb. 7.1: Schema der rawlsschen Gerechtigkeitstheorie (M. H. Werner)
Abb. 8.1: Metaethische Diskussionsebenen und Positionen (eigene Abb. angelehnt an: Miller, Alexander: An Introduction to Contemporary Metaethics. Oxford/Cambridge 2003, S. 8)

13 Register

A

Abramson, Kate 109
Absolutismus
– ethischer 10, 145–146, 148, 154, 157
– politischer 75–76, 79, 91
Achtung 141, 274–277
Agency 220, 222
Ailli, Pierre de 67
Aktualität 28, 30–31, 37
Albertus Magnus 43
Alexy, Robert 255
Alkidamas 23, 36
Altruismus 85–86, 95, 104, 180
Anaximandros 20–21, 40
Anders, Günther 288
Anerkennung 5, 44, 57, 59, 164, 168, 170, 184
Annas, Julia 47
Anonymität 295
Anscombe, Elizabeth M. 57, 93
Anthony Ashley-Cooper, 3. Earl of Shaftesbury 100
Anthropologie 23, 28, 31
Anthropozentrismus 279
Antiphon 23
Anti-Theorie 233–234, 236
Apel, Karl-Otto 22, 170, 173, 222
A priori/a posteriori 159–160
Arbeit 104
Arete 31
Argument
– der offenen Frage 199, 201, 203, 224
– der schiefen Ebene 273
– Ergon-Argument 35, 49–51
– transzendentales 222
Aristoteles 11, 19–21, 27–50, 54–55, 57, 61, 66, 68, 77, 120, 127, 138, 142, 189, 213, 222, 243, 247, 254, 288
Armut 125–126, 175–176, 182–183
Artenschutz 279–280
Aßländer, Michael S. 288
Audi, Robert 201, 208
Aufklärung 173
Augustinus, Aurelius 26
Auschwitz 69
Ausdifferenzierung gesellschaftlicher Praxisbereiche 7, 253, 263
Autarkie 37, 51
Authentizität 31, 52–53, 55, 128
Autonomie 34, 53–55, 128, 160–164, 170, 243–244, 247, 264, 267, 270–271, 273, 275, 277, 279, 282
– informationelle Selbstbestimmung 273
– politische 161, 294–295
– Selbstbestimmung über den eigenen Körper 270
Axiologie *siehe Werttheorie*
Axiom 119, 240
Ayer, Alfred J. 202–203

B

Bacon, Francis 72, 138
Baker, Robert 264
Baranzke, Heike 279
Beauchamp, Tom L. 231, 235–237, 272
Beckmann, Rainer 270
Behandlungsbegrenzung 264
Belief-desire-Modell 93–96, 109, 217
Belmont-Report 271–272
Bentham, Jeremy 110, 113–115, 117, 124, 127–130
Beratung 4, 238, 247–248, 260–261, 284–285
Bernard, Claude 271
Bernstein, Richard J. 70, 163
Besonnenheit 24, 37–38, 55, 233
Bevölkerungswachstum 117
Beyleveld, Deryck 222
Bioethik 260, 263
Biozentrismus 279
Birnbacher, Dieter 164, 261, 279
Bittner, Rüdiger 93
Bivalenzprinzip 207, 209
Blackburn, Simon W. 205
Blutrache 21
Böses 69–70, 163
Brandt, Richard B. 131–132
Brink, David O. 208
Broad, Charlie D. 146
Brune, Jens P. 170, 222, 247, 256
Buber, Martin 168
Buchstein, Hubertus 294
Buddhismus 172
Bühler, Karl 203
Bürgerkrieg 75–76, 79
Butler, Joseph 100

Register

C

Capabilities *siehe Fähigkeiten*
Chancengleichheit 182–184, 268–270
Charlton, Anna 278
Childress, James F. 231, 235–237, 272
Chimärenbildung 272
Christentum 26
Cicero, Marcus T. 6
Claassen, Rutger 189
Clarke, Samuel 96
Clarke, Stanley G. 233
Cohen, Gerald A. 189
Common morality 9, 235–236
Common sense 36, 47
Constant, Benjamin 147

D

Daimon(ion) 34
Dammbruchargument 273
Daniels, Norman 179
Dankbarkeit 5
Darwall, Stephen L. 5, 71, 106, 170, 201–202, 208, 213, 223, 237
Darwin, Charles 30
Davidson, Donald 93
Deliberation 4–5, 73, 139, 162, 169, 220, 246
– politische 294–295
Deontologie 29, 117, 146, 176, 190, 266
Descartes, René 233, 239
Desire *siehe Neigung*
Deskriptivismus 202, 216, 218
Determinismus 40, 161–163
Dezisionismus 50, 173, 240
Dialog 24
Differenzblindheit 242
Differenzprinzip 182–184
Dilemma 116
Direction of fit 93
Disability paradox 52
Diskriminierung 23, 126, 182, 242–243, 268, 270
Diskurs 170, 178, 221
Diskursethik 149, 152, 156, 170, 188, 222–223
Dissens 201, 208, 239, 248
Divine command theory *siehe Voluntarismus*
Dogmatismus 213, 237
Doppelwirkung 265–266
Dreier, Horst 270
Duns Scotus, Johannes 70
Dual Use Research of Concern (DURC) 285
Düwell, Marcus 189, 238, 248
Dworkin, Ronald M. 255

E

Ebner, Ferdinand 168
Egoismus 36, 73–75, 77, 79–80, 84, 104–105, 148, 151, 180, 241–242, 245
Ehre 21, 35, 37
Eigentum 37, 104, 125–126, 190, 273, 292
Einwilligung 267, 271–272
– Nichtwiderspruchsprinzip 268
Embryonenforschung 272
Emotion *siehe Gefühl*
Emotivismus 107, 202–204, 211
Empathie 91, 101–103, 105, 107, 177, 274
Empirismus 72–73, 91, 137–139, 159–160
Engagement 55, 103, 259
Enhancement 273
Enoch, David 223
Entelechie 30, 138
Entscheidungstheorie 81–85, 181
Epikur 43, 65
Erfahrung 25, 127
– kulturelle 19, 22
– Lebenserfahrung 35–36, 39, 49, 55
Erkenntnisinteresse 281–282
Erkenntnistheorie 7, 24–25, 138–140, 167, 177, 195, 224
Erlaubnis 143
Erlebnismaschine 128
Erscheinungswelt 25, 160, 162–163
Erwartungswert 118
Erziehung 38
Essentialismus 25, 31, 66, 86
Ethik
– allgemeine 7
– als Umrisswissen 3, 34, 50
– angewandte *siehe Ethik, bereichsspezifische*
– Begriff 5–6, 13
– bereichsspezifische 3, 7, 253, 260–261, 263
– des guten Lebens 3–5, 20, 24, 27, 32, 43–44, 51, 61, 77, 102, 141–142, 159, 164, 174, 176, 179, 184, 254, 260
– deskriptive 6
– evolutionäre 83, 86
– Gerechtigkeitsethik 3, 32, 44, 174–175
– normative 6
– Professionsethik 264, 267
– Sollensethik 44, 254
– Strebensethik 44, 254
Ethikkommission 260, 272
Eudaimonia 33–34

Register

Eudaimonismus *siehe Ethik des guten Lebens*
Evidenz 200–201, 216
Evolutionstheorie 30, 85, 110, 206, 215
Existentialismus 173
Explikation 177–178
Externalismus *siehe Internalismus*

F

Fähigkeiten 129, 277
– Ansatz 189
Fallibilismus 245
Fall Neisser 271
Fangerau, Heiner 264
Feldman, Fred 201
Feuerbach, Ludwig 168, 171
Fichte, Johann G. 57, 163, 167–168
Fitzpatrick, William J. 223
Fleischkonsum 278
Foot, Philippa 11–12, 266
Formalismus 170
Forst, Rainer 10, 170, 209, 222–223
Forsyth, Murray 77
Fortschritt 208, 215, 232, 245, 287–288
Fotion, Nick 234
Francione, Gary 278
Frankena, William K. 29, 117, 146
Frankfurt, Harry G. 40
Franklin, Julian H. 278
Freeman, Samuel 188
Frege, Gottlob 204
Frege-Geach-Problem 203–204, 224
Freiheit 40–41, 75, 78–79, 82, 86, 139–140, 161, 168, 182
– Grundfreiheiten 181–183
– Handlungsfreiheit 40–41, 161
– Meinungsfreiheit 182, 277, 295
– Religionsfreiheit 76
– Willensfreiheit 161–163
– Wissenschaftsfreiheit 282–283
Fremdheit 19
Freud, Sigmund 216
Freundschaft 37, 55, 103
Frieden 74
Fromm, Erich 59
Furcht 73, 79, 105

G

Gadamer, Hans-Georg 178
Gauthier, David 83–84
Geach, Peter 204
Gebot 9, 143
Gedankenexperiment 53, 74, 123–124, 126, 128, 144, 149, 180
Gefangenendilemma 81–82
– iteriertes 83–84

Gefühl 51–53, 91, 100–103, 108, 115, 137–139, 202–203, 211
Gelassenheit 55
Gemeinwohl 103
Generell – spezifisch 131
Genetische Diagnostik 272
Gentherapie 272
Gerechtigkeit 10, 20, 24, 26, 38, 41, 44–45, 61, 74, 85, 105, 125, 175, 179, 182–183, 185–186, 188–189, 241–242, 254, 258, 268–269, 273
– als Tugend 26, 41
– distributive 42, 125, 182–185
– Einzelfallgerechtigkeit 258, 270
– Generationengerechtigkeit 279–280
– globale 125–126, 175
– Leistungsgerechtigkeit 85, 184
– metaphysische 21
– politische 26, 41, 175, 179, 182–183, 185, 188–189
– Tauschgerechtigkeit 42
Gert, Bernard 8, 12, 127, 235
Gert, Joshua 11
Gesamtnutzen 276
Geschichtsphilosophie 167, 171
Gethmann, Carl F. 222
Gewaltenteilung 76
Gewaltmonopol 75, 82
Gewirth, Alan 189, 222
Gewissen 33, 233
Gibbard, Allan 201–202, 205, 213
Gilligan, Carol 169
Glaube 26
Gleichberechtigung 232
Gleichheit 23, 42, 74
Glück 9, 19–20, 31, 33–34, 37, 44–45, 47, 52, 57, 61, 73–74, 78, 114, 117–118, 120, 122, 125–127, 133, 140, 179, 183–184
Glücksethik *siehe Ethik des guten Lebens*
Goldene Regel 75, 148–152
Gorke, Martin 279
Gott 24, 70–71
Göttinger Erklärung 283
Gough, John W. 77
Grammatik 178, 221
Grausamkeit 99, 103, 277
Großzügigkeit 37–38
Gründe
– erklärende 86, 139
– moralische 86, 218
– motivationale 110, 217
– normative 86, 110, 138–139, 143, 217, 237
Grundrechte 278

Güter 189
- Grundgüter 129, 182, 188–189
- Gütermonismus/-pluralismus 114, 116, 119–121, 123, 127, 133
Gutes Leben *siehe Glück*
Gute wissenschaftliche Praxis 281–282, 285
Gutmann, Thomas 268

H

Habermas, Jürgen 10, 149, 168, 188, 222, 233, 247, 255, 257
Hahn, Susanne 187
Hallich, Oliver 205
Hamann, Johann G. 168
Handlungstheorie 32, 39, 93, 95, 109, 198
Hardie, William F. 50
Hare, Richard M. 11, 124, 130, 132, 205
Hart, Herbert L. 255
Hass 103
Haybron, Daniel M. 51, 129
Hedonismus 35–36, 43, 47, 53, 114, 122–123, 127, 145
Hegel, Georg W. F. 13, 45, 57, 148, 152, 167, 170–171
Heidegger, Martin 169
Heilversuch 272
Held, Virginia 169
Helsinki-Deklaration 271
Heraklit 21
Herman, Barbara 49
Hermanni, Friedrich 69
Hesiod 21
Heteronomie 34
Hippias 23
Hippokratischer Eid 264–265
Hirschjagd 81–82
Historismus 171–172
Historizismus 171
Hobbes, Thomas 71–80, 82–83, 85–86, 91, 104–105, 137, 139, 161, 255
Höchstes Gut 33–34, 46
Hoerster, Norbert 255
Höffe, Otfried 55, 58, 143, 146, 148, 158
Hoffnung 21, 26, 159
Holismus 279
Homann, Karl 290
Homer 21
Honneth, Axel 44, 168
Hooker, Brad 131
Hubig, Christoph 233, 286
Hübner, Dietmar 279
Humanexperiment 270–272, 282, 285

Humanismus 69
Humboldt, Wilhelm von 168
Hume, David 42, 91–105, 107–110, 113, 122, 137–139, 141, 147, 149, 160, 164, 198, 202, 206–207, 212, 217, 220, 235, 258
Humesches Gesetz *siehe Sein-Sollens-Fehlschluss*
Husserl, Edmund 169
Huster, Stefan 261
Hutcheson, Francis 100, 108

I

Idealismus 24, 26, 56, 167
Ideen
- Hume 91, 98–99
- Platon 25–26, 28, 98
Identität 52, 273, 280–281
Imperativ
- hypothetischer 9, 12, 142, 159, 206
- kategorischer 9, 12, 141, 143–144, 146, 150, 152, 154–161, 164, 206, 213
- moralischer 9
- pragmatischer 9
- technischer 9
Indeterminismus *siehe Determinismus*
Individualismus 31, 57, 67, 77, 86, 172–173, 184, 187, 190, 254
Induktion 177–178
Informed Consent 267
Inkaufnahme 266
Inklusionsfrage 274
Inkompatibilismus *siehe Kompatibilismus*
Institution 44, 73, 80, 103–104, 170, 175
Instrumentalisierung 164, 271, 278–279
Instrumentalismus 137–138, 164
Integrität 53, 183, 190
Intention 265
Interdisziplinarität 248, 263, 292
Interesse 215–216
Internalisierung 102, 132, 206
Internalismus 96, 108–109, 202–203, 218
Interpretation 197, 208, 249
Intersubjektivität 22, 57, 167–170, 212, 220, 222–223
Intuition 119, 123, 125–126, 133, 148–149, 152–154, 177–178, 180, 184–185, 187, 200
Intuitionismus 119, 187, 200–202
Ioannidis, John P. 282
Iorio, Marco 269

Register

Irrtumstheorie 107, 197–198, 206–207, 209, 211, 232
Irwin, Terence 78

J

Jagdpartie *siehe* Hirschjagd
James, William 276
Jay, John 243
Jonas, Hans 69, 284
Journalismus 293–294
Joyce, Richard 207

K

Kallikles 23
Kant, Immanuel 9–13, 19, 45–46, 48–49, 56–57, 59, 67, 69, 110, 140–145, 147–160, 162, 167, 169–171, 183, 206, 220, 235, 274
Kastensystem 215
Kategorisch *siehe* Imperativ, kategorischer
Kausalität 21, 28–29, 40, 92, 139, 160–162
Kellerwessel, Wulf 223
Kelly, Paul J. 188
Kelsen, Hans 255
Kersting, Wolfgang 146
Kierkegaard, Søren 173
Kindheit 78
King, Preston T. 78
Kitcher, Philip 86, 105, 110, 244
Kleist, Heinrich v. 171
Klonierung 272
Klugheit 72, 142
Knight, Frank H. 118
Know-how 221
Kognitivismus 98, 107, 197–198, 200, 206, 209, 218, 224
Kohärentismus 177, 185–186, 201, 205, 217, 221, 247
Kohlberg, Lawrence 149, 243
Kollektivismus 190
Koller, Peter 189
Kommunikationsethik 293–295
Kommunikationsfreiheit 247
Kommunitarismus 45, 187, 190
Kompatibilismus 41
Konkurrenz 74, 288
Konsens 36, 47, 131, 137, 152, 156, 178, 185, 201, 208, 240, 247
Konsequentialismus 116–119, 123–124, 127, 154, 266
Konsistenz 36, 107, 144, 205, 221, 242–243
Konstitutivismus 220–222

Konstruktivismus 170, 198, 219–222
– intersubjektivistischer 222–223
– kantischer 220
– monologischer 222
– schwacher 221–222
– starker 221–222
Kontextualismus 103, 210
Kontraktualismus *siehe* Vertragstheorie
Konvention 12, 22–23, 36, 38–39, 87, 103–104
Konvergenz 247
Kooperation 79, 81–86, 103–105, 133, 175, 184, 258, 260, 288, 294
Kopernikanische Wende 169
Korsgaard, Christine M. 54, 109, 163, 222, 279–280
Koslowski, Peter 291
Kosmos 22, 68
Kramer, Matthew H. 255
Krankheitsbegriff 273
Krieg 266, 283, 293
Kritik 21, 23, 140, 170, 172, 176, 178
Kuhlmann, Wolfgang 222
Kymlicka, Will 188
Kynismus 20, 24
Kyrenaiker 24

L

Larmore, Charles 85
Leben 278–279
Lebensentwurf 32–39, 43–44, 46–56, 58–59, 73
Lebensqualität 52
Leibniz, Gottfried W. 69
Leiden 127, 169, 172, 184
Lenk, Hans 283
Leonardo da Vinci 283
Levinas, Emmanuel 169
Liberalismus 176
Libertarismus 44, 190
Liebe 26, 103
Lloyd, Sharon 78
Locke, John 86, 91, 100, 104, 190, 212, 274
Logik 98, 197, 204, 207, 209
– deontische 7
Logos 21–22, 24
Luckner, Andreas 233
Lüge 147–148, 158
Lukács, Georg 173
Luther, Martin 255

M

MacIntyre, Alasdair M. 48
Mackie, John L. 69, 197–198, 206–208, 212–213, 242

Mäeutik 24
Margalit, Avishai 247
Marshall, John 233
Marx, Karl 171, 288
Mäßigung 26
Maxime 143–144, 150, 152–153, 155–158
Maximin-Prinzip 181–182, 188
McDowell, John 207, 212
McIntyre, Alison 266
McMahon, Christopher 232
Medienethik 293–295
Medizinethik 260, 264–265, 267–270
– Ethik medizinischer Forschung 270–272
Menschenbild 73, 76, 79, 84–86, 91, 101–102, 104, 152, 176, 188–189
Menschenrechte 232, 243
Merton, Robert K. 245, 281
Mesotes-Lehre 38, 59
Metaethik 7, 98–99, 107, 119, 173, 224, 242
Methodenwahl 238–249
Mill, John St. 55, 114, 119–123, 127, 237
Mitleidsethik 103, 110, 169, 172, 274, 276
Mittel 33, 50, 55, 94, 109
Moore, George E. 121, 195–196, 198–200, 203, 213–214, 224
Moral 6
– Begriff 6–8, 12–13, 32, 46–47, 85, 141–142, 218
– Gruppenmoral 8
– Privatmoral 8, 77, 253–254
– provisorische 233, 239
– Sozialmoral 254
Moral-sense-Theorie *siehe Sentimentalismus*
Moralischer Status 279
– von Embryonen 269, 273
– von Tieren 274–279
Moralprinzip 113–114, 119, 140–143, 149
Motivation 3, 56–57, 93, 96, 108, 110, 141, 147, 202, 216, 257, 265
Multatuli 234
Musik 49
Mythos 21, 60

N
Nachhaltigkeit 279–280, 284–285
Nagel, Thomas 51, 122, 208, 219–220, 247
Nationalsozialismus 173

Naturalismus 20–23, 31, 65–66, 68, 70, 73, 76, 97, 99, 106, 108, 198, 202, 213, 215
– definitorischer 213
– nicht-reduktionistischer 198, 213, 216, 218–219
– reduktionistischer 198, 213, 215–216
Naturalistischer Fehlschluss 196, 202
Naturphilosophie 280
Naturrecht *siehe Recht, Naturrecht*
Naturverständnis 20–23, 28, 34, 106
– kausalistisches 68, 86, 138–140, 160, 162, 167–168
– teleologisches 28–32, 49, 65, 77, 138
Naturzustand 73, 75
Nebenfolge 265
Neigung 24, 37, 46, 56, 73, 93–96, 139, 163, 215, 218
Neiman, Susan 69
Nelson, Leonard 151
Neonatologie 264
Neuhäuser, Christian 288
Neuplatonismus 26, 69
Nida-Rümelin, Julian 117, 125
Nietzsche, Friedrich 23, 172
Nihilismus 172
Nissenbaum, Helen F. 295
Noack, Thorsten 264
Nominalismus 86; *siehe auch Universalienstreit*
Nonaggregationismus 269
Nonkognitivismus 93, 98, 107, 119, 173, 197–198, 202–204, 209, 211, 224, 232
Norm-Expressivismus 202, 205
Notwehr 265
Nozick, Robert 126, 128, 189–190
Nürnberger Codex 271
Nussbaum, Martha C. 189
Nutzenaggregation 115–116, 179, 183–184, 216
Nutzenmaximierung 84, 116–117, 125–126, 129
Nutzenmonster 126
Nutzenprinzip 114, 183
Nützlichkeit 102–103

O
Objektivität 143, 160, 171, 219
Ockhams Rasiermesser *siehe Sparsamkeitsprinzip*
Ockham, Wilhelm von 67, 71
Offenbarung 65, 77, 91
Öffentlichkeit 282
Øfsti, Audun 223

Ökonomie 8, 11, 119, 134, 181–183
Ökosystemschutz 279–280
Olson, Jonas 206–207
Ombudspersonen 285
Ontologie 7, 195, 207, 224
Organtransplantation 267–269
Ott, Konrad 279
Ottmann, Henning 75, 77, 80
Overridingness *siehe Vorrangigkeit*

P
Pareto-Überlegenheit 290
Parfit, Derek A. 126, 129, 152
Pariser, Eli 295
Partikularismus 107
Pascal, Blaise 239
Patentierung 273
Pathozentrismus 279
Peirce, Charles S. 247
Pellegrino, Edmund D. 264
Perfektionismus 32, 43, 66, 102, 114
Perler, Dominik 233
Person 4–5, 86, 162–163
Pettit, Philip 79, 117
Pflichten 56, 77
– gegenüber anderen 102, 144–145
– gegenüber sich selbst 102, 144–145, 150
– Hilfspflichten 78, 85, 144, 147, 150, 152, 158
– unvollkommene 10, 145–148
– vollkommene 10, 145–148
Pflichtgefühl 56, 58, 95–96, 141, 147
Phänomenologie 7, 218, 220, 276
– als philosophische Richtung 169
Philosophie der Biologie 273
Philosophie des Geistes 198
Piaget, Jean 243
Pindar 31
Pippin, Robert B. 54
Platon 20, 24–28, 30, 34, 36, 43, 60, 65–66, 69, 71, 77, 95, 97, 241
Plotin 26
Pluralismus
– gesellschaftlicher Normensysteme 20, 254
– Perspektivenpluralismus 172, 211
– Prinzipienpluralismus 235–236
– Theoriepluralismus 231–232
– Wertpluralismus 172, 185, 221
Poiesis 33, 37
Politik 31, 34
Polytheismus der Werte 12
Popper, Karl R. 27
Positivismus 173
Potentialität 28, 30

Pragmatismus 170
Präskriptivismus 119, 202, 205
Praxis 32–33, 37, 49, 223
Precautionary Principle 284
Price, Richard 200
Prichard, Harold A. 200–201, 231
Prima-facie-Pflichten 125, 130, 157, 201
Principlism 235–237, 272
Prinzipienethik 114, 141
Privationstheorie *siehe Böses*
Privatsphäre 282
Proportionalität 266
Protagoras 23
Psychologie 23, 26, 30, 34, 92, 95, 110, 138–139, 198, 214, 217, 219, 243
Pufendorf, Samuel 71
Pythagoras 274

Q
Qualitäten (primäre und sekundäre) 100, 207, 212
Quality Adjusted Life Years (QUALY) 268
Quante, Michael 265
Quasi-Realismus 202, 205
Quine, Willard v. O. 214

R
Railton, Peter 201–202, 213–216
Rassismus 115, 124, 271
Rationalismus 92, 96–97, 99, 137, 159–160, 170, 173
Rawls, John 29, 44, 117, 146, 149, 174–183, 187–188, 190, 220–221, 232, 290
Realismus 197–198, 206, 208
Recht 11, 76–77, 104, 254–256
– Diskurstheorie des Rechts 256
– Naturrecht 23, 42, 65, 73–75, 78–79, 104, 254–255
– positives 42, 255
– Rechtspositivismus 255–256
– Rechtsstaat 83, 182, 269
– Rechtswissenschaft 11
– subjektives 77
– Vernunftrecht 255
– Verrechtlichung 261, 264
Rechte
– Abwehrrechte 78, 277
– Anspruchsrechte 78, 80, 277
– Eigentumsrechte 104, 182, 190
– Grundrechte 76, 125, 182–184, 247, 257, 260, 277, 282–283
– Individualrechte 276
– Lebensrecht 75, 270, 277, 279

– Menschenrechte 23, 164, 276–277
– politische 78
– soziale 78
– Tierrechte 276, 278
– und Pflichten 274, 281
– unverfügbare 76
Rechtfertigungspraxis 5, 223
Rechtsethik 256, 267, 270
Reese-Schäfer, Walter 190
Reflective equilibrium 247
Regan, Tom 278
Regel
– konstitutive 12–13
– Spielregel 12
Relativismus 23, 171–173, 187, 206, 232
– ethischer 208–211
– Kulturrelativismus 208
Rentsch, Thomas 223
Reproduktionstechnologie 273
Repugnant conclusion 129
Retorsion 222
Reydon, Thomas 281–282
Richtigkeit 48–49, 58, 100, 113, 141, 147, 150, 176, 216, 218
Ricken, Friedo 222
Rigorismus 56, 148, 157–158
Risiko 118, 271, 281
Rollentausch 149, 180
Rorty, Richard 170
Rosenzweig, Franz 168
Ross, David 156, 200–201, 236
Rössler, Beate 44, 54, 295
Rousseau, Jean-Jacques 81, 86, 161, 274
Russel, Bertrand A. 202

S

Sachzwang 286, 289
Sandel, Michael 188
Sanktion 173, 238, 257
Satisfizierung 117
Scanlon, Thomas M. 245, 248
Schädigungsverbot 267
Scham 5
Scheler, Max 169
Schelling, Friedrich W. 167
Schiller, Friedrich 148
Schlegel, Friedrich von 287
Schleier des Nichtwissens 180, 184
Schmerz 45, 51, 114, 122, 151, 220, 249, 275–276
Schneewind, Jerome B. 59
Scholastik 65, 77
Schopenhauer, Arthur 169, 171–172, 236

Schuld 5, 20, 39–41
Schwangerschaftsabbruch 269–270
Schweitzer, Albert 169, 274, 279
Searle, John R. 204
Seel, Martin 11, 44, 48
Seelenlehre siehe Psychologie
Seelenruhe 73
Seelenwanderung 25
Sein-Sollens-Fehlschluss 97–98, 108, 196
Selbstachtung 47, 53, 103
Selbstbestimmung siehe Autonomie
Selbstentfaltung 31, 66, 145, 189, 247
Selbsterhaltung 73–75, 78
Selbsterkenntnis 73
Selby-Bigge, Lewis A. 106
Semantik 7, 195–196, 205, 224
Sen, Amartya 187, 189
Seneca, Lucius A. 11, 46, 55
Sensibilitätstheorie 207, 211–213
Sentimentalismus 91, 100–101, 103, 110, 137, 141, 149, 164, 169, 188
Sicherheit 75, 78
Sidgwick, Henry 121, 129
Simmel, Georg 55, 286
Simpson, Evan 233
Singer, Marcus G. 149
Singer, Peter 126, 244
Sinn 4, 53–54
Situationismus 210
Skeptizismus 23, 171, 187, 221, 232
– organisierter 281
Sklaverei 23, 36, 78, 232, 243
Slippery slope argument 273
Slote, Michael A. 48, 58–59, 117, 169
Smart, John J. 119, 130, 154
Smith, Adam 59, 100, 288
Smith, Michael A. 110, 198, 201–202, 213–214, 216–219
Snell, Bruno 33
Sokrates 24, 34, 46
Solipsismus 35, 244
Sophistik 20, 22–24, 42
Sorge 73, 78
Sorgeethik 110, 274, 276
Sozialwissenschaft 214
Sparsamkeitsprinzip 67, 178
Spieltheorie 81–85, 87, 119
Spinoza, Baruch de 13
Sprachphilosophie 167, 170, 224
Sprechakttheorie 93
Statistik 282
Steel, Daniel 285
Steigleder, Klaus 158, 222
Steinmann, Horst 291

Sterbehilfe 264, 267
– aktive 265, 267
– indirekte 265
Stevenson, Charles L. 202
Stoa 19–20, 24, 34, 37, 43, 46–47, 61, 65, 73, 254
Stoecker, Ralf 267
Stolz 5
Strawson, Peter F. 5
Subjektivismus 107, 203, 211
Suizid 145
Suizidbeihilfe 264–265, 267
Sunstein, Cass R. 285
Supererogatorisch 124, 258, 260
Supervenienz 242
Susser, Daniel 295

T
Tapferkeit 26, 38
Taurek, John M. 269
Technikethik 281, 283–284, 286–287
Technikfolgenabschätzung 284
Teleologie
– moralphilosophisch 29, 117
– naturphilosophisch 29
Theodizeeproblem 69
Theoria 138
Theunissen, Michael 169
Thomas von Aquin 26, 43, 66, 70, 222, 265
Thomasma, David C. 264
Thomson, Judith J. 266, 270
Thrasymachos 23
Tierethik 115, 263, 274, 276–280, 283
Tierschutz 278–279
Tierversuch 271, 278, 283, 285
Tit for tat 83
Tod
– als Übel 267
– Todeskriterium 267
Toleranz 209
Tradition 21, 36
Transzendentalphilosophie 140, 160–161, 163, 220
Trittbrettfahrer 80–83, 85, 105, 144
Trolley-Beispiele 266
Tuck, Richard 78
Tugend 32, 37, 100, 103
– Begriff 32
– epistemische 281–282, 294
– ethische 37
– intellektuelle 37, 177
– Kardinaltugenden 26
– künstliche 42, 102–105, 110, 258
– moralische 45–48, 56–60, 102
– moralischer Einsicht 177
– natürliche 42, 102–103, 110
– Sekundärtugend 140
Tugendethik 3, 32–57, 59, 61, 65, 78, 100, 102, 141, 266, 274
Tugendhat, Ernst 47, 59, 153–154

U
Überforderung 117, 124
Überlegungsgleichgewicht 123, 174, 177–180, 185–187, 247
Ulrich, Peter 85, 288–292
Umweltethik 263, 279, 284–285
Unanalysierbarkeitsthese 213
Uneigennützigkeit 281
Ungewissheit 118, 233, 279, 281, 284
Ungleichheit 23, 85, 125, 175
Universalienrealismus *siehe* Universalienstreit
Universalienstreit 66–69, 72
Universalisierung 131, 149–150, 152, 161, 240–241, 243–245
Universalismus 76, 107, 244–245, 281
Universell – singulär 131
Unparteiischer Beobachter 101–102, 107
Unparteilichkeit 84, 101–102, 107, 119, 123, 141, 148–149, 152, 156, 188, 190, 207, 215, 219, 243–245
Unterlassungshandlung 266
Unversehrtheit 78, 282
Unwissenheit 41
Ursachen *siehe* Kausalität
Urteilskraft 3, 35, 38–39, 61, 236
Urzustand 179, 181
Utilitarismus 12, 58, 110, 113, 133, 137, 141, 143, 169, 181, 183, 235, 268, 276
– ›Beweis‹ des 119–121
– Durchschnittsnutzenutilitarismus 129
– Gesamtnutzenutilitarismus 116, 126, 129
– Glücksutilitarismus 114, 117, 123–124, 127, 129
– Handlungsutilitarismus 113, 116–117, 125, 130, 142
– negativer 127
– Präferenzutilitarismus 123–124, 127–129
– Regelutilitarismus 130–132, 143, 154, 183

V
Van Inwagen, Peter 40
Van Roojen, Mark 205
Veatch, Robert M. 264
Verallgemeinerung 240

Verantwortung 5, 20, 39–41, 61, 138, 163–164, 168, 215, 257, 264, 281–283, 294
– prospektive 40
– retrospektive 40
Verbot 9, 143
Vereinsregeln 244
Verhaltensbiologie 85–86
Verlangen *siehe Neigung*
Vernunft 26, 31, 34–37, 47, 56, 73, 75, 77, 80, 82–84, 86, 93–96, 99, 109, 116, 119, 141–142, 155, 217
– instrumentelle *siehe Zweckrationalität*
Vertragstheorie 71–74, 78–80, 82–83, 85–86, 102–104, 137, 161, 177, 181, 235, 275
Vertragstreue 75, 80, 104, 144
Vertrauen 78, 133, 253, 264, 294
Verzeihung 5
Volonté générale 161
Voluntarismus 70–71, 76–77
Vöneky, Silja 261
Vorrangigkeit 10–12, 46, 258–259, 268
Vorsokratik 20–22
Vorsorgeprinzip 239, 284–285

W

Wachkoma 264
Wahlrecht 182
Wahrhaftigkeit 38, 147–148, 158
Wahrheit 93, 98, 172, 175, 177, 197, 202–204, 206–207, 209, 211, 218–219, 222, 281
– Korrespondenztheorie 207, 220
Wahrscheinlichkeit 117–118, 188–189, 215
Weber, Max 12, 70, 236, 255
Weisheit 21, 26, 73
Wellmer, Albrecht 70

Welzel, Hans 23, 173
Wert
– akteursneutraler/akteursrelativer 122, 220
Werttheorie 25, 43, 66, 114–115, 119–124, 127, 133
Wettbewerb 182–183
Widerstandsrecht 75–76, 78
Wiesing, Urban 268
Wiggins, David 207, 212
Wille 73, 172
Williams, Bernard 123–124
Wimmer, Reiner 149, 242
Wirtschaftsethik 288, 291–292
Wirtschaftswissenschaft
  siehe Ökonomie
Wissenschaftsethik 270–272, 281–283, 285–286
Wissenschaftstheorie 7, 67, 195, 224, 289
Wittgenstein, Ludwig 241
Wohlwollen 91, 95, 102–103, 105, 107, 110, 148, 267, 276
Wolf, Ursula 27, 51, 279
Wright, Crispin 213
Würde 164, 189, 273

Z

Ziel 33, 50, 55, 77, 143, 217
– dominantes 50
– inklusives 50, 120, 122
Zirkel
– Begründungszirkel 23, 38, 71, 80, 127, 153, 155, 178, 213
– hermeneutischer 178
Zufriedenheit 51–53
Zweckrationalität 24, 30, 32–33, 45–46, 55, 73, 80–82, 85, 93–95, 99, 114, 116–118, 137–138
Zweifel 247; *siehe auch Ungewissheit*

MIX
Papier aus verantwortungsvollen Quellen
Paper from responsible sources
FSC® C105338

If you have any concerns about our products,
you can contact us on
ProductSafety@springernature.com

In case Publisher is established outside the EU,
the EU authorized representative is:
Springer Nature Customer Service Center GmbH
Europaplatz 3, 69115 Heidelberg, Germany

Printed by Libri Plureos GmbH
in Hamburg, Germany